"十三五"国家重点出版物出版规划项目·重大出版工程规划
中国工程院重大咨询项目成果文库
推动能源生产和消费革命战略研究系列丛书
(第二辑)

丛书主编 谢克昌

(综合卷)

农村能源革命与西部能源发展战略研究

谢克昌 任相坤 等 著

科学出版社
北京

内 容 简 介

本书是"推动能源生产和消费革命战略研究系列丛书（第二辑）"的综合卷。能源是我国经济社会持续健康发展的重要物质基础，对推动我国能源革命具有重要现实意义和深远历史意义。为此，中国工程院启动"推动能源生产和消费革命战略研究"重大咨询项目，并以第一期研究成果为基础出版发行了"推动能源生产和消费革命战略研究系列丛书（第一辑）"。而"推动能源生产和消费革命战略研究系列丛书（第二辑）"是在项目第二期研究成果的基础上编纂完成的，以"农村能源革命与西部能源发展"为研究重点。本书是在项目层面对课题研究成果的系统梳理与深化研究，是各课题研究成果的集中体现。

本书可为政府部门决策者提供参考，可供能源相关领域的行业管理人员、科研人员、大专院校师生阅读。

图书在版编目（CIP）数据

农村能源革命与西部能源发展战略研究. 综合卷/谢克昌等著. —北京：科学出版社，2019.2

（推动能源生产和消费革命战略研究系列丛书/谢克昌主编. 第二辑）

"十三五"国家重点出版物出版规划项目·重大出版工程规划

中国工程院重大咨询项目成果文库

ISBN 978-7-03-060410-1

Ⅰ. ①农… Ⅱ. ①谢… Ⅲ. ①农村能源-能源发展-研究-中国②能源发展-研究-西北地区③能源发展-研究-西南地区 Ⅳ. ①F323.214②F426.2

中国版本图书馆 CIP 数据核字（2019）第 009064 号

责任编辑：王丹妮 陶 璇/责任校对：赵桂芬
责任印制：霍 兵/封面设计：正典设计

科学出版社 出版
北京东黄城根北街 16 号
邮政编码：100717
http://www.sciencep.com

北京画中画印刷有限公司 印刷
科学出版社发行 各地新华书店经销

*

2019 年 2 月第 一 版　开本：720×1000　1/16
2019 年 2 月第一次印刷　印张：24 1/2
字数：500 000

定价：198.00 元
（如有印装质量问题，我社负责调换）

推动能源生产和消费革命战略研究系列丛书
（第二辑）
编委会成员名单

项目顾问

徐匡迪	中国工程院	第十届全国政协副主席，中国工程院主席团名誉主席、原院长、院士
周　济	中国工程院	中国工程院主席团名誉主席、原院长、院士

项目负责人

谢克昌	中国工程院	原副院长、院士
彭苏萍	中国工程院	院士

课题负责人

第1课题	中国农村能源革命与分布式低碳能源发展	杜祥琬
第2课题	农村能源技术领域的若干重大问题分析	倪维斗
第3课题	农村能源供给绿色化及用能清洁化与便利化	陈　勇
第4课题	西部地区油气发展战略研究	赵文智
第5课题	西部煤炭资源清洁高效利用发展战略研究	彭苏萍
第6课题	西部清洁能源发展战略	黄其励、倪维斗
第7课题	"一带一路"能源合作与西部能源大通道建设	黄维和
第8课题	中国农村、西部与"一带一路"能源生产与消费知识系统建设	谢克昌
综合课题	农村能源革命和西部能源发展战略思路与举措	谢克昌

农村能源革命与西部能源发展战略研究
（综合卷）
编委会成员名单

组长

谢克昌	中国工程院	原副院长、院士

副组长

杜祥琬	中国工程院	院士、第1课题组长
倪维斗	清华大学	院士、第2课题组长
陈　勇	中国科学院广州能源研究所	院士、第3课题组长
赵文智	中国石油勘探开发研究院	院士、第4课题组长
彭苏萍	中国矿业大学（北京）	院士、第5课题组长
黄其励	国家电网有限公司	院士、第6课题组长
黄维和	中国石油天然气股份有限公司规划总院	院士、第7课题组长
任相坤	北京三聚环保新材料股份有限公司	教授、董事、副总裁
李文英	太原理工大学	教授、院长

成员

高聚忠	国家能源集团	教授级高工
辛耀旭	中国中煤能源集团有限公司	教授级高工
高　丹	华北电力大学	副教授
严晓辉	国家能源集团	工程师
张　军	国家能源技术经济研究院	高工、副主任
罗国亮	华北电力大学	教授
张宇宁	华北电力大学	副教授
于春林	北京宝聚能源科技有限公司	高工、副总
崔永君	北京三聚环保新材料股份有限公司	研究员
王彧斐	中国石油大学（北京）	副教授
李伟起	清华四川能源互联网研究院	副研究员
易　群	太原理工大学	教授

姓名	单位	职务/职称
刘晓龙	中国工程院战略咨询中心	副处长
姜玲玲	中国工程院战略咨询中心	工程师
麻林巍	清华大学	副教授
单　明	清华大学	助理研究员
袁浩然	中国科学院广州能源研究所	研究员
呼和涛力	常州大学	研究员
张国生	中国石油勘探开发研究院	教授级高工
黄金亮	中国石油勘探开发研究院	高工
宋　梅	中国矿业大学（北京）	教授
张　博	中国矿业大学（北京）	副教授
王伟胜	中国电力科学研究院有限公司	教授级高工
石文辉	中国电力科学研究院有限公司	高工
田亚峻	北京低碳清洁能源研究院	教授级高工
韩景宽	中国石油规划总院	教授级高工
王玉生	中国石油规划总院	高工
康金城	中国工程院	原局长
王振海	中国工程院	巡视员
宗玉生	中国工程院	处长
王爱红	中国工程院	处长
周　源	清华大学	副教授
李应博	清华大学	副教授
葛　琴	中国工程院战略咨询中心	工程师
安剑波	中国工程科技发展战略研究院	项目助理

序 一

能源是国家经济社会发展的重要基础,事关我国现代化建设的全局。2014年以来习近平总书记关于推动能源生产与消费革命的一系列指示和要求,为我国能源发展指明了方向。农村是我国全面建成小康社会任务最艰巨最繁重的地区,农村能源革命直接关系全国能源生产与消费革命的成败,西部地区在我国经济社会发展和能源生产与消费方面处于特殊地位,本身也面临不少突出的矛盾和问题,推动西部地区和农村地区的能源生产与消费革命具有重要意义。

为积极推进我国农村和西部地区能源生产与消费革命,中国工程院在2013年启动、2015年完成"推动能源生产和消费革命战略研究"(一期)重大咨询项目后,及时将农村能源革命与西部能源发展作为第二期重大项目开展后续研究。研究工作紧紧立足我国农村地区和西部地区的发展实际,全面贯彻近几年来关于农村发展、区域发展、"一带一路"能源合作等一系列最新政策,充分利用先期取得的成果和结论,围绕农村和西部地区能源生产与消费革命,认真分析突出的矛盾和问题,从多个方面开展针对性研究,努力化解特殊矛盾,解决各种具体问题,基本形成农村地区和西部地区推进能源生产与消费革命的总体思路,提出一系列重大举措。本丛书是第二期项目研究的最终成果,对指导农村地区和西部地区能源生产与消费革命具有积极意义,可供有关领导和部门参考。

参与第二期项目的各位院士和专家,有不少参与过第一期项目,也有许多是第二期项目研究过程中才加入的,大家高度负责、发挥优势、精诚协作,为完成项目研究任务做出了积极的贡献。

推动能源生产与消费革命任重道远。党的十九大明确开启全面建设社会主义现代化国家新征程,提出我国经济已由高速增长阶段转向高质量发展阶段,这为推动能源生产与消费革命提出了新的要求。中国工程院作为国家高端智库,将在第一期和第二期研究工作的基础上,进一步结合新的形势和要求继续开展相关研究,力争为党中央和政府部门进行科学决策提供强有力的支撑。

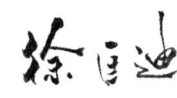

2018年11月17日

序 二

能源是经济社会发展的动力来源，更是人类社会赖以生存的物质基础。当今世界，自18世纪西方的工业革命以来，化石能源一直是人类的主体能源。化石能源的大量使用，带来生态、环境和气候等领域的一系列问题，主动应对挑战，加快能源转型，实现清洁低碳发展已成为世界范围内的自觉行为和基本共识。面对由页岩油气引发的能源供需格局新变化、国际能源发展新趋势，我国必须加快推进能源生产和消费革命，保障国家能源安全。

新时代提出新要求，实施"一带一路"建设、京津冀协同发展战略、长江经济带发展战略，推进新型城镇化，实施乡村振兴战略，建设美丽中国、美丽乡村，为推进能源革命构筑广阔舞台。其中，能源合作是"一带一路"建设的重要支点，而西部地区又是我国能源国际合作的重要战略通道承载地和桥头堡。在确保经济有效和安全的能源转型过程中，不仅在国家之间，而且在富裕和贫困地区之间都应坚持公平和可持续发展的原则，我国要"全面建成小康社会最艰巨最繁重的任务在农村，特别是在贫困地区"[①]。而农村能源作为我国能源的重要组成部分，是实现农村全面小康的物质基础，推进农村能源革命，实现能源供应清洁化、便利化是建设美丽乡村的必然要求，农村能源革命的成败也直接关系到全国能源革命的成败。

为更好地服务"一带一路"建设和推进能源革命战略，必须结合我国能源开发利用总体战略布局，立足我国西部能源资源丰富、种类齐全但开发利用不合理、环境脆弱、经济落后，特别是农村能源结构不合理、消费不科学、人均用量少的实际，以习近平总书记对能源生产和消费革命的系统阐述为基本遵循，以推动农村能源革命和加速西部能源科学开发利用为重点，开展战略咨询研究，这既是破除城乡二元体制全面加速我国城镇化建设的必然要求，也是全面建成小康社会的战略需求。

作为中国工程科学技术界的最高荣誉性、咨询性学术机构，中国工程院为及时通过战略研究支撑国家科学决策，于2013年5月启动了由谢克昌院士负责的"推动能源生产和消费革命战略研究"重大咨询项目系列研究。一期研究提出能源革

---

① http://sc.people.com.cn/n2/2016/0118/c365889-27568771.html。

命的战略思路、目标重点、技术路线图和政策建议。基于一期研究中发现的能源革命深层次问题,项目组认为要加强"一带一路"能源合作和农村能源革命的研究。因此,中国工程院于 2015 年 10 月又启动了"推动能源生产和消费革命战略研究"项目的二期工作。二期项目由中国工程院徐匡迪主席和时任院长周济院士担任顾问,下设九个课题,分别由能源领域相关专业的院士担任课题组长。来自科研院所、高等院校和大型能源企业共计 300 多名专家、学者参与研究及相关工作,其中院士 36 位。项目组力求通过该项目的研究,以"农村能源革命与西部能源发展"为研究重点,紧紧把握能源生产和消费革命及"一带一路"倡议的重要战略机遇,结合我国能源开发利用总体战略布局,进一步完善国家农村及西部能源战略,为中长期国家西部及农村能源发展规划提供切实可行的政策建议。项目研究按照"服务决策、适度超前"的原则,坚持咨询研究的战略性、时效性、可行性、独立性,历时两年半,经过广泛的专家讨论、现场调研、深入分析、成果交流和征求意见,最终形成一份项目综合报告和七份课题报告并出版成册。

《农村能源革命与西部能源发展战略研究(综合卷)》由中国工程院谢克昌院士领衔,在对八个课题报告进行深入总结、集中凝练和系统提高的基础上,提出新形势下要按照"供需协调、洁煤治霾,扬电引气、优化结构,创新驱动、多能互补,服务支撑、绿色高效,市场运作、政策保障"的总体原则进行农村能源革命。通过控制散煤利用推进农村煤炭消费方式变革、创新发展模式推进农村可再生能源开发利用、构建能源网络推进农村能源向清洁电力和燃气发展、强化节能环保推进农村能源综合服务体系建设,实现我国农村能源革命战略目标:2020 年,基本建成适应农村全面小康社会需要的清洁、便利、安全、有效的能源供需体系;2035 年,初步建成清洁、低碳、安全、高效的新型农村能源体系;2050 年,建成城乡一体化、城乡平等的清洁、低碳、安全、高效的能源体系,实现能源强国的目标。关于我国西部能源和"一带一路"能源合作要遵循"生态优先、清洁高效、科学有序、常非并重、互利共赢"的原则,提出"三步走"发展战略目标,最终实现煤炭清洁高效可持续开发利用、石油稳定发展、天然气倍增发展、清洁能源科学有序发展,将西部地区建成我国重要的煤炭、清洁能源、油气能源基地,同时,西部能源大通道要成为我国东、西部地区能源供需和"一带一路"能源合作的重要纽带,助力西部地区成为我国能源安全的重要保障。

《中国农村能源革命与分布式低碳能源发展战略研究》由杜祥琬院士牵头,主要总结发达国家农村能源发展的经验和教训,深度调研我国农村能源利用的现状、存在的问题,研究我国农村能源发展的方向、分布式低碳能源发展前景等。紧密结合我国新型城镇化和农业现代化建设的要求,提出我国农村能源革命和建设分布式低碳能源网络的政策、措施和建议。

《农村能源技术领域的若干重大问题分析》由倪维斗院士牵头,主要调查我国农村能源技术发展现状、潜力，分析农村能源革命的关键技术及产业化、规模化应用的技术路线图，提出我国农村能源发展应以可持续发展为理念。以解决"三农"问题和实现城乡一体化发展为导向，实施"农村低碳能源替代工程"。尽快全面深化政策、金融等方面的体制、机制改革，从建筑节能、生物质能源利用和多能协同利用等多个方面着手，力争早日构建因地制宜、多能互补的创新型农村能源技术体系。

《农村能源供给绿色化及用能清洁化与便利化》由陈勇院士牵头，结合我国新农村建设和新型城镇化发展，分析我国农村能源供给侧发展现状和终端用能消费现状，预测未来供给能力和消费需求，分析供给绿色化的可行性，明确农村能源未来的发展方向和目标，并提出进一步深入讨论其经济效益、管理模式、关键技术及产业化，为我国农村能源供给利用方法提供宏观决策建议。

《西部油气发展战略研究》由赵文智院士牵头，主要分析我国西部油气资源储量和开发利用现状，从西部地区剩余油气资源潜力与重点勘探方向、西部地区油气开发利用趋势与技术创新支撑体系、新疆成为国家大型油气生产加工与储备基地的可行性、西部地区油气发展战略与路线图四个方面全面分析西部地区油气资源潜力、勘探发现规律与储量增长趋势、开发利用前景。论证西部（新疆）建设国家大型油气基地以及新疆成为国家大型油气生产加工与储备基地的可行性，提出我国西部能源油气资源发展战略及其相应政策建议。

《西部煤炭资源清洁高效利用发展战略研究》由彭苏萍院士牵头，主要研究我国西部内蒙古、陕西、甘肃、宁夏、新疆五省区煤炭清洁高效利用的战略问题，调查我国西部煤炭资源储量和开发利用现状，论证西部（新疆）建设国家煤炭-煤电-煤化工基地的可行性。总结提出西部煤炭资源清洁高效利用的战略思路和发展目标、重点任务与实施路径及措施建议。

《西部清洁能源发展战略研究》由黄其励院士和倪维斗院士牵头，主要研究新疆、青海、西藏、内蒙古和云南等西部地区的风能、太阳能（光伏、光热）、水能、地热能、生物质能等清洁能源储量和开发利用现状。在全面建成小康社会和推进"一带一路"建设背景下，分析国家对西部能源基地的战略需求，总结提出西部清洁能源发展的战略思路和关键技术需求。同时，分析未来10年将新疆、青海、甘肃等地建设成为国家重要风能和太阳能发电基地，将西藏、四川和云南等地建设成为国家重要水能发电能源基地，以及将西部地区建设成分布式利用清洁能源示范地区的可行性。

《"一带一路"能源合作与西部能源大通道建设战略研究》由黄维和院士牵头，主要研究"一带一路"能源合作基础、风险和存在的问题，提出"一带一路"未来能源合作战略；研判我国东、西部能源未来供需规模和流向，以及我国未来西部到东部能源流向总体规模。结合西部能源通道现状和存在问题分析我国油气、煤炭和电力等能源不同运输方式的经济性，首次提出我国西部综合能源大通道构建战略旨在实现"横向多能互补，纵向优化配置"的能源互联网架构。最后提出我国未来"一带一路"能源合作与西部能源大通道构建的政策建议。

"推动能源生产和消费革命战略研究系列丛书（第二辑）"是我国能源领域广大院士和专家集体智慧的结晶。一些重要研究成果已经及时上报中央和国家有关部门，并在能源规划政策中被采纳。作为项目负责人，值此丛书出版之际，对参加研究的各位院士和专家的辛勤付出深表谢意！需要说明的是，推动能源生产和消费革命是一项长期战略，目前项目组新老成员已在第一期和第二期研究成果的基础上启动第三期项目研究。希望项目研究团队继续努力，再接再厉，乘胜而为，在"推动能源生产和消费革命战略研究"（三期）中取得新业绩，以科学的咨询支撑国家能源发展的科学决策，助力我国能源经济社会的可持续发展。

中国工程院
"推动能源生产和消费革命战略研究"
系列重大咨询项目负责人
2018 年 11 月

目　　录

第一篇　农村能源革命战略综合篇

第1章　农村能源革命是新时代能源发展的必然要求 ··················· 3
　1.1　推进农村能源革命势在必行 ····························· 3
　1.2　农村能源现状分析 ··································· 5
　1.3　农村能源发展存在的主要问题 ··························· 9

第2章　推动农村能源革命必须解决的重大问题 ····················· 11
　2.1　农村能源革命的对象和发展方向问题 ······················ 11
　2.2　农村能源技术发展问题 ································ 14
　2.3　农村生物质能发展问题 ································ 17

第3章　推动农村能源革命的战略思路和重大举措 ··················· 20
　3.1　战略思路与战略目标 ································· 20
　3.2　战略重点与举措 ···································· 23

第二篇　西部能源发展战略综合篇

第4章　西部是中国能源革命和供给侧结构性改革的重要战场 ············ 31
　4.1　西部煤炭资源是保障中国能源自给的重要力量 ················ 31
　4.2　西部油气资源是保障中国能源安全的战略支点 ················ 32
　4.3　西部清洁能源是推进中国能源结构优化的重要基础 ············· 32
　4.4　"一带一路"能源合作及西部能源大通道建设快速发展 ·········· 33

第5章　推动西部能源革命的重大问题分析 ························ 35
　5.1　西部煤炭资源开发利用问题 ···························· 35
　5.2　西部油气资源开发利用问题 ···························· 37
　5.3　西部清洁能源开发利用问题 ···························· 39
　5.4　"一带一路"能源合作及西部能源大通道建设问题 ············· 40

第 6 章 推动西部能源革命的战略思路和重大举措 43
6.1 战略思路与目标 43
6.2 战略重点与举措 44

第三篇 中国农村能源革命与分布式低碳能源发展战略研究

第 7 章 中国农村能源现状和问题 53
7.1 农村能源发展现状 54
7.2 农村能源面临的主要问题 58
7.3 农村能源革命的重大意义 59

第 8 章 发达国家和地区农村能源发展经验借鉴 61
8.1 发达国家和地区农村能源发展的成功经验和不足 62
8.2 发达国家和地区农村能源发展对中国的启示 64

第 9 章 中国农村能源革命的方向——建设分布式低碳能源网络 67
9.1 中国农村能源消费和资源分布 67
9.2 中国农村能源革命的对象 70
9.3 中国农村能源革命的方向 72
9.4 农村分布式低碳能源网络建设的可行性和效益分析 79

第 10 章 中国农村能源革命的战略目标和路线图 81
10.1 中国农村能源革命的战略方针 81
10.2 中国农村能源革命的战略目标 82
10.3 中国农村能源革命的路线图 86

第 11 章 政策措施和建议 89
11.1 将农村能源发展纳入国家生态文明体系建设及能源生产和消费革命战略框架 89
11.2 建立支持农村能源可持续发展的体系和模式 91
11.3 加强农村能源的宣传教育,加大农村地区人才培养力度 93

第四篇 农村能源技术领域的若干重大问题分析

第 12 章 农村能源的基本概念、发展理念和研究基础 97
12.1 农村能源的基本概念 97
12.2 农村能源的发展理念 97
12.3 国内外农村能源研究综述 98

第13章　中国农村生活用能宏观发展形势的系统分析 ···················· 100
- 13.1　SDOEI 分析方法 ···················· 100
- 13.2　能流平衡分析：2014 年农村生活能源分配图 ···················· 101
- 13.3　操作系统影响分析 ···················· 103
- 13.4　决策系统影响分析 ···················· 107
- 13.5　结论和建议 ···················· 109

第14章　农村建筑节能技术发展路线分析 ···················· 110
- 14.1　农村建筑用能状况 ···················· 110
- 14.2　农村建筑用能对环境的影响分析 ···················· 112
- 14.3　农村建筑用能可持续发展理念及技术路线 ···················· 112
- 14.4　农村建筑节能最佳实践案例——以京津冀地区为例 ···················· 116
- 14.5　本章小结 ···················· 117

第15章　农村生物质能源发展问题研究 ···················· 119
- 15.1　发展农村生物质能的重要意义 ···················· 119
- 15.2　农村生物质的资源条件及利用潜力 ···················· 120
- 15.3　农村生物质利用技术和产业发展现状 ···················· 122
- 15.4　农村生物质利用面临的问题和发展方向 ···················· 124
- 15.5　农村生物质利用目标及技术发展路线建议 ···················· 125
- 15.6　农村生物质的政策保障 ···················· 126

第16章　农村多能协同利用问题研究 ···················· 127
- 16.1　多能协同利用的概念和对于农村能源的意义 ···················· 127
- 16.2　农村多能协同利用技术的发展方向 ···················· 127
- 16.3　农村多能协同利用系统的发展方向及支撑条件 ···················· 129

第17章　农村生活用能发展战略建议 ···················· 133
- 17.1　基本认识 ···················· 133
- 17.2　战略措施 ···················· 134
- 17.3　政策保障 ···················· 136

第五篇　农村能源供给绿色化及用能清洁化与便利化

第18章　课题定位与基本情况 ···················· 139
- 18.1　课题定位 ···················· 139
- 18.2　基本情况 ···················· 140

第 19 章 农村生物质能发展定位和实现路径 ································· 142
- 19.1 中国农村生物质能利用典型示范 ································· 142
- 19.2 生物质能的基本特性 ································· 143
- 19.3 国内外生物质能发展现状与趋势 ································· 143
- 19.4 "存量优化、增量替代"的生物质能发展定位 ································· 150
- 19.5 农村能源技术发展方向 ································· 153
- 19.6 生物质能技术发展路线图 ································· 160
- 19.7 农村代谢共生产业模式 ································· 161

第 20 章 结论 ································· 162
第 21 章 保障措施与政策建议 ································· 164

第六篇 西部油气发展战略研究

第 22 章 西部油气战略地位及面临挑战 ································· 169
- 22.1 西部油气开发利用的意义 ································· 169
- 22.2 西部油气发展面临的挑战 ································· 172

第 23 章 西部石油发展现状、潜力与前景 ································· 174
- 23.1 西部石油勘探开发现状 ································· 174
- 23.2 西部石油发展潜力 ································· 178
- 23.3 西部石油发展前景判断 ································· 182

第 24 章 西部天然气发展现状、潜力与前景 ································· 185
- 24.1 西部天然气勘探开发现状 ································· 185
- 24.2 西部天然气发展潜力 ································· 188
- 24.3 西部天然气发展前景判断 ································· 194

第 25 章 新疆油气生产、加工与储备基地建设 ································· 198
- 25.1 新疆油气生产、加工与储备发展现状 ································· 198
- 25.2 新疆油气生产、加工与储备基地建设存在的主要问题 ································· 199
- 25.3 新疆油气特色炼化基地建设可行性及路径 ································· 201

第 26 章 西部地区油气发展战略与举措 ································· 203
- 26.1 西部油气发展战略 ································· 203
- 26.2 西部油气发展战略举措 ································· 206

第 27 章 西部地区油气发展相关政策建议 ································· 213
- 27.1 强化体制革命,增强发展活力 ································· 213
- 27.2 设立风险勘探基金,推动战略接替 ································· 214

27.3	实行差别化财税政策，增强发展后劲	214
27.4	推进技术革命，支撑跨越发展	215
27.5	深化国有企业改革，提升管理运营效率	216
27.6	适度提高西部人员安全和待遇	216

第七篇 西部煤炭资源清洁高效利用发展战略研究

第28章	**西部煤炭能源的地位和作用**	**219**
28.1	西部在国家战略中的地位	219
28.2	西部煤炭在中国能源体系中的地位	222
28.3	西部煤炭对区域经济社会发展的引擎作用	223
第29章	**西部煤炭开发利用面临的形势、取得的成就和问题**	**228**
29.1	西部煤炭发展的国内外形势分析	228
29.2	西部煤炭勘探开发利用取得的成就	230
29.3	西部煤炭清洁高效利用需要解决的重大问题	239
29.4	西部实现煤炭清洁高效利用的综合判断	240
第30章	**西部煤炭清洁高效利用的战略思路与目标**	**242**
30.1	战略定位	242
30.2	指导思想	243
30.3	发展目标	243
30.4	西部煤炭产业战略布局	245
30.5	西部煤炭资源清洁高效利用的重点任务与实施路径	247
第31章	**新疆煤炭资源清洁高效利用若干重大问题与战略判断**	**251**
31.1	新疆煤炭资源清洁高效利用的若干重大问题	251
31.2	新疆煤炭供需形势与市场潜力分析	252
31.3	新疆实现煤炭清洁高效利用的战略判断	254
31.4	新疆煤炭清洁高效利用的战略定位与重要战略举措	261
第32章	**保障措施与政策建议**	**265**
32.1	保障措施	265
32.2	政策建议	265

第八篇　西部清洁能源发展战略研究

第 33 章　概述 ··· 269
  33.1　课题背景及意义 ··· 269
  33.2　研究主要内容和目标 ··· 270

第 34 章　西部地区清洁能源概况 ··· 272
  34.1　风能 ··· 273
  34.2　太阳能 ·· 275
  34.3　水能 ··· 277
  34.4　生物质能 ··· 279
  34.5　地热能 ·· 282
  34.6　核能 ··· 284

第 35 章　西部地区清洁能源发展的机遇和挑战 ····················· 286
  35.1　西部清洁能源未来发展的机遇 ······························ 286
  35.2　西部清洁能源发展存在的挑战 ······························ 289

第 36 章　西部地区清洁能源定位与发展战略 ························ 294
  36.1　西部地区清洁能源定位 ·· 294
  36.2　西部地区清洁能源发展模式 ································· 297
  36.3　西部地区清洁能源发展思路 ································· 301

第 37 章　西部地区清洁能源发展技术和产业发展路线图 ········ 304
  37.1　风能技术发展路线图 ··· 304
  37.2　太阳能技术发展路线图 ·· 307
  37.3　水能发展路线图 ··· 310
  37.4　生物质能产业发展路线图 ···································· 311
  37.5　地热能技术发展路线图 ·· 313
  37.6　核能技术发展路线图 ··· 314
  37.7　支撑清洁能源消纳路线图 ···································· 316

第 38 章　西部地区清洁能源发展建议 ·································· 319
  38.1　重大工程建议 ·· 319
  38.2　科技攻关建议 ·· 320
  38.3　政策建议 ··· 323

第九篇 "一带一路"能源合作与西部能源大通道建设战略研究

第 39 章 "一带一路"能源合作现状及前景分析 ······ 329
39.1 能源合作现状 ······ 329
39.2 能源合作风险和问题分析 ······ 330
39.3 未来能源合作战略分析 ······ 331

第 40 章 中国能源供需现状及发展趋势 ······ 332
40.1 中国能源生产与消费格局的时空演变 ······ 332
40.2 基于国家愿景的中国能源需求预测 ······ 334
40.3 西部能源供应与东部能源需求分析 ······ 343
40.4 西部能源供应与东部能源消费需求分析 ······ 345

第 41 章 中国西部能源大通道构建战略及关键技术需求 ······ 346
41.1 中国西部能源大通道建设现状 ······ 346
41.2 中国西部能源大通道建设存在的主要问题 ······ 348
41.3 中国西部能源大通道经济性分析 ······ 349
41.4 中国西部能源大通道构建战略 ······ 354

第 42 章 基于能源互联网的西部能源大通道构建方案 ······ 362
42.1 能源互联网内涵及其构成要素 ······ 362
42.2 "多能互补"的必要性分析 ······ 366
42.3 基于能源互联网的中国西部能源大通道构建方案 ······ 367

第 43 章 推动国际能源合作和西部能源大通道建设的政策建议 ······ 370
43.1 推动"一带一路"能源合作建议 ······ 370
43.2 推动西部综合能源通道建设政策建议 ······ 371

第一篇　农村能源革命战略综合篇

第1章 农村能源革命是新时代能源发展的必然要求

1.1 推进农村能源革命势在必行

1.1.1 农村能源是能源生产与消费革命的重要组成

随着城镇化现代化进程的加快,我国农村能源消费总量不断增长,农村能源多样化进程加快。2016年,全国能源消费总量达43.6亿吨标准煤,比上年增长1.4%,其中农村能源消费总量为6.54亿吨标准煤,占全国能源消费总量的15%。与此同时,我国农村能源面临着消费层次低、基础设施落后、环境污染重、利用效率低、能源结构待优化和普遍服务难等一系列问题。在农村能源消费革命中,抑制不合理的农村能源消费、建立多元的农村能源供应体系、发展农村能源技术带动产业升级、建立完善的农村能源体制是推动我国能源革命的重要组成部分。

1.1.2 农村能源革命是推进生态文明建设的重要手段

我国在快速发展的城镇化进程中,引发了比较严重的大气污染、水资源污染和生态失衡等区域性环境问题。散煤使用量大、煤质差、污染控制措施弱是造成大气污染严重和雾霾问题频现的重要原因。以河北省为例,2014年河北省农村地区耗煤4 000万吨,燃煤排放二氧化碳7 440万吨、二氧化硫40万吨、粉尘43万吨,这是造成该省乃至京津冀地区大气污染和雾霾天气频现的重要因素[①]。农村是生态文明建设的关键环节,推进农村能源革命,将对我国加快建设生态文明发挥重要的基础性作用。

---

① 至2017年清洁能源替代农村1 500万吨燃煤,可减排二氧化碳2 796万吨,二氧化硫21万吨,粉尘21万吨。

1.1.3 农村能源革命是全面建成小康社会的重要内容

消除贫困、改善民生、实现共同富裕，是社会主义的本质要求，是我们党的重要使命；开发农村能源对提高农村生活质量、发展农村经济、改善农村环境和基础设施条件具有重要意义，是农村全面建成小康社会的物质基础，关系到我国全面建成小康社会和可持续发展目标的实现。同时通过农村能源革命改善农村用能结构、消除部分农村地区能源贫困，逐步实现能源公平，是全面建成小康社会的内在要求。

1.1.4 农村能源革命是推进城乡融合发展的重要依托

经过几十年的快速城镇化和大规模人口迁徙，城乡发展不平衡、农村发展不充分的客观矛盾，已经成为制约当下人们追求美好生活的现实障碍。随着国家对生态文明和环境保护的高度重视，农村能源在加快推进生态文明制度建设与推进城乡融合发展过程中的作用日益突出。将农村地区的农业废弃物、牲畜粪便进行能源化利用，完善农村地区的能源供应基础设施，推进农村节能型建筑建设，增加农村地区可再生能源供应的比例，减少农村地区的由能源消耗造成的污染排放，是推进城乡融合发展的主要抓手和重要依托，也是建设美丽中国的重要内容。清洁、低碳、安全、高效的能源体系是城乡融合发展和美丽乡村建设重要的物质基础和保障。

1.1.5 农村能源革命为新型城镇化提供能源供应保障

新型城镇化是现代化的必由之路，也是促进我国经济社会持续健康发展的强大引擎。改革开放以来，我国城镇化取得了举世瞩目的成就，城镇常住人口从1978年的1.7亿人增加到2016年的7.9亿人，城镇化率提高了近40个百分点，城市基础设施显著改善，公共服务水平明显提高，城乡居民生活水平全面提升。我国新型城镇化的内涵主要体现在三个方面：以人为核心的城镇化、可持续发展的城镇化、转型升级的城镇化。

目前，我国面临严峻的能源环境形势，新型城镇化和特色小镇建设需要通过能源革命提供有效的能源供应保障。

2016年7月，《住房城乡建设部 国家发展改革委 财政部关于开展特色小镇培育工作的通知》提出，"到2020年，培育1 000个左右各具特色、富有活力的休闲旅游、商贸物流、现代制造、教育科技、传统文化、美丽宜居等特色小镇"。在科学规划和科学论证的前提下，特色小城镇应该成为供给侧改革的重要平台，其未来的着力点是发展供给侧小镇经济。这将小镇与现代化经济体系和改革结合了起来。要按照该通知要求，不允许打着特色小镇的名义搞房地产、侵占土地红线、生态红线，不允许小镇新瓶装旧酒，穿新鞋走老路；要积极放手引入社会力量。特色小镇的建设是推动城乡融合和传统优势产业转型升级的载体。可见，与传统城镇化发展截然不同的是，特色小镇建设遵循"创新、协调、绿色、开放、共享"五大发展理念。它有利于强化城乡之间的联系，推进农业现代化、工业化和新型城镇化有机融合，实现以工促农、以城带乡、城乡一体化发展。

从国内外城镇发展的实践和趋势来看，我国城镇发展应以城市群为主体，构建大中小城市和小城镇协调发展的格局。所以，从另一方面来讲，新型城镇化和特色小镇建设为我国探索农村能源革命的实现方式提供了难得的机遇。

1.2 农村能源现状分析

1.2.1 农村能源消费中非商品能源和煤炭占比较高

农村能源消费主要分为生活用能和生产用能。2016 年全国农村生活用能总量约为 3.5 亿吨标准煤，其消费结构如图 1-1 所示。商品能源消费量约为 2.2 亿吨标准煤，占农村生活用能的 62.74%，非商品能源消费总量为 1.3 亿吨标准煤，占 37.26%[①]。煤炭、电力、成品油、液化石油气等商品能源分别占农村生活用能消费量的 36.90%、11.70%、7.33% 和 5.97%。薪柴、秸秆、太阳能、沼气等非商品能源消费分别占农村生活用能消费量的 19.44%、11.72%、3.16% 和 2.94%。

2016 年全国农村生产用能总量约为 3.0 亿吨标准煤，其消费结构如图 1-2 所示，农村生产用能中商品能源消费总量约为 2.7 亿吨标准煤，占农村生产用能的 91.17%，非商品能源消费总量约为 0.3 亿吨标准煤，占农村生产用能的 8.83%[①]。煤炭、焦炭、成品油和电力等商品能源分别占农村生产用能消费量的 46.63%、4.61%、24.13% 和 15.80%。秸秆、薪柴等非商品能源占农村生产用能消费量的 2.59% 和 6.24%。

目前，农村能源消费呈现出三大特征：①农村能源消费在全部能源消费中所占比重较低，相较于能源消费总量增速缓慢，所占能源消费总量的比重稳中有降。②农村生活用能中非商品能源消费比例依然很大，这说明国家能源供应体系对农村生活用能的保障与服务能力较差。③煤炭占主导地位，清洁能源和可再生能源使用量较少，这说明当前农村用能消费结构不合理，散煤燃烧对大气污染影响大。

---

① 由于正文中数据的舍入修约，与图中数据存在误差。

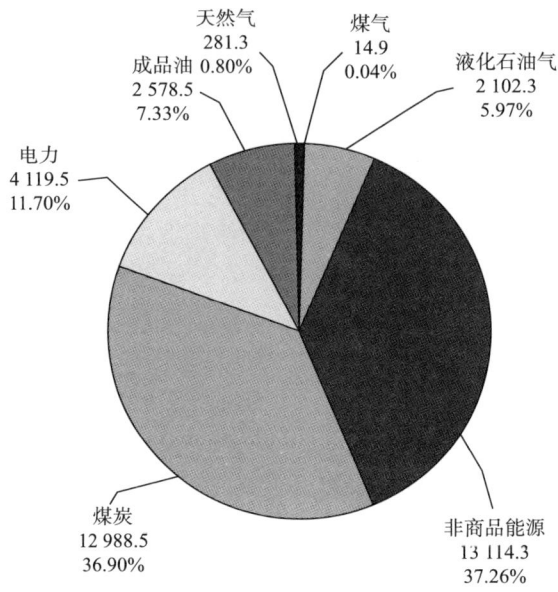

图 1-1 全国农村生活用能消费结构
单位：万吨标准煤
资料来源：农业农村部统计数据

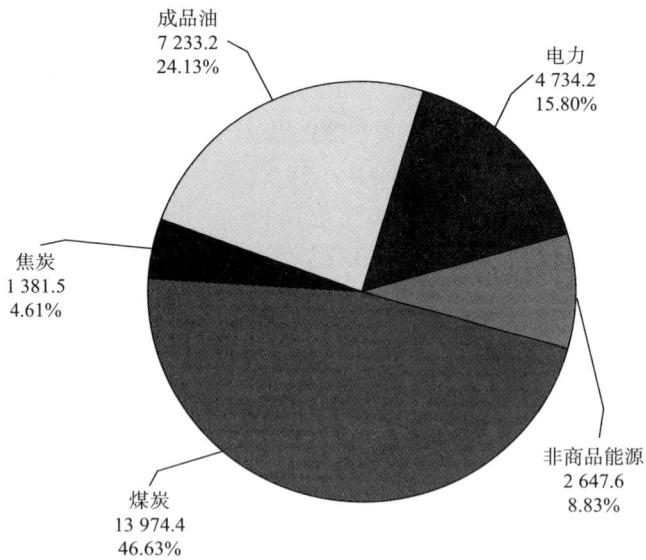

图 1-2 全国农村生产用能消费结构
单位：万吨标准煤
资料来源：农业农村部统计数据

1.2.2　农村可再生能源资源丰富，开发潜力较大

我国农村幅员辽阔，生物质、太阳能、风能、地热能等可再生能源资源丰富，开发潜力较大。

我国生物质资源丰富，能源化利用潜力大。全国可作为能源利用的农作物秸秆及农产品加工剩余物、林业剩余物、能源作物、生活垃圾与有机废弃物等生物质资源总量每年约4.6亿吨标准煤。截至2015年，生物质能利用量约3500万吨标准煤，其中商品化的生物质能利用量约1800万吨标准煤。我国生物质资源主要分布在粮食主产区（秸秆资源）、东北和西南林区。

我国拥有丰富的太阳能资源，资源量折合每年17 000亿吨标准煤，全国2/3以上国土面积年日照时间超过2 200小时。我国太阳能资源丰富的地区面积占国土面积96%以上，西藏大部分、新疆南部、青海、甘肃和内蒙古的西部均属于太阳能资源极丰富带，这些地区太阳能辐照量超过1 750千瓦时/（米^2·年）。

根据中国气象局风能资源的详查和评估结果，我国风能资源丰富，总量为30.8亿千瓦左右。我国风能资源丰富地区主要分布在西北、华北、东北、华东地区，即目前认可的"三北"和东南沿海风能资源丰富带。理论蕴藏总量上，西北地区最大，其次为华北、西南、东北和华东地区，分别148 685万千瓦、103 025万千瓦、101 847万千瓦、39 918万千瓦和21 074万千瓦。

我国地热资源潜力巨大，全国水热型地热资源量折合1.25万亿吨标准煤，年可开采资源量折合19亿吨标准煤；埋深在3 000~10 000米的干热岩资源量折合856万亿吨标准煤。我国常规地热资源以中低温为主，埋深在200~4 000米；而高温地热资源十分有限，局限于西藏、云南腾冲及台湾北部地区。

1.2.3　农村能源开发利用技术与产业保持强劲发展势头

近十年来，以沼气、太阳能、风能、生物质发电和生物质成型为代表的农村能源产业依然保持强劲的发展势头，新产品不断涌现，产品质量不断提升，综合效益突出，为农业、农村经济和农民生活的提高发挥了重要作用。太阳能热利用产业继续保持稳步发展，沼气产业逐步进入新的发展阶段，生物质发电和成型产业技术取得较大的进步，"三小电"（离网光伏发电、小风电、微水电）产业方兴未艾，节能建筑、节能炉具等节能技术大力推进。

生物质能开发利用主要包括直燃发电、沼气、成型燃料和液体燃料等。生物质发电技术基本成熟，主要包括生物质直燃发电技术、生物质气化发电技术和沼气发电技术等，截至2015年，我国生物质发电总装机容量约1 030万千瓦，其中，农林生物质直燃发电约530万千瓦，垃圾焚烧发电约470万千瓦，沼气发电约30

万千瓦，生物质年总发电量约 520 亿千瓦时。受畜禽养殖向集约发展和社会经济发展的影响，沼气生产方式将逐步向集中化、规模化、高值化（生物天然气）方向发展，应在综合条件较好的地区，积极发展规模化沼气工程，截至 2015 年底，全国沼气理论年产量约 190 亿立方米，有 4 193.3 万户用沼气，年产量约 132.5 亿立方米，各类沼气工程 10.3 万处，总池容达到 1 892.6 万立方米，年沼气量约 20.1 亿立方米，沼气利用技术正处于转型升级的关键阶段。生物质成型燃料供热产业处于规模化发展初期，成型燃料机械制造、专用锅炉制造、燃料燃烧等技术日益成熟，具备较好的规模化、产业化发展基础，截至 2015 年底，生物质成型燃料年利用量约 800 万吨。生物柴油处于产业发展初期，纤维素燃料乙醇加快示范，我国自主研发的生物航空煤油成功应用于商业化载客飞行示范，截至 2015 年底，燃料乙醇年产量约 210 万吨，生物柴油年产量约 80 万吨。

农村太阳能热利用应用领域正在由户用型转向工程化，由生活热水转向采暖制冷，由生活供热向工农业生产供热、采暖扩展。光伏发电应用逐渐形成集中式和分布式并举格局，步入与农业、养殖业、生态治理等产业融合发展新阶段。截至 2015 年底，全国农村累计推广太阳能热水器 4 571.24 万台，集热面积达到 8 232.98 万平方米；累计推广太阳灶 232.71 万台、太阳房 29.04 万套，集热面积达到 2 549.37 万平方米。

农村小型风力发电经过 40 多年的发展历程，技术日臻完善，随着互补型分布式电源的兴起，小型风能供电系统更能发挥其作用。截至 2015 年底，全国小型风力发电（大于 1 千瓦、小于 50 千瓦）累计装机 11.1 万台，装机容量达到 34 704.3 千瓦，其中，装机容量较大的省级行政区包括内蒙古、新疆、黑龙江和山东等，其装机容量分别达到 24 573.2 千瓦、2 573.4 千瓦、2 005.7 千瓦、1 599.1 千瓦，内蒙古最为集中，占全国农村小风机装机容量的 70.8%。

截至 2015 年底，全国农村微型水力发电（不超过 500 千瓦）累计装机 30 272 台，装机容量达到 9.4 万千瓦。其中装机容量较大的行政区包括广东、广西和云南等，其装机容量分别达到 20 859.2 千瓦、18 177.7 千瓦、10 851 千瓦，三地装机容量占全国农村微水电装机容量的一半以上。

1.2.4　农村能源的政策逐步完善

我国农村能源政策的演变大致可分为三个阶段。一是 1979~1995 年，短缺时代的农村能源政策。农村地区缺乏基本的商品性能源服务，广大农民主要依靠当地可获取的非商品（薪柴、秸秆），"能源贫困"问题突出。二是 1996~2006 年，安全诉求下的农村能源政策。随着可持续发展理念的深入人心，力图建立以可再生能源为基础的可持续发展能源系统，这一时期我国农村能源政策着眼于服务国家能源安全，推进能源供给的多样化。三是2007年至今，气候变化条件下的农村能源政策。农村能源除解决农村能源贫困、国家能源安全等问题外，又被赋予了全球气候变化因素。

2000年以来，国家陆续加大了农村地区电力建设和农村生物质能源、小水电、太阳能热利用等能源开发应用支持力度，并通过"十一五""十二五""十三五"等可再生能源发展规划，加快农村清洁能源应用，在大大节约和增加能源供应的同时，也使全国农村生活用能综合效率得到明显提高。这主要体现在开展电力普遍性服务，加大农村地区沼气支持力度，开展小水电代燃料工程，推广各类农林生物质利用，加大太阳能利用和推广应用高效节能灶具等。

1.3 农村能源发展存在的主要问题

1.3.1 能源消费层次低，农村能源贫困问题突出

农村能源消耗在全部能源消费中所占比例较小，其主要原因是农村能源供给不足，部分地区的农村能源贫困问题依然存在，这使得农村能源的消费需求难以得到有效满足。而且，农村能源的商品化和优质化程度明显低于城市，农村能源消耗的商品能源仅占全部能源消费的2/3，还有部分能源消耗来源于秸秆的直接燃烧，而城市消费能源基本上属于商品能源。此外，农村能源消耗中的散煤多为"两高一低"（高硫分、高灰分、低热值）的劣质煤，品质低。农村能源贫困问题主要体现在乡镇变电站的负荷较小，部分乡镇在夏天会出现电力供应紧张的现象；燃气、液化气和天然气的供应尚未普及到所有的乡镇，部分农户只能依赖散煤作为主要的能源形式。

1.3.2 劣质散煤利用量大，燃煤污染物排放问题严重

煤是农村地区主要的生活用能，占生活能源消耗的36.9%以上，且散煤所占比例最高。尤其是在劣质煤的燃烧过程中，有大量的烟尘、温室气体及一些酸性气体被排放，并且在农村为分散排放，不加装任何除尘装置这些污染物被直接排放，不仅破坏污染环境，也严重危害人民健康。

1.3.3 能源基础设施落后，能源普遍服务难

农村能源的发展技术、资金投入不足，能源基础设施薄弱，现代化、规模化水平较低。近年来，尽管各级政府以补贴的形式开展了沼气、秸秆气化等农村清

洁能源利用工程建设，但这些补贴远不能满足农村能源整体建设的需求，资金缺口较大。此外由于农民收入水平低、缺乏配套技术服务等，有些设施在建成后处于停滞状态。大部分农户的灶具、采暖设施（以土暖气、火炕和煤炉为主）热效率低，秸秆树枝等生物质能源仍采用直接燃烧的方式，这导致能源利用率低，造成资源巨大浪费。相对于城市，农村人口分散化特征较为明显，这导致农村能源需求和供应也较为分散，集中式的农村能源市场难以形成，这造成能源基础设施的建设、运营和管理成本较高。

1.3.4　农村可再生能源利用程度低，建设运营和管理成本高

虽然农村地区可再生能源资源较为丰富，但由于其利用设施的功能尚不完善，难以实现对传统能源利用设施的完全替代，农户多套能源设备并存的现象较为普遍，可再生能源设施利用程度低。此外，虽然国家和地方对农村可再生能源的发展分别给予了一定的政策支持和财政补贴，但由于可再生能源经济性差、农民收入水平、技术水平有限等多方面因素的限制，可再生能源的利用程度不高，因此，短期内可再生能源并不能完全解决农村能源问题。

1.3.5　机制和政策缺乏统筹设计，政策实施的可持续性差

在国家能源发展战略和政策中，农村能源所占地位要低于城市能源，甚至要服务于城市能源的发展，这种城市能源优先的发展战略和政策导向，在一定程度上阻碍了农村能源可持续发展机制和政策的形成。一些地区仅把城市能源设施向农村进行适当的延伸作为农村能源发展的主要思路，很少从城乡统筹和加强农村基本公共服务的角度支持农村能源的发展。农村能源发展的实施政策缺乏战略性、前瞻性的规划，仅将相关的政策和法律法规适用于分品种、分类型的能源政策和法律法规之中，缺乏专门性的农村能源发展政策和法律法规体系，这使得农村能源发展政策实施可持续性差，在农村沼气项目发展中该问题尤为突出。

第 2 章 推动农村能源革命必须解决的重大问题

2.1 农村能源革命的对象和发展方向问题

2.1.1 中国农村能源革命不能一刀切

农村能源革命离不开当地的具体条件，中国农村地域辽阔、自然资源、社会经济发展水平差别巨大，农村能源革命必须结合各个地区农村能源的区域特征，因地制宜，构建可持续发展的低碳化、多能互补的能源网络系统。从全国农村能源消费来看，尽管各省农村地区人均能源消费量各年有所波动，但总量上呈上升趋势。从空间总体分布来看，各省农村能源消费强度的差异显著，中国农村地区人均用能呈现北多南少、东多西少的特征。另外，农村能源消费还与气候条件、区域资源禀赋等因素有关。作为农村地区的主要能源资源类型，风能、太阳能的资源优势还没得到充分发挥，生物质直接燃烧利用的方式需要彻底转变和改观。

中国农村能源消费的区域差异性还体现在其消费结构上。从农村能源结构的空间分布看，并没有呈现特别明显的特征，然而，从区域资源禀赋角度分析就可以发现一些规律。首先，资源可获得性是影响各省能源消费类型的主要原因，如山西、内蒙古、宁夏、河北、贵州等省区具有丰富的煤炭资源，所以这些省份能源消费中煤炭的比重很大。北京和天津尽管煤炭资源并不是十分丰富，但离山西、河北和内蒙古等产煤区很近，而且农村经济发展水平高、购买能力强，所以煤炭的使用比例也较大。其次，中国东北和西南地区的居民比北方、东南沿海地区使用生物质能源的比例高，这与中国的生物质资源分布情况基本上是一致的。

2.1.2 能源革命对象是散烧煤、生物质原始利用和固体废弃物

我国农村能源消费量大、类型多样,主要有煤炭、生物质能、小风电、微水电、太阳能光热、地热能等。全国可作为能源利用的农作物秸秆、农产品加工剩余物、林业废弃物、能源作物、生活垃圾、有机废弃物等生物质资源丰富,广大农村地区太阳能、风能和水能等可再生能源条件得天独厚,农村可再生能源资源的开发利用潜力巨大。然而,由于我国农村地理气候环境差异性大、各地域资源分布不均,经济发展程度参差不齐,农村散烧煤、进行原始利用的生物质和固体废弃物(垃圾)已经成为制约我国农村环境保护和生态建设的重要问题。

原煤散烧污染防治主要存在以下困难和问题。一是分散消费难以治理,目前农村散烧原煤不仅总量较大,而且没有任何污染治理措施,属超低空排放;由于分散消费,农民既没有动力也没有能力开展废气治理,因此在农村开展污染防治非常困难。二是污染防治缺乏投入,目前我国农村原煤散烧污染的治理尚未摆上议事日程,对其污染防治经费的投入、治理技术的研究都值得重视。三是农村环境监管仍处于空白,由于尚无监管机制,环保部门对农村燃煤量、污染物排放等情况没有纳入环境保护统计范围,政府各部门对此也底数不清;不仅如此,农村取暖炉、灶的污染物排放没有明确规范的环保标准,这给农村环境监管带来了巨大的挑战和难题。

农村生物质原始利用会造成资源的极大浪费的同时也会造成大气环境污染,这主要体现在:①污染大气环境,每逢夏秋季节由于秸秆的大量焚烧,空中悬浮颗粒数量明显升高,并且产生了大量的一氧化碳、二氧化硫等有害气体,使大气环境质量降低。②危害人体健康,秸秆焚烧产生的烟雾中含有大量的氮氧化物、光化学氧化剂和悬浮颗粒等物质,秸秆焚烧区域、时段均相对集中,大量烟雾对中老年、儿童及患有呼吸道疾病的人造成了很大影响。③威胁交通安全,露天焚烧带来的最突出的问题是大量浓烟的产生,这直接影响到民航、铁路、高速公路的正常运营,对交通构成潜在威胁,严重影响正常的公共秩序,甚至引发道路交通事故。④火灾隐患,野外秸秆集中焚烧,使空气对流加速,增加了风速,容易改变风向,还会产生飘浮于空中的"火团",人为难以控制,容易窜至院落和田间,引发火灾,造成人、畜伤亡,农作物、财产损失。⑤破坏土壤结构,焚烧秸秆使地面温度急剧升高,土壤中的有益微生物直接被烧死、烫死,影响作物对土壤养分的充分吸收,直接影响农田作物的产量和质量,影响农业增产、农民增收。

农村固体废弃物主要包括农村生活垃圾和畜禽粪便。随着农村居民生活水

平的不断提高,农村居民生活垃圾和畜禽粪便的产生量也随之增加。大量农村固体废弃物的不当处理不仅造成了能源的浪费,而且对农村的环境造成了很大的破坏。

2.1.3 中国农村能源革命必须因地制宜、找准方向

推进农村能源革命,必须结合中国农村不同地区的气候条件、区域资源禀赋、经济发展水平,以及能源消费现状等区域特征,因地制宜地建设分布式、多能互补的低碳能源网络,强化农村建筑节能,改造提升农村电网建设水平,加大农村燃气局域网建设,推动农村能源消费向燃气化、电气化发展。

中国农村地区分布着大量可再生能源,主要包括风能、水能、太阳能和生物质能。据农业农村部估算和统计,全国广大农村地区的可再生能源每年可获得相当于73亿吨标准煤的能量,相当于目前全国农村能耗总量的12倍。合理开发利用农村可再生能源,因地制宜推进发展分布式能源,是农村能源革命中不可缺少的环节。

农村建筑节能最突出的问题是小型燃煤采暖和炊事炉的大量使用,当前的首要任务是尽快在农村地区推行去煤化,以改善室内外环境。这不仅涉及建筑节能改造,也涉及建筑用能中如何充分开发利用地热源热泵、空气源热泵、生物质成型燃料、太阳能资源的问题。

推动农村能源消费向燃气化发展,提高农村居民气化率需要从三方面着手。一是加快城市燃气管网向边缘农村地区延伸,拓展农村燃气消费市场;二是提升农村沼气工程化水平,支持农村沼气产业化、商品化发展,扩大农村沼气利用规模和水平,鼓励发展以农村生活垃圾、生物垃圾处理为主的分布式能源高效利用项目;三是建立农村燃气局域网或加气站,提高液化天然气(liquefied natural gas,LNG)、液化石油气在农村地区的消费,拓展农村燃气来源渠道。

提高农村电气化水平也需要从三方面着手。一是改造提升农村电网建设水平,保障农村居民用电的可靠性和稳定性;二是推动农村分布式电站建设,支持农村居民发展分布式光伏发电和风力发电系统,支持农村地区与设施农业相结合的分布式光伏系统建设,支持农村地区生物质热电联产项目建设,鼓励农村电力的自发自用,保障农村居民富余电量全额消纳,逐步降低农村居民的用电成本。三是推动分布式和多能互补配套电网建设,充分利用既有电网设施,按多能互补方式建设可再生能源分布式电站,充分发挥风电与小型光伏发电、水电、生物质发电等在季节、天气、地域上的互补作用,增强多种电源和分布式电网的联合运行和互补能力,提高分布式电站发电及时并网和高效利用,最大限度提升清洁能源在农村电力消费中的比例,有效提高分布式发电的利用效率和经济性,为农村

能源供应提供重要支撑。

2.2 农村能源技术发展问题

2.2.1 区域差异较大，需要因地制宜创新发展

我国幅员辽阔，东、中、西和东北地区在地形地貌、气候条件、资源条件等方面差异较大，各地区经济水平发展情况不同，生活习惯和住宅类型也不尽相同。因而，我国农村能源技术的利用也呈现出明显的地区差异，其主要表现为以下几个方面。

一是户用沼气池主要分布在中西部。这与中西部以户为单位的种植和养殖的生产方式及其相对滞后的农村经济相对应。同时，它也与《可再生能源发展"十一五"规划》对户用沼气池建设提出的"重点在中西部适宜发展沼气的退耕还林还草地区、粮食主产区、畜牧业主产区、南水北调沿线等重点水源保护区、革命老区、少数民族地区，以及血吸虫病和地氟病疫区等地区，推广普及户用沼气"和中央从 2003 年开始每年安排 10 亿元国债资金发展户用沼气池的扶持政策存在密切联系。

二是沼气工程进入规模化发展，主要集中于东、中部地区。在东、中部地区，尤其是东部地区，畜禽饲养方式已经从以前的分散养殖转变为规模化养殖，近几年这种趋势更为明显，而且这种趋势仍将延续，并逐步带动中西部规模化养殖沼气工程的发展。

三是秸秆气化系统主要分布在东北和东部地区。其原因在于辽宁、山东等省份秸秆资源较丰富，2007 年开始实施的试验示范工程大多集中于东北及东部地区，并由此产生了带动效应。

四是太阳能热水器主要分布在东部地区，尤其是经济水平较高的华东区和华北区。一方面是因为东部地区日照条件普遍较好；另一方面与东部地区农村经济发达，农民较富裕、购买能力较强等因素有关。

五是太阳房集中在冬季需要取暖的东北地区、华北地区和西北地区。这不仅是因为这些地区太阳能资源丰富，且冬季气温较低、有采暖需求，而且是因为太阳能采暖方便、干净，特别适合寒冷地区的农村使用。

六是太阳灶使用集中在甘肃、西藏、青海等西北省区。西部常规能源运输困难，农村秸秆和薪柴不足，但这些地区的日照条件好，因此，在政府政策支持下的太阳灶的推广给当地农民的生产生活改善带来了新的希望。

七是小光电发展较多的首先是太阳能资源丰富的西北地区，其次在北京等地

也较普遍，原因是在北京新农村建设中，大部分农村道路都安装了太阳能路灯。

八是小型风力发电机主要分布在西部的内蒙古、甘肃、新疆等农牧业省区，以及东部的江苏、山东、福建、海南等海岛和内陆湖区。

九是微型水力发电主要分布在水能资源丰富的西南和东南山区。

综上分析，在农村不同地区推广不同的可再生能源技术十分必要。但应充分考虑当地农民的经济承受能力，同时根据当地的自然条件及人们的生活习惯，因地制宜地引导农村能源技术的发展。

2.2.2 创新能力不足，需要多方努力多能互补

满足农村清洁能源的需要和推动农村能源可持续发展已经成为我国政治经济社会发展的目标之一。然而，我国在农村能源规划和发展方面尚未形成有效体系，农村能源技术发展的地位和重视程度仍有待提高，农村能源技术发展的规划引领亟待加强，社会多方努力迫在眉睫。

从能源需求来看，农村居民收入水平的提高是改善和优化农村用能结构的关键。随着农村城镇化和农村居住方式的发展，农村大量存在的分散单户的能源供应将会减少，社区式或称村落式的能源供应将成为农村生活能源发展的重要领域；从集中供能方式的影响看，过去的重点主要在集中发电上，而优质洁净的煤炭供应、油气供应和集中供热还有待推进，农村电网改造升级需要进一步加强；从终端服务看，农村住宅节能改造和被动采暖的发展，尤其在北方寒冷地区，仍有待加快实施和推进。小水电、小光电、小风电等分布式供电系统，以及太阳能热水系统、户用沼气，已经较为成熟，形成了规模。而太阳能集热采暖、生物质成型燃料、生物沼气工程亟待发展。省柴节煤灶改造升级还有待进一步推进。可再生能源存在间歇性和不稳定性问题，做好多能协同互补、科学利用是可再生能源分布式系统未来的发展方向，其重要基础是先进信息网络技术的应用。由于各地区可再生能源资源禀赋差异较大，多能协同利用系统的发展必须因地制宜、多元发展。

我国农村以煤炭、生物质及电力为主要生活用能来源，其主要用途是采暖、炊事和热水。随着农村居民生活水平的提高，薪柴、秸秆等传统生物质用能方式被煤炭、电力、液化石油气等集中供能方式快速取代。而下一步发展方向是开展煤炭的清洁替代和可再生能源资源的开发与利用，尤其是发展生物质能源的新型利用方式，以实现清洁低碳、废弃物资源化利用。

2.2.3 建筑用能技术普遍落后，需要示范引领绿色发展

我国农村建筑用能总量大、利用效率低、室内热环境普遍较差，室内空气污

染较为严重,影响着农民身体健康。农村建筑用能产生大量温室气体、污染物和固体废弃物,给大气、生态环境和水体带来危害。2016年,我国农村地区年生活用能总量约3.5亿吨标准煤,其中煤炭、电、液化石油气等商品能2.2亿吨标准煤,约占当年全国建筑总商品能耗的27%。从整体的能源结构看,农村建筑商品能耗占总能耗的68.8%,秸秆等生物质能仅占31.2%。随着农村地区经济的发展,农村商品用能的使用量也呈现逐年增长的趋势。如果不对农村建筑用能进行积极的引导和采取科学合理的技术手段,农民将会更加倾向于商品用能的使用,农村特有的优势资源将被逐渐丢弃。商品用能消耗的快速增长不仅会加重农民的经济负担,也不利于我国能源安全和农村可持续发展。

随着我国城镇化建设和新农村住宅的发展,建筑用能需要充分利用太阳能和生物质能,推进光伏建筑一体化建设,推动农村用生物质能替代煤炭采暖示范工程,加强政府引导,继续推进绿色能源示范县、示范村和节能型农宅工程建设,探索城镇化和新农村建筑节能工作模式,从规划、法规、技术、标准、设计等方面全面推进建筑节能,提高建筑能效水平,引导农村建筑节能健康发展。推进农村住宅建筑保温措施推广与示范,推进农村节能门窗幕墙技术及产品的应用。积极推进新农村建筑节能技术应用、可再生能源建筑技术应用和既有建筑节能改造,建立有利于农村建筑节能与绿色建筑发展的保障机制,建立相关农村建筑节能标准体系,引导建筑节能市场由政府主导逐步向市场推动方向发展,推进农村建筑节能与绿色建筑持续发展。

我国北方农村地区冬季采暖是室内空气污染的主要源头,其传统火炕、室内的采暖炉和土暖气等设备热效率低,一氧化碳、PM2.5等污染物室内排放高。而对于南方农村地区来说,火盆、就地烧柴烤火方式的采用使污染物大量直接排放到室内。我国农村在生产方式、土地资源、住宅使用模式、可再生能源资源条件、室内热环境需求等各个方面都与城镇有很大不同,南北方农村地区在气候、建筑形式、用能习俗等方面也存在明显差异,所以,应秉承统筹生物质能利用、建筑节能和多能协同利用的方针,在北方农村重点建设无煤、节能、宜居的"无煤村",在南方农村重点建设低碳、宜居、与自然和谐互融的"生态村"。

2.2.4 生物质能源利用技术普及率低,需要降本增效逐步提高生物质能源在农村能源结构中的比重

农村具有丰富的农业废弃物生物质资源,2015年可供能源化利用的农作物秸秆约4亿吨,农产品加工剩余物约8 000万吨,林业抚育和采伐剩余物约1亿吨,可转化沼气的畜禽粪便约1 286亿立方米(除去还田、饲料化等其他途径消耗的生

物质资源)。但当前这些资源并没有得到有效利用,在传统生物质被燃煤大量替代的过程中,仍存在大量废弃和就地焚烧的现象,这造成了严重的生态环境问题。因此,无论是从优化能源结构的角度,还是从延长农业产业链、发展循环经济、为农民增收的角度,都应将农业废弃物的能源化利用作为解决农村生活能源问题的重中之重,实现一举多得。

目前社会各界对农业生物质能利用的认识不够,尚未将农业生物质能作为国家能源战略的重要部分。首先,我国秸秆量大,分散,体积蓬松,收获季节性强,储存场地少,收集、运输等经济实用的技术装备不足,秸秆收储运体系建设严重滞后。其次,农村沼气和生物质成型燃料仍处于发展初期,受限于农村市场,专业化程度不高。再次,大型企业主体较少,市场体系不完善,尚未形成高附加值的商业开发模式。生物质能开发利用涉及原料收集、加工转化、能源产品消费、伴生品处理等诸多环节,政策分散,难以形成合力。最后,尚未建立生物质能产品优先利用机制,缺乏对生物天然气和成型燃料的终端补贴政策的支持。

农村能源建设与"三农"问题密切相关,它涉及农村居民生活、农业生产经营和农村社会发展所需的能源服务系统。从能源需求侧看,农村生活用能高度依赖于煤炭和传统生物质的低效燃烧,以相对落后的方式满足农民的炊事、采暖需求,对生态环境和人体健康造成了一系列严重影响;从能源供给侧看,农村具有广袤的土地和丰富的可再生能源资源,尤其是农业生物质能源资源。加强生物质回收及加工利用、提高农村能源利用技术、生物质能发电技术和生物质能气化或制沼气技术,结合不同地区生物质能的特点,加大生物质能开发利用工程化技术开发力度,逐步提高生物质能在农村能源结构中的比重,着力推动农村可再生能源的规模开发和就地利用,并结合城乡一体化进程建设多能协同的新能源体系,所有这些措施将对推动农村能源生产和消费革命起到至关重要的作用。

2.3 农村生物质能发展问题

2.3.1 生物质能是农村能源供应的重要选择

生物质能是实现农村能源供给绿色化与用能清洁化和便利化的重要选择。能源供给绿色化包括两个方面:①供给绿色能源;②因绿色能源环境更美、生态更好。用能清洁化要求能源供应符合高效、低排、无二次污染的标准,而用能便利化要求能源供应必须满足社会需求、广泛应用、效益明显的目标。

农村生物质能是唯一可转化为气、液、固三种形态的二次能源和化工原料的可再生能源，发展生物质能可以实现农村能源供给绿色化、用能清洁化和便利化。

根据生物质能产生的方式和特点，可将其分为两类，一类是人类主动种植生产的能源作物，称为主动型生物质能，包括含油、含糖、含淀粉、含纤维素类的植物和水藻；另一类是人类社会生产生活过程中产生的有机废弃物，如农林废弃物、人畜粪便、农副产品加工废弃物、生活垃圾等，称为被动型生物质能。从环境和能源的双重效益考虑，我国农村应优先发展被动型生物质能。而从能源技术长远发展和储备考虑，主动型生物质能应以应用基础研究和关键技术攻关为主，加强选种、育种、种植等方面的基础研究，加大转化关键技术的攻关。

2.3.2 生物质能发展趋势是高值化、资源化综合利用

随着我国经济社会的发展，农林废弃物和畜禽粪污等产生量将与日俱增，对这些生物质资源进行更加合理的利用和转化势在必行。在我国社会主义市场经济体制不断完善的条件下，以高附加值开发为目标，对农业废弃物资源综合利用是其发展趋势之一。利用农业废弃物开发新型的生物材料、生化产品、替代石化产品及紧缺资源替代物的研究日益受到重视，这极大地拓展了农业废弃物的资源化领域。当前，我国乡村废弃物资源化利用技术应在以下几个方面寻求突破：①研究手段趋于多元性，提升或研发新的农业废弃物生态技术；②研发方式趋于技术升级与系统集成，利用高新技术对传统技术与产品进行升级改造，以及技术系统集成；③研发技术趋于智能化、规模化、专业化。现代信息技术、生物技术、计算机技术、先进制造技术、高分子材料等领域不断取得重大突破，这将深刻影响我国现代农业高效利用废弃物资源技术的发展进程，为其科技含量大幅提升带来新机遇。现代农业高效利用乡村废弃物资源技术研究正从"精量、高效、低耗、环保"等理念入手，开展前沿与重大关键技术研究，基于高新技术对传统技术与产品进行改造升级，强化各类农业废弃物资源化利用技术与方法间的有机紧密结合。

2.3.3 生物质能发展定位应该是"能源存量优化、增量替代"

我国以煤炭为主的能源结构是导致目前大气污染及碳排放总量大的重要原因。2016年农村地区散煤消费在总煤消费中约占10%，相当于4亿吨原煤。散煤因其价格便宜，在小锅炉、家庭取暖、餐饮用煤中被广泛使用，但基本上为分散式燃烧，由于无法集中采取除尘、脱硫等环保措施，污染物排放量要比火电燃煤高出5~10倍，散煤燃烧已经成为我国农村污染的重要来源。目前我国农村生活用能中

秸秆、薪材也是主要能源，可以满足农村散煤的替代。

我国生物质能包含能源作物、农林废弃物与畜禽粪污三类，截至 2014 年，三类物质所能产生的能量分别相当于 0.1 亿吨、5.7 亿吨、4.0 亿吨标准煤，预计到 2020 年它们产生的能量将分别达到相当于 0.9 亿吨、5.9 亿吨、4.0 亿吨标准煤；到 2035 年它们产生的能量将分别达到相当于 1.7 亿吨、6.0 亿吨、4.0 亿吨标准煤。由此可见，我国能源作物、农林废弃物及畜禽粪污等生物质能，在 2020~2035 年每年开发潜力为 10.8 亿~11.7 亿吨标准煤，开发潜力巨大，可满足能源存量优化和增量替代的需求。

第3章 推动农村能源革命的战略思路和重大举措

3.1 战略思路与战略目标

3.1.1 战略思路

全面落实党中央、国务院关于能源生产和消费革命的重大战略部署，落实我国能源战略行动计划，按照"环境优先、洁煤治霾；系统节能、多能互补；扬电引气、优化结构；服务支撑、统筹城乡；市场运作、政策保障"的总体原则，抓住城乡协同发展的战略机遇，以农村能源生产和消费革命为契机，加快构建便捷、经济、绿色的农村能源供应和利用体系，推进农村能源清洁化、商品化和优质化进程，转变农村能源供给、开发和利用方式，改善农民生产和生活用能条件，创新发展市场主导下农村可再生能源开发利用体系，推动农村地区能源可持续发展。

环境优先、洁煤治霾。坚持绿色发展理念，统筹农村能源开发利用与生态环境保护，推广农村节能减排技术开发与应用。以减少污染物排放为突破，严格控制散煤利用，推进农村煤炭消费方式革命。加强供需协调，近期通过散煤替代方式，提高散煤供给能力和清洁化利用水平；远期通过降低农村散煤消费比重，全面提高农村能源消费清洁化水平和清洁能源的保障供给水平。

系统节能、多能互补。牢固树立系统节能理念，积极引导农村转变传统用能理念，坚决抑制不合理能源消费，全面提高农村能源利用效率。以技术创新、装备创新、集成创新为引领，提升创新发展模式，推进农村可再生能源开发利用。发挥农村地区生物质能、风能、太阳能、地热能等多种资源共存的优势，重点发展生物质能、太阳能的开发利用，以"集-散"相结合的方式因地制宜，发展多能互补的能源系统，在有条件的地区率先进行创新示范。

扬电引气、优化结构。以优化农村能源供给和消费结构为重点，大力构建能源网络，推进农村能源向清洁电力和燃气发展。加强电网和燃气管网的优化建设，提高电力和燃气在农村地区的保障能力和供给水平，稳步、有序地提高清洁电力和燃气在农村终端能源消费中的比例。

服务支撑、统筹城乡。以推进城镇化建设和新农村建设为契机，全面强化节能环保，推进农村能源综合服务体系建设。统筹农村能源供应和消费体系及能源服务体系建设，构建清洁、低碳、安全、高效的能源体系，促进城乡能源生产、供给和服务体系一体化、均等化和便利化。

市场运作、政策保障。以推动农村能源生产、供给、消费、服务市场化为目标，统筹优化政策机制，推进农村能源绿色、高效、可持续发展。统筹农村能源发展规划，坚持政府引导、市场运作的原则，坚持鼓励竞争、打破垄断的原则，鼓励企业和个人参与农村能源可再生开发，推动农村能源向商品化发展。

3.1.2 战略目标

党的十九大报告提到，"改革开放之后，我们党对我国社会主义现代化建设作出战略安排，提出'三步走'战略目标"，"从现在到二〇二〇年，是全面建成小康社会决胜期"，"从二〇二〇年到二〇三五年，在全面建成小康社会的基础上，再奋斗十五年，基本实现社会主义现代化"，"从二〇三五年到本世纪中叶，在基本实现现代化的基础上，再奋斗十五年，把我国建成富强民主文明和谐美丽的社会主义现代化强国"[1]。以十九大报告为引领，推动农村能源革命，根据我国农村地区能源生产和消费及区域经济社会发展趋势的总体判断，综合考虑资源、环境、技术、经济等因素，提出 2020 年、2035 年、2050 年发展目标。

2020 年，基本建成适应农村全面小康社会需要的清洁、便利安全、有效的能源供需要求。2035 年，初步建成清洁、低碳、安全、高效的新型农村能源体系。2050 年，建成城乡一体化、城乡平等的清洁、低碳、安全、高效的能源体系，实现能源强国的目标。中国农村能源革命战略目标，如表 3-1 所示。

表 3-1 中国农村能源革命战略目标

发展阶段	2018~2020 年	2021~2035 年	2036~2050 年
	●分布式低碳发展的示范建设 ●初步形成农村能源多元化技术体系	●分布式低碳发展 ●全面发展因地制宜的农村多元化能源技术体系	●分布式低碳可持续发展 ●实现农村能源多元化技术体系和建设运营强国
洁净煤在散煤使用中的比例	75%	100%	100%
农村清洁能源在生活能源中的比例	50%	80%	100%

---

[1] sh.people.com.cn/n2/2018/0313/c134768-31338145.html.

续表

发展阶段	2018~2020 年	2021~2035 年	2036~2050 年
	●分布式低碳发展的示范建设 ●初步形成农村能源多元化技术体系	●分布式低碳发展 全面发展因地制宜的农村多元化能源技术体系	●分布式低碳可持续发展 ●实现农村能源多元化技术体系和建设运营强国
农户年均生活用电量/千瓦时	2 000~2 250	4 500~5 000	6 000~6 500
生物质能应替代传统能源/亿吨标准煤	0.5	10	12
农村有机废弃物无害化率	80%~90%	100%	生物质能全方位能源化、资源化利用

到 2020 年，我国农村以优质能源替代散煤取得初步成效，农村煤炭消费占终端能源消费的 20%~25%；优质无烟煤、兰炭、型煤等洁净煤在散煤使用中的比例达到 75%，农村清洁电力和燃气在终端能源消费占比达到 50%；可再生能源开发利用机制基本建立，初步形成具有农村区域特点的农村能源开发利用模式，可再生能源发电装机容量达到 55 吉瓦，生物质燃气 80 亿米^3/年；新农村建设能源开发利用市场化保障机制和创新机制基本建立，新农村能源开发利用示范取得初步成效，农村能源利用水平、效率和区域环境得到初步改善。

到 2035 年，农村地区劣质散煤被全面禁用，农村煤炭消费占终端能源消费的 5%左右，农村煤炭消费明显降低；优质无烟煤、兰炭等洁净煤在散煤使用中的比例达到 100%，农村清洁电力和燃气达到 80%；农村可再生能源开发利用模式基本形成，农村可再生能源开发利用水平得到明显提高，可再生能源发电装机容量达到 200 千兆瓦，生物质燃气 200 亿米^3/年；新农村建设能源开发利用模式基本形成，市场化保障机制得到完善，农村能源利用水平、效率和区域环境得到根本改善。

根据中国工程院"推动能源生产和消费革命战略研究（一期）成果"，从 2016~2020 年，我国能源结构处于优化期，化石能源消费清洁高效利用，2020 年煤炭、油气、非化石能源消费比例达 6∶2.5∶1.5。2021~2035 年，能源领域处于变革期，能源消费结构显著优化，能源绿色低碳发展，2035 年煤炭、油气、非化石能源消费比例达 5∶3∶2。2036~2050 年，能源革命处于定型期，新型能源体系建成，2050 年煤炭、油气、非化石能源消费比例达 4∶3∶3。此外，我国城市居民能源需求将于 2040 年左右达到峰值，而化石能源需求则将于 2035 年达到峰值。因此，我们提出农村能源革命的长远战略目标应该顺应国际大趋势和我国发展大趋势，建成满足能源平等、城乡一体、非化石能源为主的清洁、低碳、安全、高效的具有国际水平的能源新体系。

3.2 战略重点与举措

3.2.1 控制散煤利用，推进农村煤炭消费方式变革

根据我国农村地区散煤消费比例大、散煤燃烧污染物排放占比高的特点，应严格控制和引导散煤消费。以治理环境和大气污染为重点，制定严格统一的散煤市场准入标准体系，限制烟煤、高硫煤等劣质散煤的消费，建立低硫无烟煤、型煤、兰炭的利用机制和统一的市场配送机制，实施清洁燃煤替代工程，尽快降低或局部结束散煤消费。

1. 实施清洁燃煤替代工程

据有关研究，生物质型煤与原煤散烧相比，可减少烟尘排放60%、减少二氧化硫排放40%。我国农村地区散煤来源十分复杂，受市场价格、运输条件等影响，高硫煤、劣质煤等散煤占据相当大的市场份额，燃煤用具市场鱼龙混杂。实施清洁燃煤替代工程，加强新型清洁燃料的应用与推广，由政府主导，通过市场手段辅以财政补贴措施，通过推广应用添加固硫剂的环保型煤、生物质型煤、兰炭等散煤替代燃料及配套的清洁炉具，可以大幅度降低烟尘和二氧化硫的排放量，同时能提高燃煤热效率、降低灰渣含碳量，提升散煤利用的效果。

2. 引导转变传统散煤消费方式

农村散煤燃烧后烟气不经治理直接排放，其排放强度远高于平均排放强度，必须加强散煤消费的控制和引导，在满足农民生产和生活的前提下，转变传统的散煤消费方式，逐步减少散煤消费，才能有效控制散煤燃烧带来的污染问题。首先，政府主导，用市场化机制，建立统一的清洁散煤配送体系，引导农村散煤消费清洁化。其次，通过新农村建设，在有条件的农村实施集中供暖、供热，煤炭集中综合利用，提升煤炭利用水平，提高煤炭利用效率，开展污染物综合治理。最后，推进农村用能方式变革，尽快用清洁能源或新能源替代散煤，以降低或局部消灭散煤消费。

3. 建立统一的散煤市场准入标准体系

目前，在散煤的质量控制方面，以京津冀为例，北京市制定了《低硫散煤及制品》地方标准，该标准适用于包括农村燃煤炉在内的民用燃煤设备所用的煤炭产品，控制指标有灰分、挥发分、全硫及发热量等；天津市制定了《工业和民用煤质量》地方标准；河北省制定了《洁净配煤》和《洁净型煤》地方标准，但这

些标准均只适用于洁净煤加工，对农村散煤尚无要求。京津冀三地煤源相近，能源市场融合，农村市场散煤消费标准缺失，这使农村散煤消费监管无法可依。结合三地散煤煤源，要协同建立统一的散煤市场准入标准体系，提高散煤、散煤制品及其燃具的市场准入条件，实行定点、定质、定向管理，严格控制非法生产、销售劣质煤的行为，杜绝不达标散煤供应渠道，严控劣质工业煤流向农村消费市场。以京津冀散煤市场准入标准体系建设为试点和突破点，努力建立我国统一的散煤市场准入标准体系。

3.2.2 创新发展模式，推进农村可再生能源开发利用

加强我国农村可再生能源的开发利用，结合不同农村地区可再生能源资源禀赋及特点，大力发展生物质能、风能、太阳能、地热能等新能源产业，重点推进生物质燃气、生光互补、风光互补等多能协同的可再生能源开发利用模式，开展分布式能源示范工程建设，完善分布式能源上网电价形成机制和政策，提升农村能源自给率，推动农村可再生能源开发利用可持续发展。

1. 大力推进农村生物质能大型示范工程及推广

生物质是一种有机质原料，是替代煤炭、石油、天然气的重要资源，利用东北和华南地区农村生物质相对丰富的特点，按照"政府扶持、企业主体、市场化运作"的原则，全面推进农村生物质成型燃料、燃气、发电、液体燃料等多种利用方式并举的开发利用模式，推动农村生物质开发利用示范工程项目建设，提高生物质利用效率，加强企业参与农村生物质能的开发利用综合服务体系建设。在农村有规模化畜禽养殖场的地区和人口密集地区，优先发展沼气集中供气，在农村电力紧张地区发展分布式生物质燃气发电，推进农村大中型沼气集中供气示范工程建设，推动沼气与农村天然气管网互联互通，推动生物质发电与农村电网的互联互通。推广以供应罐装沼气方式为周边居民提供生活燃气的模式，推动大型沼气工程的沼液、沼渣的综合利用和循环利用。在人口相对密集的农村地区，推进生物质成型燃料集中供热；在人口分散的农村地区，全面推广户用生物质燃料（户用沼气和成型燃烧），替代户用炊事及采暖用能。

2. 推进农村太阳能利用工程及示范

进一步完善支持政策，以"集-散"相结合的方式全面推进农村太阳能利用工程。"集"就是要推进农村太阳能规模化、产业化、商品化利用，推进利用农村屋顶、蔬菜大棚等实施光伏电站建设；"散"就是要推进以农户或用能单元为基础的太阳能利用，在农村路灯照明、家庭用电等领域推广分布式光伏电源，推进农户

太阳能热利用。在新农村建设过程中,全面推进农村光、电、热一体化建筑,开展农村光、电、热利用示范小镇及示范村建设。推进农村温室、蔬菜大棚光伏电站示范和建设,支持偏远农村地区利用光伏发电解决无电和缺电问题。政府引导并提供必要的财政支持政策,通过市场机制推进企业和专业化能源服务公司与农户合作投资建设和经营管理农村光伏发电及相关设施,建立适应农村光伏发电发展的建设、运行和消费体系,以及简捷高效的太阳能综合利用服务体系,完善电价和补贴政策,解决农村光伏并网消纳问题,确保光伏发电项目及时并网,并全额收购农村光伏发电富余电量,推动农村光伏发电有序发展。

3. 加强农村风电开发利用

在农村地区,按照"分散开发,集中管理"的原则,支持和推进分散式风电的开发建设。重点开发西北农村地区风能资源,除建设大型风电场外,在具备风能资源条件的农村地区推进分散式风电发展,并在当地电网就近消纳,提高农村风电在电力消费中的比例。将分散式农村风电纳入统一监管,完善农村风电在能源消费和碳减排等方面的补贴政策,建立支持农村风电持续发展的保障机制,合理确定上网电价,完善农村风电的综合服务体系,确保农村风电上网和电力系统运行安全。积极推广农村离网型风电的开发应用,推动远离城市的边远农村、牧区等地区离网型风电的发展。

4. 规范有序推进农村地热能开发利用

我国华北地区地热资源丰富,要加大地热资源的勘探、开发和利用力度,在农村地区重点开发推广浅层地热能资源,建立农村地区地热开发利用的技术标准和技术政策,形成"勘探、钻井、抽井、回灌"的标准规范,加强地热资源的监测与监管,避免无序开发、资源浪费和过量开发。在有条件的地区先行示范,完善农村地热能产业服务体系,提高地热综合利用水平。完善地热能开发利用政策,推进开发投资多元化,推广和示范应用农村地热能技术,推动农村地热建筑和住宅利用地热能供暖和制冷示范村建设,推广示范地源热泵技术和地热能分布式发电技术,逐步降低地热能开发利用成本。推动农村开展地热能综合利用项目建设,开展温泉疗养、洗浴、旅游、种植、养殖、孵化及农产品加工综合项目等多种经营,提升农村地热能经济开发和产业化发展水平。

5. 科学发展农村多能互补的能源利用系统

要充分利用农村地区多种能源资源共存的特点,推动开展多能互补的清洁能源示范工程建设,推动"地热能-太阳能-生物质能""风能-光能""光能-生物质能"等综合利用系统示范村建设，全面提升农村能源的供给能力，提高可再生能源的科学开发和综合利用水平。在农村供电能力不足的地区，开展利用既有电网设施，按多能互补方式建设可再生能源分布式电站，推动分布式电站与配套电网的规划和建设。在农村及高原、山区、草原等边远地区，充分发挥风电与小型光伏发电、水电、生物质发电等在季节、天气、地域上的互补作用，增强多种电源和分布式电网的联合运行和互补能力，推动分布式电站发电及时并网和高效利用，最大限度提升清洁能源在农村电力消费中的比例，有效提高分布式发电的利用效率和经济性，为农村能源供应提供支撑。

3.2.3 构建能源网络，推进农村能源向清洁电力和燃气发展

大力推进农村能源向清洁电力和燃气发展，全面推进农村电网改造工程，提升农村电网供电的可靠性和供电能力，开展农村区域性分布式电网和微网建设示范。在有条件的农业地区推进农村天然气管网建设，加强天然气和液化石油气加气站建设。逐步提高清洁电力和燃气在农村能源消费中的比例，加快提高清洁能源供应规模，实现区域内能源供应及消费清洁化、高效化。

1. 进一步推进农村电网升级改造

电网已为人类供应了约 1/4 的终端能源，成为现代能源体系的重要组成部分，电力在终端能源消费结构中占有的比例已成为一个国家发达程度的标志，大力提高电力在农村地区的消费比例，也是我国新农村建设的重要内容。进一步推进农村电网升级改造，建设安全可靠、节能环保、技术先进、管理规范的新型农村电网，消除薄弱环节，扩大覆盖面，提升农村电网供电的可靠性和供电能力，保障农村生活用电和生产用电，彻底解决农村无电人口用电问题。推进农村电力管理体制改革，加快推进城乡电网一体化管理和城乡电价一体化改革。

2. 推动分布式电网、微网的建设和与大电网的互联互通

推进电网结构和运行模式创新，提升电气设备的性能和采用新型功能的电气设备，提高电网接纳能力和电力配置能力，全力解决风电、光电、生物质电的并网和消纳问题，稳步推进电网结构向大电网和分布式电网、微网并存的格局转变。推进新型高性能发电材料的发明和使用，发展高效低成本电力储能系统，优化电网的运行、简化电网的结构和控制。保障供电的安全可靠性，针对不同电压等级，开展环形网络示范，构造一个多层次网状结构的供电网络，实现相邻层次间和同

层次不同区域环形电网间的互联互通。完善分布式能源上网电价形成机制和政策，实现分布式发电、农村可再生能源发电直供及无歧视、无障碍电网接入。

3. 推进供气管网建设向农村发展

天然气是一种优质、高效、清洁的低碳能源，要大力推进天然气管网向城镇及农村延伸，促进农村地区天然气产业有序、健康发展。随着我国城镇化和新农村建设的发展，人们对天然气的需求也将日益增加。加快发展天然气，提高天然气在农村地区能源消费结构中的比重，是防霾治霾、改善大气质量、提高农民生活质量和健康水平的重要手段。要全力解决城乡天然气产业发展不协调问题，加快农村天然气管网建设，提高农村天然气管网覆盖面，引导天然气合理消费，提高天然气利用效率。农村地区地域广阔，推进天然气管理建设，要统筹合理安排，量气而行，超前规划，分步实施，着力解决农村能源的输送瓶颈，满足农村市场的用气需求，提高保障供给能力。解决城乡接壤地区天然气管网的互联互通和新能源气网的互联互通，理顺农村天然气与可替代天然气的比价关系，推进城乡天然气价格一体化改革。

4. 统筹天然气、液化石油气加气站和配送体系建设

在天然气管网不能覆盖的农村地区，建立健全绿色能源配送体系，多元化解决压缩天然气、液化石油气供应渠道，保障清洁燃气供应。政府主导，统筹规划，企业参与，市场机制，支持建立农村压缩天然气、液化石油气加气站建设，推进企业和个人根据行业管理相关规定参与加气站建设经营，实行市场化运作，依法规范管理，维护市场公平。加快推进农村天然气分布式能源示范项目建设，加大市场开发力度，通过政策扶持，保证需求，确保安全，推进低碳乡村试点。

3.2.4 强化节能环保，推进农村能源综合服务体系建设

推进农村节能环保新技术、新产品、新设备的开发和应用，加快构建农村能源综合服务体系建设，开展生物、生活垃圾等污染物资源化和能源化综合利用，推广洁净高效的燃煤、燃气炉灶，结合城镇化和新农村建设，推进节能建筑和节能型新农宅建设，推动能源生产和消费由粗放、低效型向高效、节能和环保方式转变。

1. 推进农村绿色建筑和节能住宅建设（供热）

在城镇化建设和新农村住宅发展过程中要充分利用太阳能和生物质能，推进光伏建筑一体化建设，推动农村用生物质能替代煤炭采暖工程示范，加强政府引

导,要继续推进绿色能源示范县、示范村和节能型农宅建设,探索城镇化和新农村建筑节能工作模式,从规划、法规、技术、标准、设计等方面全面推进建筑节能,提高建筑能效水平,引导农村建筑节能健康发展。推进农村住宅建筑保温措施推广与示范,推进农村节能门窗幕墙技术及产品的应用。积极推进新农村建筑节能技术应用、可再生能源建筑技术应用和既有建筑节能改造,建立有利于农村建筑节能与绿色建筑发展的保障机制,建立相关农村建筑节能标准体系,引导建筑节能市场由政府主导逐步向市场推动方向发展,推进农村建筑节能与绿色建筑健康发展。

2. 加强农村节能环保新技术的开发和推广应用

加强农村节能减排和生态环境保护,推进农村节能减排和农村污染物综合治理新技术开发、示范和应用,统筹城乡垃圾处理和资源化综合利用设施建设,推动村镇污水处理和城乡一体化垃圾处理试点工作。结合新农村建设,加强对乱排、乱放和污染源的督查和整治力度,推动农村资源的高效利用、循环利用,推进空气热源泵采暖技术示范。推广洁净高效的燃煤、燃气、生物质炉灶和燃具。加强农业节能减排,完善农业发展循环经济的长效机制。围绕农业发展方式以节肥、节药、节水、节地、节能技术推广为重点,推进农业节能减排新技术的开发与应用。从政策、技术、资金多方面推进农村节能减排示范工程建设,逐步形成低投入、高产出、低能耗、少排放的农村发展模式,全面推进以农村环境综合治理和村镇污水处理整治为目标的大型沼气工程和农村循环经济示范工程,构建农村节约型和环保型的生产方式和生活方式,改善农村群众的生产、生活条件。推进农村经济绿色发展、循环发展和可持续发展。

3. 推进农村能源综合服务体系建设

充分发挥政府在规划、资源配置、公共服务等方面的主导作用,统筹城乡能源综合服务体系建设,以"政府引导、市场机制、整合资源、城乡统筹"的原则,充分调动社会各方面的积极性,推动新农村能源建设和环境建设,形成整体合力。加强和提高政府在能源服务领域的监督与监管作用,积极推动垃圾收集、分类和资源化利用综合服务体系城乡一体化,积极推动可再生能源开发利用装置及设备安装、维修和服务城乡一体化,积极推动清洁煤炭加工服务、配送服务和洁净煤利用设备服务城乡一体化,建立长效发展机制,加强农村清洁能源和可再生能源开发利用技术的培训和指导,让农民在农村新能源建设中真正得到实惠,确保农村能源可持续发展。

第二篇　西部能源发展战略综合篇

第4章　西部是中国能源革命和供给侧结构性改革的重要战场

中国西部包括内蒙古、陕西、重庆、四川、云南、贵州、广西、甘肃、青海、宁夏、西藏、新疆等12个省、自治区和直辖市。西部土地面积681万平方千米，占全国总面积71%；人口约3.5亿人，占全国总人口的28%；疆域辽阔，与中亚、东南亚等12个国家接壤，陆地边境线长达1.8万千米，占全国陆地边境线的91%，大陆海岸线近1 600千米，约占全国海岸线的9%。

西部能源资源十分丰富，煤炭储量占全国的2/3，天然气储量占全国的86%，石油储量占全国的41%。开发利用好西部能源成为推动中国能源革命、深化供给侧结构性改革的关键。

4.1　西部煤炭资源是保障中国能源自给的重要力量

西部煤炭资源丰富，是中国大型煤炭基地集中分布区，发展潜力巨大，具备接替煤炭战略西移的能力。西部保有和预测煤炭资源总量达3.85万亿吨，占全国煤炭资源总量的66.2%。煤炭开发方面，特厚煤层大采高综放、8米以上大采高综采等一大批安全高效开采技术与装备先后被推广应用，煤炭开采的自动化程度、生产效率已达到世界领先水平。2015年，西部五省煤炭产量为16.7亿吨，占全国煤炭产量的46.57%。煤炭利用方面，众多大容量、高参数装机的清洁高效燃煤发电基地和一批具有世界先进水平的现代煤化工基地逐步建成。煤炭开发利用产业已逐步由传统的投资、资源依赖型转为技术、资金密集型产业，引领中国乃至世界的煤炭工业发展的方向，这对推动中国能源结构调整、建设清洁绿色能源体系、保障国家能源安全具有重要作用。

西部煤炭资源的合理开发和清洁高效利用对区域经济社会发展具有重要的引擎作用，2005~2015年，西部规模以上煤炭采选企业工业总产值4.44万亿元，累计缴税4 479亿元。

4.2 西部油气资源是保障中国能源安全的战略支点

西部是中国石油发展最现实的战略接替区。"十一五""十二五"期间西部年均新增石油地质储量分别为5.1亿吨、7.5亿吨,分别占全国新增储量的46%、62%,成为推动中国石油储量持续增长的主体。西部石油产量由2001年的3 182万吨,增长到2015年的7 084万吨,年均增长260万吨,占全国年均增量的82%,已成为弥补东部产量递减、推动中国石油产量持续增长重要接替力量。

西部是中国天然气持续大发展的主力战场。2001~2015年西部累计探明天然气地质储量7.57万亿立方米,占全国总探明天然气地质储量的86%;天然气产量由2000年的167亿立方米增长到2015年的1 121亿立方米,占全国天然气消费比重由60%提升到83.5%,成为推动中国天然气大发展的主要力量。

立足区位优势和资源优势,西部油气是保障中国能源安全的战略支点。西部是连接中亚-俄罗斯的重要枢纽,已建成中哈原油管道、中亚天然气管道,国内建成西部石油管道、西气东输一线、西气东输二线、西气东输三线、川气东送管线等能源输送大通道。同时,西部现已建成鄂尔多斯7 000万吨级油气生产基地、新疆5 000万吨级油气生产基地和四川3 000万吨级天然气生产基地,是中国重要的油气供应基地。西部油气发展已经成为中国能源安全的重要保障。

4.3 西部清洁能源是推进中国能源结构优化的重要基础

中国西部具有丰富的清洁能源资源,特别是在风能、太阳能、水能、地热能等方面,具有巨大的开发利用潜力。

西部100米高度下的风能资源技术可开发量达30.5亿千瓦(含低风速资源),占全国风能资源的78%;截至2016年底,西部风电累计并网装机容量共7 258万千瓦,占全国风电总装机的48.8%,全年发电量达1 076亿千瓦时。太阳能资源年总辐射量高于全国平均水平,大多处于太阳能最丰富带(年太阳辐射总量6 680~8 400兆焦/米^2)与丰富带(年太阳辐射总量5 850~6 680兆焦/米^2)。

截至2016年底,西部太阳能发电并网装机容量共4 100万千瓦,占全国光伏发电总装机容量的52.9%,全年发电量达到403亿千瓦时。

西部水资源技术可开发量达5.4亿千瓦,占全国的81.73%,其中以西藏、四川、云南三省区水力资源最为丰富;截至2016年底,西部常规水电累计并网装机容量21 178万千瓦,占全国常规水电装机容量的63.8%,全年发电量达7 868亿千瓦时。

高温地热资源高达150亿吨标准煤,其中西藏地区居中国地热能储量的榜首,但仍均处于开发利用初级阶段,具有极高的开发潜力。铀矿资源丰富,占全国总储量的52.21%,但开发利用程度较低。西部丰富的清洁能源资源丰富,开发利用潜力巨大,为优化能源结构、深化能源供给侧结构性改革奠定了重要基础。

4.4 "一带一路"能源合作及西部能源大通道建设快速发展

4.4.1 "一带一路"能源合作快速推进

油气合作是中国"一带一路"能源合作的桥头堡。截至2016年底,中国企业已参与海外200多个油气项目的投资,业务遍及全球50多个国家,涵盖上、中、下游全产业链,基本建成六大油气合作区(中亚-俄罗斯、中东、非洲、亚太、美洲和欧洲)。2016年中国海外油气权益产量1.5亿吨左右,其中在"一带一路"24个国家执行115个油气项目,权益产量接近8000万吨。

煤炭合作是实施"一带一路"能源合作的重要领域。目前在"一带一路"9个国家执行26个煤炭合作项目,主要分布在孟加拉国、印度尼西亚、越南、乌兹别克斯坦、蒙古、乌克兰、哈萨克斯坦、俄罗斯和巴基斯坦,2016年中国与"一带一路"国家煤炭贸易量为2亿吨左右。

电力产能合作是"一带一路"能源合作的新兴方向。目前在"一带一路"57个国家执行936个项目,2016年在建火电项目3760万千瓦,主要分布在西非、北非、南亚、东南亚和中亚-俄罗斯等国家和地区,2016年中国与"一带一路"国家电力贸易量达53亿千瓦时。

4.4.2 中国西部能源大通道快速形成

在油气通道方面,截至2015年底,西部陆上油气进口通道已经建成中哈原油管道、中亚A/B线、中亚C线和中缅油气管道,具备4300万吨/年原油和550亿米^3/年天然气的进口能力。2015年西部能源通道实际进口原油1181万吨,占全国原油进口总量的4%;进口天然气293亿立方米,占全国天然气进口总量的48%。而在国内配套管道方面,截至2015年底,中国已初步构建"横跨东西、纵贯南北、连通海外"的油气供应保障格局,总运营里程11万千米,其中,原油管道2.1万千米、成品油管道2.1万千米、天然气管道6.8万千米,油气管网已初具规模。

在铁路运输通道方面,目前中国绝大部分内陆进口煤炭来自蒙古。2015年,蒙古向中国出口煤炭 1 438.9 万吨，占据中国进口煤炭总量的比重由 2014 年的 6.6% 提高到 7.1%。呼和浩特海关是蒙古煤炭的主要进口海关，2015 年进口煤炭总量达 1 402.9 万吨。虽然目前二连、策克两个对蒙口岸均有铁路连通国内铁路干线网，但由于蒙古煤炭产区铁路和口岸铁路建设滞后等原因，中国内陆进口煤炭运输仍主要通过公路方式完成。

在电力通道方面，电力跨国通道的规划和建设还处在初期阶段，目前已建成的跨国电网工程主要从云南出发，向次湄公河地区的缅甸、老挝、越南、泰国等国家发展，实现跨国电网互联。而国内部分主要依托中国"西电东送"战略规划建设的三条送电线路（北线、中线、南线）。

第 5 章 推动西部能源革命的重大问题分析

5.1 西部煤炭资源开发利用问题

5.1.1 西部煤炭发展空间受生态环境、人才等因素制约

西部在我国能源格局中具有不可替代的地位,"基地化、规模化、集约化、集群化、循环化"的布局模式是西部建设煤电化大型现代化煤基能源基地的方向。推动产业科学发展,需要产业统筹规划,促进煤炭及相关产业协调发展、转型发展、升级发展和平稳健康发展,形成区域内分工合作、各具特色的有序竞争格局,提升西部煤炭乃至煤炭行业整体竞争力。

目前,西部煤炭开发利用已取得一定的成就,在技术应用和产业示范等方面代表了我国煤基能源产业发展的方向:煤炭行业科技创新步伐加快,高效绿色开采技术不断突破,清洁转化利用技术持续创新,助推西部煤炭产业转型升级;西部煤炭资源勘探成果丰硕,一批已建成和一批在建的大型现代化矿井和矿区,煤炭产能规模持续增加,机械化、自动化和安全生产水平不断提高;以鄂尔多斯、宁东、榆林为代表的"能源金三角"地区成为煤基清洁发电、高效转化的典型代表;新疆煤炭生产结构不断优化,生产技术实现跨越式发展。

随着资源开发利用与生态环境协调发展要求的不断提高,煤炭项目建设与水资源紧缺、水土流失等生态环境矛盾加剧,脆弱的生态环境基底制约着西部经济、社会的可持续发展,这也将成为西部煤炭资源可持续开发利用的"瓶颈"。

西部煤炭清洁高效利用存在的问题主要表现在以下方面。一是西部主要大型煤炭基地水资源短缺和生态脆弱问题突出;二是西部绿色煤炭资源勘查程度不高,勘查程度较高的资源量占比仅为9%;三是能源运输通道建设总体滞后,特别是新疆能源外输和"能源金三角"地区煤制油化工产品管道运输等问题最为明显;四是西部煤炭转化利用水平发展不均衡,煤制油化工产业产品结构单一、同质化问题突出;五是煤炭及煤炭深加工领域的高素质专业人才较为短缺。

科技含量高、人才知识密集、职业地位优越感强是煤炭工业发展的必由之

路。煤炭工业经过"黄金十年"发展，虽然各类煤炭企业大幅盈利，但大多还没有形成可持续的科技支撑能力，也没有做好资源型产业转型的人才、技术准备。煤炭强国急需既懂煤炭开采和利用，又懂科技、经济、管理和法律等知识的综合型人才。

5.1.2 新疆具备建成国家级煤炭、煤电和煤化工基地的综合条件

新疆煤炭资源十分丰富，位居我国前列，煤炭资源预测远景储量2.19万亿吨，占全国煤炭远景储量的40%以上，是我国重要的煤炭资源战略保障基地和现代化工产业发展基地，是未来西部区域经济可持续发展的重要力量，也是"一带一路"倡议向西开放的桥头堡。然而，新疆煤炭及相关产业发展面临着远离能源消费中心、用水效率低、水资源短缺、生态环境制约、煤炭开发利用市场竞争力不强、产业协同发展不够高效等若干重大问题。

当前，煤炭外运整体竞争力不强，发电外送华中、华东地区具有一定竞争优势，煤化工成本优势明显但疆内市场有限。

在煤炭外运方面，目标市场的煤炭价格是决定疆煤外运经济合理半径的主要因素，经济合理半径随着目标市场价格的增长而扩大。以2016年底的煤炭价格为基价标准，针对华中和西南目标市场，虽然新疆的煤炭生产成本最低，但较鄂尔多斯、榆林等地仍有1 000千米的距离、近百元价格的劣势。所以，2035年前，疆煤外运的目标市场主要集中在甘肃、宁夏和青海等地。

在燃煤发电方面，以华北电网京津冀地区为受端分析，新疆最佳的输电方式是采用交流输电，但在竞争力上显著低于鄂尔多斯和榆林地区，其受端成本电价高出近50%。通过直流输电外送至华中、华东地区具有较为明显的竞争优势。以华中两湖地区、华东长三角地区为电网受端分析，新疆宜采用直流输电方式，且在受端成本电价上具有竞争力。

在煤炭深加工方面，新疆建设煤制油、气、化工品项目，尽管远离产品消费市场，但其煤炭价格低，具有一定的成本优势。与甘肃、宁夏等地区相比，新疆发展现代煤化工具有一定的成本竞争力；与榆林、鄂尔多斯和包头相比，在煤炭成本差距较大（100元/吨）的情况下，新疆煤制烯烃成本竞争力相对明显，煤制气与煤间接液化竞争力相当，但不明显。

总体来说，推进新疆煤炭开发利用是国家能源安全保障和推进能源转型发展的必然要求，必须坚持与国家能源发展战略相统筹，必须坚持煤炭上下游产业协同发展相统筹，必须坚持开发利用与生态环境协同发展相统筹，必须坚持疆内与

疆外两个市场相统筹。充分利用新疆资源优势、成本优势、政策优势，加强技术创新，规划和建设新疆煤炭、煤电、煤化工基地，实现煤炭资源的清洁高效开发和利用。

5.2 西部油气资源开发利用问题

5.2.1 资源勘探与分布、水资源等因素制约西部油气发展

西部油气地质条件复杂，勘探开发难度大。西部剩余石油资源的98%、剩余天然气资源的81%分布在山地、沙漠、黄土塬、高原和戈壁五类复杂地表区。复杂的地表和地下条件，使得地震高精度成像、油气成藏规律认识、有利区分布与优选、勘探目标识别和大规模勘探难度极大。此外，西部油气藏类型复杂，主要发育深层-超深层碳酸盐岩油气藏、超深层高温高压气藏、稠油油藏、低渗-致密油气、页岩气、煤层气等复杂类型油气藏，规模效益开发难度大。

西部油气资源分布不均，油气需大规模跨区调配。西北地区油气产量远超需求量，外输规模大，2015年西北跨区石油外输31%，达2 116万吨；天然气外输54%，达421亿立方米。考虑中亚-俄罗斯进口规模，2015年我国西北地区外输量石油超过3 000万吨、天然气超过600亿立方米，是我国油气供应的重点地区。西南地区天然气基本实现区内平衡，但近7 000万吨石油需求几乎全部从外部大规模调入。新疆成品油过剩，每年有40%左右的成品油向区外输送。

西北地区水资源短缺严重，生态环境脆弱。西北地区地处内陆，全年干旱少雨，生态环境十分脆弱，环境承载力低。根据《2015中国环境状况公报》，全国降水量小于400毫米的区域涵盖了西北大部，特别是内蒙古西部、甘肃中西部、西藏西部和新疆大部。截至2011年底，我国水土流失面积294.91万平方千米，而西部就占82.81%；西部的新疆、内蒙古、西藏、甘肃、青海5省、自治区荒漠化、沙化面积达到249.78万平方千米、161.71万平方千米，分别占全国荒漠化、沙化土地总面积的95.64%、93.95%。

油气资源富集区均位于水资源严重匮乏、生态环境极度脆弱区。西北地区油气勘探开发、炼化产业发展面临资源绿色开发和清洁利用的双重压力。

5.2.2 西部在中国油气生产中的战略接替地位日益突出

截至2016年底，西部石油探明率不足30%、天然气探明率更低，均处于勘探早中期阶段，发展潜力巨大。近些年，西部油气储量进入高峰增长期，且有望延续到2035年。"十一五"以来，西部年均新增石油、天然气探明储量分别为6.3亿吨、

5 415 亿立方米，分别占全国新增储量的 54%、85%。预计 2035 年前，西部新增探明储量仍有望保持石油 6 亿~7 亿吨、天然气 6 000 亿立方米的高峰增长态势。

西部天然气发展潜力大，现已呈现常非并举格局。西部剩余天然气探明可采储量 2.81 万亿立方米，储采比保持 40 以上，具备上产的储量基础。同时，西部待探明常规气和非常规气资源合计 134 万亿立方米，资源基础雄厚。

伴随油气储量规模增长，西部石油、天然气产量快速增长。2001~2015 年，西部石油、天然气产量增量分别占全国增量的 83%、86%，是国内油气产量增长的主要贡献者。2016 年西部石油、天然气产量分别为 6 534 万吨、1 129 亿立方米，分别占全国石油、天然气的 33%、84%，西部地区石油战略接替地位、天然气主体地位进一步增强。此外，近年来，致密气、页岩气的工业化突破和规模发展，非常规天然气成为西部产量增长的重要推动者，2016 年占比超过 37%，常非并举格局初现。预计到 2035 年后西部天然气产量有望实现倍增发展。

随着技术创新与应用，老油田提高采收率和新油田开发并举，西部石油产量增长潜力巨大。已开发油田通过强化水驱油田精细注水、中高渗油田"二三结合"和三次采油技术，可增加可采储量 5.5 亿吨。通过有效动用探明未动用储量、规模动用新增探明储量，未来可开发动用可采储量 25 亿吨左右。通过情景分析，在三次采油技术成熟、致密油资源规模开发的情景下，2050 年西部石油产量可增长至 8 000 万吨，届时可占陆上石油产量的"半壁江山"。

5.2.3 新疆有望建成独具特色的油气加工基地

新疆炼油基础雄厚、规模大，产品需大规模外输。新疆已建成了独山子、克拉玛依、乌鲁木齐、塔河石化等规模油气加工产业基地，原油加工能力约 3 000 万吨/年，产业链完整。新疆石油消费有限，超过 40%的成品油需输往疆外市场，而与之毗邻的中亚-俄罗斯、西亚成品油及主要化工产品供需均呈现过剩态势。新疆炼化产业发展应以满足自身和国内周边市场为目标，重点调整装置和产品结构，发展特色炼化基地，积极发展油品、基础化工原料、合成材料生产等核心业务，延伸乙烯和芳烃产业链，将新疆打造成资源优化合理、生产技术先进、产品附加值高的具有核心竞争力的特色油气加工与储备基地。到 2020 年，新疆油气产量突破 6 000 万吨油当量，其中，石油产量突破 3 000 万吨、天然气产量达到 400 亿立方米；通过现有炼化产业升级和适度发展，原油加工负荷进一步提高、产业结构更加合理；积极发展高性能、高附加值和差异化两聚产品，打造面向中亚的对外合作化工产业高地和一体化产业集群。

5.3 西部清洁能源开发利用问题

5.3.1 降成本、促消纳是西部清洁能源发展的迫切需求

清洁能源造价与发电成本较高限制了清洁能源竞争力的提升。清洁能源发电单位装机造价较高，发电成本（不考虑环境成本）显著高于火电和水电。据测算，2015 年投产的火电工程造价为 3 500 元左右，风电工程造价为 7 516 元/千瓦，光伏发电工程为 8 464 元/千瓦，生物质发电工程约为 7 500 元/千瓦。火电成本为 0.3~0.4 元/千瓦时，风电为 0.4~0.45 元/千瓦时，光伏发电为 0.85 元/千瓦时，秸秆生物质能源发电成本为 0.9 元/千瓦时。

清洁能源发展面临"边建边弃"的困局。当前，"弃水、弃风、弃光"现象愈演愈烈，2016 年我国弃电量总量达到约 1 100 亿千瓦时，是整个三峡电站 2016 年发电量的近 1.2 倍。2016 年四川和云南两大水电大省弃水电量进一步增加，其中，四川弃水电量达 164 亿千瓦时，较 2015 年增加 52 亿千瓦时，云南弃水电量高达 315 亿千瓦时，较 2015 年增加 162 亿千瓦时。2016 年全国弃风电量 497 亿千瓦时，平均弃风率达 17.1%。其中，甘肃、新疆、吉林和内蒙古弃风较为严重，弃风率分别高达 43%、38%、30% 和 21%。2016 年西北五省（区）（甘肃、宁夏、青海、新疆、陕西）弃光电量 70.4 亿千瓦时，平均弃光率高达 19.8%，其中，新疆、甘肃弃光率分别高达 32.2% 和 30.5%。

导致"弃风弃光"的主要原因有：①电源调峰能力有限，系统调峰能力不足。西北地区热电占火电比例达 47%，热电机组在供暖期只有 15%~25% 的调峰能力，并且根据已公布的抽水蓄能机组发展规划，到 2020 年，抽蓄机组调峰容量仅占发电总装机的 2% 左右，远不能满足清洁能源发电的调峰需求。②配套电网规划建设滞后，跨省消纳体系尚未建立。我国电力长期以来按省域平衡，清洁能源以就地消纳为主，缺乏跨省跨区消纳政策和电价机制；同时，西部电网发展相对滞后，跨省跨区通道规划建设滞后于清洁能源项目，当地电网结构较为薄弱，再加上风、光发电建设规模与本地符合水平不相配，市场消纳能力有限，进而造成一些地区清洁能源被弃掉，而另一些地区还在发展和使用化石能源发电的怪现象。

5.3.2 以发电基地为主要载体、创新驱动推进西部清洁能源科学化发展

我国清洁能源发展要以集中开发为主、分布式开发为辅、就地消纳和跨区输送并重、基地和分布式建设并进，并以发电基地为主要载体来推动西部清洁能源

科学发展。针对当前"弃风弃光"较为严重等问题，应加强以高比例清洁能源发电消纳利用为中心的统筹规划，根据各种清洁能源的资源分布情况、技术特点和技术水平，科学发展水电，积极有序发展风电、太阳能，因地制宜发展生物质能和地热能，以及多能种之间的统筹协调发展，并根据西部用能特点探索核电合理化利用方式。

能源技术创新在能源革命中起决定性作用，针对清洁能源发展的各领域全产业链开展关键技术研发攻关、突破重大共性技术。具体表现在：①要针对高比例可再生能源并网带来的多时空强不确定性和电力系统电力电子化趋势，研发高比例可再生能源电力系统运行技术；②围绕如何利用可再生能源的时空互补特性和水、热、电多类能量的存储与调节能力的重大科学问题，研发多种清洁能源优势互补技术；③针对西部清洁能源发电、输电的各个环节，进行电力气象灾害的天气条件、气候态分布、孕灾因子、致灾阈值、灾害模型等分析研究，研发电力气象及功率预测技术，建立业务化电力气象数值预报模式；④研究基于大数据、互联网和智能传感的风电、光伏基地智能运维技术，实现风力发电量提高5%以上，运维成本降低10%以上的目标。在降本增效的同时，推动西部清洁能源有效消纳和科学发展。

5.4 "一带一路"能源合作及西部能源大通道建设问题

5.4.1 加强风险预警与管控是推进"一带一路"能源合作的重点领域

"一带一路"能源合作面临政治、经济、文化等多重风险，在企业"走出去"的过程中不可忽视。

在地缘政治风险方面。"一带一路"沿线区域多为大国博弈之地和区域热点地区。在亚洲地区，由乌克兰危机及美、欧、俄三方博弈引发的地缘政治风险短期难以消除。印度不希望别国涉足南亚，对我国提出的"一带一路"倡议响应冷淡。日本作为经济强国，一直致力于扩大政治影响力。另外，由于受恐怖组织、地方军阀、民族主义情绪及海盗等因素影响，一些中亚、南亚及中东地区的海陆通道安保能力有限，油气管道、海上运输船舶面临较大的安全风险。

在经济和金融风险方面。"一带一路"沿线中亚、中东等资源国经济结构较为单一，过分偏重能源工业和原材料生产，目前低油价给这些国家带来较大的经济和金融风险。2015年，受美国联邦储备系统（以下简称美联储）加息、国际油价持续大幅下跌等多方面因素影响，包括俄罗斯卢布、哈萨克斯坦坚戈在内的新兴市场国家的货币大幅贬值，重点资源国国内出现通货膨胀，严重影响了地区经济稳定和企业财务状况。

在政策环境风险方面。沿线部分资源国为了收益最大化，不断动用外贸、财政、国际收支与汇率等政策手段，甚至不惜对法律法规进行更改，以限制国外能源公司的经营，剥夺其收益利润。例如，吉尔吉斯斯坦等国政局不稳，能源相关法律不健全，对外合作政策缺乏延续性；泰国、缅甸等国存在政权更迭风险。

在社会文化风险方面。沿线的中亚地区、俄罗斯地区、南亚地区均属于不同类型的文明和宗教（伊斯兰教、基督教、佛教等），具有不同的文化，文明与文化相通的难度很大。根深蒂固的教派冲突对沿线节点国家的内部稳定和国家建设造成强烈冲击，持续的政治动荡给"一带一路"建设造成了很大的安全隐患。

5.4.2　中国西部能源大通道的经济性与系统性有待加强

国家层面缺乏系统的统筹规划，造成油气、电力、煤炭运输等行业各自为政，行业间缺乏沟通交流和衔接协调，给能源通道规划和建设带来了一定的投资浪费，对生态环境也造成了一定影响。同时，一些已建通道由于输送负荷率较低、运行成本高，经济效益不佳。

西部原油进口能力比重偏低。2015 年中国原油进口合计 3.3 亿吨，西部能源大通道的运输能力为 5 300 万吨，占比仅为 16%；而 2015 年实际进口量仅为 2 200 万吨（哈油+钦州港海上原油）。在稳妥发展中缅管道进口量的前提下，尽量扩大新疆的原油进口通道的运输能力。

铁路运输通道利用率不均、效率低、运费高。随着经济环境的变化和环保压力的加大，煤炭产能过剩，连续出现负增长，2012 年开始，铁路煤炭运量连续三年下降，大秦等煤运专线铁路运量受到较大影响。但是个别煤运通道（如南昆铁路、宝成铁路、成昆铁路等）存在运输能力紧张的状况，需要采取相应措施。此外，铁路与煤矿间衔接不畅，致使运输环节增加，运输效率低下，推高了运输费用。

西部电力通道建设经济性有待提高。西电东送新能源电力与受端电源存在市场竞争，动态管控线路的难度加大，输电线路精益化管理有待提升。

5.4.3　立足"一带一路"能源合作格局、建设西部能源大通道以提升中国资源配置效率

充分考虑"一带一路"相关国家的合作需求和中国的比较优势，坚持市场化导向，以油气、煤炭、电力合作为主要抓手，通过"资源与市场共建、通道与产

业共筑"建设开放型油气合作网络,鼓励大型煤炭企业集团按照优化布局、集约开发、绿色开采、安全生产、清洁利用的战略方针在澳大利亚、印度尼西亚等国布局大型煤炭基地,以重大项目、重点市场、核心技术为依托来巩固并扩大中国与周边国家电网互联互通,培育自由开放、竞争有序、平等协商、安全共保的伙伴关系,以资金、技术、标准、管理联合输出催生新的价值链,以利益共同体构建命运共同体,促进"一带一路"能源合作发展。

综合"一带一路"能源资源特征、中国能源资源禀赋和东西部能源供需发展趋势,厘清不同能源品种优化输送和同类能源不同输送方式,结合通道经济性分析结果,确定未来建设以"气、电通道为主,煤、油通道为辅"的中国西部综合能源大通道。此外,以能源互联网和大数据为手段,通过西部综合能源大通道建设,构建"多能互补、多元融合、清洁低碳、智能高效"的新型能源运输体系,形成"国内外互补、东西部互惠、多资源互联、多能源互融"的能源供需格局,实现中国能源资源的优化配置、高效利用和永续发展。

第 6 章　推动西部能源革命的战略思路和重大举措

6.1　战略思路与目标

6.1.1　战略思路

2050 年前，牢固树立和贯彻落实"创新、协调、绿色、开放、共享"的发展理念，遵循能源发展"四个革命、一个合作"的战略思想，按照"三步走"的要求，以推进能源革命为基本遵循，以构建清洁低碳、安全高效的能源体系为指引，坚持"生态优先、清洁高效、科学有序、常非并重、互利共赢"的基本原则，立足西部是我国生态安全屏障的最大实际，根据资源环境承载能力，科学规划能源资源开发布局，坚持优存量和拓增量并重，以打造新疆现代能源基地为重点，以推进供给侧结构性改革为主线，坚持能源绿色生产、绿色消费，推动能源文明消费、多元供给、科技创新、深化改革、加强合作，为我国特别是西部在新常态下的经济社会可持续发展提供动力保障，助力我国全面建成小康社会和实现中华民族伟大复兴的中国梦。

6.1.2　战略目标

经过两阶段发展，实现煤炭的清洁高效可持续开发利用、石油稳定发展、天然气倍增发展、清洁能源的科学有序发展，建成我国重要的煤炭、清洁能源、油气能源基地，同时，西部能源大通道将成为我国东西部能源供需和"一带一路"能源合作的重要纽带，助力西部成为我国能源安全的重要保障。

2020 年，西部煤炭、天然气产量分别将达到 20.4 亿吨、1 485 亿立方米，石油产量将达到 6 900 万吨，清洁能源装机将达 3.4 亿千瓦，西部能源大通道的能源输运量将达 9.7 亿吨标准煤；2035 年，西部煤炭、天然气产量分别将达到 22.8 亿吨、2 210 亿立方米，石油产量将达到 8 000 万吨，清洁能源装机将达 6.9 亿千瓦，西部能源大通道的能源输运量将为10.7亿吨标准煤;到2050年,西部煤炭、天然气产量分别将达到23.7亿吨、2 250亿立方米,石油产量将达到8 000万吨,清洁能源装机将为9.3亿千瓦,西部能源大通道的能源输运量将为12亿吨标准煤,如表6-1所示。

表6-1 西部能源发展目标

项目	2020年	2035年	2050年
煤炭产量/亿吨	20.4	22.8	23.7
石油产量/万吨	6 900	8 000	8 000
天然气产量/亿立方米	1 485	2 210	2 250
清洁能源装机/亿千瓦	3.4	6.9	9.3
西部能源大通道输运规模/亿吨标准煤	9.7	10.3	12

6.2 战略重点与举措

6.2.1 西部煤炭开发利用战略举措

(1)加强西部绿色煤炭资源勘查开发力度,提高绿色煤炭资源保障能力。勘查评价绿色整装煤炭基地,加强绿色整装煤田快速精细勘查技术的攻关和推广应用。加强煤炭资源和煤盆地、煤系、煤系共伴生三稀矿产资源、煤系非常规天然气和水资源四位一体(固态、液态、气态和分散元素)的协同勘查。

(2)大力研发煤炭高效绿色开发技术与装备,发展干旱、半干旱区水资源保护和生态修复技术,建立西部大型先进绿色矿区。建设基于"互联网+"的多信息融合数字化矿山,研究采区开拓方式变革与研发智能化的快速掘进技术,推进煤炭开采智能化、信息化技术的研究和应用,实现煤炭少人化或无人化开采。

(3)以先进工程科技为支撑,进一步提高煤炭清洁高效利用水平。加强煤炭提质加工技术研发,供应清洁煤炭产品。推广应用高效节能、超低排放的关键发电技术,提高煤炭清洁高效发电水平。研发、升级示范煤制油、煤制天然气、煤制烯烃等煤炭清洁高效转化工程技术,实现煤炭向燃料和原料并重转换。

(4)优化西部大型能源化工基地布局,促进煤炭全产业链的协调发展。推动煤基多产品联产和最佳耦合,实现物质闭环循环、能量多级利用。

(5)抓住"一带一路"发展机遇,积极向周边国家输出煤炭清洁高效开发利用的技术、装备及人才,全面提升煤炭行业在国际市场中的竞争能力。

（6）重视人才队伍建设，为西部能源化工基地建设提供智力支持。

6.2.2 西部油气发展的战略举措

1. 加大勘探力度，创新开发模式，推动石油稳步发展

立足鄂尔多斯、准噶尔、塔里木、柴达木四大盆地，甩开预探和风险勘探，夯实资源基础；老油田强化精细注水和提高采收率技术，减缓产量递减；创新体制机制和开发管理模式，加大新技术攻关和配套，推动新油田、低品位和难动用储量规模开发。新老并重，推动石油产量持续增长。

2. 新老并重、常非并举，推动天然气产量倍增发展

天然气勘探立足鄂尔多斯、四川和塔里木三大盆地，以及常规气、非常规气两种类型，强化领域和区域拓展，实现规模增储。天然气开发强化老区稳产，加大新区评价与建产，规模发展致密气、加快发展页岩气、效益发展煤层气，常非并举，实现天然气倍增发展。

3. 实施"三个一批"工程，为增储上产提供科技支撑

聚焦超深层油气成藏理论与有效开发、已开发油田提高采收率和非常规油气高效开发三大领域，按照应用推广成熟技术、攻关试验关键技术、超前储备颠覆性技术的思路，明确重点技术发展方向，为增储上产提供科技支撑。

4. 创新生产方式，实现绿色高效开发

创新平台丛式井钻井方式，推广"工厂化"作业模式极大提高作业效率，运用标准化设计，强化数字化建设，立足创新式驱动，支撑地面低碳、绿色发展。

5. 推动管理体制改革，为油气发展提供制度保障

以矿业权改革和难动用储量上市开发为切入点，放开上游市场，培育多元市场主体；加快推进油气财税制度改革，调节各方利益，保障全民资源收益，同时，运用差别化财税政策，鼓励油气资源充分利用；适应多元市场主体，强化政府监督管理职能。

6. 建设新疆特色石油加工基地和技术装备支持中心

优化产能规模，调整产品结构，着力建设独山子千万吨级炼化一体化基地，两个高品质润滑油、高等级沥青百万吨级特色炼化基地；依托新疆勘探开发、石油化工、油气服务、机械制造基础，在伊犁打造"丝绸之路经济带"油气技术装备支持中心。

6.2.3 西部清洁能源的战略举措

1. 推进西部清洁能源重大工程建设

以重大工程为抓手，以点带面，推进西部清洁能源快速发展，推进甘肃酒泉风电基地跨省消纳及外送工程建设，推进青海海西太阳能基地消纳及外送工程；统筹考虑综合利用、生态保护、移民安置、区域发展需要，积极推进川滇藏大水电基地开发和全国市场消纳利用工程建设；通过天然气热电冷三联供、分布式可再生能源和能源智能微网等方式实现多能互补和协同供应，打造智慧能源生态示范城市——甘肃敦煌建设。

2. 加强清洁能源技术科技攻关

西部清洁能源发展还面临系列瓶颈技术问题，坚持科技创新驱动，强化科技攻关，具体来说包括：风电、光伏发电提高效率降低成本技术，多能种系列化的规模化储能技术，高比例可再生能源电力系统运行技术，多种清洁能源协调互补发展技术，电力气象及清洁能源发电功率预测技术，风电、光伏基地智能运维技术，生物质液体燃料和人工光伏技术，高比例可再生能源电力系统安全运行技术及可再生能源发电基地直流外送系统的稳定控制关键技术等。

3. 加快清洁能源消纳市场机制建设

我国西部面临严峻的弃水、弃风、弃光问题。省间壁垒严重、市场和政策机制建设不健全是造成上述问题的重要原因。需要充分利用电力交易中心的平台，通过市场手段解决清洁能源消纳难题，为此，一是建设全国统一的电力市场，智能判断弃风、弃光，调节并发布实时电价。二是进一步推进电力市场化进程，提高负荷侧主动响应和参与电网调节的能力，适应高比例清洁能源并网条件下系统的调节需求。三是加快现货市场方案研究，拓展日前和实时可再生能源交易。四是尽快研究可再生能源竞价上网和跨省跨区价格疏导机制，厘清输配电价，促进可再生能源跨省跨区消纳。

6.2.4 西部能源大通道发展的战略举措

1. 明确定位,统一规划,进行国家综合能源大通道基础设施管廊带顶层设计

一是明确战略定位。西部能源大通道东(南)连接内陆大量用能地区,西(南)连接中亚、南亚等国家,出入兼具。西部能源大通道的建设将形成多通道和多回路的交通运输格局,未来将是大流量商贸通道、安全的陆上资源通道、东西双向开放的陆桥经济合作走廊和经济增长带,可以实现资源、技术、人才和信息的双向流动,是保障国家能源安全、推动经济社会可持续发展的大动脉。二是要统一规划。西部综合能源大通道涉及长输油气管道、高速公路、铁路、跨区域输电网项目等跨区域、长距离基础设施建设项目。这些项目除了具有一般工程项目特点外,还具有工程投资大、建设周期长、质量要求高、施工作业流动性大、社会依托性差等特点。控制性工程投资是否高、施工周期是否长、对施工队伍要求是否高,是决定整个工程是否能够顺利建成的关键因素。建议打破区域和行业限制,国家对西部综合能源大通道进行统一规划。对影响通道建设的关键因素开展专项研究工作,为具体项目提供参考借鉴。

2. 打破地方利益和行业壁垒,设立国家能源协调机制

能源问题涉及范围广泛,包括政府管理部门,能源相关的生产、运输和销售等多种能源供应系统,而终端用能单元遍及社会的各个行业、各个组成单元。因此,为保证社会能源供应系统的安全和可持续发展,必须打破地方利益和行业壁垒,在国家层面进行统筹和协调,设立国家能源协调机制。

6.2.5 "一带一路"能源合作的相关举措

1. 建立健全区域对话协商机制

以开放合作、和谐包容、市场运作、互利共赢为基本原则,充分发挥已有的上海合作组织、亚洲太平洋经济合作组织(Asia Pacific Economic Cooperation, APEC)、亚洲基础设施投资银行(以下简称亚投行)、欧亚经济联盟等多边合作机制的桥梁、纽带作用,特别是要以上海合作组织为依托,加强能源合作战略沟通与政策对话,在通关便利、口岸合作、检验检疫、标准化、能源数据与物流信息共享、基础设施投资支持等领域通过磋商、谈判,增进相互理解与信任,协调各方利益,以"科学开发利用资源、维护区域生态平衡、促进区域共同发展"为契合点开展能源合作,促进共同发展;同时,要积极加入《能源宪章条约》,明确投资者-东道国投资争议解决机制。

2. 做好国别风险评估与风险防控

国别风险评估主要关注该国政治法律制度、政局稳定性、政党竞争、经济与能源发展概况、引进外资的法律与政策、贸易法律制度、工程建设法律制度、能源结构和行业监管体系、能源行业经营许可法律制度、环境保护制度、劳动保障制度和税收法律制度等方面,清晰认识、科学研判国别能源合作环境。当然,企业可以通过经验积累来建立知识储备库,也可将国际上世界银行、经济学人智库,以及国内商务部、中国出口信用保险公司(以下简称中信保)、中国社会科学院等机构的国别风险研究成果作为初步参考。

3. 注重风险对冲,形成风险管理与应对机制

一是利用好保险手段。在全球范围内,很多保险公司都可以承办政治风险保险,如伦敦劳合社(Lloyd's of London)旗下的辛迪加(Syndicates)、美亚保险(AIG),以及国内的中信保等单位。此外,还可以购买期权的方式对冲风险,如购买汇率期权来对冲汇率波动风险。二是做好风险分析预判与应对。企业委托律师事务所、税务咨询等机构开展风险管理工作,对资金、汇率、税务、产权、合同等诸多经济面可能产生的风险进行充分分析,对可能影响企业经营发展的法律法规重点关注,全方位了解所面临的风险,加强与上级主管部门的沟通联系,积极反馈并听取指导意见,形成全面的、前瞻性的风险管理机制。

4. 鼓励利益方多元化的合作模式

中国企业多数项目遭受"不公正待遇"事件的背后存在一个不可忽视的现象,即"一股独大"。这其实也是中国项目遭遇风险的最大问题,就是所谓"一锅端",排斥了欧美强国企业的利益。为此,应鼓励项目利益方多元化的合作模式,尤其是欧美国家相关领域跨国企业的参与,可以有效防御和化解相关风险。东道国必须谨慎考虑大国在政治、外交、经济等领域对其产生的制约,进而采取平衡政策。

5. 完善境外突发事件应对体系

要建立、健全境外突发事件预警、防范和应急处置机制,制订好应急预案。在现代信息社会,还特别需要建立危机公关处理机制、舆情引导机制;另外,驻地企业也要积极融入当地文化,建设"尽责、包容、共赢"的企业文化,积极解

决当地就业、拉动地方经济发展、开展公益活动,以建设良好的公共关系,建立和谐的周边环境,降低外事风险。

6. 注重技术标准衔接与推广

按照《推动共建丝绸之路经济带和 21 世纪海上丝绸之路的愿景与行动》中提出的"加强基础设施建设规划、技术标准体系的对接"要求。中国企业要利用好"一带一路"倡议下的合作和交流机制,发挥自身专业优势,立足中国已有标准体系,参与区域合作规则的制定,以及协助有关国家完善其标准体系,助力国际产能合作。

第三篇　中国农村能源革命与分布式低碳能源发展战略研究

第 7 章　中国农村能源现状和问题

农村能源是我国能源体系的重要组成部分，是建设美丽乡村和实施乡村振兴战略的重要物质基础。推进农村能源生产与消费革命，是优化农村用能结构、提高农村用能效率、保护农村生态环境、完善农村基础设施的重要手段，也是实施大气污染联防联控、加快发展新能源和可再生能源、推进能源服务城乡一体化的重要途径，是关系全国 6 亿多农村人口民生福祉的重大战略问题。

狭义的农村能源是指农村应用的能源。广义的农村能源是指农村的能源问题，是对农村范围内的各种能源以及从开发（或输入）至最终消费过程中的生产、消费、技术、经济及管理问题的总称。这里的农村是指以从事农业生产为主的劳动者聚居的地方。相对于城市，主要包括集镇、村落及以农业产业（自然经济和第一产业）为主的各种农场（包括畜牧和水产养殖场）、林场（林业生产区）、园艺和蔬菜生产基地等。

由于在农村既有能源消费（主要包括农业生产、乡镇企业和农村家庭能源消费），也有能源（主要是当地的可再生能源）的开发，因此，农村能源既包括外界输入的商品能源，也包括当地的可再生能源。本书涉及的农村能源指广义农村能源，并以农村生活用能研究为重点。

农村能源供需体系包括农村能源的消费（需求）和生产（供给）两个方面，其基本框架如图 7-1 所示。农村能源消费主要包括生活用能与生产用能两个方面，其中，生活用能包括炊事用能、取暖用能、照明用能、热水用能等，生产用能包括种植业用能、养殖业用能及农产品产地初加工用能等。农村能源供给，既包括农村外部的商品性能源输入，又包括农村内部的能源开发。农村内部的能源开发，既包括各种新能源或可再生能源的开发，如燃料乙醇、生物柴油、成型燃料等新型生物质能和太阳能、水能、风能、地热能等可再生能源的开发，也包括薪柴、秸秆直燃等传统生物质能的开发。农村内部能源也有商品能源和非商品能源之别，甚至同一种能源也可能既作为商品能源存在，又作为非商品能源存在，如沼气、太阳能等。

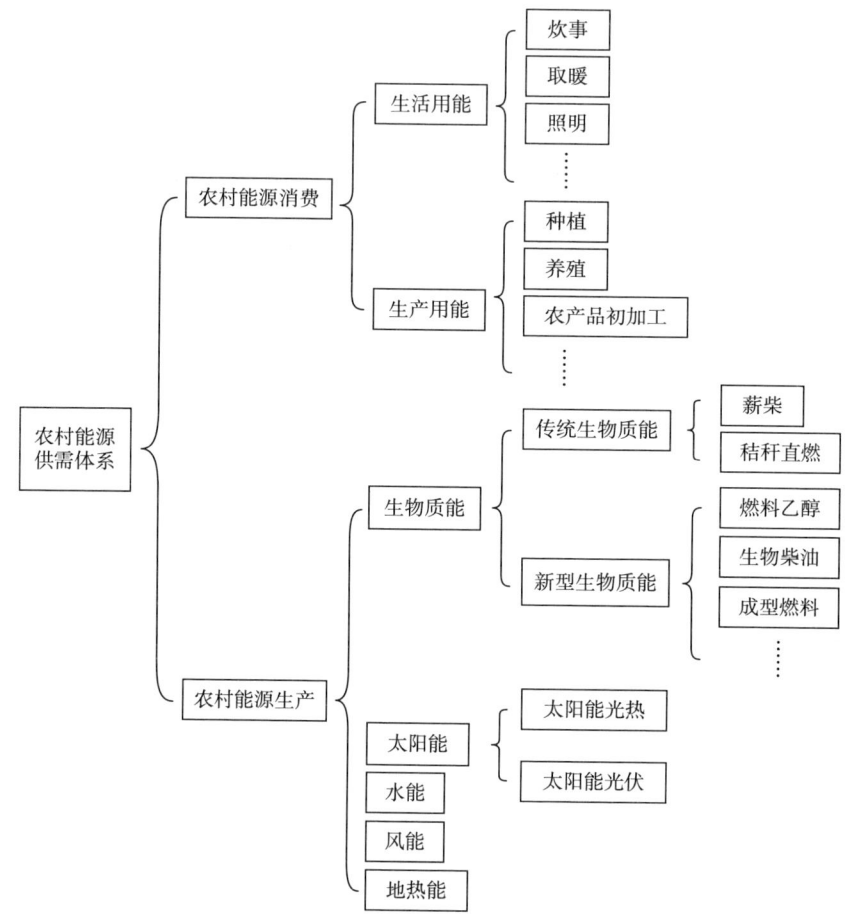

图 7-1 农村能源消费与能源生产分类

7.1 农村能源发展现状

7.1.1 农村能源消费现状

2016 年，我国农村能源消费量为 6.5 亿吨标准煤，比 2014 年下降 14%，占全国能源消费总量 43.6 亿吨标准煤的 15%。其中，农村生活用能为 3.5 亿吨标准煤，占农村能源消费量的 54%；农村生产用能为 3.0 亿吨，占农村能源消费量的 46%。

全国农村生活用能消费结构如图 1-1 所示，商品能源消费量约为 2.2 亿吨标准煤，占农村生活用能的 62.74%，非商品能源消费总量约为 1.3 亿吨标准煤，占

37.26%。商品能源消费中煤炭消费量折合 12 988.5 万吨标准煤，占农村生活用能消费量的 36.90%；电力消费量 1 295.4 亿千瓦时，折合 4 119.5 万吨标准煤，占 11.70%；成品油消费量折合 2 578.5 万吨标准煤，占 7.33%；液化石油气为 2 102.3 万吨标准煤，占 5.97%。非商品能源消费中，秸秆消费量折合 4 126 万吨标准煤，占农村生活用能消费量的 11.72%；薪柴消费量折合 6 842.2 万吨标准煤，占 19.44%；沼气消费量折合 1 034.3 万吨标准煤，占 2.94%；太阳能利用量折合 1 111.8 万吨标准煤，占 3.16%。需要说明的是，随着我国沼气转型升级和大中型沼气工程的建设，沼气逐步在农村演变为一种商品能源。

全国农村生产用能消费结构如图 1-2 所示，2016 年，农村生产用能中商品能源消费总量约为 2.7 亿吨标准煤，占农村生产用能消费量的 91.17%，非商品能源消费总量约为 0.3 亿吨标准煤，占农村生产用能消费量的 8.83%。商品能源消费中煤炭消费量折合 13 974.4 万吨标准煤，占农村生产用能消费量的 46.63%；焦炭消费量折合 1 381.5 万吨标准煤，占 4.61%；成品油消费量折合 7 233.2 万吨标准煤，占 24.13%；电力消费量 1 488.7 亿千瓦时，折合 4 734.2 万吨标准煤，占 15.80%。非商品能源消费中，秸秆消费量折合 775.3 万吨标准煤，占农村生产用能消费量的 2.59%；薪柴消费量折合 1 872.3 万吨标准煤，占 6.24%。

7.1.2 农村能源生产现状

当前，我国农村能源生产主要包括生物质能（如生物质直燃、沼气、生物质成型、生物质燃料乙醇及生物柴油等）、小型电源（如离网型太阳能光伏发电、离网型风力发电、微水电）、太阳能热利用（如太阳能热水器、热泵、采暖、制冷空调、太阳房、太阳灶等）。

近年来，以沼气、太阳能、生物质发电、生物质成型为代表的农村能源产业保持强劲的发展势头，新产品不断涌现，产品质量不断提升，综合效益突出。太阳能热利用产业继续保持稳步发展，沼气产业逐步进入新的发展阶段，生物质发电和成型产业技术有较大的进步，"三小电"产业方兴未艾。2016 年农村可再生能源生产情况见表 7-1。

表 7-1 2016 年农村可再生能源生产情况

名称	生产情况
生物质能	生物质发电总装机容量约 1 030 万千瓦；户用沼气 4 381 万户，年产气量约 118 亿立方米，规模化沼气工程约 11 万处，年产气量约 27 亿立方米；生物质成型燃料年利用量约 800 万吨；生物质液体燃料中燃料乙醇年产量约 200 万吨，生物柴油年产量不足 100 万吨
太阳能	累计推广太阳能热水器 4 770.84 万台，集热面积 8 623.69 万平方米；太阳灶 227.94 万台；太阳房 29.27 万处，集热面积 2 564 万平方米；小型光伏发电 3.68 万处，装机容量 95 037.40 千瓦

续表

名称	生产情况
小风电	小型风力发电（大于 1 千瓦、小于 50 千瓦）累计装机 10.70 万台，装机容量达到 35 720.38 千瓦
小微水电	小微型水力发电（小于 500 千瓦）累计装机 25 724.94 台，装机容量达到 86 835.94 千瓦

1. 生物质能

2016 年，我国生物质发电总装机容量约 1 030 万千瓦，生物质发电技术基本成熟，热电联产是农林生物质发电的重点。全国户用沼气 4 381 万户，年产气量约 118 亿立方米，规模化沼气工程约 11 万处，年产气量约 27 亿立方米。沼气生产方式将逐步转向集中化、规模化、高值化（生物天然气）方向发展。截至 2016 年底，生物质成型燃料年利用量约 800 万吨，主要用于城镇供暖和工业供热等领域，供热产业处于规模化发展初期，成型燃料机械制造、专用锅炉制造、燃料燃烧等技术日益成熟。截至 2016 年底，生物质液体燃料中燃料乙醇年产量约 200 万吨，生物柴油年产量不足 100 万吨。生物柴油处于产业发展初期，纤维素燃料乙醇加快示范。近年来，生物质液体燃料产业进展缓慢。生物质原料的梯级利用、多联产的生物炼制是未来生物质液体燃料发展的主要产业技术方向。

2. 太阳能

截至 2016 年底，全国农村累计推广太阳能热水器 4 770.84 万台，集热面积 8 623.69 万平方米；太阳灶 227.94 万台；太阳房 29.27 万处，集热面积 2 564 万平方米；小型光伏发电 3.68 万处，装机容量 95 037.40 千瓦。太阳能热利用应用领域正在由户用型向工程化、由生活热水向采暖制冷、由生活供热向工农业生产供热采暖扩展。光伏发电应用逐渐形成集中式和分布式并举格局，步入与农业、养殖业、生态治理等产业融合发展新阶段。

3. 小风电

截至 2016 年底，全国农村小型风力发电（大于 1 千瓦、小于 50 千瓦）累计装机 10.70 万台，装机容量达到 35 720.38 千瓦，小风电装机主要分布在风能资源较丰富的区域，其中装机容量较大的省区包括内蒙古、新疆、黑龙江和山东等，其装机容量均达到 1 500 千瓦以上，尤其以内蒙古最为集中，装机容量达到 25 724.94 千瓦，占全国农村小风电装机容量的 72%。小型风力发电经过 40 多年的发展历程，技术日趋完善，使用领域逐渐扩大到城乡居民供电、海岛与近海养殖、海水淡化、农村公路照明及交通监测、森林防火监测、农业灌溉及农副产品加工用电等与农业农村相关领域。尤其是随着互补型分布式电源的兴起，小型风能供电系统更能发挥其作用。

4. 小微水电

截至 2016 年底，全国农村小微型水力发电（小于 500 千瓦）累计装机 25 724.94 台，装机容量达到 86 835.94 千瓦。我国微水电资源主要分布在长江流域、西南地区和西藏地区，微水电装机也主要分布在这些区域。其中装机容量较大的省份包括广东、广西、云南等，其装机容量均达到 1 万千瓦以上，尤其以广东最大，装机容量达到 19 821.69 千瓦，占全国农村微水电装机容量的 22.8%。我国仍有相当一部分偏远山区的农村人口没有用上电，这些无电户主要分布在西藏的东部和南部、四川西部、云南西部、青海和甘肃南部等偏僻、边远的少数民族地区。由于居住分散，远离大电网，靠电网延伸来解决供电问题近期内在技术和经济上都难以实施。开发利用这些地区的小微水电，可以解决当地农村的日常照明问题。

总体而言，农村能源发展主要有如下鲜明特征：

（1）农村能源消费总量稳中有降，部分农村地区能源供给不足。农村能源消费在全部能源消费中所占比重较低，相较全国能源消费总量缓慢增长的趋势，农村能源消费占能源消费总量的比重却稳中有降，2016 年我国农村能源消费量比 2014 年下降 14%。一方面是随着城镇化率不断提高，农村人口逐渐减少，农村能源消费量有所下降；另一方面是由于农村能源供给不足，部分地区的农村能源贫困问题依然存在，农村能源的消费需求难以得到有效满足。

（2）农村生活用能中非商品能源消费比例依然很大，其中大部分是薪柴和秸秆。农村能源的商品化明显低于城市，农村能源消费的商品能源仅占全部能源消费的 62.74%，而城市消费能源基本上属于商品能源。在农村生活用能中，占比较大的依次是煤炭、薪柴、秸秆和电力等，其中薪柴、秸秆等非商品能源占比高达 37.26%。林木砍伐剩余物多被农户用来做饭和取暖，用能方式较为原始，未能规模化处理，利用水平低。

（3）煤炭消费比例较大，生活用能中散烧煤消费问题突出。农村能源消费中无论是生产用能还是生活用能，煤炭都占据了主导地位，尤其是生活用能中散烧煤消费问题突出。2016 年我国散煤消费量为 7.5 亿吨左右，其中，农村采暖用煤约 2 亿吨，约占散煤消费量的 27%。散烧煤通常是灰分、硫分含量高的劣质煤，相对于集中燃烧，燃烧后往往缺少脱硫、脱硝、除尘处理，具有点多面广、直燃直排、难以监管的特点，是我国能源利用中最低效且污染最严重的部分。

（4）电力、天然气和可再生能源消费比例低下，用能品质低。由于农村电力基础设施还不够完善，部分乡镇变电站的负荷较小、线路老旧等问题使得农村地区供电质量和服务质量低下，电气化程度还不够高。另外，天然气的供应管网尚未在绝大多数农村地区普及，使得农村能源消费中天然气占比过低，还不足 1%。

总体而言，当前农村能源消费结构不合理，散煤燃烧、生物质原始利用问题突出，能源优质化程度明显低于城市。

7.2 农村能源面临的主要问题

7.2.1 农村能源战略定位不清晰，顶层设计需强化

农村能源是我国能源体系的重要组成部分，发展农村能源就是要优化农村用能结构、提高农村用能效率、保障农民能源公平、消除农村地区能耗贫困。发展农村能源也是保护农村生态环境、完善农村基础设施的重要手段，同时，由于农村能源与可再生能源的天然联系，发展农村能源可服务国家能源安全，推进能源供给的多样化。开发农村可再生能源还可以发展农村经济，促进农民就地就业，助力产业扶贫。目前，从国家层面上对农村能源发展的重视程度仍然不足，亟须确立农村能源发展的重要战略地位。

7.2.2 农村能源革命对象不明确，中心任务待落实

从根本上讲，农村能源仍有多方面关系国计民生、需要尽快解决的突出问题，但长期以来，全社会未对革命对象和中心任务达成共识，农村能源发展难以聚焦并形成强大合力。在明确压减劣质散煤、开发可再生能源、能源化资源化综合利用固废生物质三大农村能源革命对象基础上，农村散烧煤使用比重过大且劣质燃煤居多、原始形态的生物质资源利用水平低、农村固废处理尚未成体系等问题尚未得到有效落实。

7.2.3 农村能源保障体系与基础设施不到位，条件建设应加强

农村能源直接关系到农业现代化发展和农民切身利益。长期以来，农村能源管理职能分散在各个部门，之间的联动、合作机制较弱，资金投入也较为有限，管理手段仍旧沿袭旧的方式，缺少技术和市场相结合的创新机制。在能源资源评价、技术标准、产品检测和认证等方面，体系不完善，人才队伍等也不能满足市场快速发展的需要。相对于城市，农村人口分散化特征较为明显，由此导致农村能源需求和供应也较为分散，集中式的农村能源市场难以形成，造成能源基础设施的建设、运营和管理成本较高。

7.3 农村能源革命的重大意义

随着国家对生态文明和环境保护日益重视，深入推进农村能源建设，是优化农村能源结构、消除农民能源贫困、提高农村用能效率、保护农业生态环境的重要手段，也是实施大气污染联防联控、加快开发可再生能源、全面推进我国能源革命的重要内容。

7.3.1 农村能源革命是生态文明建设的内在要求

党的十九大报告中指出，坚持人与自然和谐共生。必须树立和践行绿水青山就是金山银山的理念，坚持节约资源和保护环境的基本国策，像对待生命一样对待生态环境。加快生态文明体制改革，建设美丽中国，要推进能源生产和消费革命，构建清洁低碳、安全高效的能源体系[①]。

随着国家对生态文明和环境保护日益重视，农村能源在加快推进生态文明建设，建设美丽乡村的过程中的作用日益突出。将农村地区的农业废弃物、畜禽粪便、生活垃圾进行能源化利用，完善农村地区的能源供应基础设施，推进农村节能型建筑建设，增加农村地区的可再生能源供应比例，减少农村地区由不合理的能源消费所造成的污染排放，是推进新农村建设和生态文明建设的主要抓手，是美丽乡村建设的重要依托，也是建设美丽中国的重要内容。

7.3.2 农村能源革命是我国能源革命的重要组成部分

农村能源作为国家整个能源系统不可分割的组成部分，其发展必然影响到我国能源供求形势，近年来，随着城镇化、现代化进程加快，我国农村能源消费总量稳中有降，农村能源多样化进程加快。与此同时，我国农村能源面临消费层次低、基础设施落后、环境污染严重、利用效率低、能源结构待优化和普遍服务难等一系列问题。

2016年12月，中央财经领导小组第十四次会议强调，解决好人民群众普遍关心的突出问题。习总书记还强调，推进北方地区冬季清洁取暖等6个问题，都是大事，关系广大人民群众生活，是重大的民生工程、民心工程。推进北方地区冬季清洁取暖，关系北方地区广大群众温暖过冬，关系雾霾天能不能减少，是能源生产和消费革命、农村生活方式革命的重要内容。对农村传统的能源生产消费

---

① 习近平：决胜全面建成小康社会 夺取新时代中国特色社会主义伟大胜利——在中国共产党第十九次全国代表大会上的报告.http://www.gov.cn/zhuanti/2017-10/27/content_5234876.htm，2017-10-27.

方式提出了挑战,同时要求由"粗放的供给满足增长过快的需求"转变为"由科学的供给满足合理的需求",推进能源消费革命是解决这一问题的重要路径。

7.3.3 农村能源革命是乡村振兴战略、全面建成小康社会的重要内容

党的十九大报告中提出,实施乡村振兴战略。农业农村农民问题是关系国计民生的根本性问题[①]。要坚持农业农村优先发展,按照产业兴旺、生态宜居、乡风文明、治理有效、生活富裕的总要求,建立健全城乡融合发展体制机制和政策体系,加快推进农业农村现代化[①]。在新时期解决人民日益增长的美好生活需要和不平衡不充分的发展之间的矛盾,以及实现决胜全面小康的大头、重点和难度都在"三农"。

"十三五"时期是我们确定的全面建成小康社会的时间节点,全面建成小康社会最艰巨最繁重的任务在农村,特别是在贫困地区。全面建设小康社会需要稳定、可靠、经济、安全的能源保障。开发农村能源对提高农村生活质量、发展农村经济、改善农村环境和基础设施条件起着重要的作用,是农村全面建设小康社会的物质基础,关系到我国全面建设小康社会和公平、可持续发展目标的实现。深入推进农村能源建设,是优化农村能源结构、消除农民能源贫困、提高农村用能效率,以及实施乡村振兴战略和全面建成小康社会的重要内容。

---

① 习近平:决胜全面建成小康社会 夺取新时代中国特色社会主义伟大胜利——在中国共产党第十九次全国代表大会上的报告.http://www.gov.cn/zhuanti/2017-10/27/content_5234876.htm,2017-10-27.

第8章 发达国家和地区农村能源发展经验借鉴

随着能源危机和环境恶化问题的日益突出，农村地区能源建设及发展问题愈发受到社会各界的普遍关注，已成为能源、生态、环境可持续发展的有机组成部分及新农村建设的重要内容。研究发达国家农村能源历史沿革，对我国农村能源革命具有重要的借鉴作用。本章选取美国、欧盟国家、日本及中国台湾，就其农村能源的战略、产业、技术、模式和政策进行研究分析，以期为我国农村能源建设提供参考。发达国家和地区农村能源发展对比分析表见表8-1。

表8-1 发达国家和地区农村能源发展对比分析表

研究层面	美国	欧盟	日本	中国台湾
农业人口	美国住在农村地区的人口仅约占2%，直接从事农业生产的人口不到1%	欧盟农业就业人口不到总就业人口的5%	日本农村人口占全国人口的4%~5%	中国台湾农业人口占全省人口的6%
农业生产水平	世界第二大粮食生产国，以高度商业化的家庭农场为基础	中小型家庭农场/租赁农场。以德法为代表，农业发达，机械化程度很高	精准农业，机械化水平高，以小规模个体经营农户为主，兼业农户比重大	精准农业，农业标准化水平高，以小规模个体经营农户为主
农村能源战略	全方位能源战略，出现以能源效率不断提升、页岩气产量剧增及可再生能源规模不断扩大为代表现象的能源革命	大力发展可再生能源，走向低碳经济，生态环境与能源战略同步推进，持续发展可再生能源将长期处于欧盟发展战略的重要位置	强调国际合作，寻求多元化供应方；对内打造节能型社会和灵活的消费模式，高效有序地利用化石能源，坚持有序开发可再生能源，推动电力体制改革	海岛型经济体，一次能源非常有限，如石油、煤炭、天然气等原料均依赖进口，能源对外依赖度较高，注重能源安全
农村能源技术	高度重视生物质技术的开发利用，扶持新能源产业升级	大力发展新能源技术以实现能源发展战略，智能电网的研究示范与电网设计的意识超前，通过技术改良获得经济可行性	注重节能技术研发，尤其是新能源技术；在国家预算中设立了专用资金，以支持企业节能和促进节能的技术研发	注重通过技术降低成本，朝着降低能源开发成本方向进行

续表

研究层面	美国	欧盟	日本	中国台湾
农村能源产业	城乡能源消费结构差距小，农场拥有完善的能源体系；重视农村社区的新能源开发利用；将生物质和风电农业作为农村能源建设的重点领域；分布式能源已趋于成熟	为民众提供均等的能源服务，实施电网覆盖工程；可再生能源以中小规模为主；支持农村发展生物能源	农村生产用能以油类为主，占81.4%，电力和天然气分别占15.8%和2.7%，不使用煤炭和可再生能源，反映了日本农业生产机械化程度高	注重分布式能源的发展、农村固废资源的分类利用
农村能源模式	采取"政府部门政策指导，非政府部门广泛参与"的农村能源管理模式	创新发展模式，发挥企业主体地位，调动民众参与度	因地制宜及市场原理	业主自行负责能源开发投资，能源技术服务公司向业主租用服务并行
农村能源政策	与可再生能源相关的法律；经济激励政策	政府的引导和扶持起步较早，征收高额燃油税，免征可再生能源税强调利用效率，促进可持续发展	立法强制节能；制定了与分布式能源发展相关的法令和优惠政策	设立可再生能源发展基金以保障补贴资金来源；规定可再生能源电力并网和全额收购强制义务

8.1 发达国家和地区农村能源发展的成功经验和不足

8.1.1 战略引领——高度重视城乡农业统筹，多部门达成共识

城镇化、农业现代化、"互联网+"和智慧能源等新业态的呈现对农村能源的服务水准提出了更高的要求。推动能源消费革命，有助于适应新业态对能源的消费需求。发达国家和地区城镇化水平高，城乡能源均等化服务完善。以法国为例，其能源政策的一个主要目标是消除城乡差异，为不同地区、不同收入的城乡居民提供均等化服务，尤其要满足低收入家庭在热能和电力等方面的需求。

发达国家和地区高度重视农村能源的发展，将农村能源战略纳入国家能源战略体系，并注重多部门协作。例如，法国在工业、能源、交通、环境和财政等部门的文件中，为农村提供技术、资金支持的内容占了较大比重，利用工业进步，促进农村现代化建设和可持续发展正成为法国各部门的共识。

8.1.2 技术驱动——能效技术突破，推动能源技术革命

能效关键技术的突破、新能源技术的开发和利用、能源基础设施工程设计等

的有效驱动，引领能效变革、推动能源技术革命、带动产业升级。美国通过页岩气开采技术发展、优化，大大提高能源开采利用效率；日本大力支持企业节能和促进节能技术研发，并将新能源技术作为国家科技创新的重点领域之一，已成为能效利用率最高的国家；德国沼气技术世界领先，已成为沼气大国；美国和德国改革电力系统，建立适应分布式能源发展的分散式、智能型电网。

8.1.3 产业转型——适时调整能源产业结构，引导革命性变革

在探索能源转型之路过程中，各国适时调整能源产业结构，进一步引导能源产业变革。美国出现以能源效率不断提升、页岩气产量剧增及可再生能源规模不断扩大为代表的能源革命，并对经济发展、能源安全等产生了广泛而深刻的影响；欧盟因化石能源匮乏，大力发展可再生能源，发展低碳经济；日本和中国台湾重塑核能政策，并且着眼于新能源开发利用，全力打造多元化产业结构。

8.1.4 模式创新——能源供给、运营、参与模式创新，促进多方受惠

能源供给、运营、参与模式的创新，是推动能源供给侧和消费侧革命的有效抓手，是农村能源革命多方受惠的动力源。美国、欧盟等国家和地区不断推动能源供给转型，推崇多能互补，保障能源安全。在供给侧，美国私营企业占固废垃圾处理70%的市场份额；在消费侧，美国多个州采用"电力互换"办法，在农户家里安装风电或太阳能装备，农户既是电力消费者又是生产者，在电力富余时将电"反哺"给电网，成为美国电力工业发展中的重要补充力量。德国可再生能源电力发展的成功在于政府支持、民众参与、立法保障、资金扶持及产业驱动。多项民意调查研究表明，可再生能源电力的民众支持度都超过90%，这体现了民众对绿色生态文化的追求。德国在较短时间内促进可再生能源的发展，向电网出售电力的个体人数占比达到2%，这不仅解决了家庭自用电问题，也是一项重要的收入来源。

8.1.5 政策护航——法律和制度保障完善，为能源可持续发展护航

政策为能源产业及革命可持续发展护航。美国、德国和日本的经验证明，在

法律上明确分布式能源的地位,并给予确定的激励信号,是分布式能源发展的保障。美国从 1978 年《公共事业监管政策法案》发布以来,就允许分布式发电加入电力市场竞争,分布式发电用户可以将多余的电量卖给当地的电力公司,进入公共市场。关于补贴资金来源,德国确立了有保障的长期固定电价机制,并明确规定本地电网运营商对可再生能源发电的购买义务,确保其优先入网;通过税收补贴平衡电网运营商支付的费用。日本在农村能源方面的法律和制度保障也非常完善,制定了一系列的财政、税收和价格等经济激励措施,并根据实情不断完善制度保障。

8.2 发达国家和地区农村能源发展对中国的启示

8.2.1 重视顶层设计,加强部门间合作

重视顶层设计,将农村能源战略作为国家能源体系的重要组成。受政府能源部门设置以煤炭、石化、电力等常规能源为主的制约,农村能源一直难以进入能源建设的"主旋律"。随着生态文明建设和全面建成小康社会的现实要求,我国农村对能源的使用需求将更高,能源占比也会进一步加大。将农村能源战略纳入国家能源战略体系中,重视其顶层设计,体现农村能源革命的前瞻性、战略性和国家能源系统的配套性、操作性的统一,突出战略与战术、长远与当前、国家与地方的统筹协调,能够有效地指引农村能源革命战略发展。

加强部门间合作,打通农村能源发展快车道。农业、能源、财政、环境等部门需更加注重部门间的横向合作,共同制定农村能源战略目标、部门法案及政策,通力合作共同推进农村能源发展,打通农村能源发展快车道。

8.2.2 引领能效变革,带动产业升级

我国需要在能效转换、多能互补等关键技术方面实现突破。通过技术研发和产业化,充分利用农村富余的生物质资源;结合农村当地的自然条件和资源禀赋,通过分布式能源和微网技术解决当地农民的能源供应问题;要加大技术研发力度,重点攻克一批国际前沿的新能源关键技术,并通过产业应用逐步替代传统化石能源的消耗。

不断加强我国农村新能源技术的开发和利用。在生物质能源、固废利用及农村分布式能源的技术开发和应用方面实现突破,进一步提高农村能源技术应用的可行性和经济性。同时以绿色低碳为方向,把能源技术及其关联产业培育成带动我国农村产业升级的新增长点。

重视我国农村能源基础设施工程设计等技术水准。为应对农村未来可再生能源和分布式能源比例大幅提高、能源电力系统转型，保障农村能源设施的可靠性和兼容性，避免农村能源设施的重复投资和无效投资，我国需进一步探索包括小型分布式可再生能源和储能建设、智能电网、微网建设、电力需求侧管理及电动汽车等在内的新技术。

8.2.3 多能互补，多方共促

推动能源供给革命，建立我国农村能源多元供应体系。着力发展农村非煤能源，形成煤、油、气、核、新能源、可再生能源多轮驱动的能源供应体系，同步加强农村能源输配网络和储备设施建设。深度挖掘多区域农村资源禀赋，大力发展分布式低碳能源网络，建立适应我国国情的多元供应体系。

全方位多方合作，保证开放条件下农村能源安全。推动能源转型和能源革命需要全社会各阶层共同努力。创新农村能源建设与运营模式，坚定不移推进改革，还原能源商品属性，构建有效竞争的市场结构和市场体系，形成主要由市场决定的农村能源价格机制。

民众意识唤醒，做能源的消费者和生产者。一方面，节约能源已成为第五种能源，需不断增强民众的节能意识，使民众做一名用能节能的消费者。另一方面，探索可再生分布式能源用于农民生活生产、多余能源上网出售的可行性，将生产与消费有机地结合起来，受惠于民。

8.2.4 用能多样化，服务水准要求更高

我国城镇化进程不断推进，农村用能方式即将发生变革。随着新型城镇化的步伐不断加快，小城镇和农村居住人口对能源使用的安全性、可靠性和便捷性等方面也提出了更高的要求，用能方式即将变革。

农村新型业态，需要高质量的能源服务。《中华人民共和国国民经济和社会发展第十三个五年规划纲要》提出：积极发展农产品加工业和农业生产性服务业。拓展农业多种功能，推进农业与旅游休闲、教育文化、健康养生等深度融合，发展观光农业、体验农业、创意农业等新业态。农业机械化和生产生活方式的改变，需要更高质量的能源服务供给。

能源互联网模式有助于分布式可再生能源与金融的创新结合。当前我国能源行业正进行着一场"能源互联网+金融"的创新探索，基于能源互联网的融资模式若用到农村能源上，能源互联网的实时数据将更加有力地支撑能源建设、运营各环节的标准化和透明化，更加有助于快速推进分布式可再生能源项目的开发、建

设、融资、运营、维护、交易等环节的健康高效发展,也能促进"智慧农村"的建设步伐。

8.2.5 不断完善创新,保障可持续发展

启动农村能源领域法律法规立改废工作。对立法尚属空白的农村能源关键领域制定相应法律和政策,抓好重要法律法规的制定、修订工作,为农村能源健康可持续发展保驾护航。

强化政策支持,注重系统效益和扶持策略。注重政策的效益性,以政策带动更广泛民众和投资主体的参与。注重财税补贴策略,对可再生能源、分布式低碳能源的生产、利用和消费实行切实可行的支持政策。

注重政策的长效机制,适时调整扶持方向。加强组织协调,深入农村调研,充分论证农村能源的历史沿革、产业需求导向。统筹考虑经济、政治、文化、社会等各个方面,兼顾农民阶层的利益诉求,紧紧抓住事关农村能源全局、社会影响大的重点领域和关键环节,科学合理地制定相关政策,注重农村能源政策的长效机制,不断推进体制机制的创新与完善。

发达国家和地区的农村能源发展在战略、技术、产业、模式及政策方面有很多地方值得我们借鉴思考。但考虑到我国国情和发展阶段的不同,不能简单地照搬照抄,而是应该走具有中国特色的农村能源革命发展道路。

第 9 章 中国农村能源革命的方向——建设分布式低碳能源网络

9.1 中国农村能源消费和资源分布

农村能源低碳化发展和变革离不开当地的具体条件，我国地域辽阔，农村地区的自然资源、社会经济发展水平差别巨大，农村能源革命必须结合各个地区农村能源的区域特征，因地制宜，构建可持续发展的低碳化能源网络。从总体上来看，中国各省（区、市）农村地区人均能源消费量虽各年有所波动，但总体呈上升趋势。从空间分布来看，各地区农村能源消费强度的空间差异性显著，总体看来，中国农村地区人均用能呈现出北多南少、东多西少的分布特征。另外，能源消费还与气候条件、区域资源禀赋等因素有关。

中国农村能源消费的区域差异性还体现在其消费结构上。从区域资源禀赋上就可以发现能源结构上的一些规律。首先，资源可获得性是影响各省（区）能源消费类型的主要原因，如山西、内蒙古、宁夏、河北、贵州等省（区）具有丰富的煤炭资源，所以这些省（区）能源消费中煤炭的比重很大。北京和天津尽管煤炭资源并不是十分丰富，但离山西、河北和内蒙古等产煤区距离很近，而且农村经济发展水平高、购买能力强，所以煤炭的使用比例也很大。另外，中国东北和西南地区的居民比北方、东南沿海地区的居民使用生物质能源的比例更高，这基本上与中国的生物质资源分布情况是一致的。因此，根据我国农村地区人口、经济发展程度、能耗和低碳资源分布等区域特征将我国划分为东北地区、华北地区、西北地区、长江中下游地区、西南地区和华南地区这六个区域，分别介绍其主要区域特征，中国农村分区要素对比表见表 9-1。

表 9-1 中国农村分区要素对比表

要素	东北地区	华北地区	西北地区	长江中下游地区	西南地区	华南地区
人口	稀疏	稠密	稀疏	稠密	中等	稠密
经济	一般	一般	较低	发达	较低	发达

续表

要素	东北地区	华北地区	西北地区	长江中下游地区	西南地区	华南地区
生物质能	丰富	丰富	匮乏	丰富	丰富	丰富
太阳能	丰富	丰富	丰富	一般	丰富	一般
风能	一般	丰富	丰富	匮乏	一般	丰富
水能	匮乏	匮乏	一般	丰富	丰富	丰富
地热能	匮乏	丰富	匮乏	一般	丰富	丰富

9.1.1 东北地区：农林生物质资源丰富

农林生物质资源丰富的东北区，冬季严寒，供热需求大，农村人口占全国农村总人口的5.95%，农村经济水平一般，农村能源消费非商品能源比例非常高，黑龙江、吉林和辽宁分别高达59%、90%和67%，其中非商品能源的消耗主要是以林业资源为主，多用于冬季采暖，生物质低效原始利用问题在东北区较为严重。

同时东北区是我国主要的粮食产区，是全国范围内农作物秸秆分布最集中的区域之一，另外还有丰富的林业资源。东北区属于太阳能资源很丰富带，太阳能辐照量为1 400~1 750千瓦时/（米^2·年），仅次于西北区太阳能极丰富带的太阳能资源。东北区风能资源一般，理论储藏总量为39 918万千瓦，仅占全国风能资源总储量的9%，东北区水能资源蕴藏量不丰富，未来水能资源可开发利用潜力一般。因此，基于东北区的农村人口、地理气候、经济水平、非商品能源比例和可再生能源的种类，东北区适合发展以生物质成型燃料或者发电产业为主的能源利用形式。

9.1.2 华北地区：农村人口密集，秸秆资源丰富，散煤利用严重

农村人口密集、秸秆资源丰富、散煤利用严重的华北区，农村人口占全国农村总人口的28.21%，属暖温带半湿润大陆性气候，四季分明，光照充足，冬季寒冷干燥、时间较长，是我国北方经济规模最大、最具活力的地区。华北区农村经济发展水平一般，京津冀地区农村居民收入水平要明显高于其他区域。华北区能源消费非商品能源比例低，普遍低于40%，仅陕西省达到52%，其中散烧煤利用较为集中，农村煤炭能源占比均超过50%，山西省散煤使用情况最严重，煤炭能源占比达到92%，农户能源消费主要用途为冬季取暖，煤炭

的大量燃烧除了导致能源利用效率低下的问题外,还导致了华北区严重的大气污染。

华北区能源利用形式主要是太阳能、风能和地热能的多能互补。该区域秸秆和林业生物质资源丰富,畜粪资源也较为发达。同时该区也位于太阳能资源很丰富带,太阳能辐照量为 1 400~1 750 千瓦时/(米^2·年),太阳能年变化较稳定,比较适合太阳能资源的利用。风能资源的开发也较为客观,华北区为仅次于西北区最好的风能开发区,且风能技术开发量达到 15 912 万千瓦,占到全国技术可开发量的 53.5%,而水力资源则较为缺乏。另外华北区还适合地热能的开发,局部地区的地热能可形成规模化的能源供应能力。因此,基于华北区的农村人口、地理气候、经济水平、非商品能源比例和可再生能源的种类,该地区应大力发展生物质能、清洁炉灶、小风电和太阳能,适当发展地热能。

9.1.3 西北地区:农村人口稀疏,太阳能、风能资源丰富

农村人口稀疏、太阳能、风能资源丰富的西北区,农村人口仅占全国农村总人口的 5.87%,西北区基本为温带大陆性气候,冬季严寒而干燥,夏季高温,降水稀少,面积广大,同时农村经济发展水平较低,农村居民收入低于其他地区,农村能源非商品能源比例较低,比例最高的甘肃也仅达到 50%,但农村能源中煤炭占能源消费比例却较高,甘肃、宁夏和新疆煤炭能源消费比例分别高达 81%、87%和 92%,都造成了严重的能源浪费和大气污染。

西北区生物质资源相对匮乏,难以大规模利用生物质资源,而内蒙古地区的畜牧粪便资源相对丰富,适合小规模化利用。西北区太阳能和风能等可再生能源资源极其丰富,属于太阳能资源极丰富带,太阳能辐照量超过 1 750 千瓦时/(米^2·年)。而风能资源方面,西北地区也是全国理论储量最大的区域,达到 148 685 万千瓦,约占全国储量的 34.4%,技术可开发量也达到 12 350 万千瓦,占全国技术可开发总量的 41.6%。西北区的小水利资源相对集中,拥有 1 817 万千瓦,占全国的 14.2%,也具有一定的发展潜力。因此,基于西北区的农村人口、地理气候、经济水平、非商品能源比例和可再生能源的种类,西北区的能源利用方式是太阳能光伏发电和风能的风光互补分布式低碳能源网络系统。

9.1.4 长江中下游地区:农村经济发达,农村能源基础设施较为完善

农村经济发达、农村能源基础设施较为完善的长江中下游区,农村人口占全国农村总人口的 27.97%,冬季较短,但较湿冷,有一定取暖需求,秸秆资源丰富,

太阳能资源一般，风能资源理论总储量为 829 万千瓦，占到全国技术可开发量的 2.8%，经济发展水平较高。建议重点发展生物质能等清洁能源；结合新型城镇化建设，大力推广沼气工程，生物质炭、气、油、热、电多联产等技术，为中小城镇提供生活燃气、电力和热力等清洁能源。

9.1.5 西南地区：生物质、小水电、太阳能资源丰富

生物质、小水电、太阳能资源丰富的西南高原山区，农村人口占全国人口总数的 18.52%，是中国贫困人口相对密集和贫困程度较高的区域，又是生态脆弱地区，农村能源消费结构对农户可持续生计和区域可持续发展具有重要的影响。该区域属于亚热带季风气候，受东南风和西南风影响，夏季炎热多雨，林业生物质资源丰富，太阳能资源较丰富，风能资源属一般，水电资源丰富。应发展生物质能、清洁炉灶、小水电，有条件的地区适当发展小风电和太阳能。目前西南区地下水地源热泵、太阳能光热、光电系统及小水电等清洁能源形式均有一定的发展。与其他地区相比，水能资源是该区的一大优势资源，占全国水能资源的 70%，其水电资源开发将是西南区可再生能源开发的重点。

9.1.6 华南地区：经济发达，生物质资源较为丰富

经济发达、生物质资源较为丰富的华南区，农村人口较为稠密，农村人口占全国人口总数的 10.51%，经济发展水平高，农村固体废弃物体量巨大。气候炎热多雨，无霜期长，作物几乎可以全年生长，耕作制度为一年两熟至三熟，太阳能资源一般，风能资源较为丰富。建议重点发展多样利用的生物质能资源，华南区生物质资源主要是固体废弃物、农作物秸秆与采伐和木材加工废弃物或剩余物。华南区农村固体废弃物体量巨大，其中广东的废水资源和垃圾资源均为全国第一。而其他生物质资源方面，据统计，每年华南区可利用的农作物秸秆量为 31 822 900 吨，其中 60% 都有可能用于能源生产；华南区每年采伐剩余物资源量和木材加工剩余物资源量，共计 13 530 400 吨，其中 40% 都可能用作能源生产。因此，发展生物质能多样利用是华南区生物质利用的重要途径。

9.2 中国农村能源革命的对象

我国农村能源消费量大，类型多样，主要有煤炭、生物质能、小风电、微水电、太阳能光热、地热能供暖等。全国可作为能源利用的农作物秸秆及农产品加工剩余物、林业废弃物和能源作物、生活垃圾与有机废弃物等生物质资源丰富，

广大农村地区太阳能、风能和水能等可再生能源条件得天独厚,农村能源化利用潜力巨大。然而,由于我国农村地理气候环境差异性大、各地域资源分布不均、经济发展程度参差不齐,主要存在农村散烧煤、生物质原始利用和固体废弃物(垃圾)这三个问题。

9.2.1　散烧煤

现阶段散煤并没有明确的定义,国家发展和改革委员会将灰分大于等于16%、硫分大于等于1%的煤定义为散煤,大多数的研究中一般将散煤理解为在家庭取暖、餐饮中广泛使用的民用煤以及一些小锅炉、小窑炉用煤。散煤使用因为有诸多问题,如大部分散煤质量达不到国家标准、燃烧效率低、燃烧后废气得不到有效处理等,对空气的污染远远比大型锅炉使用的清洁型煤炭要严重。当前我国农村地区散烧煤使用问题极为严重。以华北地区为例,煤炭是华北地区使用的主要能源,占农村能源总消耗的55%以上,散煤尤其是劣质煤在燃烧过程中,会排放出大量的烟尘、温室气体及酸性气体,是造成华北地区大气污染和雾霾的主要原因之一。这些污染物直接排放,既破坏、污染环境,也严重危害民众的健康。而且散烧煤烧水用的灶具、取暖设施热效率极其低下,致使能源利用率低,造成资源的巨大浪费。

9.2.2　生物质原始利用

我国广大农村存在大量生物质原料以直接燃烧的低效利用方式进行处理,主要包括农业废弃物、林业废弃物,其中以秸秆露天焚烧为典型代表,我国秸秆年产量8亿吨,是世界第一大秸秆大国,而2015年全国秸秆焚烧总数为4 454个,主要分布于华东、华北和东北地区。本应极大地补充农村能源的农林废弃物,反而由于直接燃烧导致了诸多危害,如污染大气环境、危害人体健康、威胁交通安全、存在火灾隐患及破坏土壤结构等。总体来说,农村生物质原始利用会造成资源的极大浪费,同时会直接造成大气环境污染。

9.2.3　固体废弃物

固体废弃物主要包括农村生活垃圾和畜禽粪便。随着农村居民生活水平的不断提高,农村居民生活垃圾和农村畜禽粪便的产生量也与日俱增。大量农村固体废弃物的随意不当处理不仅造成能源的浪费,而且对农村的环境造成很大的破坏。

1. 生活垃圾

2015年，农村生活垃圾产生量就高达0.95亿吨，以往，农村生活垃圾以厨房剩余物为主，可作为畜禽的饲料，使得生活垃圾不会影响环境卫生和安全，但随着农村地区消费结构的变化，农村垃圾的种类和体量也发生了巨大的变化，农村难以容纳产生的垃圾，于是造成农村环境的恶化，因此通过相关技术手段资源化利用农村固体废弃物，既解决了固体废弃物的处置问题，又可以补充农村地区的能源供给。

当前农村固体废弃物治理主要存在以下问题：一是农村生活垃圾数量增加，成分复杂，危害性大；二是群众环境保护意识淡薄，群众对垃圾危害了解不足；三是垃圾处理基础设施建设投入不足以及农村垃圾问题无专门的部门管理。切实改善农村生产生活环境，实现村容整洁，是社会主义新农村建设的一项重要内容，对农村生活垃圾进行妥善处理处置则是改善村容村貌的必要举措。因此，提高群众的生活环境保护意识，改善农村生活垃圾处理现状是当务之急。

2. 畜禽粪便

畜禽养殖业在我国的发展非常迅速，这极大地丰富了我国城乡居民的农副产品供应，提高了人们的生活水平。与此同时，畜禽粪便的排放量也在快速增加。圈养的牛、猪和鸡三类畜禽是畜禽粪便的主要来源。

而畜禽粪便会带来诸多危害，一方面，侵占土地，降低土地利用率，同时还会污染土壤，并随着作物进入人体，危害人体健康；另一方面，污染大气，产生有害成分，并大量传播病原菌，最终导致各种畜禽疾病。

9.3 中国农村能源革命的方向

9.3.1 大力发展分布式低碳能源网络

中国科学院工程热物理专家徐建中院士对分布式供电的定义：分布式供电是指将发电系统以小规模（数千瓦至50兆瓦的小型模块式）、分散式的方式布置在用户附近，可独立地输出电、热或（和）冷能的系统。

因此，根据分布式能源系统的定义，我们可以对"分布式低碳能源网络"进行如下解释：将清洁、环保、低碳的发电系统以小规模（数千瓦至50兆瓦的小型模块式）、分散式的方式布置在用户附近，可独立地输出电、热或（和）冷能，彼此互联，采用先进的信息技术、智能化监控、网络化群控和远程遥控等技术进行高效、准确的资源配置，保证各分布式能源系统的安全可靠运行。

要发展分布式低碳能源网络，开发因地制宜的分布式能源尤其重要，中国农村地区分布着大量可再生能源，其中主要包括风能、水能、太阳能和生物质能。据农业部估算和统计，全国广大农村地区的可再生能源每年可获得相当于73亿吨标准煤的能量，相当于2016年全国农村能耗总量的12倍。由前文可知，我国农村微型水力、低速风力及太阳能分布广阔，资源极为丰富。合理利用农村可再生能源，开发因地制宜的分布式能源，将是农村能源变革中不可缺少的一部分。

针对不同农村地区的地理、气候、经济发展程度、资源分布差异特点，合理利用农村可再生能源，开发针对六大区域因地制宜的分布式低碳能源，是农村能源革命的核心任务。

1. 华北地区：建设多能互补的分布式低碳能源网络

华北地区人口稠密，城镇化率低，生物质低效利用问题严重，同时华北地区冬季温度较低，有采暖的需求。华北地区的山西为产煤大省，导致华北地区散烧煤使用情况严重，造成了当地的污染问题，破坏了当地的生态环境，因此建设绿色、低碳、循环的分布式低碳能源网络势在必行。华北地区有丰富的生物质能资源，太阳能和地热能在部分地区也是比较富集的，因此利用华北地区农村多种能源资源共存的特点，建设以生物质能为主、太阳能和地热能为辅的多能互补的分布式低碳能源网络，可以充分满足农村居民的采暖和日常生活能源的需求，全面提升农村地区能源的供给能力，解决农村地区大量使用散烧煤问题以及生物质低效利用问题。

上述多能互补的分布式低碳能源网络，包括分布式燃气网和分布式电网，该网络可以同时利用生物质能、太阳能和地热能，在生物质能方面，改变了传统生物质能低效利用的形式，将生物质能用于厌氧发酵产生可燃沼气，满足农村居民生活用能的需求，若有需求之外的可燃沼气，还可将多余的沼气卖给燃气网，增加系统的经济性。同时对于大规模的生物质沼气池，还可将产生的可燃沼气用来发电。而太阳能方面，可与生物质能发电互补，形成太阳能、生物质能互补的发电形式，弥补了单一太阳能发电受季节气候等因素影响造成的不稳定问题，同时太阳能的热利用也可解决一部分采暖需求，进一步缓解散烧煤的使用问题。而针对华北地热能富集的地区，可利用地热能进行供暖，彻底解决该地区散烧煤的使用问题。

因此，在华北农村供电能力不足的地区，可以建设多能互补的分布式低碳能源网络，综合利用生物质能、太阳能和地热能，建立分布式的电网和燃气网，满足农村居民对电能和燃气的需要，同时太阳能和地热能可以在一定程度上解决冬天采暖的问题，缓解华北地区散烧煤使用体量巨大的问题。生物质能的沼气化利用改变了生物质利用的方式，有效地提高了生物质能的利用效率和经济性。

2. 西北地区：建设分散式风能和太阳能的分布式低碳能源网络

西北地区人口密度低，经济发展水平低，人员流动性也较强，导致远距离供电投资过大，大多数农村无法从大电网建设规划扩大中受益，同时西北地区冬季漫长严寒，使得农户能源消费中用来取暖的能源占据很大部分。而西北地区风能和太阳能资源丰富，具有良好的使用基础，因此在西北地区建设分散式风能和太阳能的分布式低碳能源网络可以有效地解决农村居民的用电和采暖问题。分散式风能和太阳能的分布式低碳能源网络是分别通过利用太阳能电池和风力发电机，利用风能和太阳能两种绿色、低碳、循环的可再生能源，并均可利用蓄电池作为辅助能源的发电网络。随着风能勘察工作的不断深入和低风速技术的持续进步，加快推动接入低电压配电网、就地消纳的分散式风电和光电项目建设，有利于优化利用西北地区分散风能、太阳能资源，因地制宜地提高西北地区风能和太阳能利用效率。

除了利用太阳能发电以外，还需要对太阳能进行热利用，太阳灶和太阳房可以基本满足西北农村居民对于生活、采暖和制冷的需求。以太阳房为例，太阳房可以节约75%~90%的能耗，并具有良好的环境效益和经济效益，已经成为各国太阳能利用技术的重要方面。

3. 东北地区：建设以生物质能利用为主的分布式能源网络

东北地区经济发展水平低，生物质资源极其丰富，并且有较丰富的太阳能等可再生能源。因此该区域适合发展以秸秆、林业废弃物等生物质为主，以光伏发电和风能发电为辅的分布式低碳能源网络结构。在广大东北农村地区逐步建立生物质沼气，并将户用沼气（或者工业化沼气）的沼渣、沼液还田，以增加土壤的有机质。沼渣、沼液与电厂灰渣结合可以生产绿色有机肥料还田，使土壤中的矿物元素保持平衡、有机质增加。这可以刺激农村户用沼气的快速发展，提升农村户用炊事能源品位。

4. 长江中下游地区：推动农村生物沼气发展，构建城乡一体化能源网络

长江中下游地区冬季较短，基本没有取暖需求，秸秆资源丰富，太阳能资源一般，人口密集，经济发展水平较高。建议重点发展生物质能等清洁能源，结合新型城镇化建设，构建城乡一体化能源网络，大力推广沼气工程等技术，为农村

地区提供生活燃气、电力和热力等清洁能源。适合将光伏发电与沼气生物质能源相结合建设配套的分布式发电系统。

将沼气发电系统改造为可并网发电系统，沼气发电机组按照实际用电需求与光伏发电系统配合协同发电。利用太阳能及农村沼气资源作为发电原料，通过光伏发电设备、沼气发电机组和储能设备搭建分布式电源，满足农村生产生活用电的同时，还可将剩余电力资源并网销售。安装光伏并网发电系统，能够并入电网或沼气发电系统支撑的局域网，发电余量上网，光伏发电项目为国家大力支持的分布式电源供电项目，与沼气发电互为补充，最大化利用东北农村资源转化为电能为农村生产服务，在保护生态环境的大背景下，实现资源的循环利用。

该分布式能源网络在公网正常供电时，光伏发电与沼气发电及公网三者同时运行，太阳能不足时，沼气发电和公网并行运行；在公网处于停电状态时，沼气发电和光伏发电并行运行。

5. 华南地区：建立风能发电和生物质能多样利用的分布式低碳能源网络

华南地区气候湿润温暖，经济发展水平高，农村人口稠密，农村固体废弃物体量巨大，其中广东省的废水资源和垃圾资源均为全国第一，现有的固体废弃物好氧堆肥技术已经不能满足无害化大规模处理农村固体废弃物的需求，导致华南大部分农村的固体废弃物得不到妥善处理，既浪费了生物质资源，也造成了环境的污染。而农作物秸秆与采伐和木材加工废弃物或剩余物等生物质资源也具有极大的应用潜力和价值。另外华南沿海地区及岛屿附近，风能资源丰富，其风能密度可达 300 瓦/米^2，可以通过风能发电技术有效地将风能资源利用起来。因此，在华南供能不足的农村地区，建立风能发电和生物质能多样利用的分布式低碳能源网络，满足相应地区的供能问题。

上述分布式低碳能源网络主要包括农村分布式微电网和农村分布式微气网，其中农村分布式微电网通过利用风力发电机和生物质废弃物燃气发电从而同时利用风能和生物质能两种绿色、低碳、循环的可再生能源，并利用蓄电池作为辅助能源储存需求之外的电能，推动分布式微电网与农村电网的互联互通，生物质能恰好弥补了单一风能资源受季节气候等因素影响导致的不稳定问题，在华南电力供给不足的农村比较适用。而在农村有规模化畜禽养殖场的地区和人口稠密的地区，则适合建设农村分布式微气网，优先发展生物质沼气集中供气，推动生物质沼气与农村天然气管道互联互通，满足农村居民对生活燃气的需求，在需求之外的部分，可以将沼气卖给天然气网，提高生物质沼气系统的经济性，同时解决当前日益严重的农村废弃物资源无法大规模妥善处理的问题。而针对华南人口密集的农村地区，可推进生物质成型燃料的使用，以解决炊事问题和采暖问题。

6. 西南地区：建设以小水电为主、林业生物质能和太阳能为辅的分布式能源网络

西南地区建设以小水电为主、林业生物质能和太阳能为辅的分布式能源网络，西南地区经济落后，农村山区人口密集，水利资源丰富，具有较多的林业生物质资源，西藏地区太阳能资源极丰富，因此适合建设以小水电为主、林业生物质和太阳能为辅的分布式能源网络。主要发展小水电站的就地开发、就近供电，把小水电纳入电网应急保障体系。在西南农村地区电力规划、建设和运行各阶段充分考虑小水电的分布是电源的应急供电优势，充分发挥其保障电网安全和抗灾减灾作用，应充分考虑其他新能源的建设，如在小水电集中的区域建设风力发电和太阳能发电，使得发电能源可以多样化，特别是需要考虑发电功率容易控制的分布式电源，可以根据微网的变化及时做出反应。

西南地区除水能资源丰富以外，林业生物质能和太阳能资源也非常丰富，因此生物质发电和太阳能发电等多种分布式的清洁能源也易于建设。

9.3.2 加大天然气的使用比例

拓展农村天然气消费市场。天然气消费的城乡差别明显。2013 年中国城市燃气管网增加到 38.8 万千米，同比增加 13.1%。但农村燃气管道的增长因为体量太小都见不到统计数据。因此需要积极推进天然气价格改革，推动农村天然气市场建设，探索建立合理气、电价格联动机制，降低农村地区天然气综合使用成本，扩大天然气消费规模。稳步推进天然气接收和储运设施公平开放，合理布局天然气销售网络和服务设施，以民用、发电、交通和农业等领域为着力点，实施天然气消费提升行动。在城中村、城乡接合部等地方推动天然气替代民用散煤，其他农村地区推动建设小型 LNG 储罐，替代民用散煤。加快城市燃气管网延伸建设，提高天然气农村居民气化率。

推进农村天然气发电及分布式能源工程。借鉴天然气发展的国际经验，提高农村天然气发电比重，扩大农村天然气利用规模，鼓励发展天然气分布式能源等高效利用项目，有序发展天然气调峰电站，因地制宜地发展热电联产。在可再生能源分布比较集中和电网灵活性较低区域积极发展天然气调峰机组，推动天然气发电与风力发电、太阳能发电、生物质发电等新能源发电融合发展。

截至 2015 年底，农村沼气的大力发展带来了显著的经济、社会和生态效益，全国沼气年生产能力达到 158 亿立方米，约为天然气消费量的 5%，每年可替代化石能源约 1 100 万吨标准煤；年可生产沼肥 7 100 万吨，按氮素折算可减施 310 万吨化肥，可为农民增收节支近 500 亿元；年处理畜禽养殖粪便、秸秆、有机生活垃圾近 20 亿吨，减排二氧化碳 6 300 多万吨。

但取得成就的同时也产生了急需解决的问题：一是农村户用沼气使用率普遍下降，废弃现象日益突出。二是中小型沼气工程整体运行不佳，多数亏损，长期可持续运营能力较低。三是沼气科技创新能力不强，"三沼"（沼气、沼渣、沼液）综合利用水平不高，一些工程甚至存在沼气排空和沼液二次污染等严重问题。四是农村沼气发展尤其是规模化沼气发展还面临不少体制机制障碍，各项扶持政策还不够健全，在管理上仍存在注重项目投资建设、忽视事中事后监管服务等问题。需要通过以下几个方向来改善：一是统筹谋划，多元发展。针对各地资源状况和环境承载力情况，鼓励各地因地制宜发展以生物天然气为主、以沼肥利用为主、以农业农村废弃物处理为主、以用气为主和果（菜、茶）沼畜循环等多种形式和特点的沼气模式。二是气肥并重，综合利用。统筹考虑农村沼气的能源、生态效益，兼顾沼气沼肥的经济社会价值，开拓沼气的多领域高值利用，突出沼气工程供肥功能，推进种养循环发展。三是政府支持，市场运作。政府通过健全法规、政策引导、组织协调、投资补助等方式，为农村沼气发展创造良好的环境。充分发挥市场机制作用，大力推进沼气工程的企业化主体、专业化管理、产业化发展、市场化运营。四是科技支撑，机制创新。加强农村沼气科研平台建设，建立产学研用一体化沼气技术创新与推广体系，统筹推进融资方式、运营模式、监管机制创新。

积极推行农村交通领域气化工程。完善交通领域天然气技术标准，积极支持农村天然气汽车发展，包括城乡公交车、物流配送车、载客汽车、环卫车和农业用车等以 LNG 为燃料的运输车辆，鼓励在内河、湖泊和沿海发展以 LNG 为燃料的渔业船舶。建立分散的、小型的 LNG 气化站，能够及时满足各个区域对天然气的需求。

9.3.3 改造提升农村电网建设水平

2011 年，国务院常务会议决定，在"十二五"期间，使全国农村电网普遍得到改造，农村居民生活用电得到较好保障，农业生产用电问题基本解决，基本建成安全可靠、节能环保、技术先进、管理规范的新型农村电网。因此，农村能源的电气化必定是中国农村能源的革命方向之一，农村能源电气化将会提高终端用能的电力比例，农村能源电气化将会是集中式智能电网与分布式低碳能源网的结合。推进新一轮农村电网改造升级工程，推进分布式电网和集中式电网同步建设，试点新能源微电网示范应用,促进城乡网源协调发展。

1. 推进分布式和集中式并举的农村配网建设

加快新型小乡镇、中心村电网和农业生产供电设施改造升级。结合"生物质扶贫""光伏扶贫"等分布式能源发展模式,建设可再生能源就地消纳的农村配网示范工程。开展西藏、新疆、四川、云南、甘肃和青海六省(区)农村电网建设攻坚。加快西部及贫困地区农村电网改造升级,特别是国家扶贫开发工作重点县、集中连片特困地区及革命老区的农村电网改造升级。推进东、中部地区城乡供电服务均等化进程,逐步提高农村电网信息化、自动化、智能化水平,进一步优化电力供给结构。

2. 试点新能源微电网应用示范工程建设

建设联网型新能源微电网示范工程。在分布式可再生能源渗透率较高或具备多能互补条件的农村地区建设联网型新能源微电网示范工程。通过储能技术、天然气分布式发电、智能控制和信息化技术的综合应用,探索电力生产和消费的新型商业运营模式和新业态,推动更加具有活力的电力市场化创新发展,形成完善的新能源微电网技术体系和管理体制,逐步提高可再生能源渗透率,探索建设100%可再生能源多能互补微能源网。

建设离网型新能源微电网示范工程。开发能源电子技术配合微电网能源管理及储能技术,高度融合发、输、供、用电环节,在电网未覆盖或供电能力不足的农村地区充分利用丰富的可再生资源,实现多种能源综合互补利用,建设智能离网型新能源微电网示范工程,替代散烧煤和降低供电成本,保护生态环境,改善地区能源结构。

探索微电网电力交易模式。结合电力体制改革的要求,拓展新能源微电网应用空间,探索微电网内部分布式能源直供以及微电网与本地新能源发电项目电力直接交易的模式。支持微电网就近向可再生能源电力企业直接购电,探索实现100%新能源电力消费微电网。

3. 积极推进农村电力管理体制改革

加快建立规范的现代电力企业制度,鼓励有条件的地区开展县级电网企业股份制改革试点。逐步向符合条件的市场主体放开增量配电网投资业务,赋予投资主体新增配电网的所有权和经营权。鼓励以混合所有制方式发展配电业务,通过公私合营模式引入社会资本参与农村电网改造升级及运营。支持社会资本投资建设清洁能源项目和分布式电源并网工程。

总体来看，我们提出了中国农村能源革命方向，即大力发展分布式低碳能源网络，优化小水电、太阳能、风能、沼气、地热能和生物质能等可再生能源的组合发展模式；推动农村天然气管网和天然气市场建设，加大天然气的使用比例；改造提升农村电网建设水平，推动分布式与集中式电网并行建设，打造具有我国农村特色的多能互补、协调发展的分布式能源格局，从而逐步推进城乡一体化发展。

9.4 农村分布式低碳能源网络建设的可行性和效益分析

太阳能光伏发电贴合西北地区年平均日照时间长且地广人稀的条件，在国家政策的支持下，其发电收益较为可观；生物质成型燃料直燃成本不断降低，在某些废弃生物质资源丰富的地区具有一定的价格优势；沼气发电可提供电、肥等多重收益，成本低廉且效益显著。因地制宜发展农村分布式能源网络有助于合理利用当地优势资源，降低能源生产成本，具有相对较好的经济效益。但跟成本低廉的传统化石能源相比，其在经济效益方面仍处于劣势，不具备较强的竞争力。

但建设农村分布式低碳能源网络的环境效益和社会效益具有明显优势，环境效益主要体现在减排效果明显和资源的合理利用上。分布式发电的燃料多为天然气、轻质油或可再生清洁能源，发电过程中污染物的排放将明显减少。此外，大量的就近供电减少了大容量长距离高电压输电线的建设，不但减少了高压输电线的电磁污染，也减少了建设高压输电线的征地面积。尤其针对二氧化碳排放，电力行业是国家经济行业中碳排放最高的行业，占到了38.76%，针对电力行业的节能减排成了重中之重，而实行分布式发电就很好地解决了此问题。另外，分布式发电使用的清洁能源能够大大减少雾霾，改善当前大气环境。

其一，社会效益方面，目前分布式发电在农村推广的一大推动力就是各种政府出台的福利。扶贫就是其中一项，在我国农村尤其是贫困地区，生物质原料丰富，生物质能源产业可成为广大农村贫困地区脱贫致富最有希望的支柱产业。其二，关乎自身的经济利益，分布式低碳能源设施的建设使村民积极投身到农村环境建设中去。其三，可借分布式低碳能源网络的建设，宣传减少散烧煤的使用和进行固体废弃物的分类，提高农民环境保护意识，改善农村环境。

分布式低碳能源网络具有众多的应用优势：极大地利用了可再生能源；可以阶梯式利用能源，提高能源利用效率；可以有效缓解当前能源与环境的问题；可提高供电可靠性和供电质量，防止大面积停电事故的发生；在地形条件恶劣的偏远地区、经济欠发达地区建设输配电系统投资低；发电单元更加靠近用户，使得输电成本降低，因此分布式低碳能源网络与集中式智能电网相互补充、互相协作，是农村能源革命的必然趋势。

总体来看，建设农村分布式低碳能源网络在经济效益方面较弱，但在环境效益和社会效益方面具备明显优势，因此综合效益显著。

第 10 章 中国农村能源革命的战略目标和路线图

10.1 中国农村能源革命的战略方针

遵循习近平总书记能源发展"四个革命、一个合作"[①]战略思想,依据《中华人民共和国节约能源法》指出的"因地制宜、多能互补、综合利用、讲究效益的原则",提出中国农村能源革命的战略方针:战略引领,生态优先,因地制宜,多能互补,模式创新,全民参与。改变农村能源结构,构建分布式低碳能源网络,形成以可再生能源为基础,与大电网相结合的微型电网系统。

10.1.1 战略引领,生态优先

战略引领是将农村能源革命战略列入党中央和国务院关于能源生产和消费革命的重大战略部署中,落实我国农村能源战略行动计划。在国家层面,加大农村能源革命的政策支持力度,设立农村清洁能源综合应用示范基地。加强顶层设计,提高政府在农村能源革命中的战略引领作用。生态优先是将生态文明建设始终放在农村能源革命的突出地位。必须把低碳发展的生态文明建设理念放在突出的地位,始终把环境保护作为魅力新农村建设的第一要义,新农村建设中的能源、生态、经济要素必须相辅相成,优先考虑生态保护。

10.1.2 因地制宜,多能互补

坚持因地制宜、多能互补的农村分布式低碳能源网络结构,构建环境影响最小、资源效率最大、经济成本最优的农村能源系统。因地制宜,推动农村天然气管网建设和电网结构向大电网、分布式电网和微网并存的格局,各有侧重、相互兼顾,开发形成电、气、热、燃料等多元化产品,推进农村能源的循环梯级利用。

---

① http://paper.people.com.cn/zgnyb/html/2017-10/16/content_1811101.htm.

形成优化收集资源、按需能效转化、就近消费的分布式开发利用模式，提高能源的利用效率，以此打造具有我国农村特色的多能互补、协调发展的分布式能源格局。

10.1.3　模式创新，全民参与

农村能源发展具有其独特的特性，分布式能源发展还处于初级阶段，没有形成产业规模和全国性的推广，应创新政府管理和商业模式进行产业推动。探索PPP（public-private partnership，政府和社会资本合作）、BT（build-transfer，建设–移交）和BOT（build-operate-transfer，建设–经营–转让）等商业模式创新，加快农村能源示范项目建设。

在建设分布式低碳能源网络中，一切以农民为中心，农民既是农村能源的生产者，又是消费者，全民参与是推动分布式低碳能源网络建设的关键，加强思想教育，发挥农民的积极性。支持农民以多种形式参与清洁能源生产，切实保障公众的知情权、参与权和监督权。

10.2　中国农村能源革命的战略目标

我国农村能源发展亟待解决散烧煤使用比重过大、生物质低效利用和固体废弃物处理未成体系等问题，我国农村能源革命要针对这三大问题，构建多能互补的能源体系。重点要逐渐减少甚至替代散烧煤的使用；减少生物质直接燃烧，转换为生物质清洁高效利用方式；资源化利用农村固体废弃物，努力建设可持续发展和生态文明的农村地区；重点建设农村分布式低碳能源网络，构建绿色低碳、安全高效的现代能源体系，建设美丽乡村。

10.2.1　示范建设期：2018~2020年

1. 宏观形势

党的十九大报告指出，"从现在到二〇二〇年，是全面建成小康社会决胜期"[①]。要突出抓重点、补短板、强弱项，特别是要坚决打好防范化解重大风险、精准脱贫、污染防治的攻坚战。该时期散烧煤使用、生物质的低效利用及固体废弃物未资源化利用等问题取得初步成效。以建立农村分布式低碳能源网络示范基地为重点，增加可再生能源在农村能源结构中的比例。

---

① 习近平：决胜全面建成小康社会　夺取新时代中国特色社会主义伟大胜利——在中国共产党第十九次全国代表大会上的报告.http://www.gov.cn/zhuanti/2017-10/27/content_5234876.htm，2017-10-27.

2. 战略目标

以优质能源替代散烧煤将取得初步成效，散烧煤替代率将达到75%，煤炭占农村生活用能消费总量的比重低于20%；秸秆综合利用率达85%以上；农村生活垃圾资源化利用率将达到30%，畜禽粪便资源化利用率达到75%；电能占农村终端能源消费比重达20%。

3. 发展重点

以建立农村分布式低碳能源网络示范基地为重点，初步形成"经济调节和技术规范为主、行政管理为辅"的产业发展激励机制。支持在农业及人口大省开展农村能源转型示范县（区）建设。加快城乡电力服务均等化进程，实现稳定可靠的供电服务全覆盖。推进各类生物质集中供气、沼气集中供气、成型燃料供热项目在农村的应用。增加可再生能源在农村能源结构中的比例，逐步替代散烧煤的使用。

4. 支撑保障

首先要统一思想，加强组织领导，建立以农村分布式低碳能源为革命目标导向的管理体系，健全领导体制和工作机制，完善规划体系。国家能源主管部门统一协调农村能源发展中的政策问题，对全国农村能源领域包括可再生能源的开发利用实施统一的顶层设计和管理。制定或修订农村能源总体规划，主体功能区规划，区域、专项规划及年度计划，建立规划实施、监督检查、评估考核机制，保障规划有效落实。

5. 重大工程

推进各类生物质集中供气、沼气集中供气项目在农村地区的应用，加快生物天然气示范工程和示范县建设。选择有机废弃物资源丰富的种植养殖大县，以县为单位建立产业体系，开展生物天然气示范县建设。到2020年，在生物质资源丰富的华南、东北和西南地区，建设160个生物天然气示范县，生物天然气年产量达到80亿立方米。

全面推进分布式光伏和"光伏+"综合利用工程。在太阳能丰富的西北、西南地区，根据区域特点，继续普及太阳能热水系统。结合土地综合利用，依托农业种植、渔业养殖等，创新光伏的分布利用模式，在有条件的地区，开展"人人1千瓦光伏"示范工程，建设光伏小镇和光伏新村。

10.2.2 全面建设期：2021~2035年

1. 宏观形势

从2021年到2035年，在全面建成小康社会的基础上，再奋斗15年，基本实现社会主义现代化。该时期城乡区域发展差距和居民生活水平差距显著缩小，基本公共服务均等化基本实现，生态环境根本好转，美丽中国目标基本实现。该时期，从示范建设到全面推广，农村分布式低碳能源网络的基础设施已基本建设完成，可再生能源的开发利用模式基本形成。解决农村地区的能源供需矛盾，基本实现生物质的高效利用，同时提高固体废弃物的资源利用率，基本实现农村地区资源的循环利用。

2. 战略目标

散烧煤基本禁止，散烧煤替代率将达到95%；秸秆综合利用率达95%以上；农村生活垃圾资源化利用率将达到60%，畜禽粪便资源化利用率达到90%,；农村地区天然气居民气化率显著提高，达到30%；电能占农村终端能源消费比重达30%。

3. 发展重点

以全面推广分布式低碳能源网络为重点，因地制宜地开发可再生能源，进一步解决农村地区能源供需的矛盾，将示范建设期累积的经验教训应用于分布式低碳能源网络的全面推广之中。同时制定严格的农村地区生物质直接焚烧的管理条例，农村固体废弃物基本得到资源化或能源化利用。

4. 重大工程

在水能资源丰富、开发潜力大的西南地区，根据生态文明建设要求，统筹全流域、干支流开发和保护工作，适度推动农村小水电建设工作，支持边远缺电地区合理适度开发小水电。

推动散煤利用严重、地区大气污染严重的华北地区建设一批煤炭清洁利用示范基地，利用生物质等可再生能源全面替代散煤。

推动农村固体废弃物体量巨大的华南地区的固体废弃物资源化利用工作，尤其是广东和福建，根据农村区域固体废弃物的成分特点，建设一批多样化利用固体废弃物的示范点。

5. 支撑保障

加强对秸秆等生物质资源综合利用的政策倾斜，推广"以奖代补"的方式，将政府在禁烧秸秆和散烧煤监管上的投入用来扶持农林资源回收，变堵为疏，调动广大农民的积极性。加大改革创新力度，推进适应农村可再生能源特点的电力市场体制机制改革示范，逐步建立新型电力运行机制和电价形成机制，积极探索多部制电价机制。

10.2.3 可持续发展期：2036~2050年

1. 宏观形势

从2036年到2050年，在基本实现现代化的基础上，再奋斗15年，把我国建成富强、民主、文明、和谐、美丽的社会主义现代化强国。到那时，我国物质文明、政治文明、精神文明、社会文明、生态文明将全面提升。该时期，社会经济发展进入稳定时期，能源消耗与社会经济发展水平基本实现平衡，建成能源文明消费型社会，并进入可持续发展期。

2. 战略目标

展望2050年，农村全面建成绿色、清洁、低碳的现代化能源体系，保障实现农村现代化。散烧煤全面禁止；秸秆综合利用率、农村固体废弃物资源化利用率均达100%；农村区域环境质量全面提升。

3. 发展重点

以分布式低碳能源持续利用为重点，使分布式低碳能源网络的发展与生态环境的承受能力相适应，实现良好的协调发展。全面解决农村地区的能源供需矛盾，实现生物质的高效利用，提高固体废弃物的资源利用率，实现农村地区资源的循环利用。

4. 重大工程

推动农村天然气管网的建设，有序发展天然气调峰电站，推动天然气发电与生物质发电、太阳能发电和风能发电等新能源发电融合发展，加快散烧煤使用问题严重的华北地区散烧煤替代工作。推行农村交通领域的气化工作，包括城乡公交车、环卫车和农业用车等以天然气为燃料的车辆。

农村能源互联网示范工程。建设以智能电网为基础，与热力管网、天然气管网、交通网络等互联互通，电、热、冷、氢多种能源形态互相转化的农村能源互联网试验示范工程。逐步提高可再生能源渗透率，探索建设100%可再生能源多能互补能源网。

5. 支撑保障

健全监督管理体系。加强统筹协调，各有关部门周密部署、强化沟通协作，形成工作合力。建立战略任务落实情况督促检查和第三方评价机制，完善长期监测、滚动调整、绩效评估和监督考核机制。同时，发挥舆论监督作用，完善公众参与机制，加强信息公开，引导公众参与战略贯彻落实的全过程。注重财税补贴策略，对可再生能源、分布式低碳能源的生产、利用和消费实行切实可行的支持政策。

10.3　中国农村能源革命的路线图

10.3.1　实施清洁能源替代工程，全面禁止农村散烧煤和秸秆直接焚烧

大力发展农村地区分布式低碳能源网络，加快推进农村地区"电代煤""气代煤"等清洁能源替代工程，在禁煤区内完成除电煤、集中供热外燃煤"清零"，大幅降低农村地区燃煤污染。扩大散烧煤污染危害的宣传工作，在散烧煤使用问题严重地区逐步取缔散烧煤，推出经济、洁净的可再生能源替代散烧煤的使用，势必消除农村居民对散烧煤的依赖。

10.3.2　完善农村生物质资源的分类收储制度，深化农林废弃物资源化利用

加强对秸秆等生物质资源综合利用的政策倾斜，推广"以奖代补"的方式，将政府在禁烧秸秆和散烧煤监管上的投入用来扶持农林资源回收，变堵为疏，调动广大农民的积极性。

重点在京津冀等大气污染防治区、粮棉主产区等区域构建农村生物质资源分类、收、储、运、用体系，到2020年底，秸秆综合利用率达到85%以上。加强农村生活垃圾回收处理设施建设，强化对生活垃圾分类、收运、处理的管理和督导，普遍建立村庄保洁制度，推广垃圾分类和就近资源化利用，到2020年，90%以上行政村的生活垃圾得到处理，全面消除农村垃圾乱扔乱放、农林生物质废弃物露天焚烧现象；到2025年农村生活垃圾基本得到无害化治理；2030年乡村废弃物实现就近资源化，乡村废弃物趋零排放。

10.3.3　推动农村可再生能源重大工程的建设

精准实施能源扶贫工程。在革命老区、民族地区、边疆地区、集中连片贫困地区，加强能源规划布局，稳步推进"生物质扶贫""光伏扶贫"等能源扶贫项目建设。继续强化定点扶贫，加大政府、企业对口支援力度，重点实施生物质、光伏、天然气开发利用等扶贫工程，建立长期可靠的项目运营管理机制和扶贫收益分配管理制度。加快生物天然气示范工程和示范县建设。选择有机废弃物资源丰富的种植养殖大县，以县为单位建立产业体系，开展生物天然气示范县建设。建立原料收集保障和沼液沼渣有机肥利用体系，建立生物天然气输配体系，形成并

入常规天然气管网、车辆加气、发电、锅炉燃料等多元化消费模式。到2020年，生物天然气年产量达到80亿立方米，建设160个生物天然气示范县。

全面推进分布式光伏和"光伏+"综合利用工程。继续在广大农村地区普及太阳能热水系统，积极推进太阳能供暖、制冷技术发展，促进太阳能与其他能源的互补应用。结合土地综合利用，依托农业种植、渔业养殖等，因地制宜创新各类"光伏+"综合利用商业模式，促进光伏与其他产业有机融合；创新光伏的分布利用模式，在有条件的地区，开展"人人1千瓦光伏"示范工程，建设光伏小镇和光伏新村。

农村能源互联网示范工程。建设以智能电网为基础，与热力管网、天然气管网、交通网络等互联互通，电、热、冷、氢多种能源形态互相转化的农村能源互联网试验示范工程。研究多能互补综合能源网络内不同类型储电、储热、储冷、储氢装置的优化协调控制方法，研发适用于多能源输入和输出的农村能源互联网能量管理系统。

10.3.4 大力开展分布式低碳能源网络的可靠性、经济性和储能技术研发

在新能源电力系统技术领域，重点攻克高比例可再生能源分布式并网和大规模外送技术、大规模供需互动、多能源互补综合利用、分布式供能、智能配电网与微电网等技术。加速发展农村地区融合储能与微网应用的分布式能源，开展综合性储能技术应用示范，通过各种类型储能技术与风电、太阳能等间歇性可再生能源的系统集成和互补利用，提高可再生能源系统的稳定性和电网友好性。

10.3.5 构建以可再生能源为主体的"源-网-荷-储-用"运营模式

大力发展"互联网+"智慧能源，构建微电网运行、虚拟电厂调度平台，构建以可再生能源为主体的"源-网-荷-储-用"协调发展模式，建设农村集成互补的能源互联网。探索农村居民的分布式发电站采用自发自用、余电上网和完全上网三种结算模式，最大限度地满足农村居民的用能和经济性需求。

10.3.6 加强政策保障和制度创新

应由国家能源主管部门统一协调农村能源发展中的政策问题，对全国农村能源领域包括可再生能源的开发利用实施统一的顶层设计和管理，做到统筹规划和统一

部署。运用科学方法，注重政策的效益性，以政策带动更广泛民众和投资主体的参与力度。针对可再生能源，政府给予财政和税收的优惠政策，包括建立专项基金给予补助，并为加强可再生能源能力的建设提供科研投入、教育投入和人才培养。

中国农村能源革命发展路线图见图 10-1。

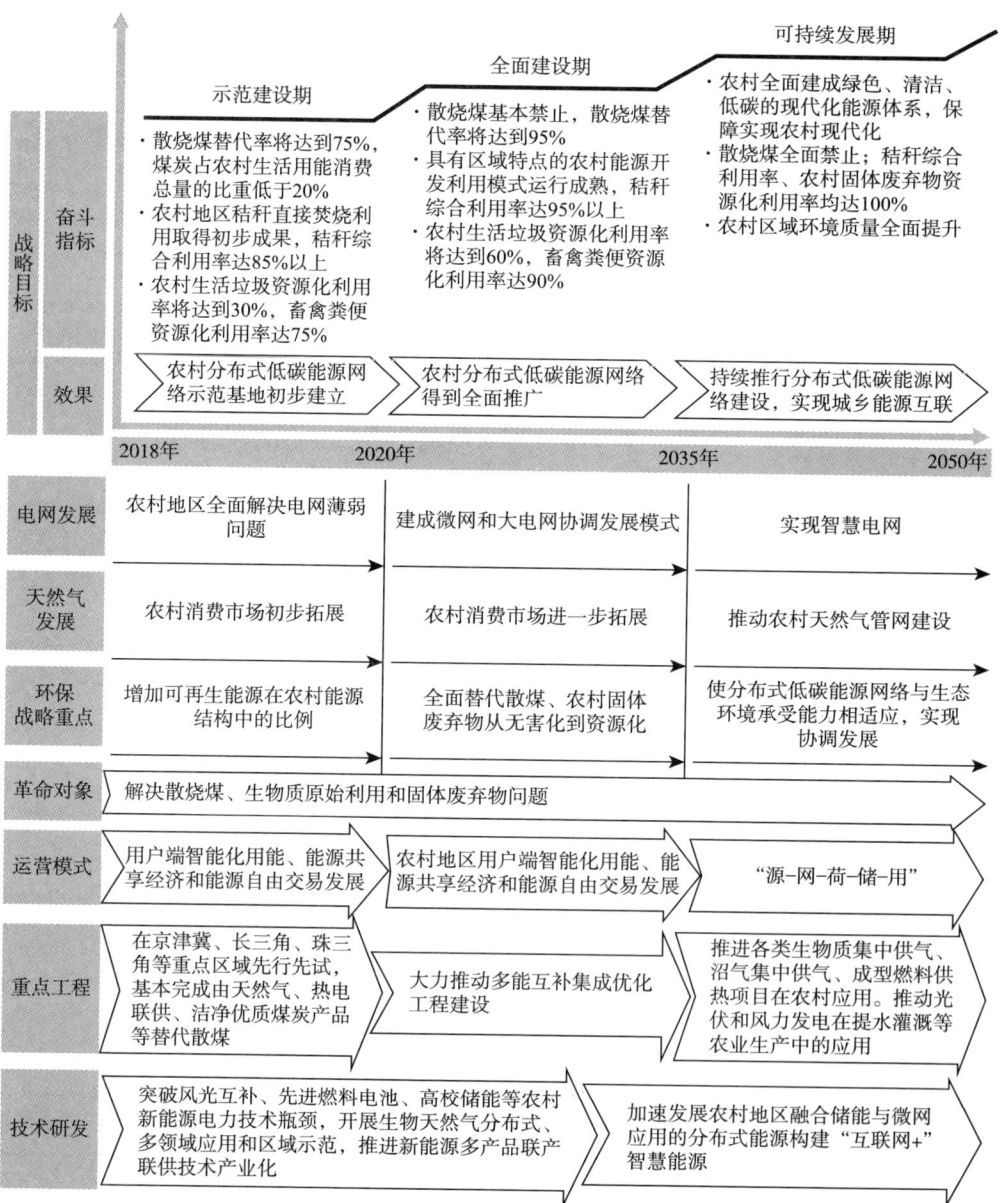

图 10-1 中国农村能源革命发展路线图

第 11 章 政策措施和建议

农村能源建设规模小，利用分散，专业化、商业化能源服务体系缺乏，难以引起应有的重视。但农村地区存在大量散煤消耗、畜禽粪便无法有效处理及农林废弃物随意处置等现象，都会影响到国家生态文明建设及美丽乡村建设目标的实现。2016年12月，习近平总书记在中央财经领导小组第十四次会议上指出，"推进北方地区冬季清洁取暖，关系北方地区广大群众温暖过冬，关系雾霾天能不能减少，是能源生产和消费革命、农村生活方式革命的重要内容"，"加快推进畜禽养殖废弃物处理和资源化，关系6亿多农村居民生产生活环境，关系农村能源革命。这也是国家第一次提出"农村能源革命"概念。

2017年中央一号文件指出，要"深入推进农业供给侧结构性改革，加快培育农业农村发展新动能"，进一步强调了要"加快畜禽粪便集中处理，推动规模化大型沼气健康发展"，并且"鼓励各地加大农作物秸秆综合利用支持力度，健全秸秆多元化利用补贴机制"[①]。同时要深入开展农村人居环境治理和美丽宜居乡村建设，实施农村新能源行动，推进光伏发电，逐步扩大农村电力、燃气和清洁型煤供给，实施新一轮农村电网改造升级工程。

总体来看，中央高度重视农村发展及农民生活方式改善，这就要求未来必须加快开发利用农村清洁能源资源，推进农村能源革命，为改善农村生产生活条件、促进农业发展方式转变、推进农业农村节能减排及保护生态环境做出积极贡献。

11.1 将农村能源发展纳入国家生态文明体系建设及能源生产和消费革命战略框架

11.1.1 完善指导农村能源发展的顶层组织管理和协调体系建设

要加强农村能源工作的组织管理，首先应当建立多部门合作、上下联动的管

---

① 中共中央 国务院关于深入推进农业供给侧结构性改革 加快培育农业农村发展新动能的若干意见. http://www.gov.cn/zhengce/2017-02/05/content_5165626.htm，2017-02-05。

理体制。农村能源建设涉及政府普遍服务职能，过去与农村能源发展相关的各项职能分散在国家发展和改革委员会、国家能源局、农业农村部、水利部、林业部、住房和城乡建设部、财政部、科学技术部等多个部门，这些机构往往负责单一技术的推广应用，缺乏对农村能源发展的全局协调和谋划，各部门在选择重点区域、主要技术、发展模式等方面也可能存在差异，难以互相补充，影响总体效果。此外，中央和地方在农村能源的发展责任和发展目标上，也时常存在不同认识。而要真正把农村能源建设作为"能源生产和消费革命"的一项重要任务来抓，就必须明确各个机构的责任，并负责推动和落实。

建议成立国家农村能源建设领导小组或类似协调机构，以及在国家能源委员会议题中增加有关农村能源发展问题的讨论，从而统筹各个部门之间的协调管理工作，明确各单位职责，研究制定农村能源建设和发展的规划、战略和重大政策，审议示范试点、技术推广、产业建设等重大行动方案，加强宏观指导，制定有利于促进农村能源发展的综合财政、税收、价格和信贷等经济政策，形成分工合理、密切配合、整体推进的工作格局。

11.1.2 生态文明建设和国家能源革命等战略中应增加农村能源部分的相关指标

要加强目标导向，建立促进农村能源发展的顶层指标体系，引导各类社会资源朝向农村能源加大投入。应在落实国家生态文明建设目标的绿色发展指标以及能源生产和消费革命战略的指标体系中，增加或强化促进农村能源发展的相关内容，如在绿色生活指标体系中，增加"农村固体废弃物资源化利用率""农村秸秆综合利用率""农村散煤替代率"等指标，并增加有关指标的考核内容，引导相关部门及地方政府努力改善农村能源发展面貌。

要通过指标体系的细化，将农村能源发展纳入各级部门及各级政府的议事日程，首先集中各级政府政策资源，从而克服农村能源消费分散、负荷密度低、环保问题多、基础设施落后等固有困难，扩大清洁能源的开发利用，有效解决劣质散烧煤、秸秆焚烧及农村垃圾等影响国家生态文明建设任务的各类共性问题。

11.1.3 加强对农村能源建设的战略规划指导

应发挥我国规划体系制度优势，提前谋划、统筹，系统性地指导农村能源发展。一是将农村能源纳入国家能源行业综合管理体系，制定"全国农村能源中长期发展战略"和"全国农村能源五年发展规划"，改变我国一直以来农村能源领域缺乏专门发展规划的局面。在能源总体发展规划框架下，制定综合性的农村能源规划，对农村能源状况进行调查摸底，开展农村可利用能源资源状况调查和评价工作，制定不同阶段农村能源的总体发展目标及各时期重点任务，提出不同地区的农村能源建设重点，明确传统商品化能源供应体系向农村地区延伸及农村分布式低碳能源应用路径，指导各地加强农村能源建设，同时更好地将农村清洁能源设施有效融入城镇化发展建设规划之中。

二是制订农村新能源行动方案，加快各类技术推广应用。应统筹各个相关主管部门的政策资源，综合考虑农村当地各类能源资源、适宜技术成熟度，以及农民取暖、用电、用气等各类需求，因地制宜发展型煤、油气、电力等各类传统商品化能源技术，太阳能、地热能、生物质能等新兴低碳能源技术，以及制订节能建筑、高效节能炉具等各项节能技术成果的推广应用实施方案，落实农村各类高效、清洁能源的多能互补协调发展行动计划，切实推动农村清洁能源发展。

三是定期召开全国或区域农村能源工作会议，加强各地经验交流，部署各个时期各地农村能源工作重点。应改变农村能源建设因条块分割而形成的信息沟通不及时、交流主体不全面、关注领域太单一的局面，通过定期召开全国或区域农村能源工作会议，明确各地农村能源建设方向，并及时沟通各地建设进展，推广成功的经验，交流失败的教训，将农村能源工作视野从一般的非商品化能源主题扩大到商品化能源领域。

11.2 建立支持农村能源可持续发展的体系和模式

11.2.1 建立城乡一体化能源供应体系，积极培育农村能源市场

要使农村能源生产和消费业态发生革命性的变化，就必须建立现代化的能源供应体系，提高农村地区的专业化能源服务水平。要按照城乡统筹发展、工业反哺农业和城市支持农村的要求。以城乡公共服务均等化为导向，结合城镇化进程和小城镇、新农村建设，加快向农村延伸现代能源供应网络、技术和服务体系。

应优化城乡一体化能源供应体系建设，建立产、储、用、管等多个环节相结合的农村能源发展模式，鼓励各类能源经营企业按普遍服务原则把农村地区纳入供应和服务范围，加强农村地区液化气供应站、加油站、型煤加工点以及村镇生物质燃气站和管网等能源基础设施建设，向农户供应常规能源和提供社会普遍服务，同时建立各类能源设施维修和技术服务站，加快提高向农户供应常规能源和提供社会普遍服务的能力，积极培育农村能源市场，满足日益增长的农村生活用能需要。

11.2.2 建立持续性的农村能源建设资金投入和财税价格体系

农村能源由于消费分散、负荷密度低,难以形成网络化供应和商业化服务,也难以吸引社会资金投入。此外,能源价格和财税政策也没有充分反映能源资源稀缺程度、市场供求关系、生态环境价值和代际补偿成本等,影响了清洁能源在农村领域的应用。为此,应建立充分反映化石能源外部性损害的财税价格体系,并在逐步探索商业模式基础上,形成稳定的农村能源建设资金渠道。

一是加大各级政府投入,将相关项目实施纳入国家财政预算。国家设立农村能源专项基金,或明确可再生能源发展基金中用于农村能源建设的资金份额;各级政府也应把农村能源建设纳入经济建设计划和财政计划,增加农村能源建设投入;统筹各级扶贫资金用途,增加对农村地区生物质能开发利用、光伏扶贫等的资金投入,增强贫困地区的"造血"功能,在解决贫困地区清洁能源供应的同时,增加贫困群众的现金收入;形成中央与地方协同的资金投入机制。

二是建立支持农村能源发展的财税优惠政策。建立对用户终端用能产品的分类补贴制度,如对太阳能热水器、节能炉具等清洁能源下乡产品,以及农村太阳能浴室、村级清洁能源服务站等公共服务设施给予一部分的初投资补贴,引导鼓励农民使用清洁能源产品;对农村清洁能源设备制造和运营服务企业给予税收优惠,减少农村能源服务企业税负。

三是积极实施 PPP 等新的融资经营模式。将 PPP 模式引入适合的农村能源建设体系中,如引导社会资金进入生物天然气建设、农村能源服务站等可商业化运行的领域,建立以政府为主导,引导企业、社会参与的资金投入机制。

11.2.3 积极创造农村能源创新应用平台

农村各地区在资源、气候、经济发展水平、生活质量需求、环境容量等方面存在较大差异。应面向农村用户多种用能需求,根据不同地区、不同气候特点及不同的经济社会发展状况,统筹开发、互补利用传统能源和新能源,因地制宜地推广适合本地区的分布式能源技术及多能互补等农村能源创新应用模式。

探索"互联网+"分布式能源模式创新。充分利用互联网、大数据等信息技术,发展与建筑物结合的用户侧光伏发电技术;鼓励在学校、卫生院、养老院、浴室及人口密集的村镇建设集中太阳能热水工程,推动在农村住宅屋顶、公共设施上等安装分布式光伏发电系统;依托渔业养殖、农业设施等,建设渔光互补和农光互补的光伏发电集中区;推广以农林剩余物、畜禽养殖废弃物、有机废水和生活垃圾等为原料的分布式供能模式。

加快农村多能互补供能系统建设。围绕新农村建设,加强终端供能系统统筹规划和一体化建设,因地制宜地实施传统能源与太阳能、地热能、生物质能、风能等能源的协同开发利用,优化布局电力、燃气、热力、供冷、供水管廊等基础设施,通过分布式可再生能源和能源智能微网等方式实现多能互补和协同供应,为用户提供高效智能的能源供应和相关增值服务,推动能源就地清洁生产和就近利用,提高能源综合利用效率。

11.2.4 完善标准体系,加大清洁能源在适宜地区对化石能源的替代力度

制定完善的标准体系,推进各类清洁能源产品和技术在农村地区的应用。加快制定生物质供热锅炉、节能炉具、农村燃气设施等清洁能源利用设备专用污染物标准,体现生物质成型燃料等绿色低碳清洁环保特性,加快清洁能源在适宜地区对化石能源的替代。研究出台生物质供热工程设计、成型燃料产品、成型设备、生物质锅炉等的标准,推进设备制造标准化、系列化、成套化。完善清洁能源利用设备排放标准体系,加强检测认证体系建设,强化对工程与产品的质量监督。

11.2.5 加快推动农村能源新技术试点示范

鼓励农村能源新技术、新产品和新模式试点。开展沼气综合利用技术示范、农作物秸秆能源化技术示范、能源生态村示范。扩大沼气、生物质能、太阳能、地热能、节能炉具等农村能源新技术、新产品、新成果试点示范和推广应用规模。选择适宜地区开展农村能源清洁开发利用工程多种模式试点示范,推进可再生能源与常规能源体系的融合发展,带动能源利用方式向智能高效转型,提升农村能源管理、推广、服务能力和水平,全面推进农村能源综合建设,改善农民生活用能水平。

11.3 加强农村能源的宣传教育,加大农村地区人才培养力度

11.3.1 加强农村能源知识的宣传和推广,调动农民广泛参与

要加快农村能源建设,应加大农村能源知识宣传力度,形成全社会了解、支

持和积极参与农村能源建设的氛围,特别是要以农民为中心,形成政府积极引导、农民深度参与、社会广泛关注的氛围。一是充分利用网络、电视、报纸、杂志等多种媒体,采取多种形式,广泛宣传加快农村能源建设的重要意义,宣传先进典型和成功经验,让全社会特别是农民了解绿色能源知识,逐步培养全社会关心、支持和参与农村能源建设的良好氛围。

二是面向广大农民普及农村能源科学知识,提高农民节能环保意识,鼓励农民接受屋顶光伏、新兴生物质能等新能源技术应用,并积极参与新能源投入,引导农民在政府和社会各界的支持下深度参与农村能源建设。

三是要培育农村能源专业化经营和服务企业,鼓励各类投资主体、农村集体经济组织和农民投资经营农村能源建设项目,大力开拓农村能源市场。

11.3.2 加大农村能源人才培养力度,建设高素质从业人员队伍

要不断提高农村能源建设队伍的人员素质和技术水平,确保农村能源项目建设质量和服务水平。一是加大对技术培训机构等能力建设的支持力度,在重点院校开办农村能源专业,在有条件的企业开展农村能源技术培训和职业教育,将农村能源人才培养纳入国家基础教育和技能教育培训计划。

二是加快农村能源专业技术人才培养,在全国范围内组织开展不同形式、不同层次、不同内容的技术培训,重点培育一批农村能源产业发展急需的高级复合型人才、高级技术研发人才和熟练技术工人,为推进农村能源革命打下坚实的人力资源基础。

三是做好职业技能鉴定和证书发放工作,建立人才队伍管理秩序,确保建成高素质农村能源建设队伍,保证农村能源建设项目的质量水平。

第四篇　农村能源技术领域的若干重大问题分析

第12章 农村能源的基本概念、发展理念和研究基础

本章主要立足于明确农村能源的基本概念、发展理念，综述国内外已有的研究成果和主要认识，为之后章节的进一步研究探讨确立基础。

12.1 农村能源的基本概念

农村是相对于城市的称谓，是指经济方式以农业生产为主的区域，其中农业生产方式包括各种农场（如粮食种植、畜牧和水产养殖场）、林场（林业生产区）、园艺和蔬菜生产等。

农村能源是指用于农业生产、农村工商业经营和农村居民生活的能源。该定义主要从农村能源的终端用途出发，实际上农村能源涉及的是一个为农业生产、农村工商业经营和农村居民生活提供所需的能源服务的，包括终端能源转化设备，终端能源载体的生产，一次能源开发和转化及各种能源的储、运、配环节在内的整个能源系统。农村能源的来源可以来自以集中转化和输配方式为主所供应的集中式能源（商品能源），包括煤炭、油品、天然气和电网电力等，一般主要来自化石能源；也可以来自以分布式供应、就地利用为主的分布式能源（非商品能源），如薪柴、秸秆、水能、风能和太阳能等，一般主要来自可再生能源。

12.2 农村能源的发展理念

可持续发展已经成为当今人类社会生存和发展的基本要求之一。1987年世界环境与发展委员会发表题为"我们共同的未来"的报告，并正式提出可持续发展的概念。"既满足当代人的需要，又不对后代人满足其需要的能力构成危害的发展"这一可持续发展的定义已经被广泛接受。1992年里约联合国环境与发展大会通过了《21世纪议程》，该议程提出了全球可持续发展的行动计划。中国政府也做出

了履行《21世纪议程》等文件的庄严承诺，并于1994年发布了《中国21世纪议程》，明确提出"走可持续发展之路，是中国在未来和下一世纪发展的自身需要和必然选择"，目标是"建立可持续发展的经济体系、社会体系和保持与之相适应的可持续利用资源和环境基础"。

能源是可持续发展的核心问题之一，能源可持续发展也是经济社会可持续发展的重要保障。学术界关于中国能源的可持续发展问题已经进行了较为深入的探讨，比较有代表性的，如倪维斗等提出的中国能源可持续发展的四个基本目标：①满足经济增长和可持续发展所需的能源需求；②保障能源供应安全；③确保能源的供应和利用不危害人体健康和生态环境；④实现全国范围内普遍且公平的能源服务。

农村能源作为中国能源的重要组成部分，也应将可持续发展作为基本发展理念。根据上述关于中国能源可持续发展的观点，农村能源可持续发展的要求可以引申为：①持续满足农村经济发展及农民生活水平提高的能源需求；②保障农村能源供应的稳定和安全；③确保能源的开发利用清洁低碳及环境友好，包括对室内空气质量的影响较小，有利于减少大气污染物的排放，并有利于减少碳排放；④普遍实现与城镇等同、可比的清洁、便利的能源服务，促进城乡一体化发展。

12.3 国内外农村能源研究综述

国际上对于农村能源的研究主要提倡可再生能源的开发及分布式、分散式利用，尤其关注偏远贫困地区可再生能源的开发利用。各国由于国情不同，各自都采取了适合于本国的可再生能源技术路线和发展方式，如美国发电输电合作社的建设、英国空气源热泵的推广、德国风电场和沼气工程的建设、瑞典林业生物质能源的利用和日本太阳能电动车的发展等。总体来看，国际经验表明：①农村能源发展应因地制宜，大力开发利用可再生能源；②要以政策扶植为依托，通过政府支持来推进；③促进政府、企业、居民多方合作，形成紧密的利益共同体。

国内学者对中国农村能源问题，尤其是生活用能问题已经开展了较多的研究，在宏观形势、终端用能、可再生能源开发利用和能源政策方面都有了一些初步的认识，简述如下。

对农村能源宏观形势的主要认识包括：①中国农村能源消费规模较大，尤其生活用能占比高、户均能耗高，而且用能结构和水平的地域差别较大。总体上，农村生活用能结构正向着多元化、商品化和优质化的方向转变；②中国农村能源发展的突出问题在于生活用能的能源利用效率低、室内热舒适性差、人体健康受到危害，以及大气污染物、温室气体排放等生态环境问题突出；③中国农村能源问题的出路主要在于完善政策体制机制、建立健全能源信息系统、推进散煤替代和省柴节煤炉灶炕升级换代，以及因地制宜地开展农村可再生能源建设。

对农村生活能源终端用能方式的主要认识为：①在采暖用能上，传统的火炕、火墙、土暖气和火炉等传统采暖方式仍然延续的同时，多种太阳能采暖和电采暖等非传统采暖方式正在快速发展应用，而生物质成型燃料采暖等新技术也正在涌现和发展；②在炊事用能上，大多数地区的农村家庭炊事用能方式呈现多元化格局，柴灶、煤炉和液化气炉具、电炊具、沼气灶等多种方式并用。虽然液化气灶、电炊具等清洁炊事方式正逐渐增多，但变化相对较慢，尤其是一些欠发达地区发展较为滞后。总体上，面对农村采暖、炊事用能方式的多元化结构和动态变迁过程，农村可再生能源发展的机遇和挑战并存。

在农村可再生能源开发利用上，由于各地区地形地貌、气候条件、资源条件、经济条件、生活习惯和住宅类型等多方面存在差异，技术发展呈现了明显的区域性特征。例如，户用沼气池主要分布在以户为单位，以种植和养殖生产方式为主的地区和农村经济滞后的中西部；沼气工程主要集中于养殖业规模化发展的东、中部地区，尤其东部；秸秆气化主要分布在秸秆资源较为丰富的东北和东部地区；太阳能热水器主要分布在日照条件和经济条件较好的东部地区；太阳房主要集中在冬季较为寒冷的东北区、华北区和西北区；太阳灶使用主要集中在日照条件好、常规能源和传统生物质供应不便的甘肃、西藏、青海等西北省区；小光电主要分布在太阳能资源丰富的西北地区；小型风电主要分布在风能资源较为丰富的内蒙古、甘肃、新疆等西部农牧业地区，以及东部的江苏、山东、福建、海南等海岛和内陆湖区上；微型水力发电主要分布在水能资源丰富的西南和东南山区；等等。

从农村能源政策上看，政策制定总体上正处于以气候变化与污染控制为主要导向的发展阶段。亟待克服的障碍主要是管理体制问题导致的农村能源政策缺乏系统性、稳定性、协调性和连续性的问题，以及"城乡二元结构"导致的城乡能源政策缺乏统筹协调、城乡能源建设相互分割的问题。未来政策方向主要在于推进城乡公共服务均等化，满足农村地区生产和生活用能需求；在保障农民权益、促进就业和增加收入的前提下，增加农村可再生能源（特别是生物质能）的供给；使农村能源建设过程中的环境收益内部化，并使政府、企业和农民结成紧密的利益共同体。

从上述研究基础看，总体上，为促进中国农村能源的良好有序发展，首先应加强政策体制机制建设、促进农村能源信息系统及能源信息技术的构建和应用；其次应提倡化石能源的清洁利用，如散煤的替代和省柴节煤炉灶炕升级换代等；最后应加强农村可再生能源建设，尤其是分布式开发利用。

第13章　中国农村生活用能宏观发展形势的系统分析

第 12 章的分析表明，中国农村能源的研究重点应是农村生活用能，而农村能源的可持续发展问题涉及政策和管理、经济和产业、生态环境、能源技术和基础设施乃至其他相关社会问题，总体上构成了一个层级较多、内部关联多样的能源-经济-社会-资源-环境耦合的动态复杂系统。为给出农村生活用能宏观发展形势的全貌和内在关联，本章尝试发展一套以能流图为核心的 SDOEI（sustainable development-decision making system-operator system-engineering system-information flow，可持续发展-决策系统-操作系统-工程系统-信息流）分析方法，从工程、市场和政策多个视角来综合研讨中国农村生活用能的发展现状和趋势。下文首先将介绍 SDOEI 分析方法，其次给出反映能源工程系统全貌的农村生活用能的能流图，再次探讨市场和决策的问题，最后总结主要启示。

13.1　SDOEI 分析方法

从战略研究角度看，农村能源技术发展问题本质上是一个复杂社会组织的管理问题。因此，基于一般系统论，可从组织管理的视角构建如图 13-1 所示的 SDOEI 分析方法。

图 13-1 左侧给出了描述组织决策和市场行为对工程系统产生影响的一个多层次结构：第一层为组织外围环境所提出的可持续发展要求；第二层为组织的决策系统，代表组织集体意志进行宏观决策；第三层为组织的操作系统，如企业和消费者等，决定市场运行情况；第四层为工程系统。组织决策和市场行为的结果最终体现在工程系统上，并可通过绘制能流图观察其对能源开发和利用的影响。图 13-1 的右侧给出了 SDOEI 分析方法的平面结构和更为细致的内部联系。这里的"信息流"涵盖了除工程系统的能量和物质流向之外的其他事物，如信息通信、社会交往乃至金融交易等。

第 13 章 中国农村生活用能宏观发展形势的系统分析

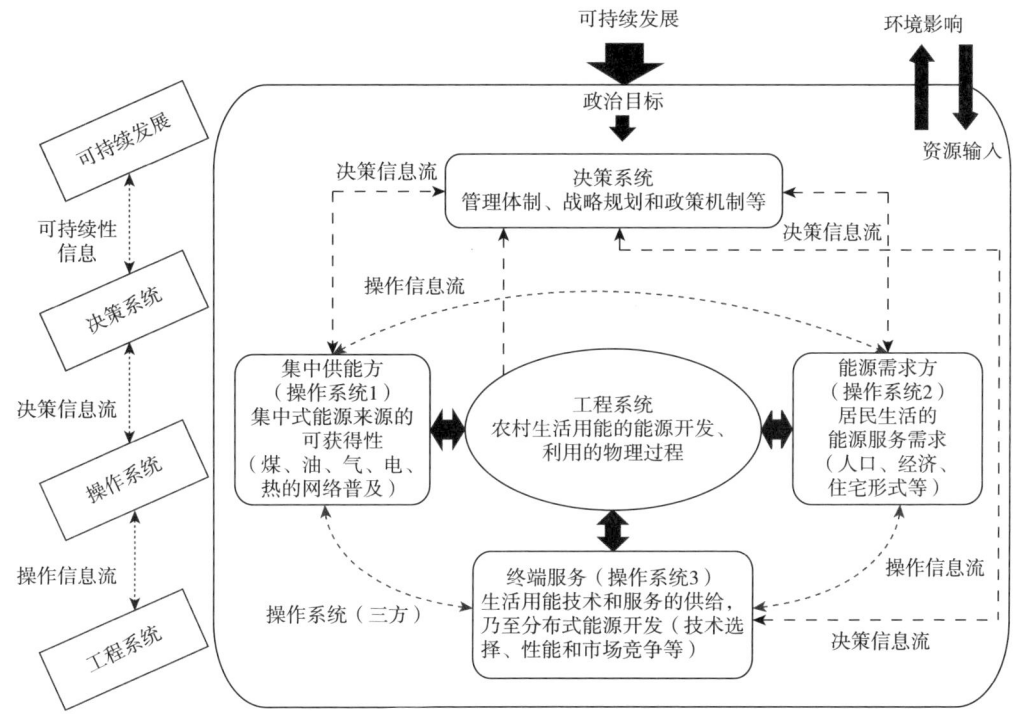

图 13-1 SDOEI 分析方法示意图

13.2 能流平衡分析：2014 年农村生活能源分配图

由于我国农村能源统计基础相对薄弱，现阶段尚缺乏完整的农村生活能源消费统计口径。目前关于农村生活能源消费的可供参考统计数据主要是国家能源局、农业农村部的统计资料，同时还有各科研院所基于实地调研的统计资料。然而这些统计数据一般具有较强的针对性，难以对农村生活能源消费进行全面描述。因此，下文尝试采用能源分配桑基图方法，结合上述统计数据，描绘我国农村生活能源消费的能量平衡情况。

本章整理了《中国能源统计年鉴 2015》、《中国农村统计年鉴 2014》、《中国农业统计资料 2014》及《中国建筑节能年度发展研究报告 2016》中农村能源相关的统计数据，同时考虑到各个统计口径关于农村生活能源的数据有时存在较大差异，本章综合了专家看法和文献观点，对相应的数据进行了一定取舍与折算，以保证能源供应及能源消费的平衡。由此，绘制得到 2014 年中国农村生活能源分配图（图 13-2），图 13-2 从左至右分别展示了能源的供应及消费情况，不同的颜色代表不同的能源品种，而能流的粗细则表征能量的大小。

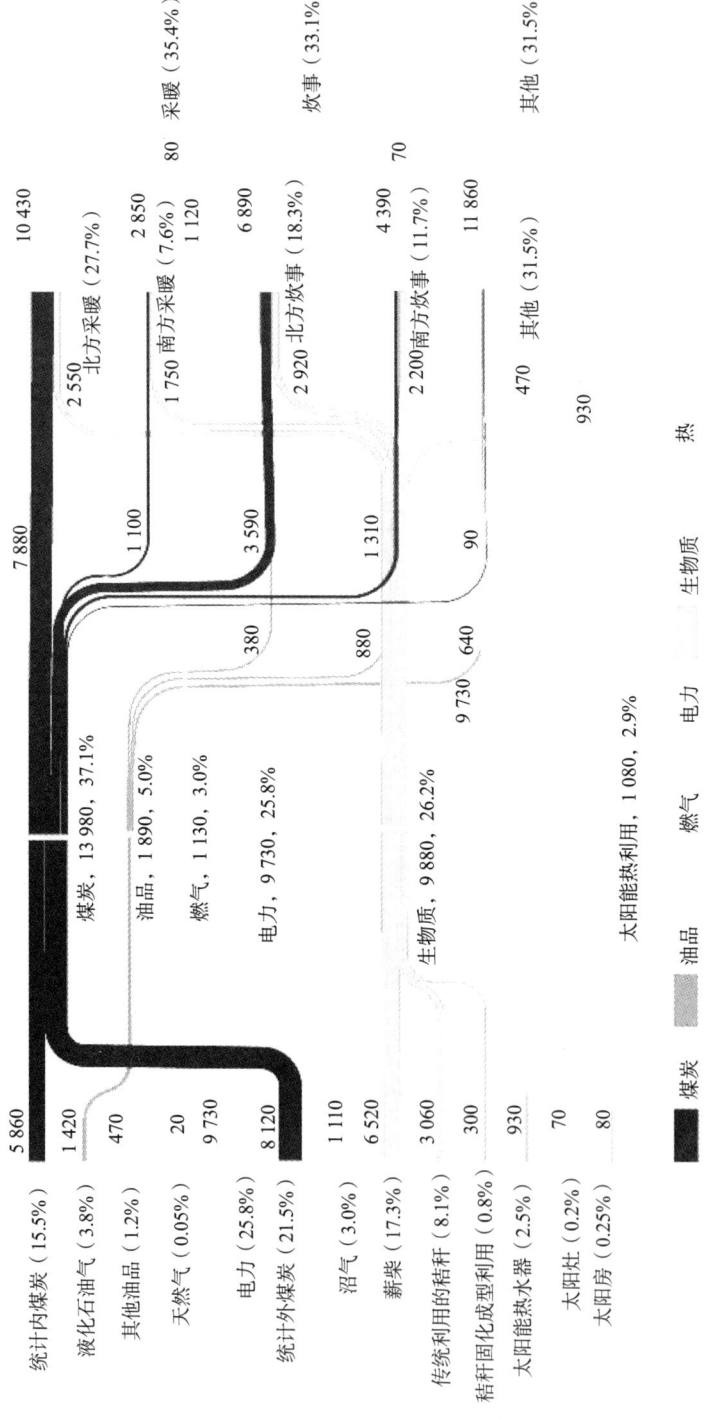

图13-2 2014年中国农村生活能源分配图

单位：万吨标准煤；总能耗：37 690万吨标准煤，忽略了消费量不足10万吨标准煤的能流

农村生活能源分配图清晰地显示出我国农村的生活能源结构，主要呈现出以下特点：

（1）从供应侧来看，煤炭（37.1%）、生物质（26.2%）及电力（25.8%）为我国农村生活能源消费的主要能源品种，共占农村生活能源消费量的89%，而油品（5.0%）、燃气（3.0%）及太阳能热利用（2.9%）则占比较小。这里的煤炭消费数据显著高于《中国能源统计年鉴2015》所提供的乡村生活终端消费中的煤炭消费量（"统计内煤炭"），高出的部分被标为"统计外煤炭"。造成这部分偏差的原因可能是采样调研的偏差，也可能是统计年鉴一般只统计规模以上消费所导致的误差。根据专家访谈和交流情况，一般认为农村生活的实际煤炭消费量会高于统计年鉴的数据，但也有可能出现一定程度的高估。

（2）从消费侧来看，采暖、炊事和其他（主要为电器）为农村生活能源消费的主要用途，分别占35.4%、33.1%及31.5%。若细分南北区域，则北方采暖、南方采暖、北方炊事及南方炊事分别占我国农村能源消费的27.7%、7.6%、18.3%及11.7%。采暖和炊事高度依赖煤炭和生物质，而电力等其他能源主要用于炊事、采暖外其他用途，如各种家用电器（如太阳能热水器）等。由于难以确定太阳能的终端能源分配结构，先简单计入其他消费项。

从上述分析结果看，我国农村生活能源的供给主要以煤炭、生物质能和电力为主，而天然气等较为清洁的化石能源和便于农村就地开发利用的可再生能源的清洁利用相对而言很少。而农村生活能源的消费主要集中在高度依赖煤炭和生物质的采暖和炊事上，因此炊事和采暖是需要重点关注的方面。

13.3 操作系统影响分析

13.3.1 能源需求的变化及其影响

近年来，随着新农村建设及新型城镇化的加速发展，我国农村地区的人口、经济和社会各个方面都发生了较大变化，这对农村能源服务需求造成了较大影响。主要影响因素包括农村人口数量、人均能耗和结构、农村居住形式等，其影响为：①农村人口向城市转移（图13-3）对农村能源消耗量的减少有着积极的作用；②农民人均收入和人均能耗快速增长（图13-4），未来如何增加农民收入将是改善和优化农村用能结构的关键所在；③随着城镇化的快速推进，未来一段时间，我国农村居住形式很可能呈现分散单户式、小型社区式（村落式）和连片集中式（城镇式）这几种形式并存的局面，这对农村能源供应的多样性和灵活性提出了较高要求。

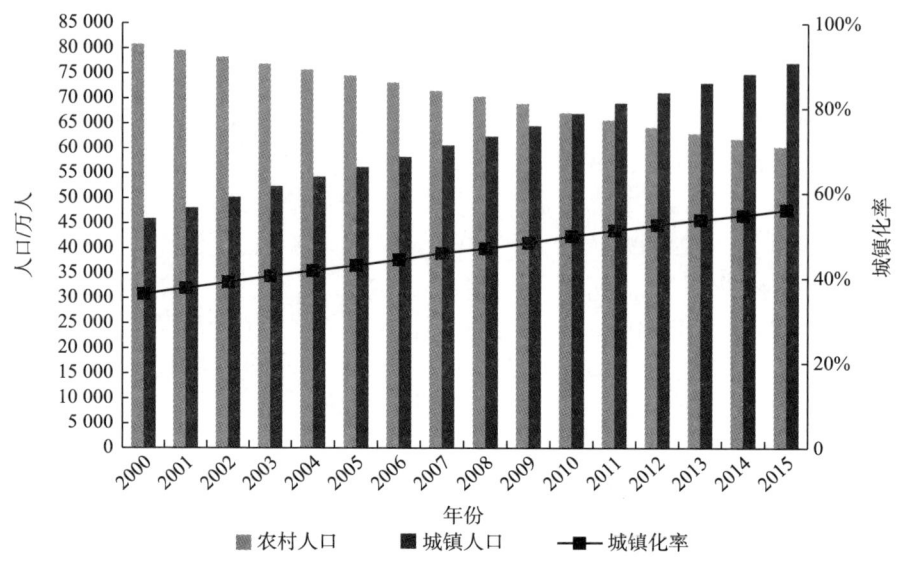

图 13-3　2000~2015 年农村人口及城镇化率变化情况

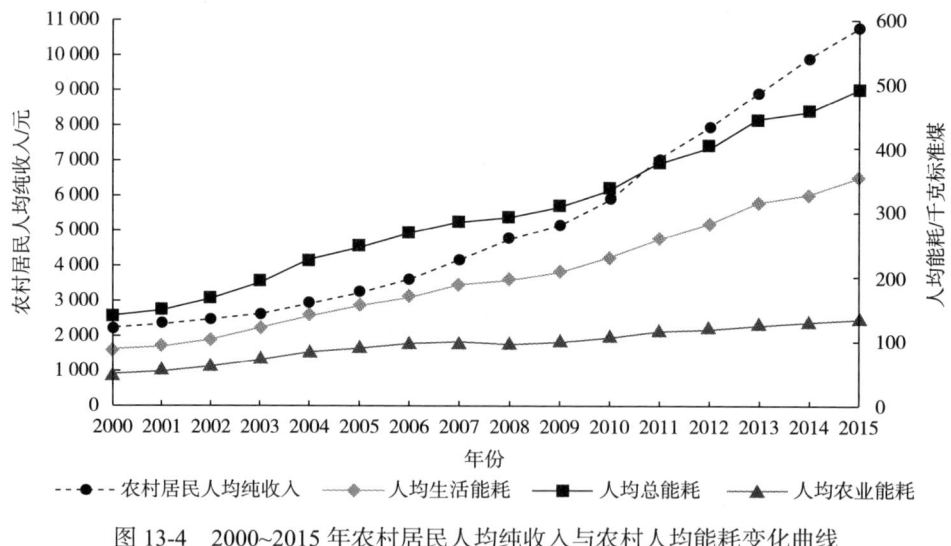

图 13-4　2000~2015 年农村居民人均纯收入与农村人均能耗变化曲线

13.3.2　集中供能的发展及其影响

随着我国煤、油、气、电、热等集中式能源生产和消费规模的不断扩大，其供应范围正从城镇地区向农村地区延伸。综合来看，煤炭的优质化、洁净化、油气的普及，农村电网的改造，以及部分集中居住地区的集中供热，将有力改善农村地区集中供能的可获得性和生活用能的品质。在城乡一体化的大趋势下,城镇地区发展成熟的上述集中供能方式将逐步向农村地区延伸推广,并快速推进农村用能的商品化进程。但考虑农村地区的特殊性和清洁低碳的要求,积极发展分布式可再生能源系统、推广终端高效设备和推进建筑节能也是重要的方面。

13.3.3　终端服务的发展及其影响

根据能流平衡分析,农村生活用能的主要部分是采暖和炊事。而可再生能源分布式系统也是终端能源利用的重要形式。

我国农村的采暖终端服务相对较为欠缺。一方面,农村建筑节能尚未在北方地区大规模开展;另一方面,多种新型采暖方式的经济性还亟待改善,需要政策扶持。

农村炊事终端服务的供应相对较好。电气化成为重要的发展方向,生物质沼气工程、生物质成型燃料及清洁高效炉具等有待推广,落后的传统柴灶和煤炉有望进一步减少使用。

可再生能源分布式系统方面,虽然技术选项众多,但各自都面临一些问题和挑战,很多技术有待进一步发展和推广。此外,可再生能源资源分布的地域性也决定了必须因地制宜地开发适用于不同地区的灵活的分布式系统。

13.3.4　三方的相互作用机制探讨

上述主要从能源需求方、集中供能方、终端服务方三类操作子系统角度开展分析探讨,但实际上农村生活能源工程系统的动态,是三者相互作用和博弈的结果。结合对农村生活用能发展历史和现状的观察,总体上可以把农村生活能源的操作系统对工程系统的动态影响过程划分为三个阶段(图13-5)。

1. 早期的自给自足阶段

在农村经济发展较为落后、商品能源供应短缺的早期阶段,决定工程系统动态的主要是作为能源需求方的农民自身,而集中供能企业和终端服务企业的影响较小。农民主要通过自己的劳动,收集和利用薪柴、秸秆等能源,自主参与建设火炕、柴灶甚至住宅等终端供能设备,其结果是形成了以传统生物质利用为主的能源结构。虽然该阶段农村能源供应不足和使用不便,但用能的环境影响较小,农村生态环境较为良好。

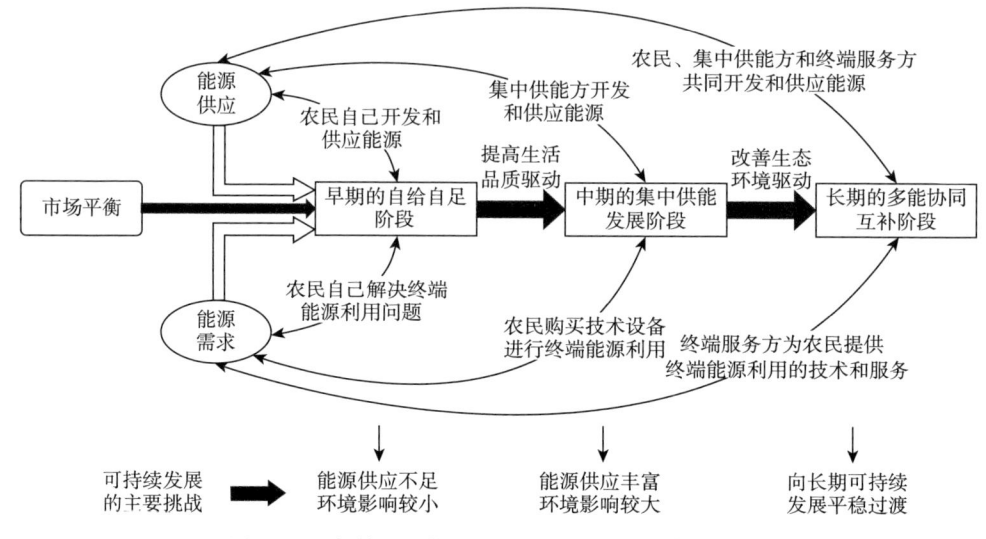

图 13-5 农村生活能源系统的动态演进机制示意图

2. 中期的集中供能发展阶段

随着农村经济的发展和人们生活水平的提高，以及商品能源供应逐渐丰富，农村开始使用煤炭、电力、液化气等集中式商品能源替代传统生物质，集中供能方逐步开始发挥重要作用，与能源需求方的农民共同影响工程系统的动态。但类似城镇的生态环境问题开始在农村地区出现，如燃煤污染、温室气体排放、生物质秸秆等资源大量废弃、野外焚烧导致的生态环境问题等。虽然在政策支持下，户用沼气、太阳能热水器、小水电等终端服务技术在该阶段得到了大力推广，但专业服务的缺乏对技术发展起到了明显的制约作用。当前甚至今后一段时期，农村生活能源工程系统还将处于这一阶段。

3. 长期的多能协同互补阶段

在控制污染排放和应对气候变化的要求下，终端服务方开始积极影响工程系统逐步发挥主要推动作用，和能源需求方、集中供能方共同决定工程系统的动态。可以预见，随着农村建筑节能改造、高效清洁终端设备推广和分布式可再生能源系统发展，多种形式的多能协同利用系统开始在不同地区发展，并通过先进的信息网络技术的应用，极大地改善了农村生活用能的技术和管理水平，配合新农村建设改变农村生活用能面貌，推动农村生活用能走向现代化、信息化、清洁化和低碳化，最终实现城乡同等水平、清洁低碳的普遍能源服务。这也是当前管理体制建设、战略规划和政策制定需要积极引导的方向。

13.4 决策系统影响分析

13.4.1 决策系统结构

中华人民共和国成立以来,中国能源管理模式进行了多次调整,最终形成不同能源行业设置、不同管理部门的能源分业管理模式。涉及农村能源政策法规制定实施的权力机关及政府部门主要包括全国人民代表大会、国家能源局、农业农村部、水利部、环境保护部等,农村能源管理结构,如图13-6所示。

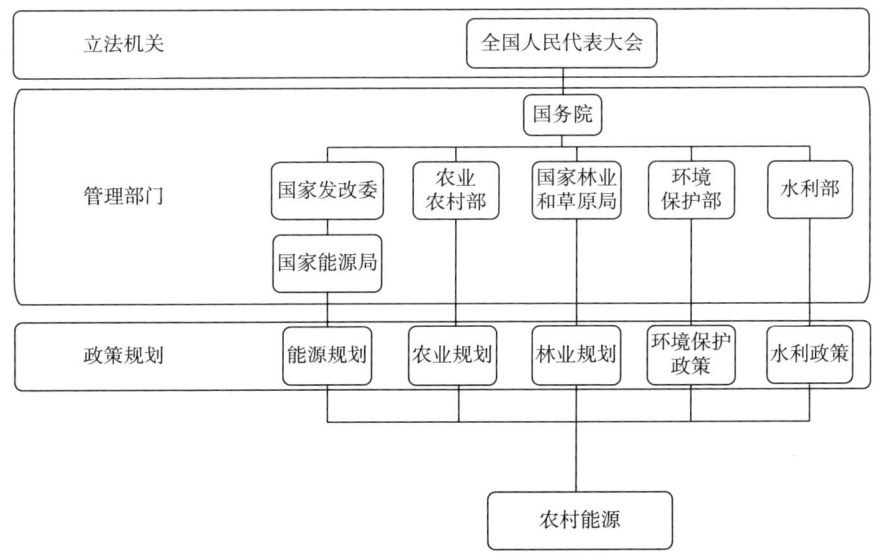

图 13-6　农村能源管理结构

13.4.2 可持续发展的目标

从国家目标来看,"三步走"和"两个一百年"的战略目标包括了2020年建成小康社会、2050年建成中等发达国家、实现中华民族伟大复兴和建设美丽中国等。党的十八大报告明确提出"大力推进生态文明建设""推动能源生产和消费革命"[①]。但总体来看,经济发展仍然是国家首要战略任务。

农村作为经济社会的重要组成部分,其首要任务仍然是解决"三农"问题,缩小和城镇的经济社会发展的差距。对于"三农"问题,农业是农村主要的经济生产方式,因此农业问题是根本性的。农村能源的发展必须和农业的发展紧密结

---

① 《坚定不移沿着中国特色社会主义道路前进　为全面建成小康社会而奋斗》。

合，为农村经济发展助力。

总体来看，农村能源可持续发展的要求已经较为全面地内化成了国家政治目标，这为农村能源问题的解决提供了基本条件。不过，在这之上还有一个更高层面的解决"三农"问题的要求作为引领。下文将从"三农"问题发展决策和能源发展决策两个角度，回顾决策系统的历史演进及对操作系统，乃至工程系统产生的影响。

13.4.3 "三农"问题发展决策及其影响

在中共中央 2004~2017 年连续 14 年发布的"中央一号文件"中，"三农"问题被持续强调为"重中之重"。国务院、农业农村部等也颁布了一系列与"三农"相关的发展规划，以及与新型城镇化和新农村建设相关的政策。总体来看，随着新型城镇化和新农村建设的推进，农村能源问题日益得到重视。但对于农村能源仍缺乏系统性的战略引领，对采暖和炊事能源问题提及较少，对终端服务的强调不足。

因此，我国农村经济社会的发展已经不能再受制于传统城乡发展的二元模式，为了实现农民生活水平提高、农村社会服务水平提升、农业生产水平提高的目标，农村的发展、建设必须围绕城乡发展一体化这一目标，尤其是通过推进农业供给侧改革、优化产业结构、提高农业技术等手段来实现农业现代化。在"三农"问题的决策中，农村能源发展需要形成一个整体体系，以规划和引领农村能源的可持续发展。

13.4.4 能源发展决策及其影响

1. 能源规划和政策

能源是国家经济社会发展的重要支撑，能源问题在国家经济社会五年规划中也不断被强调。总体来看，能源问题在国家总体决策上具有较高的地位，并以应对气候变化为主要导向之一。农村能源问题在可再生能源规划中得到较高的重视，农村能源发展在大气污染防治的环境政策中也得到较高的重视。但农村能源发展问题总体地位并不高，在能源规划中所占的篇幅较少。因此，在未来能源决策中，应尽快提高农村能源问题的地位，对其给予更多的战略引导。

2. 中央财经领导小组第十四次会议有关精神

在中共中央 2016 年 12 月召开的几次重大会议上，农村能源相关议题被多次强调。例如,习近平在中央财经领导小组第十四次会议上强调,"推进北方地区冬季清洁取暖,关系北方地区广大群众温暖过冬,关系雾霾天能不能减少,是能源生产和消费革命、农村生活方式革命的重要内容。要按照企业为主、政府推动、居民可承受的方针,宜气则气,宜电则电,尽可能利用清洁能源,加快提高清洁供暖比重","加快推进畜禽养殖废弃物处理和资源化,关系6亿多农村居民生产生活环境,关系农村能源革命,关系能不能不断改善土壤地力、治理好农业面源污染,是一件利国利民利长远的大好事"[①]。"农村能源革命"被反复提及,意味着下一步农村能源发展政策的支持力度将进一步加大,农村采暖问题将更加被重视。

3. 能源发展决策及其影响的总结和讨论

综合上述讨论,虽然农村能源已经成为国家能源规划中改善民生方向的重要内容,但在整个能源规划体系中的地位还有待提高,重视程度仍然不够。总体来看,过去农村能源的许多问题与"三农"问题决策及能源发展决策中的重视程度不足、体系化不足有密切的联系。为了加速引导农村生活能源向多能协同互补阶段发展,形成清洁、低碳、便利的农村生活能源普遍服务,并促进农业发展、农村建设和农民增收,国家发展决策中急需强化对农村能源问题的高度重视、体系化的战略引导和政策支持。

13.5 结论和建议

前文所述 SDOEI 分析方法,给出了农村生活用能工程系统的全貌,并探讨了市场运行和政府决策的内在机制,以及市场运行和工程系统的关联关系。主要认识包括:①农村生活用能在供应侧仍然以煤炭和传统生物质燃烧为主,尤其是采暖和炊事对它们高度依赖;②农村生活用能的市场建设,未来应强调能源需求方、集中供能方和终端服务方的协同配合,尤其终端服务企业亟待发展;③农村生活用能问题正逐步引起中央的重视,但仍然面临管理职能和相关政策碎片化、割裂化的问题,尤其能源政策和"三农"政策仍需继续加强协调。

为加强农村生活能源发展和"三农"问题解决的协调,建议农村生活能源建设注重下述原则:①通过农村生活能源建设推动农村经济,尤其是农业现代化的发展;②通过农村生活能源建设推进新农村建设,尤其是完善基础设施,改善农村面貌;③通过专业的终端能源服务推广改善农民的生活品质,重点是解决农村采暖和炊事用能问题。

[①] 中央财经领导小组第十四次会议召开, http://www.gov.cn/xinwen/2016-12/21/content_5151201.htm。

第14章 农村建筑节能技术发展路线分析

14.1 农村建筑用能状况

14.1.1 农村住宅建筑能耗现状

在国家新农村建设工作初期,为了充分了解我国农村建筑用能的基础现状,在农业部等相关机构的支持下,清华大学建筑节能研究中心分别于2006~2007年和2015年开展了两次大规模调研,获取了各省农村住宅能源的利用现状和发展趋势。

据计算,农村生活用能总量约为3.28亿吨标准煤[①]。农村建筑用能中商品能煤炭为1.97亿吨(折合1.41亿吨标准煤)、液化石油气831万吨(折合0.14亿吨标准煤)、电2 140亿千瓦时(折合0.7亿吨标准煤),非商品能生物质(包括薪柴和秸秆)总量为1.81亿吨(折合1.03亿吨标准煤),商品能和非商品能分别占农村生活用能总量的68.6%和31.4%。

从图14-1可以看出,北方地区由于冬季采暖需要,其能耗普遍高于南方地区。其中青海、黑龙江、宁夏、内蒙古四省区由于地处严寒地区,采暖负荷较大,户均能源消耗量接近或超过4吨标准煤/年。

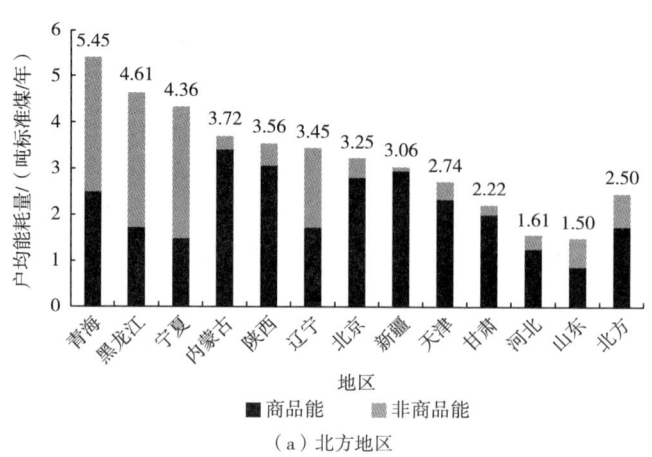

(a)北方地区

---

① 数据根据调研结果计算得出,与统计数据存在差异。

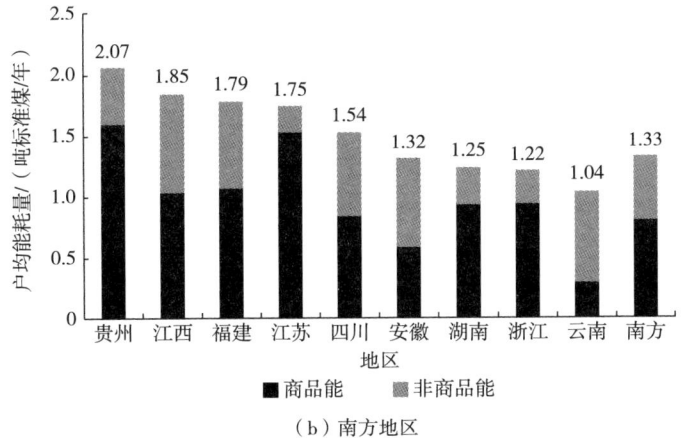

图 14-1 我国农村地区户均生活用能情况
四川的数据是由四川和重庆两地合并得到的（下文同）

从图 14-1 中可以看出，北方地区商品能占生活用能的比例普遍较高。整个北方地区商品能和非商品能的比例分别为 71.1% 和 28.9%。南方地区商品能消耗比例相对较低，整个南方地区商品能和非商品能的消耗比例分别为 62.1% 和 37.9%。

另外，目前农村地区对太阳能的利用主要以太阳能热水器为主，全国的平均普及率为 45.6%，但各个省区市的普及程度很不均衡。

14.1.2 农村生活用能 2006~2014 年的整体变化情况

全国农村生活用能总量从 2006 年的 3.17 亿吨标准煤微增到 2015 年的 3.27 亿吨标准煤，增长了约 3.2%，其中商品能从 1.93 亿吨标准煤增长到 2.24 亿吨标准煤，增长比例约为 16.1%，非商品能从 1.24 亿吨标准煤减少到 1.03 亿吨标准煤，减少比例约为 16.9%。

从农户的户均用能强度来看，北方地区、南方地区和全国的户均生活用能量分别从 2006 年的 1.81 吨标准煤、0.89 吨标准煤和 1.26 吨标准煤增长到 2014 年的 2.5 吨标准煤、1.33 吨标准煤和 1.85 吨标准煤。由此可见，2006~2014 年单个农户的生活能耗量有了明显增长，但是由于农村常住户数从 1.92 亿户下降到 1.77 亿户，使农村生活用能总量基本维持不变。

从单项能源消耗量来看，2006~2014 年，煤炭消耗总量从 1.92 亿吨增加到 1.97 亿吨，仅增长了约 2.6%；生物质消耗总量下降了约 16.4%；液化石油气从 597 万吨增长到 831 万吨，电能从 1 324 亿千瓦时增长到 2 140 亿千瓦时，两者分别增长了 39.2% 和 61.6%，而且某些省区市的用电量已增长了 2 倍以上。

14.2 农村建筑用能对环境的影响分析

14.2.1 农村建筑用能对室内空气质量的影响

家庭固体燃料燃烧被公认为是造成环境污染,以及区域和全球性气候变化的主要原因之一,同时流行病学研究证据表明,煤炭和生物质燃烧烟雾与多种呼吸系统和心脑血管疾病密切相关。

对于北方地区来说,冬季采暖是室内空气污染的主要源头。传统火炕、室内的采暖炉和土暖气等设备热效率低,一氧化碳、PM2.5 等污染物在室内的排放高。对于南方地区来说,火盆、就地烧柴烤火方式的采用导致大量污染物直接排放到室内。除了采暖以外,农村地区常用的敞口柴灶或火膛的炊事方式污染物排放量大,很大一部分污染物经由敞口进入室内。

测试发现,冬季室内污染比夏季严重。尽管农户一天中平均只有 14%的时间在厨房,但厨房人体 PM2.5 暴露量的贡献率占总暴露量的 60.9%,由此可见,厨房是农宅内污染最为严重的地方。因此,加强厨房内通风对降低室内污染至关重要。

14.2.2 农村建筑用能对室外空气质量的影响

农宅室内燃烧固体燃料所产生的各类空气污染物,最后都会排放到大气中,造成区域性污染。

以北京为例估算农村生活用能造成的区域性污染物排放量可知,2013 年北京农村土暖气燃烧的烟煤对农村地区 PM2.5 排放的贡献量最大,占到 42.2%,其次依次是传统柴灶燃烧的木柴和秸秆,分别占到 24.3% 和 19.3%。总体来说,北京农村地区的采暖散煤是 PM2.5 排放的主要源头,其合计贡献为 56.4%。

估算得到全国农村生活燃煤所排放的 PM2.5 总量为 62.3 万吨,生物质燃烧所排放的 PM2.5 总量为 199.6 万吨。全国农村生活燃煤所产生的 PM2.5 排放总量为城市集中供热排放总量的 1.5 倍,而全国农村生活用能(含煤炭和生物质)所产生的 PM2.5 排放总量可以达到城市集中供热排放总量的 6 倍。

14.3 农村建筑用能可持续发展理念及技术路线

14.3.1 农村建筑用能存在的主要问题

基于前文对农村建筑用能的数据调研和分析,目前我国农村在能源与环境方面的现状和主要问题可以概括为以下几个方面。

1. 农村建筑用能总量大，利用效率低，室内热环境普遍较差

2015年我国农村地区年生活用能总量已经超过了3亿吨标准煤，其中商品能2.25亿吨标准煤，约占2015年全国建筑总商品能耗的27%。从整体的能源结构看，农村建筑商品能耗占总能耗的68.8%，秸秆等生物质能仅占31.2%，且农村商品能的使用量呈逐年增长的趋势。

尽管消耗了大量能源，但乡村建筑室内热环境仍普遍较差。缺少保温结构的建筑围护结构热性能差和生物质、燃煤采暖炊事设备效率过低，这是导致目前农村建筑能耗高、室内热环境差的两类重要原因。

2. 室内空气污染较为严重，影响农民身体健康

固体燃料，如煤炭、生物质等不完全燃烧，导致农村地区炊事及采暖产生大量的一氧化碳、二氧化硫、PM2.5等污染物，严重威胁到农民的身体健康。2007年WHO（World Health Organization，世界卫生组织）报告，由于固体燃料的使用，我国农村地区每年有42万人死亡，比城市污染造成的年死亡人数还多40%。

3. 造成大量温室气体和污染物排放，影响大气环境

据估算，在目前的能耗水平下，我国农村生活用能年二氧化碳排放量达8亿吨，占全国二氧化碳排放总量的10%左右。

农村采暖和炊事活动是我国PM2.5的主要来源之一，约占30%。2015年冬季，多地发生的雾霾事件与燃煤污染物排放量明显增加，和秸秆野外焚烧有很大关系。

4. 产生大量固体废弃物，对生态环境和水体造成影响

农村的小型煤炉产生的炉渣由于过于分散难以回收，只能当作废弃物被丢弃在村落周边，造成灰渣污染，以及堆放的燃煤的污染。

综上，目前我国农村建筑用能已经逐渐演变成环境问题、生态问题、健康问题、可持续发展问题。要从根本上解决这些问题，就必须立足于实际，深入研究农村实际情况与建筑特点，开发推广低成本、适宜性乡村建筑节能技术和清洁能源利用技术，优化能源结构，促进农村可持续发展。

14.3.2 发展理念和对策

要解决农村的能源问题，需要抓住当前的主要矛盾，结合农村地区具体的实际情况，在国家和政府部门的合理引导下，提出合理的目标及实现路径，有步骤地加以实施。目前我国农村建筑用能最为突出的问题是小型燃煤采暖和炊事炉在农村大量使用，因此尽快在农村地区实现去煤化、改善室内外环境应该是当前的首要任务。

考虑到农村在生产方式、土地资源、住宅使用模式、可再生能源资源条件、室内热环境需求等各个方面都与城镇有很大不同，根据我国北方和南方地区在气候、建筑形式、用能习俗等方面的明显差异，提出分别在北方和南方农村建立"无煤村"和"生态村"，作为未来一段时间的主要发展目标，其主要内涵简述如下。

14.3.3 北方"无煤村"、南方"生态村"及其主要特点

"无煤村"的发展理念是为控制北方农村地区大量使用煤炭而提出的，并不是单纯追求简单意义上的无煤化，而是将村落作为考量和设计我国北方农村可持续发展的基本细胞单元，紧密结合农村实际，基于合理的建筑设计与可再生能源清洁高效利用。"无煤村"主要包括以下三个特征。

（1）无煤特征：农宅不使用燃煤，而是以可再生能源解决全部或大部分采暖、炊事和生活热水用能；不足时，用电、液化气等清洁能源进行补充，同时满足农宅照明、家电等正常用电需求。

（2）节能特征：农宅围护结构具备良好的保温性能，从而大大减少采暖用能需求。

（3）宜居特征：农宅需要满足与农村地区居民相适应的热舒适要求并保证室内空气质量。

"无煤村"的实现，不仅有利于节能和环境改善，也有利于减轻农民购买商品能的经济负担。

我国南方农村发展的目标是充分利用该地区的气候、资源等优势，打造新型的"生态村"。所谓"生态村"，是指在不使用煤炭的前提下，以尽可能低的商品能源消耗，通过被动式建筑节能技术和可再生能源的利用，建造具有优越的室内外环境的现代农宅，真正实现建筑与自然和谐互融的低碳化发展模式。

要实现上述"无煤村"和"生态村"的目标，需要从建筑本体的"节流"和能源供给侧的"开源"两个角度去考虑。

14.3.4 实现北方"无煤村"的技术路线

1. 加强北方农宅围护结构保温，降低冬季采暖用能需求

围护结构热性能差是导致目前北方农宅冬季供暖能耗高、室内热环境差的重要原因，因此，改善围护结构保温性能是实现"无煤村"的首要基础。通过增加农宅外墙、屋顶、门窗的保温性能，再加上集热蓄热墙、直接受益窗或附加阳光间等被动式太阳能热利用方式的合理应用，可达到较好的保温效果并减少50%左右的采暖能耗。除了满足上述保温要求，农宅的建筑设计还应做到崇尚自然、保留当地文化特色。

2. 建立新型农村能源供应方式，实现生活用能无煤化

对农村现有的能源供应方式进行调整，因地制宜，合理开发利用各种可再生能源，实现以清洁化、自给化为主要特点的农村能源新模式。

我国农村地区具有丰富的生物质和太阳能等可再生资源，合理利用这些资源对解决我国农村地区生活用能具有非常重要的作用。具体的技术方案简述如下。

（1）生物质固体压缩燃料和清洁炉灶提供主要采暖和炊事用能：在我国东北、华北大部分粮食产区和林区，可以利用生物质压缩固体燃料结合相应的采暖炉代替小型燃煤采暖炉来提高热效率。对于炊事用能，可以通过采用高效的生物质固体成型燃料炊事炉来节约能源和减少污染物排放。

（2）利用太阳能解决生活热水及部分采暖用能：采用户用太阳能热水器提供生活热水，具有清洁、成本低、效果好的特点。当太阳能无法满足室内采暖要求时，需要用其他能源进行补热。由于成本和维修等问题，适合农宅使用的太阳能采暖技术还需要进一步改进。

（3）利用电、液化石油气等清洁能源提供部分生活用能：在其他清洁能源无法满足需求的情况下，电、液化石油气、太阳灶等也可以用来满足炊事用能需求。

（4）充分发挥不同地区的资源优势，争取实现村级能源全供给甚至能源输出：一些可再生能源丰富地区，除能满足自身用能需求外，还能进行能源输出，实现能源更加合理的利用。

为实现"无煤村"，不仅要在技术上使其具备实施的可行性，在管理上和政策上还必须从各个地区的实际情况出发，制订全面合理的方案，并贯彻实施。另外，不同地区推广"无煤村"应因地制宜，采取合适的形式。

14.3.5 实现南方"生态村"的技术路线

在我国南方地区实现"生态村",其主要包括以下几个方面。

1. 改进炊事方式,降低炊事能耗及引起的空气污染

以直接燃烧生物质为主的炊事用能是南方农村生活能耗的最大组成部分,占到总能耗的 1/3 左右。传统柴灶的平均效率不足 20%,这造成了严重的能源浪费和室内外空气污染,也使推广使用省柴灶或生物质压缩颗粒炊事炉进行炊事成为一种可行方式,此类炉灶能提高热效率并减小污染排放。另外,根据实际需求合理地使用电、液化石油气等进行炊事,也有利于改善炊事效果和室内外环境。

2. 减少冬季采暖用能,改善室内热环境和空气质量

南方采暖问题主要集中在夏热冬冷地区,可以通过合适的建筑围护结构保温,辅之以太阳能、生物质能,以及少量的商品能来满足采暖需求。考虑南方居民冬季爱开窗的习惯,可通过选用辐射型取暖器、电热毯等局部采暖方式,避免采用对流型的采暖系统。

3. 采用被动方式进行夏季降温

夏季降温也是南方农宅普遍面临的问题。南方农宅可以利用围护结构隔热和自然通风等被动式降温方式,辅之以电风扇等达到降温目的。

墙体和屋顶传热是室内温度升高的原因之一。可通过采用大闷顶屋面或通风隔热屋面、蒸发式屋面和栽种植物,来达到墙体和屋顶的隔热。通过建筑设计形成穿堂风、天井等合理的自然通风方式是南方农宅降温的另一种主要措施。这些不需要耗能的被动式降温技术是实现南方"生态村"发展模式的有效措施。

14.4 农村建筑节能最佳实践案例——以京津冀地区为例

京津冀农村地区每年消耗的燃煤总量约为 2 770 万吨标准煤,其中 90%以上用于冬季供暖。近年来我国发生大范围连续性的雾霾天气,冬季散煤燃烧是其原因之一。因此,寻求适用于京津冀农村地区的农宅保温和燃煤替代技术和方案,对于环保和实现可持续发展具有重要意义。

14.4.1 农宅保温技术

2013年清华大学对北京市10个区、县的4 235户农户进行了调研。调研发现，北京市有接近50%的农宅做过建筑结构保温。进行保温改造的农户的户均能耗和单位面积采暖能耗相对于未改造农户均有所减少，约90%的改造户在增加保温后室温提高。由此可见，对农宅围护结构进行保温改造可以起到一定的节能保温效果。

北京的农宅节能改造已取得一定成效，但还需进一步加大力度，进行全国范围内的推广。

14.4.2 农村低温空气源热泵热风机采暖兼电力调峰技术

对目前已有的十几种清洁取暖技术进行现场测试和大量对比研究发现，电力驱动的低温空气源热泵热风机（以下简称热泵热风机）在技术成熟度、经济性、可靠性、节能减排、安装和运行便捷程度、实际使用效果等多方面都具有较为明显的优势，也不会产生PM2.5本地排放，不仅是京津冀农村地区清洁化采暖的适宜技术，同时还能参与电力调峰。

14.5 本章小结

2014年我国农村住宅用能总量约3.27亿吨标准煤，与2006年相比增长了3.2%，其中商品能为2.24亿吨标准煤，非商品能为1.03亿吨标准煤，商品能所占比例进一步增大。2006~2014年，全国农村地区生活用能中煤炭消耗总量基本维持不变，约为1.4亿吨标准煤；生物质消耗总量减少较多，从2006年的1.24亿吨标准煤减少为2014年的1.03亿吨标准煤；变化比例最大的是液化石油气和电能的消耗量，分别增长了39.2%和61.6%。

农村生活用能存在的主要问题是固体燃料使用水平低，污染物排放量大，且冬季室内空气污染程度要高于夏季，而且农户在小范围内密集燃烧固体燃料所产生的污染排放会加重区域性污染程度。

考虑到农村在生产方式、土地资源、住宅使用模式、可再生能源资源条件、室内热环境需求等各个方面与城镇的差异，结合2018年来在新农村建设过程中的摸索与实践，提出分别在北方和南方农村建立"无煤村"和"生态村"。

对于北方农宅，一是应加强建筑的围护结构保温，降低冬季采暖用能需求。二是应建立新型农村能源供应方式，实现生活用能无煤化。依靠生物质固体压缩燃料和清洁炉灶提供主要采暖和炊事用能；利用太阳能解决生活热水及部分采暖用能；利用电、液化石油气等清洁能源提供部分生活用能；充分发挥不同地区的资源优势，争取实现村级能源全供给甚至能源输出。

对于南方农宅，一是应改进炊事方式，推广使用省柴灶或生物质压缩颗粒炊事炉降低炊事能耗及引起的空气污染。二是应减少冬季采暖用能，改善室内环境质量。可以通过建筑围护结构保温，辅之以太阳能、生物质能，以及少量的商品能来满足采暖需求。三是采用隔热、通风等被动方式进行夏季降温。

通过北京市从2008年开始推进的农村住宅围护结构节能改造工程来看，截至2014年北京市已累计完成节能农宅新建和改造约35万户，每个采暖季的节约燃煤折合标准煤约46万吨，减少二氧化碳排放约110万吨，农户冬季室内平均温度提高了5~10℃，每户年均采暖耗煤量减少1/3以上，应进一步将该工程在北京、河北、天津农村未改造农户中进行大力推广。同时应该在京津冀农户中全面推广热泵热风机采暖技术替代散煤采暖，以达到较好的环保节能效益，而且有利于实现对电网的电力调峰。

第 15 章　农村生物质能源发展问题研究

15.1　发展农村生物质能的重要意义

15.1.1　农村能源亟须转型升级

当前，农村是我国经济和社会发展最薄弱的地区，一些地方基础设施建设落后，农村居民炊事、采暖用能以原煤为主，燃烧效率低下，且严重影响室内空气质量，导致呼吸系统疾病的高发病率和高死亡率。但与此同时，我国农村地区生物质资源非常丰富，生物质能的开发利用能充分地利用当地资源为居民提供清洁的能源，因地制宜地解决农村地区生活用能，提高农民生活质量。

15.1.2　有利于农村环境保护

当前，我国大气污染形势严峻，以可吸入颗粒物（PM10）、PM2.5 为特征污染物的区域性大气环境问题日益突出，损害人民群众身体健康，影响社会的和谐稳定。生物质能的应用能避免农作物秸秆的露天焚烧，畜禽粪便排放，农林加工业的耗氧性废气、废水排放对大气、土壤、水体造成的生态和环境伤害，在实现生物质资源无害化和资源化的同时，能有效改善农村的居住环境，提高农民的生活质量水平。

15.1.3　有利于增加农民收入和就业机会

生物质能的开发利用可有效延长农业产业链，为农村开拓新的产业，增加农民收入，实现生物质扶贫。据测算，一台 2.5 万千瓦生物质直燃发电机组，按年利用 6 000 小时计算，年发电量可达 1.3 亿千瓦时，新增产值近亿元，其中，秸秆收集、运输、加工等环节为当地农民增加就业岗位 1 000 余个。这对于解决农村富余劳动力就业、提高地方财政收入、带动地方相关产业和第三产业的发展、繁荣农村经济、提升我国农业竞争力具有非常重要的作用。

15.2 农村生物质的资源条件及利用潜力

15.2.1 农作物秸秆

2015 年,农作物秸秆理论资源量每年 10.4 亿吨,可收集资源量约 9.0 亿吨,主要分布在华北平原、长江中下游平原、东北平原的 13 个粮食主产省区。中国农作物秸秆资源潜力,如图 15-1 所示。目前,作为肥料、饲料、食用菌基料,以及造纸等用途的农作物秸秆资源量共计约 6.18 亿吨/年,可供能源化利用的秸秆资源量约 2.8 亿吨/年。

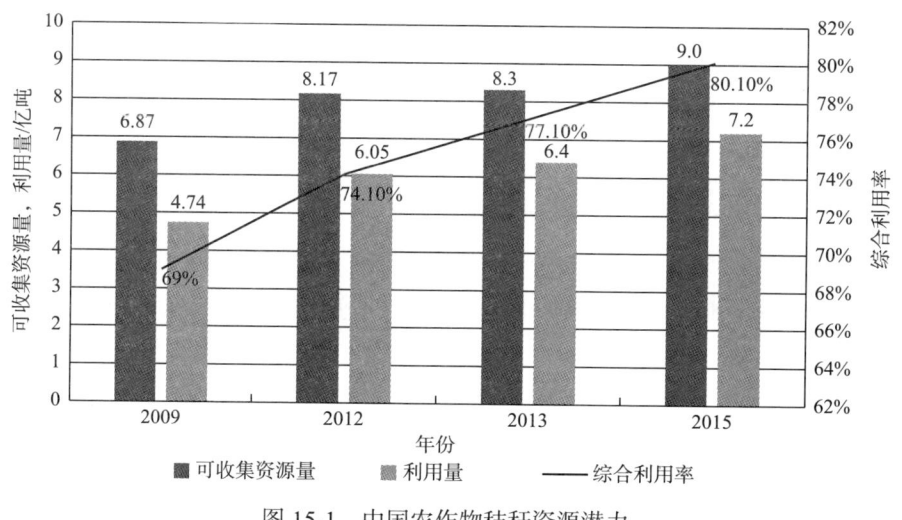

图 15-1 中国农作物秸秆资源潜力

15.2.2 农产品加工剩余物

农作物收获后进行加工时也会产生废弃物,如稻壳、玉米芯、花生壳和甘蔗渣等。这些农业废弃物产地相对集中,其主要来源是粮食加工厂、食品加工厂、制糖厂和酿酒厂等,数量巨大,容易收集处理,可作为燃料直接燃烧使用,也是我国农村传统的生活用能。农产品加工剩余物每年约 1.6 亿吨,可供能源化利用的每年约 8 000 万吨。

15.2.3 畜禽养殖剩余物

2014 年全国猪肉产量 5 671.39 万吨,牛肉产量 689.24 万吨,羊肉产量 428.21 万吨,生猪年末存栏 46 582.74 万头,禽蛋产量 2 893.89 万吨,牛奶产量 3 724.64

万吨。可以测算，2014 年我国畜禽粪便排放量为 25.0 亿吨，可转化沼气资源量为 1 286 亿立方米。

15.2.4 林业生物质资源

第八次全国森林资源清查结果表明，全国各类林地面积共 31 046 万公顷，其中，林地 19 117 万公顷，疏林地 401 万公顷，灌木林地 5 590 万公顷，未成林地 711 万公顷，宜林地 3 958 万公顷，其他林地 1 269 万公顷（包括苗圃地、无立木林地和林业辅助生产用地）。林地面积中，乔木林 16 460 万公顷，占林地 86.10%；经济林 2 056 万公顷，占林地 10.75%；竹林 601 万公顷，占林地 3.14%。

全国森林面积 20 769 万公顷，森林覆盖率 21.63%。其中，防护林 9 967 万公顷，特用林 1 631 万公顷，用材林 6 724 万公顷，薪炭林 177 万公顷，经济林 2 056 万公顷，其他林（包括宅旁、路旁、水旁、村旁等四旁林）214 万公顷。可利用的林业抚育和木材采伐剩余物生物质资源，如表 15-1 所示。

表 15-1　可利用的林业生物质资源

林种	林地面积/万公顷	每公顷年产量/千克	总产量/万吨
防护林	9 967	866	6 831.42
特用林	1 631	750	1 233.25
用材林	6 724	750	4 705.5
薪炭林	177	7 500	1 327.5
经济林	2 056	750	1 542
其他林	214	750	1 605
采伐剩余物	7 553.46（2014 年）	3 237.2 万立方米	2 264.04
合计	28 322.46		19 508.71

注：1. 防护林包括了 5 590 万公顷的灌木林，灌木林的平茬抚育量为 1 250 千克/公顷，按每 3 年一次平茬抚育计；其他防护林的年抚育量为 375 千克/公顷

2. 采伐剩余物包括树枝、梢头、树根等，约占全树的 30%，其密度按 0.7 吨/米^3 计

我国林业生物质资源利用潜力：①我国的林地 90% 以上是山地和干旱沙地，由于林木生长密度小，林业抚育和采伐剩余物分布分散，收集、运输困难，有条件利用的林木生物质资源应为 50% 左右，即 1 亿吨左右；②林业用地中的未成林地 711 万公顷、宜林地 3 958 万公顷和其他林地 1 269 万公顷，将来可增加 4 453.5 万吨/年的林业抚育剩余物。

15.3 农村生物质利用技术和产业发展现状

15.3.1 国内

在"十二五"时期,我国农村生物质能多元化利用取得较大进展,农村沼气、成型燃料等多种能源利用方式并举,技术不断进步,已呈现出规模化发展的良好势头。

1. 农村沼气

"十二五"期间,国家累计安排中央投资 142 亿元用于农村沼气建设,农村沼气事业持续快速发展,逐步由以户用沼气为主形成了多元化发展的新格局。截至 2014 年底,全国沼气用户达到 4 383 万户,其中户用沼气 4 183 万户、集中供气 200 万户,年产沼气 156 亿立方米;大中小型沼气工程达到 10.3 万处,总池容达到 1 690 万立方米,年产沼气 22.57 亿立方米,供气户数达到 192.27 万户,年发电量 46 679 万千瓦时;出现了一批规模超过 1 万立方米的特大型沼气工程,大型生物天然气工程也开始建设试点。

为应对经济发展新常态下农业农村面临的新形势,2015 年,国家发展和改革委员会印发了《2015 年农村沼气工程转型升级工作方案》,安排中央预算内投资 20 亿元,支持建设了日产沼气 500 立方米以上的大型农村沼气工程 386 个,以及 25 个日产生物天然气 1 万立方米以上的大型生物天然气工程试点。

2. 生物质固体成型燃料技术

生物质固体成型燃料技术的功率大、生产效率低、成型部件磨损严重和寿命短等问题得到了解决,秸秆成型燃料专用供热锅炉也取得长足进步,成型燃料机械制造、专用锅炉制造、燃料燃烧等技术日益成熟,具备规模化、产业化发展基础。截至 2015 年底,生物质成型燃料年利用量约 800 万吨,主要作为农村居民炊事取暖用能、工业锅炉和发电厂的燃料等。

3. 生物质发电

截至 2015 年,我国生物质发电总装机容量约 1 030 万千瓦,其中,农林生物质直燃发电约 530 万千瓦,垃圾焚烧发电约 470 万千瓦,沼气发电约 30 万千瓦,年发电量约 520 亿千瓦时,生物质发电技术基本成熟。

近几年来,我国相继出现了一些企业自主开发生物质炭化技术和设备,且目前已达一定规模,秸秆生物炭产业技术已处于世界领先水平。年转化秸秆等农业废弃物生物质已达 10 万吨规模,生产和应用生物质炭 3 万吨以上,生物质炭缓释复合肥、生物质炭污染农田钝化修复和生物质炭快速土壤改良等规模化生物质炭应用已实现产业化。

国内的一些研究机构对生物质快速热解技术进行了一些研究和推广工作。广州迪森公司开发出年产 1 万吨生物质原油的中高温快速裂解工艺;安徽金秸能生物科技有限公司拥有多项核心专利,在安徽境内建设六安、芜湖两个生物质原油生产厂;发明了转杯式燃烧器,解决了生物质原油的燃烧技术。

15.3.2 国外

目前,世界上技术较为成熟、实现规模化开发利用的生物质能利用方式主要包括生物质发电、生物质液体燃料、沼气和生物质成型燃料等。2013 年生物质能初级能源消耗量达 56.6 艾焦,约占世界初级能源供应量的 10%。其中,大约 13 艾焦用于民用建筑和工业供热;约 5 艾焦用于转化生产约 1 160 亿升的生物质液体燃料(约 60%的转化效率),约 5 艾焦用于转化生产约 405 万亿瓦时的电力(约 30%的转化效率)。

1. 生物质发电

欧美国家主要利用农林剩余物、养殖场剩余物生产沼气,以及利用城市生活垃圾等进行发电。截至 2013 年底,全球生物质发电装机容量超过 88 吉瓦。欧洲的生物质热电联产已经很普遍,能源利用效率高,生物质与煤混燃发电较多,秸秆直接燃烧发电技术、生物质流化床锅炉发电技术已十分成熟。

2. 生物质液体燃料

随着国际石油市场供应紧张和价格上涨,发展生物燃料乙醇和生物柴油等生物质液体燃料已成为替代石油燃料的重要方向。目前,以甘蔗、玉米和薯类作物为原料的燃料乙醇和以植物油脂为原料的生物柴油已实现较大规模应用。2013 年生物质液体燃料全球总产量约 1 166 亿升,可满足全球交通运输燃料的 2.3%。乙醇汽油在巴西、美国已被大规模使用,生物柴油在欧洲实现了较大规模的利用。

3. 沼气和生物质成型燃料

2013 年,全世界生物质成型燃料产量超过 2 360 万吨,规模化利用主要集中在欧洲和北美地区,主要用途是作为供热燃料,2013 年木质颗粒燃料的消费量约 1 500 万吨。在瑞典的供热能源中,生物质成型燃料占 70%左右。

从目前生物质能资源的状况和技术发展水平看,生物质成型燃料技术已基本成熟，生物质作为供热燃料将继续保持较快发展势头。大型沼气发电技术成熟，沼气提纯后替代天然气和车用燃料也成为新的使用方式。生物质热电联产，以及生物质与煤混燃发电仍是今后一段时期生物质能规模化利用的主要方式。低成本纤维素乙醇、生物柴油等先进非粮生物质液体燃料的技术进步，为生物质液体燃料更大规模的发展创造了条件，以替代石油为目标的生物质能梯级综合利用将是主要发展方向。生物质能及相关资源化利用的资源将继续增多，油脂类、淀粉类、糖类、纤维素类、微藻，以及能源作物（植物）等各种生物质都是生物质能利用的潜在资源。

15.4 农村生物质利用面临的问题和发展方向

15.4.1 认识不到位

社会各界对农业生物质能利用的认识不够，尚未将农业生物质能作为国家能源战略的重要部分。例如，没有认识到随着农业生产方式、农村居住方式、农民用能方式的加速转变，大中型沼气升级（即生物天然气工程）成为今后农村沼气发展的主要方向；一些地方甚至限制成型燃料等生物质能的应用，导致生物质能发展受到制约。

15.4.2 收、储、运体系不健全

秸秆量大、分散、体积蓬松、收获季节性强的特点，造成了其运输难、堆存难、经济性差等问题，加以农忙时劳动力缺乏，以及储存场地少，收集、运输等经济实用的技术装备不足，秸秆收、储、运体系建设严重滞后。林业抚育和采伐剩余物大多分布在山地和沙丘且分散，以人工收集、运输为主，致使其效率低、成本高。

15.4.3 专业化、市场化程度低

农村沼气和生物质成型燃料仍处于发展初期，受限于农村市场，专业化程度不高，大型企业主体较少，市场体系不完善，尚未成功开拓高价值商业化市场。纤维素乙醇关键技术及工程化尚未突破，急待开发高效混合原料发酵装置、大型低排放生物质锅炉等现代化专用设备，以提高生物天然气和成型燃料工程化水平。

15.4.4 政策不完善

生物质能开发利用涉及原料收集、加工转化、能源产品消费、伴生品处理等诸多环节，政策分散，难以形成合力。生物质能产品优先利用机制尚未建立，缺乏对生物天然气和成型燃料的终端补贴的政策支持。

15.5 农村生物质利用目标及技术发展路线建议

15.5.1 农村生物质利用目标

下一步要坚持因地制宜、综合利用、就地消纳、多能互补、城乡互助的原则，以县级区域为单元，立足区域资源禀赋、经济发展水平和产业发展时间需求，以农作物秸秆、畜禽粪便等农业废弃物能源化利用为重点，实行政府规划、市场为主、农民参与、试点先行、创新机制、创设政策，努力建立起政府补助与市场经营相结合、企业与农民利益相统一、县乡城镇与农村供能相统筹的长效运行机制，为实现农业强、农民富、农村美做出重要贡献。到2020年，生物质能基本实现商业化和规模化利用。

15.5.2 技术发展路线

建设一批生物质能综合利用示范区，根据示范区内生物质产生量和资源禀赋，在优先满足土壤肥力和大牲畜饲料的前提下，大力推动生物质能利用从单一原料和产品模式转向原料多元化、产品多样化和多联产的循环经济梯级综合利用模式，为农村居民提供燃料和冬季清洁供暖。重点开展以下工作：

（1）生物质热化学制备液体燃料，以及燃气、热力、电力、生物质炭、生物基多元醇化学品等多联产系统示范工程，实现低成本规模化生物质资源梯级综合利用。

（2）在具备资源市场等条件的地区，建设大型混合原料沼气综合利用产业示范区，将沼气输入城市天然气管道网络或作为城市公共交通车辆燃料。在乡镇布设沼气供应服务站点，以供应罐装沼气的方式为周边居民提供生活燃气。

（3）在具有采暖需求的北方农村，完善生物质燃料体系的原料收集、储存、预处理到成型燃料生产、配送和应用的整个产业链。重点推广秸秆打捆直接燃烧、生物质成型燃料采暖技术，采取合同能源管理（energy performance contracting，EPC）等方式，建设生物质供热站。

（4）在人口居住分散、不宜铺设燃气管网的农村地区，推广户用生物质成型燃料，解决户用炊事及采暖用能。

（5）在林区及退耕还林地区，结合生态保护工程，重点发展分布式生物质能技术，充分利用林业剩余物建设生物质气化和成型燃料项目，为林区提供清洁的生活燃料，减少林木质燃料消耗，巩固退耕还林成果。

15.6 农村生物质的政策保障

建议以技术创新为核心，因地制宜，多能互补，重点构建新的农村能源体系，推进农村能源的供应和消费革命。

15.6.1 完善政策体制机制

针对农村中小型沼气、生物质清洁炉具等具备一定市场潜力的技术产品，建议出台相应的产品补贴政策，进一步培育市场。通过顶层设计及PPP模式等，引导社会资本进入生物天然气领域。建议出台生物天然气入网、沼肥、沼气产品补贴等政策。建立农村、林场低碳或零碳排放用能与碳减排和碳交易结合，通过碳交易增加农民的收入。

15.6.2 创新互联网+农村分布式能源

当前我国农业正处于传统农业向现代农业转型时期，随着物联网、云计算和大数据等信息技术的发展，应用信息技术监测农村能源信息，有助于改善资源利用效率，及时发现问题并且精确确定问题所在。建议重点发展以农林剩余物、畜禽养殖废弃物、有机废水和生活垃圾等为原料的多联供技术；发展以沼气为纽带的智慧农业技术等。

15.6.3 启动散煤替代和省柴节煤炉灶炕升级换代工程

大力推广优质能源替代民用散煤，通过政策补偿等措施，综合推广使用生物质成型燃料、沼气、太阳能等清洁能源，减少散煤使用。对原煤的硫分、灰分、挥发分、排放指标等进行更严格的限制。京津冀及周边地区、长三角、珠三角限制销售和使用灰分大于16%、硫分大于1%的散煤，不符合标准的煤炭产品不允许销售。加大推广省柴节煤炉灶炕力度，对购买先进炉具的农户给予补贴。

第 16 章 农村多能协同利用问题研究

16.1 多能协同利用的概念和对于农村能源的意义

多能协同利用的概念有狭义和广义两种理解。狭义概念是从技术角度出发，指多种能源和技术在局部环节相互配合，在满足特定能源需求的同时实现更好的综合效益；广义概念是从整个能源体系的角度出发，指各种能源资源自身和其他能源资源的协同，以及能源转换过程的协同、储运和供应过程的协同与终端利用中的协同。本章将狭义概念定义为"多能协同利用技术"，将广义概念定义为"多能协同利用系统"，并分别从两个角度进行多能协同利用问题的论述。

在农村能源领域，以化石能源为主的集中式能源和以可再生能源为主的分布式能源都存在不足，因此多能协同利用成为综合解决农村能源问题的重要方向。例如，燃煤的碳排放量和污染物排放量大；天然气价格相对较贵并需要建设昂贵的基础设施；电力用于采暖价格相对较高而且大规模使用电力需要对现有农村电网进行升级改造；水能、太阳能和风能等可再生能源受能量密度低、周期性强、不稳定性高等因素制约，无法保证供能的持续性和稳定性；生物质能，尤其是秸秆等农业剩余物资源受季节性强等因素制约。

多能协同利用甚至可上升成为解决农村能源问题的战略思路。例如，有关专家认为，为实现农村将近 4 亿吨散煤的替代，必须着重贯彻多能协同利用的思想，对总量目标进行分解，通过大力发展清洁煤炭利用、可再生能源的分布式发电、生物质能的清洁利用、太阳能热利用和其他能源协同利用四大途径，分别实现农村 1 亿吨高污染散煤的替代，为农村能源的可持续发展创造机会和条件。但是，该思路的贯彻还需要落实到具体的多能协同利用技术和系统上。

16.2 农村多能协同利用技术的发展方向

农村地区拥有丰富的多种能源资源，尤其是可再生能源资源，而各地区的资源、环境、经济和社会条件相差较大，这导致多能协同利用技术方案众多，难以

——罗列。下文仅概述了两类主要的技术，包括太阳能热利用和其他能源的协同利用技术、基于微网的可再生能源协同发电技术。

16.2.1 太阳能热利用和其他能源的协同利用技术

太阳能热利用可以分为被动式和主动式，两种太阳能热利用技术可以互相协同，也可与生物质能、空气源热泵、兰炭、燃气等其他能源技术进行协同利用，以满足农村冬季采暖、制冷和生活热水供应等需求。

1. 被动式太阳能采暖与其他技术的协同

被动式太阳能采暖技术主要指被动式太阳房技术，该技术以建筑本身作为集热装置，充分利用农宅围护结构吸收太阳能，使建筑被加热而达到供暖的目的。其结构简单，维护管理方便，是北方地区农村采暖节能减排的有效途径之一。

被动式太阳房可以方便地与其他采暖技术协同，以达到更好的冬季采暖效果，并有效节约常规能源。白天日照条件较好时，被动式太阳房可直接利用光照进行采暖；夜晚或阴天无法实现被动采暖时，可利用辅助热源来保证合适的室内温度。夜晚根据室内温度，辅助热源可选择太阳能热水器的热水进行采暖，也可采用空气源热泵或生物质燃料进行采暖。例如，被动式太阳房与火炕、火灶的互补综合利用技术在太阳房无法实现采暖时，以生物质为原料的火炕和火灶作为辅助热源，实现稳定供能。

2. 主动式太阳能热利用技术与其他技术的协同

主动式太阳能采暖系统是以主动控制的方式，通过太阳能集热器、储热器、管道、风机和循环泵等设备来收集、储存和输配由太阳能转换而得的热量，协调控制系统中的各部分达到建筑物所需要的室温。主动式太阳能采暖系统中的太阳能热水系统较为适合与其他能源技术协同利用，几种主要协同利用方式如下。

1）太阳能热水系统与生物沼气的协同

利用太阳能热水系统为沼气池供热，可以有效提高沼气池冬季的产气率，有助于解决炊事用能问题。该技术尚处于试验研究和示范阶段，若投资成本进一步下降将有较好的应用前景。

2）太阳能热水系统与生物质成型燃料的协同

该技术既提高了生物质能的利用效率，又弥补了太阳能不稳定的缺点，具有较强的互补性，在节能、经济、环境效益方面都有一定的优势，适合中小用户生活热水供应和冬季取暖使用。

3）太阳能热水系统与空气源热泵的协同

该技术有多种实现方式，根据需求的不同，可灵活满足各类建筑的生活热水供应、空调和采暖需求。既可充分利用太阳能保障生活热水的供应，又可有效改善空气源热泵冬季运行工况、提高供热效率，尤其适合我国村镇独立住宅，具有显著优点。例如，有研究者提出太阳能-空气复合热源热泵系统，包括常规家用分体壁挂空气源热泵与室外壁挂太阳能集热热水器两部分，热泵可以提高夏季阴雨天气、过渡季节太阳能热水器中热水的温度，而太阳能集热器吸收的热量可以有效改善空气源热泵冬季运行工况、提高供热效率；又如，太阳能-空气复合热源热泵系统，可实现单一空气热源、太阳能-空气双热源、单一太阳能热源三种工作模式，满足不同地区和用户的多样化需求；再如，空气源热泵辅助太阳能热水系统，可用于夏热冬冷地区全年热水供应。

4）太阳能热水系统与兰炭锅炉、燃气锅炉的协同

兰炭、天然气是相对较为清洁的化石能源产品，将清洁、可再生的太阳能与高能量密度的化石能源相结合，可以有效提高农村供暖的热舒适度和便利度，适合在经济条件较好的地区推广应用。

16.2.2　基于微网的可再生能源协同发电技术

农村地区有发展户用光伏发电、小型风力发电、小水电等分布式发电的优势条件。这些分布式发电系统电源位置灵活、分散，能很好地适应分散的电力需求和资源分布，减少输、配电网升级换代所需的投资，并与大电网互为备用来提高供电可靠性。然而，太阳能、风能、水能等资源的间歇性问题制约了这些分布式发电系统的实际应用，因此应当积极探索可再生能源的协同发电技术。

通过协同发电，一方面各个发电子系统可以相互集成，弥补各自独立发电系统的不足，提高可靠性，如户用型和集中型的风光互补系统适合在偏远的离网地区发展。另一方面可以与微网技术相结合，更有效地实现分布式电源的并网利用。将一片区域内的分布式电源及其负荷组合在一起，组成一个比一般配电网要小的自治系统，不仅可以实现分布式电源被有效接纳，还可进一步提高供电可靠性。此外，还可辅以多种形式的微光、微风发电技术，进一步提高可再生能源利用水平，如微风树、微风路灯、升阻式微风光电互补技术等。

16.3　农村多能协同利用系统的发展方向及支撑条件

上述多能协同利用技术主要着眼于具有特定能源需求的、局部的技术协同，而在可再生能源丰富地区还可进一步探索基于多能协同利用来满足整个村庄及其

周边的用能需求，甚至和更大范围内的能源系统进行协同。由于此类的农村多能协同利用系统还在研究和探索中，下文仅简述了若干初步发展思路，以及所需的配套支撑条件。

16.3.1　推进农村生物质能源的综合开发和协同利用

农村地区，尤其北方农村，丰富的秸秆等生物质资源得不到充分利用并不得不进行不合理处置，造成严重的环境污染，是当前农村能源发展中的头等大事之一。而农村生物质能源产业发展长期面临生物质资源收集困难、收集和储运成本高、下游市场得不到保障等问题。为此，必须本着多能协同利用的思路，推进相关技术、产业和政策的创新。

结合实地调研，目前一些企业已经探索出了实现农村生物质能源商业化开发利用的新思路，为生物质资源富集和交通便利的地区推进生物质能源的综合开发和协同利用提供了有益启示。首先，在生物质资源收集上，可以考虑以建设农民合作社的方式提高农民主动收集和销售生物质资源的积极性，并以村为单位复制到整片区域实现规模化的生物质资源收集，还可与农村扶贫工作相结合；其次，进一步探索生物质就地加工成型、相对集中储运的技术和模式，降低生物质的收集和储运成本，为整个产业链的盈利创造条件；最后，实行城乡一体化的市场推广，让农民享受清洁、便利的生物质能源服务的同时，把剩余生物质或其加工转化得到的能源产品销售到周边工商业甚至城镇地区，以解决替代燃煤的清洁能源供应问题。而在生物质能源相对有限或交通相对不便的地区，可以探索"一村一厂"的生物质能源就地收集、加工、转化和利用方式。

在此过程中，可以因地制宜，探索建设生物质沼气工程、生物质成型燃料、生物质集中发电和供热等多种生物质能利用方式相协同的整体系统，通过各种技术之间的协同互补，最大限度地满足农村和周边地区的清洁采暖、炊事和热/电需求，充分发挥新型生物质能技术的低碳环保优势，实现变废为宝。

16.3.2　因地制宜、多能协同建设"无煤村""生态村"

在农村生物质能源得到综合开发和协同利用的基础上，可以进一步和当地其他可再生能源开发利用相结合，因地制宜探索建设基于多能协同利用系统的"无煤村""生态村"。结合生物质能源的利用，在建筑围护结构保温、太阳房和自然通风等被动节能方式与节能炉灶的基础上，进一步发展结合太阳能、地热能的多能协同利用系统，以节能和可再生能源为主满足农村的采暖和炊事需求。再辅以基于微网的可再生能源协同发电系统，解决电力供应问题，就有望实现农村生活用能基本以可再生能源为主，最终实现"无煤村"和"生态村"的目标。

有学者提出一种生物质能与太阳能互补综合利用的生态村分布式供能系统，将太阳能光伏发电、太阳能光热转换、生物质气化与常规燃气发电整合，实现生物质能与太阳能的供电、供暖、制冷、供燃气和供热水五联产，满足整个村庄的多种能源需求；也有企业提出太阳能光热电气+地储热的多能协同利用系统，该系统集太阳能平板集热器、槽式集热器、空气源热泵和光伏发电系统于一体，并辅以地储热装置来实现综合供热采暖和供电，以满足不同建筑物供热、热水、照明的需求，尤其适合西藏地区和长江以北的农村地区。

16.3.3 推广低温空气源热泵热风机并辅助电力调峰

在京津冀农村地区的实际应用表明，电力驱动的热泵热风机在技术成熟度、经济性、可靠性、节能减排、安装和运行便捷程度、实际使用效果等多方面，较传统采暖技术都具有明显优势，相比传统空气源热泵技术进一步提高了能效和多项技术性能，是农村地区清洁采暖的适宜先进技术。与此同时，通过在热泵热风机上安装简单的无线通信模块，在每个村部署一个区域控制器，就可由电力调度中心根据电力负荷状况实现分时分片控制一定数量的热泵热风机启动、停止或自主控制，从而实现对电网主动有效的削峰填谷。由于建筑的热惯性，对热泵热风机短期启停仅会使室内温度变化2℃左右，不会显著影响室内舒适度。

例如，若北京市农村地区215万农户中有一半使用热泵热风机并参与电力调峰，所形成的电力调峰能力可达北京市冬季电网负荷极值（1660万千瓦）的13%，这对于保障电网安全、稳定、高效运行具有重大实际应用价值，并有利于周边地区风力发电和光伏发电的进一步发展。

若该技术在我国北方农村地区得到大规模推广，并实现成片区域的联控，进行主动削峰填谷，那么在实现农村建筑节能的同时还将有助于更大范围内的区域电力系统的安全、稳定、高效运行，为可再生能源发电的规模化发展创造有利条件，可谓一举多得。

16.3.4 建设农村多能协同系统的配套支撑条件

发展农村多能协同利用系统是个复杂系统工程，需要有信息管理技术、能源技术创新等方面的配套条件作为支撑。

1. "互联网+农村能源"的信息化管理技术

多能协同利用技术和系统的发展，在改善农村能源的综合效益的同时，也增加了能源系统的复杂性和能源管理的难度,提出了对先进信息化管理技术的需求。基于互联网技术,进一步运用物联网、云计算和大数据等信息技术,建立"互联网+农村能源"的大数据管理系统,对农村能源的各种能量流、信息流和业务流进行监测和调控,将有助于改善资源利用效率,及时发现问题、精确确定问题所在并给出相应的管理建议。

例如,有学者提出的"互联网+农村沼气能源"的思路,即利用信息通信技术使互联网与农村沼气能源工程深度融合起来,以创造农村沼气能源新的发展生态,提高安全生产能力,提升运行管理水平和加强专业技术人员培训;又如,"互联网+农村水电"智慧管理模式,试图基于"互联网+"的概念解决电站统一管理和与外界沟通协调的矛盾;再如,有企业提出的可再生能源分布式局域网应用技术,主要由数据平台及分布式可再生能源局域网组成,覆盖相应的村、区、县等,从而提高能源利用率,提高系统的自我调节、控制与保证能力,满足用户的多元化需求等。

但总体上,适合于多能协同利用系统的"互联网+农村能源"信息化管理技术还有待进一步研发和探索。

2. 关键能源技术、设备和系统的创新

可再生能源利用的技术、设备和系统仍在不断地发展和改进,通过技术创新进一步改善单元技术、设备和系统的技术性能和经济性,仍然是发展多能协同利用系统的基础支撑条件。潜在的技术创新重点包括:①进一步研发提高太阳能吸收效率和系统安全性的太阳能集热技术,如新型的太阳能空气集热装置和热水器技术、有望实现全太阳能建筑供暖的加装固定式聚光镜的太阳能采集装置等;②发展生物质资源就地收集加工成型的技术和装备,以降低生物质收集储运成本;③因地制宜开发燃料灵活、高效清洁、用途多样的生物质炊事采暖炉具,针对不同地区农村的燃料特点、能源需求、经济条件和风俗习惯,开发多种形式的高效清洁生物质炊事采暖炉具仍是在广大农村推广新型生物质燃料的基础条件;④在此基础上,进一步探索生物质+太阳能的综合效益更高的多能协同利用技术和系统。

第 17 章 农村生活用能发展战略建议

17.1 基本认识

17.1.1 农村生活用能是事关改善民生、生态环保和能源革命的重大问题，必须给予高度重视

农村能源建设与"三农"问题密切相关，涉及为农业生产、农村工商业经营和农村居民生活提供所需能源服务的整体能源系统。从能源消费侧看，农村生活用能是其中的主要组成部分，并高度依赖于煤炭和传统生物质的低效燃烧，以相对落后的方式来满足农民的炊事、采暖需求，对生态环境和人体健康造成了一系列严重的影响；从能源供应侧看，农村具有广袤的土地和丰富的可再生能源资源，尤其是农业生物质能源资源。着力推动农村可再生能源的规模开发和就地利用，并结合城乡一体化进程建设多能协同的新能源体系，将对能源生产和消费革命起到有力的促进作用。因此，无论从改善民生，还是生态环保和能源革命的角度，都应将农村生活用能问题上升到国家战略的高度来看待，应给予其足够的关注和重视。

17.1.2 农村生活用能的首要重点是农作物秸秆、畜禽粪便等农业废弃物的能源化利用，并应结合建筑节能和多能协同利用着力建设"无煤村""生态村"

农村具有丰富的农业废弃物生物质资源，其中可供能源化利用的农作物秸秆约 2.8 亿吨，农产品加工剩余物约 8 000 万吨，林业抚育和采伐剩余物约 1 亿吨，还有可转化约 1 286 亿立方米沼气的大量畜禽粪便。但当前这些资源并没有得到有效利用，在传统生物质燃用方式被燃煤大量替代的同时，其还由于大量废弃甚至就地焚烧造成了严重的生态环境问题。因此，无论是从优化能源结构的角度，还是从延长农业产业链、发展循环经济、为农民增收的角度，都应将农业废弃物的能源化利用作为解决农村生活能源问题的首要重点，实现一举多得。

在以生物质能利用为农村生活用能问题突破口的基础上，还应在农村积极推进建筑节能，发展多能协同利用技术和系统（以太阳能热利用为重点），综合"节流""开源""增汇"探索建设新的农村能源生态体系。考虑我国农村在生产方式、土地资源、住宅使用模式、可再生能源资源条件、室内热环境需求等各个方面与城镇有很大不同，而且南北方地区在气候、建筑形式、用能习俗等方面有明显差异。因此，应本着统筹生物质能利用、建筑节能和多能协同利用的方针，重点在北方农村建设无煤、节能、宜居的"无煤村"，在南方农村建设低碳、宜居、与自然和谐互融的"生态村"。

17.1.3 农村生活用能必须基于符合"村情"的市场化机制进行建设，强调基层创新，调动农民积极性和培育本地产业

国外经验表明，农村可再生能源的发展必须因地制宜、选取不同的技术路线和发展模式，必须形成农民、企业和政府的紧密利益共同体。我国农村的大量实践经验表明，农民的参与、共享利益和产业的本地化，是保障农村能源项目成功推进的基础条件。此外，由于农村情况复杂、相互差异大，几乎"一村一策"，熟悉情况的本地企业在制订技术方案和运行模式方面具有优势，其将是推进农村生活能源建设的中坚力量。

因此，在农村生活用能问题上，必须摒弃传统的自上而下拉动、制订统一的能源方案和技术路线进行大规模推广的惯性思路，而是要采取充分强调基层创新，以当地农民和企业为主体进行自下而上推进的新思路。政府主要负责"搭台"，在战略引导、资金支持、技术研发和市场培育等方面进行扶持，并协调形成农民和企业的紧密利益共同体。

17.2 战略措施

17.2.1 实施"生物质能扶贫工程"

在生物质能丰富地区，扶持和引导村民成立以所有村民为股东的生物质能合作社，引进具有自主知识产权和技术先进性的开发企业，共同创建适合当地的生物质能产业链，并对合作社和开发企业给予免税政策等支持条件。合作社负责生物质能收集和初步加工，开发企业则负责深加工、为农民提供清洁能源服务，进

一步开拓下游市场。通过建设生物质能合作社,有望为农户创造每户每年 1 000~2 000 元的收入,可充分调动农民积极性。待合作社具备一定资金实力后,还将具有改进技术和拓展业务的能力,形成"自造血"。该工程的实施,可解决生物质收集困难、成本高这一长期存在的问题,为生物质能技术在农村的蓬勃发展奠定基础。

17.2.2 设立"生物质能综合利用示范区"

为进一步加速生物质能利用技术在农村的推广和产业化,在三北严寒寒冷区、华东夏热冬冷区、西南温和区域、华南夏热冬暖区等,分区域建设若干"生物质能综合利用示范区",大力推动生物质能利用从单一原料和产品模式转向原料多元化、产品多样化和多联产的循环经济梯级综合利用模式,因地制宜解决农村居民燃料、供热、取暖等问题。

可考虑在经济发达地区建设生物质热化学制备液体燃料,以及燃气、热力、电力、生物质炭、生物基多元醇化学品的多联产系统示范工程;在人口密集区域发展大型混合原料沼气示范产业,将沼气输入城市天然气管道网络;在重点产粮区域,综合建设生物质固体成型燃料、生物质液体燃料、秸秆发电、沼气等多种生物质协同利用示范工程;在重点林区,充分利用林业剩余物建设生物质气化和成型燃料项目。

17.2.3 多能协同,建设北方"无煤村"、南方"生态村"

北方农村通过散煤替代、优化农宅围护结构的保温性能等关键手段,升级农村建筑用能结构的同时降低农村冬季取暖的用能需求,重点实施"无煤村"工程;南方农村则通过推广新型生物质压缩颗粒炊事炉、改善建筑材料隔热性能、采用被动方式进行夏季降温等方式提高炊事用能的利用效率,降低夏冬两季调节温度的能源需求,重点实施"生态村"工程。

在此过程中,重点开发和推广以太阳能热利用为重点的多能协同技术,包括主/被动式太阳能热利用先进技术与生物质能、空气源热泵等其他能源技术的协同利用,以满足农村采暖、制冷和热水等需求。积极发展基于微网技术的可再生能源互补发电技术,推广应用"互联网+农村能源"管理模式。加大推广省柴节煤炉灶炕力度,对购买先进炉具的农户给予补贴。

17.2.4 在北方农村推广热泵热风机实现电力削峰填谷

在京津冀农村已投入应用的电力驱动的热泵热风机,不仅可以实现极高的采暖能效，还可通过单机的无线通信和区域联控，通过分时分片控制一定数量的热泵热风机启动、停止或自主控制，实现对电网主动有效的削峰填谷。该技术在北方农村地区得到大规模推广，并实现成片区域的联控、进行主动削峰填谷，实现农村建筑节能的同时，还将有助于更大范围内的区域电力系统的安全、稳定、高效运行，可为可再生能源发电的规模化发展创造有利条件。

17.3 政策保障

17.3.1 完善顶层设计，统领农村能源革命

建议成立农村能源创新推动中心。乡镇处在中国行政体系的最末端，但农村能源作为能源开发和利用中的重要一环，又是人才、资金、技术等比较集中的产业，"市场失灵"和"政府失灵"也表现得最为突出。通过成立创新中心，可以集中政府、高校、科研院所、企业等专业资源，形成强大合力。

建议研究设立产业发展基金，以资金源动力带动体制和机制创新，形成持续创新能力。设立产业基金，可以打破各种部门和利益集团约束，真正发挥市场在资源配置中的决定作用和政府的引导作用，以市场的方式，在突破体制、完善市场、整合资源等方面形成独立平台，在技术支撑、模式创新、产业发展方面形成原动力。

发挥政策的强制性作用，配套相关财政政策。在关键时期和关键领域，政府可以通过配额制、政府补贴、财政贴息等方式，加强政策引导。

17.3.2 国家资本与民间资本结合，加强资金扶持

为促进农村能源技术的发展，应当吸引更多资本投入。为此，需要设计良好的金融机制来吸引更多国家或民间投资，保障金融投资的有效收益，从而为农村能源技术的发展提供持久的动力。应重点推行PPP项目投资模式，形成国家资本、民间资本共同参与的良性资本市场，充分调动社会资源，形成资金合力。

第五篇 农村能源供给绿色化及用能清洁化与便利化

第 18 章 课题定位与基本情况

18.1 课题定位

2015 年,《中共中央 国务院关于加快推进生态文明建设的意见》指出,要大力推进绿色发展、循环发展、低碳发展,到 2020 年单位国内生产总值(gross domestic product,GDP)二氧化碳排放强度比 2005 年下降 40%~45%,非化石能源占一次能源消费比重达到 15% 左右,开展能源节约、资源循环利用、新能源开发、污染治理、生态修复等领域关键技术攻关,在基础研究和前沿技术研发方面取得突破。我国以煤为主的能源消费结构和粗放型的能源增长方式已对我国生态环境造成了极大威胁,由此造成的环境问题及生态破坏已经不容小觑,开发绿色、低碳的可再生能源已经是当前科技发展的重要任务。

2017 年的中央一号文件继续锁定"三农"工作,要求深入推进农业供给侧结构性改革,加快培育农业农村发展新动能[①]。党的十八大以来,习近平总书记在多个场合就农业问题发表一系列重要讲话,要走出一条以工业手段解决农业问题的中国特色新型农业现代化道路,《国务院关于印发全国农业现代化规划(2016—2020 年)的通知》提出,"没有农业现代化,国家现代化是不完整、不全面、不牢固的。在新型工业化、信息化、城镇化、农业现代化中,农业现代化不能拖后腿"。在习近平的"三农观"中也强调了,"中国要强农业必须强;中国要美农村必须美"[②]。这些都为中国农村未来的发展指明了方向,提出了要求,寄予了期望。

本篇是中国工程院重大咨询项目"推动能源生产和消费革命战略研究(二期)"的"农村能源供给绿色化及用能清洁化与便利化"课题。能源供给绿色化属能源生产范畴,用能清洁化和便利化属能源消费范畴。能源供给绿色化包括两个方面:

---

① 中共中央 国务院关于深入推进农业供给侧结构性改革加快培育农业农村发展新动能的若干意见,http://www.chinacoop.gov.cn/HTML/2017/02/05/112379.html。

② 习近平主持农村改革座谈会:加大推进新形势下农村改革力度 促进农业基础稳固农民安居乐业, http://cpc.people.com.cn/n1/2016/0429/c64094-28313167.html。

①供给绿色能源；②因绿色能源使用而使环境更美、生态更好。用能清洁化要求利用技术必须高效、低排，无二次污染；而用能便利化必须通过满足需求、广泛应用、创造效益等实现。

农村能源种类很丰富，除传统的化石能源外，还有包括太阳能、风能、地热能、水能、生物质能等的丰富的可再生能源资源，而其中生物质能是唯一可转化为气、液、固三种形态的二次能源和化工原料的可再生能源。考虑到生物质能环境性、资源性及转化产物的多样性，本篇主要聚焦于生物质能。根据生物质能产生的方式和特点，可将其分为两类，一是人类社会生产生活过程中产生的有机废弃物，如农林废弃物、人畜粪便、农副产品加工废弃物、生活垃圾等，被称为被动型生物质能。一方面，农村有机废弃物若不处置将导致直接碳排放量近 50 亿吨，造成面源污染包括化学需氧量/氮/磷排放量超过 2 000 万吨，而且治理上述污染每年需消耗资金超数万亿元；另一方面，其能源潜力巨大，约 10 亿吨标准煤/年。二是人类主动种植生产的能源作物，被称为主动型生物质能，包括含油、含糖、含淀粉、含纤维素类的植物和水藻等。所以，从环境和能源的双重效益考虑，应优先发展被动型生物质能；而从能源技术储备考虑，主动型生物质能应以应用基础研究和关键技术攻关为主，加强选种、育种、种植等方面的基础研究，加大转化关键技术的攻关。

18.2 基本情况

2015 年 11 月 12 日，"农村能源供给绿色化及用能清洁化与便利化"课题启动会在常州大学城乡矿山研究院召开，项目负责人谢克昌院士、青岛科技大学校长马连湘教授、农业部规划设计研究院、中国水业集团、浙江大学、华中科技大学、河南农业大学、河南省科学院和企业代表等三十余人出席本次会议。会议由课题负责人陈勇院士主持。

谢克昌院士介绍了"推动能源生产和消费革命战略研究（二期）"项目基本情况；陈勇院士介绍了"农村能源供给绿色化及用能清洁化与便利化"课题基本情况；河南省科学院何晓峰研究员，中国科学院广州能源研究所袁振宏研究员、马伟斌研究员，华中科技大学陈汉平教授等就生物质能、地热能的发展现状与趋势做了学术报告，启动会上还确定了各自的分工与任务。

课题执行期间，课题组骨干成员开展了广泛的考察和调研。针对农村废弃物发酵工艺及模式，课题组成员赴德国、奥地利、瑞典等国进行了考察与调研，考察了农村废弃物综合利用工程及沼气工程，重点调研了干式、湿式厌氧发酵工艺及关键构建的设计，以及原料的预处置工艺。这些国家的农村废弃物综合利用度比较高，技术多元发展，系统高度集成。

针对养殖、屠宰废弃物及污水等问题，考察调研了内蒙古科尔沁牛业股份有限公司、中国农业大学动物实验基地、临沂恒昌环保科技有限公司、山东泰宝生物科技股份有限公司（以下简称泰宝生物公司）等企业和研发基地。通过对畜禽粪污为主的有机废弃物处置与清洁能源利用方面的考察与调研，提出了"生态绿色循环、资源综合利用、能源清洁零碳、生产零污排放"的"零碳、绿色、循环牛业园区"的理念和方案；并制定了充分利用自产的畜禽粪污和周边的农林废弃物替代煤化工中原料煤的方案。

针对农林生物质废弃物处置与利用等问题，考察调研了河南汝州秋实新能源有限公司、湖北鄂州万吨级生物质能热解联产联供示范基地、河北承德华净活性炭有限公司、云南昆明电研新能源科技开发有限公司、安徽鼎梁生物能源科技开发有限公司等企业，了解了农业秸秆、谷壳、玉米芯、枯枝落叶，以及果壳等生物质废弃物制备生物成型燃料、气体燃料、液体燃料，以及活性炭等情况。调研结果表明，虽然农林废弃物综合利用的覆盖面较大、技术和产品较多，但产业规模较小、竞争无序、原料收集困难、政策支持不到位。

农村能源课题组还参加中国工程院"一带一路"能源战略高级代表团，并赴阿拉伯联合酋长国（以下简称阿联酋）和印度尼西亚，对两国的能源产业和技术发展及其与中国能源合作情况等进行了考察交流。代表团在考察交流期间，前后参观了中国石油工程建设公司阿布扎比分公司、阿联酋第一个清洁能源城——马斯达尔城、阿联酋马斯达尔研究院、神华国华（印尼）发电有限公司、神华国华（印尼）南苏发电有限公司，并分别召开了多次座谈会。本次赴阿联酋和印度尼西亚交流访问，旨在通过对两国的能源产业、技术发展，以及与中国能源合作情况等开展调研，为促进"一带一路"能源合作提供有力的支撑。

课题组在研究过程中，积极参与项目组各项议题讨论，包括项目中期研讨会、项目跨组协调会，以及"农村能源"专题协调会议等，同时也召开了多次课题组内部讨论会。

第 19 章　农村生物质能发展定位和实现路径

19.1　中国农村生物质能利用典型示范

在调研河北省丰宁县中国农业大学动物实验基地时，为了满足京津冀协同发展过程中一体化规划和生态文明建设的要求，探讨了在能源利用和有机废弃物处置方面探索新的模式和方法，提出充分利用自产的畜禽粪污和周边的农林废弃物的方案，在解决环境问题的同时实现有机废弃物的能源化和资源化利用，同时，提出利用丰富的太阳能资源，实现养殖业的低碳化、清洁化和低成本化，为中国饲料、养殖行业的清洁、高效、可持续发展提供理论和技术支撑。

在临沂恒昌环保科技有限公司调研时，提出充分利用周边地区产生的农作物秸秆、果蔬垃圾、畜禽粪污等有机废弃物，构建"规模化大型沼气项目"，通过厌氧发酵工艺生产沼气，作为能源和化工生产原料或用户燃料，以替代煤化工中的原料煤，构筑基于沼气工程的有机废弃物能源化工系统，并进一步提出构建农村种植、养殖、人居废弃物协同处置的方案。该项目的实施可以实现工业与农业的结合、种植与养殖的结合，促进美丽乡村建设，创造生态文明的经济效益。

在泰宝生物公司调研中，针对泰宝生物公司现有生物有机肥、复合微生物肥、微生物菌剂、水溶肥等生物肥料和生物农药生产过程中废弃物处置链条不完善的问题，结合临沂当地有机废弃物产生情况，提出综合利用沼气、沼渣、沼液等新的技术路线和产业发展方向，开拓生物饲料菌剂、沼渣液冲施肥、沼液高效液态肥等以有机废弃物综合利用为基础的多元化产品。

为了对云南省昆明电研新能源科技开发有限公司在生物质气化发电、气化集中供气、气化直燃供热，以及农林废弃物的综合利用过程中的发展模式及窑炉技术方面提供咨询与建议，提出生物质能源的利用前景在农村，而在农村利用生物质能源一定要以分布式为主，集中处置为辅，必须开展特色生物质能源利用，因地制宜地解决农村用能的便利化与绿色化问题，并为生物质窑炉替代燃煤窑炉的二次高效燃烧技术和小型便携装备化的研发提供咨询服务、技术支撑。

在揭阳市揭东区润丰生猪养殖专业合作社（以下简称揭阳润丰合作社）调研

中，与广东揭阳市市委、市政府多次在揭阳润丰合作社"美丽乡村"院士工作站召开全市"农村人居环境综合整治暨环境保护"工作现场会和座谈会，推广"农村代谢共生产业"和"猪地产"模式；该理念和模式得到德国邦施塔特农业合作社认可，并与揭阳润丰合作社签署了合作共建中德现代生态农业产业园的协议。

19.2 生物质能的基本特性

生物质具有总量大、用途多、被动性、密度低、收运难、价值小等特性。总量大，即生物质能分布相对分散，但其所蕴含的能量较大，每年产生的生物质类废弃物若进行能源化利用，相当于10多亿吨标准煤；用途多，即生物质能是目前世界上唯一能转化为气-液-固燃料的可再生能源，可转化为多形态能源及资源，同时可以与化工、热工等多种转化方式相结合，具有转化路径多，利用方式广的特点；被动性，即生物质类废弃物是人们在生产生活中排出的废弃物，它的产生是必然的，也是无法消除的，若处置不当将是巨大的污染源；密度低，即生物质类废弃物不同于传统化石能源，虽然其能替代化石能源，成为化工、热工过程的原料，但是其相较于化石能源，存在体密度低、能量密度低的特点；收运难，即由于生物质类废弃物具有分布较为分散，且体密度低的特点，在收集运输过程中成本较高，难度较大；价值小，即由于生物质类废弃物能量密度低的特点，若将其进行单一转化，其附加值必定较低，因此必须开展多原料耦合的多联产技术及系统开发。

19.3 国内外生物质能发展现状与趋势

19.3.1 国外生物质能发展现状与趋势

生物质资源化利用技术是世界各国普遍需要解决的重大课题。特别是随着自然资源日趋短缺和废弃物数量剧增，农林废弃物、畜禽粪便等生物质能的资源化、能源化利用越来越受到人们的重视。国外生物质能制备电燃料，生产液体燃料、气体燃料，以及固体燃料等技术已实现了示范及产业化应用。

目前，国际上生物质发电技术是最成熟、发展规模最大的现代生物质能利用技术，2017年全球生物质垃圾发电累计装机容量与2016年相比增加了11.6%，其中欧洲2017年累计装机容量超40.1吉瓦。生物质液体燃料方面，生物柴油和燃料乙醇技术已经实现了规模化发展。2017年，世界生物柴油生产约2500万吨，燃料乙醇产量7000多万吨；欧盟作为世界上最大的生物柴油生产和消费地区，其生产能力约2000万吨，但受经济下滑和能源价格下跌的影响，2015年生产量约1 800多万吨；其中，巴西和阿根廷的生产量分别为300多万吨和200多万吨。欧洲是沼气技术最成熟的地区，其中，德国是目前世界上农村沼气工程数最多的国家；瑞典是沼气提纯用于车用燃气最好的国家；丹麦是集中型沼气工程发展最有特色的国家，其集中型联合发酵沼气工程已经非常成熟，并用于集中处理畜禽粪便、作物秸秆和工业废弃物，大部分采用热电肥联产模式。欧美的成型燃料技术属于领跑水平，其相关标准体系较为完善，形成了从原料收集、储藏、预处理到成型燃料生产、配送和应用的整个产业链。目前，德国、瑞典、芬兰、丹麦、加拿大、美国等国的成型燃料生产量3 000万吨以上。总体上，欧美在生物质发电、液体燃料、气体燃料、成型燃料等技术方面均处于领跑水平，多数生物质能技术实现了示范及产业化应用。

世界各国非常重视应用先进工程技术，努力提升农业废弃物的肥料化、饲料化、能源化、基质化及工业原料化水平，以使技术向机械化、无害化、资源化、高效化、综合化发展，产品向廉价化、商品化、高质化、多样化和多功能化靠拢，进而达到物尽其用、变废为宝、消除污染、改善农村生态环境、促进农业可持续发展、高效利用废弃物的目标。具体技术方向有：开发集储装备技术，以适用于以农作物秸秆为原料的规模化饲养、工业化发电以及液化、气化等新兴技术发展的需要；国外微生物强化堆肥技术在技术和设备上已日趋完善，基本上达到了规模化和产业化水平，但堆肥设施由于运行成本偏高在我国还没普遍应用；开发高效干法厌氧发酵技术，提高产气率的同时降低成本；利用麦秆、草和木材等农林生物质为主要原料的纤维素转化生产乙醇燃料技术；进一步开发生物质燃料发电、供热等能源化利用技术。2015年，全球新增从事可再生能源能源工作的人数中，约3/8从事生物质能，仅次于从事太阳能的人数。生物质能产量继续增长，也有助于满足一些国家日益增长的能源需求，实现环境目标。然而，生物质能行业也面临诸多挑战，尤其是低油价及一些市场政策不确定性的挑战。

世界各国发展生物质能行动计划包括：美国计划到2025年生物燃料替代中东进口原油的75%，2030年生物燃料替代车用燃料的30%；德国预计到2020年沼气发电总装机容量达到950万千瓦；日本计划在2020年前车用燃料中乙醇掺混比例达到50%以上；另外，印度、巴西、欧盟分别制定了"阳光计划"、"酒精能源计划"和"生物燃料战略"，加大了生物质燃料的应用规模。到2020年，欧盟生物质能需求量比2010年至少增加44%，世界生物质燃料市场规模有望增长到2010年的3倍以上，实现950亿美元销售额，生物质能容量增至13 152万千瓦左右；预计到2035年，生物质燃料将替代世界约一半以上的汽柴油，经济环境效益显著。国际能源署（International Energy Agency，IEA）发布的有关生物燃料供给量预测结果显示，2010~2050年，生物燃料供给量从$2.5×10^{12}$兆焦增至$3.2×10^{13}$兆焦，增加约13倍。特别是生物乙醇、生物柴油、生物沼气等供给量将有大幅增加。

从全球来看,生物质能源的发展趋势主要如下:通过科技创新,突破技术瓶颈,以生物炼制为主要方向,实现生物质资源的高效、高值化利用;由单一产品开发转向多产品联产;由发电和成型燃料等传统开发模式转向燃料乙醇、合成燃油和生物燃气等清洁生产模式;由单纯能源生产转向能源、化学品和材料综合开发;由传统农林废弃物利用转向城市有机废弃物和能源植物资源开发。其中,能源植物和二代生物液体燃料技术,如纤维素乙醇和合成燃料等,将是未来产业发展的重点和热点。

可以预料,发达国家在新一轮的能源革命中正努力占据科学技术制高点,颠覆性的技术突破呼之欲出。对具有技术和资源优势的国家来说,推动生物质能源产业化发展,将有可能使生物质液体燃料由国内消费型转为出口型可再生能源。巴西早已开始实施燃料乙醇的出口计划,是国际上第一个出口可再生液体燃料的国家。丹麦、瑞典、英国、德国和意大利也利用其技术优势,试图或正在进入我国技术与装备市场。例如,丹麦向我国转让了生物质发电技术与设备的使用许可,德国沼气与发电技术也早已在我国生物燃气市场大行其道。

19.3.2 国内生物质能发展现状与趋势

我国政府极其重视生物质能源产业的发展,2006年就出台了《中华人民共和国可再生能源法》,针对燃料乙醇、生物柴油、生物质发电等产业制定了各类规范及实施细则,并运用经济手段和财政补贴政策来保障生物质能产业的健康发展。

在2006年制定的《国家中长期科学和技术发展规划纲要(2006—2020年)》中,"农林生物质综合开发利用"优先主题提出:"重点研究开发高效、低成本、大规模农林生物质的培育、收集与转化关键技术,沼气、固化与液化燃料等生物质能以及生物基新材料和化工产品等生产关键技术,农村垃圾和污水资源化利用技术,开发具有自主知识产权的沼气电站设备、生物基新材料装备等。"[1]在《国家中长期科学和技术发展规划纲要(2006—2020年)》实施的十年左右,国家相关部委立项461项、国拨经费达10亿元,投入总经费超过60亿元。

在"十二五"期间,我国的一批生物质能利用技术已进入商业化早期发展阶段,生物柴油、生物燃气技术已进入商业化阶段;固体成型燃料、燃料乙醇、生物质气化发电和生物基材料等受到生物质原料因素的制约,尚需通过国家补贴等经济激励政策来促进商业化发展,二代生物质液体燃料技术开发已取得明显进展,且一些技术已达到世界先进水平,其主要包括二代燃料乙醇、合成燃料、生物质裂解油与生物汽油/柴油/航空燃油等。以小桐子油为原料制备的航空

---

[1] http://www.most.gov.cn/mostinfo/xinxifenlei/gjkjgh/200811/t20081129_65774_3.htm.

生物燃料在首都机场成功完成我国首次航空生物燃油的"试飞"试验；特大型生物燃气热电联产工程技术已与欧洲的技术趋同，且投资更低，更适应在我国的产业化推广应用。

随着我国经济社会的发展，未来我国将面临更加严峻的能源消耗、环境保护等方面的压力，能源的生产方式将发生巨大的改变以应对和解决这些压力。同时，农作物废弃物和畜禽粪便等产生量将与日俱增，这些生物质资源也需要更加合理的利用和转化。生物质能源工程科技的发展对于优化能源结构、促进生态环境改善具有重大意义。生物质能源在我国能源生产和消费结构中的占比逐步上升，将进一步发挥三种作用：①生物质资源的能源化利用节省了化石能源，无疑是优化我国能源结构的一项重要战略选择；②生物质资源的使用本身具有清洁环保性，对环境影响小，加上生物质能利用技术的突破性进步，其全生命周期温室气体排放和污染物排放将更低，相比化石能源具有更加明显的环境保护作用；③生物质能源的开发利用不仅可以变废为宝、因地制宜地解决农村地区电力供应和农村居民生活用能问题，也可以将生物质资源转换为商品能源，有力促进农村经济的发展，有效延长农业产业链，解决农村劳动力的就业问题。

在市场经济和产业化经营的今天，以高值化产品开发为目标，对农业废弃物资源进行综合利用是农业废弃物发展趋势之一。利用农业废弃物开发新型的生物材料、生化产品及替代石化产品和紧缺资源替代物的研究日益受到重视，这极大地拓展了农业废弃物的资源化领域。当前乡村废弃物资源化利用技术应在以下几个方面寻求突破，一是研究手段趋于多元性，用于提升或研发出新的处理农业废弃物生态的技术；二是研究方式趋于技术升级与系统集成，利用高新技术对传统技术与产品进行改造升级及系统集成；三是研发技术趋于智能化、规模化、专业化。现代信息技术、生物技术、计算机技术、先进制造技术、高分子材料等领域取得的重大科学突破，深刻影响着我国现代农业高效利用废弃物资源技术的发展进程，为科技含量大幅提升带来了新的机遇与契机。现代农业高效利用乡村废弃物资源技术研究正从"精量、高效、低耗、环保"等理念入手，开展前沿与重大关键技术研究，基于高新技术对传统技术与产品进行改造升级，强化各类农业废弃物资源化利用技术与方法间的有机紧密结合。

1. 生物质发电

生物质直燃发电是生物质能规模化利用的重要形式，我国的生物质发电起步较晚。2003 年以来，国家先后批准了河北晋州、山东单县、江苏如东 3 个秸秆发电示范项目。2005 年以前，以农林废弃物为原料的规模化并网发电项目在我国几乎是空白的。2006 年《中华人民共和国可再生能源法》正式实施以后，生物质发电优惠上网电价等有关配套政策相继出台，有力促进了我国生物质发电行业的快速壮大。2006~2017年，我国生物质及垃圾发电装机容量逐年增加，由2006年的4.8吉瓦增加至2017年的14.5吉瓦，年均复合增长率达10.57%，步入快速发展期。截至2017年底，我国生物质发电并网装机总容量为7吉瓦，占全国发电装机容量的0.9%。其中，农林生物质直燃发电并网装机容量7吉瓦，垃圾焚烧发电并网装机容量7.3吉瓦，沼气发电0.2吉瓦。在生物质发电技术方面，近几年我国生物质发电技术发展迅速，产业中主要应用的是生物质直燃发电技术，直燃发电中多数引进的是丹麦水冷振动炉排秸秆直燃技术，设备价格昂贵，这阻碍了直燃发电技术的推广，少数采用气化发电技术。生物质直燃发电技术在锅炉系统、配套辅助设备工艺等方面还有较大差距。气化发电技术存在效率低、规模小等缺点，在技术上限制了生物质发电技术的工业化应用。混烧发电技术还没有完善的混烧比例检测系统、高效生物质燃料锅炉、喂料系统及其生物质-煤混合燃料锅炉等，应确定先进生物质发电技术等为重要发展方向，在先进设备与装备和综合利用方面取得突破，研发出一系列生物质原料预处理及高效转化的核心技术，研制一批核心设备与成套装备，建设产业示范基地，突破产业发展障碍，为产业化提供支撑。

2. 生物质液体燃料

我国在生物质制备液体清洁燃料技术方面，开展了木质纤维素原料生物高效转化技术、生物质水解、生物柴油、生物质快速热解液化等生物质液体燃料方面的研究工作，这使得我国在技术层面上得到进一步积累，但与国外相比技术研发相对单一，装置的连续生产稳定性有待提高、缺乏生物质液体燃料的精制技术与制造应用技术装备，这导致生物燃料产品和技术的工业化、产业化能力不强。生物柴油产业在"十二五"期间基本处于停滞状态，产能约为300万吨，产量在94万吨左右。在技术方面，虽然我国生物柴油已进入工业应用阶段，但是由于催化剂、精制工艺和副产物回收利用技术的开发力度不足，大多数生产系统都有油品转化率不高、产品质量不稳定等问题，高效催化剂、酶转化工艺和副产物回收技术是实现生物柴油产业化必须解决的关键技术问题，其中，纤维素原料燃料乙醇生产技术多数研究尚处于中试阶段，其主要技术障碍是缺乏高效纤维素水解工艺和微生物工程菌；生物质合成燃料技术在我国的研究尚处于起步阶段，其主要科技需求为高纯度合成气生产、合成催化剂和先进的工艺设备等。在现阶段需要不断揭示反应机理，完善现有工艺，探索新型反应器和分离提纯术，促进技术发展。在藻类等能源植物培育与能源转化方面，我国起步较晚，与国外相比技术研究和产业发展水平整体相对落后。

3. 生物质燃气

（1）生物质制氢方面，我国开展了农作物秸秆废弃物水解-发酵两部耦合制氢的研究，结果表明麦草秸秆水解-发酵两部耦合生物制氢的产氢能力达到 68.1 毫升/克，与未经处理的底物相比提高了约 135 倍。开展了在流化床反应装置中对木质生物质进行催化热解制氢的研究，发现其氢气产量为 33.6 克/千克。另外，采用连续管流反应器，对农业废弃物进行了超临界水气化实验，氢气体积分数最高可达 41.28%。

（2）合成气方面，我国利用农林废弃物制备合成气的研究还比较少，其主要集中在少数科研院所，并且大多数仍停留在实验室阶段。在自行研制的小型常压双流化床上进行生物质化学链气化制备高氢气/一氧化碳物质的量比合成气的实验研究，燃料反应器温度为 820 度时，合成气中的氢气/一氧化碳物质的量比能达到 2.45。

（3）随着我国沼气技术的发展，大型干发酵系统将成为处理畜禽废弃物、农业废弃物和生活有机垃圾的重要选择。沼气提纯主要是对二氧化碳的去除，目前具有商业应用价值的提纯技术主要是变压吸附法、吸收法等，膜分离法有少量应用。2015 年，国家发展和改革委员会和农业部联合印发了《2015 年农村沼气工程转型升级工作方案》，该方案提出 2015 年在适宜地区支持建设一批规模化大型沼气工程，开展规模化生物天然气工程建设试点，支持建设日产沼气 500 立方米及以上的沼气工程。年可新增沼气生产能力 4.87 亿立方米（折合生物天然气生产能力 2.92 亿立方米），年处理 150 万吨农作物秸秆或 800 万吨畜禽鲜粪等农业有机废弃物。

4. 生物质成型燃料

农林废弃物制备成型燃料的成型技术主要有冷压成型、热压成型和炭后成型；成型设备主要有辊磨挤压式、活塞冲压式和螺旋挤压式设备。我国生物质固体成型燃料技术得到明显的进展，生产和应用已初步形成了一定的规模。但 2010~2025 年，我国成型燃料产业发展呈现先增后降趋势，全国年生物固体成型燃料利用规模由 2010 年的 300 万吨增长到 2014 年的 850 万吨，2015 年回落到 600 余万吨，至 2017 年又增至 1100 余万吨。生物质固体成型燃料主要用于农村居民炊事取暖用能、工业锅炉和发电厂等，替代标准煤 300 多万吨，减排二氧化碳 700 多万吨，减排二氧化硫 6 万多吨，为农民增收节支近 20 亿元，经济、社会、生态、环境效益显著。在生物质低能耗固体成型燃料装备研发与应用方面，研制大规模、低能耗的集原料预处理、粉碎、成型工艺于一体化的、智能化的成型燃料生产设备，采取以乡镇为单位建立成型燃料厂，开发了适合我国国情的农作物秸秆成型燃料技术，建成了多个万吨级示范基地。

5. 生物质功能材料

高蛋白、纤维素是材料利用的有效成分，是农业废弃物材料化利用的重要领域，有着广阔的应用前景。利用农业废弃物中的高纤维性植物废弃物生产纸板、人造纤维板、轻质建材板等材料；利用甘蔗渣、玉米渣等制取膳食纤维产品，通过固化、炭化技术制成活性炭材料；秸秆、稻壳经炭化后生产钢铁冶金行业金属液面的新型保温材料；利用稻壳作为生产白炭黑、碳化硅陶瓷、氮化硅陶瓷的原料；利用棉秆皮、棉铃壳等含有酚式羟基化学成分制成吸收重金属的聚合阳离子交换树脂。另外，农业废弃物可作为不同基质制作原料。玉米秸、稻草、油菜秸、麦秸等农作物秸秆，稻壳、花生壳、麦壳等农产品的副产物，木材的锯末、树皮，甘蔗渣、蘑菇渣、酒渣等二次利用的废弃有机物，鸡粪、牛粪、猪粪等养殖废弃物都可以作为基质原料。表 19-1 汇总了我国生物质能发展战略咨询研究及 2020 年、2035 年和 2050 年的发展目标。

表 19-1 我国生物质能发展战略咨询研究及发展目标

项目名/书名		至 2020 年	至 2035 年	至 2050 年
中国可再生能源发展战略研究丛书		·年替代 5 599 万吨石油，减排 1 亿吨二氧化碳； ·年替代 5 540 万吨标准煤，减排 1 亿吨二氧化碳； 共计：年产 1 亿吨"生物质油田"和减排 2 亿吨二氧化碳	—	年替代 5 亿吨标准煤的化石能源
中国至 2050 年能源科技发展路线图		农村生物质燃料、第一代生物质能、商业化利用、生物质材料生产等	生物质替代石油技术（生物质液体燃料、生物质基材料、生物基大宗化学品）	能源植物、含油微生物规模化能源开发；藻类生物质利用技术
中国能源中长期（2030、2050）发展战略研究	生物乙醇、生物柴油、车用甲烷等三类产量合计	2 980 万吨标准油（积极） 2 281 万吨标准油（中间） 1 626 万吨标准油（常规）	8 370 万吨标准油（积极） 6 730 万吨标准油（中间） 4 090 万吨标准油（常规）	14 100 万吨标准油（积极） 11 460 万吨标准油（中间） 7 000 万吨标准油（常规）
	生物基工业制品	替代 1 200 万吨石油	替代 1 500 万吨石油	替代 1 800 万吨石油
中国生物质能技术路线图研究	资源保障	3.6 亿吨标准煤	—	—
	技术路径	生物质产业高速发展时期，各项技术形成较完善的技术体系	—	—
	效益评价	大部分生物质能源化利用技术综合效益大幅提升，可市场化推广		

19.4 "存量优化、增量替代"的生物质能发展定位

19.4.1 能源增量需求分析

经济建设是中国"两个百年"目标的核心内容,也是增强中国综合国力、提升百姓生活质量、加大中国国际话语权的物质基础。2014 年 11 月,习近平在 APCE 工商领导人峰会上首次阐述了新常态,他指出,"中国经济呈现出新常态,有几个主要特点。一是从高速增长转为中高速增长。二是经济结构不断优化升级,第三产业、消费需求逐步成为主体,城乡区域差距逐步缩小,居民收入占比上升,发展成果惠及更广大民众。三是从要素驱动、投资驱动转向创新驱动"[①]。国内外对于中国经济未来趋势的研究中,比较一致地认同中国经济将在增速下降的情况下持续增长,经济总量仍将不断扩大。最保守的估计也认为中国经济总量在 2010~2020 年这 10 年间将翻一倍。中国将于 2030 年左右成为世界第一大经济体。人口方面,中国约在 2030 年达到人口峰值 14.5 亿人。从城镇化进程来看,中国城镇化率及增速高于世界平均水平,2030 年中国城市人口比重将达到 68%左右。随着城镇化发展,2020 年、2025 年和 2030 年的城市人口比 2015 年分别增加 0.81 亿人、1.47 亿人和 2.15 亿人。根据"十三五"规划,能源消费总量在 2020 年和 2035 年预计达到 48 亿吨标准煤和 57 亿吨标准煤。按人均能源消费推测,城镇化发展新增能源消费量在 2020 年和 2030 年分别比 2015 年增加 2.73 亿吨标准煤和 8.15 亿吨标准煤。中国经济与社会发展及能源增量的主要参数和特征如表 19-2 所示。图 19-1~图 19-3 分别显示我国未来人口与能源消费量、城镇化率及城镇化发展能源增量趋势。

表 19-2 中国经济与社会发展及能源增量的主要参数和特征

项目	2015 年	2020 年	2025 年	2030 年
人口/亿人	13.7	14.2	14.4	14.5
GDP 增速	6.9%	6.5%	6.0%	6.0%
能源消费量/亿吨标准煤	43.0	48.0	52.0	55.0
总能源消费增量/亿吨标准煤	基准	5.0	9.0	12.0
城镇化率	56%	60%	64%	68%
城镇新增人口/亿人	基准	0.81	1.47	2.15
人均能耗/吨标准煤	3.13	3.38	3.76	4.14
随城镇化新增能源消费量/吨标准煤	基准	2.73	5.34	8.15

---

① 习近平. 谋求持久发展 共筑亚太梦想——在亚太经合组织工商领导人峰会开幕式上的演讲. http://politics.people.com.cn/n/2014/1110/c1024-26000531.html, 2014-11-10.

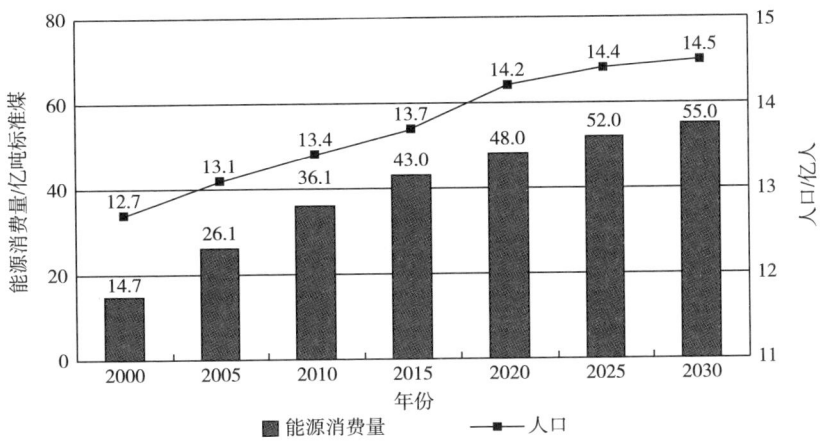

图 19-1　我国未来人口与能源消费量的预测

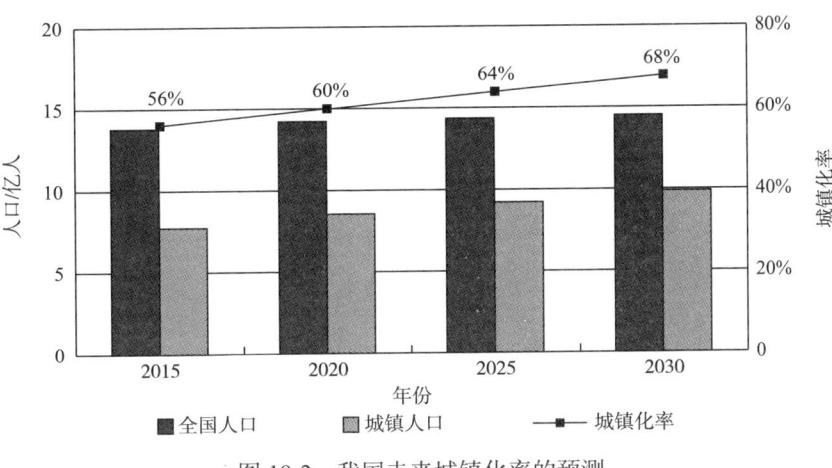

图 19-2　我国未来城镇化率的预测

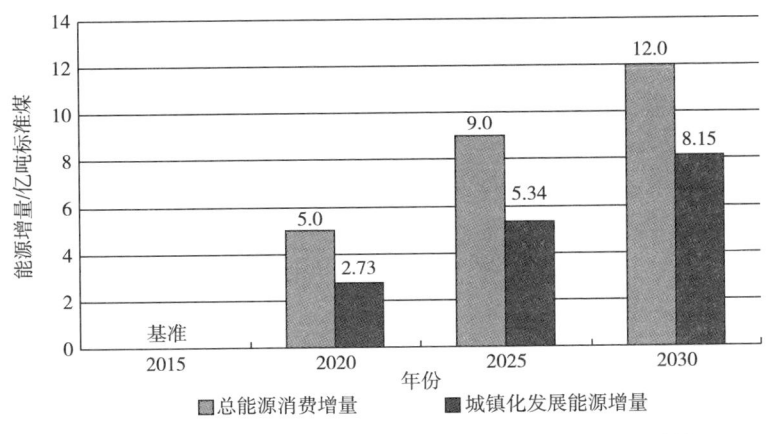

图 19-3　我国未来总能源消费增量与城镇化发展能源增量

19.4.2 生物质能潜力分析

随着我国经济社会的发展，未来我国将面临更加严峻的能源消耗、环境保护等方面的压力，能源的生产方式为应对和解决能源危机将发生巨大的改变。同时，农作物废弃物和畜禽粪便等产生量将与日俱增，这些生物质资源也需要被更加合理的利用和转化。生物质能源工程科技的发展对于优化能源结构、促进生态环境改善具有重大意义。通过突破研发生物质液体燃料、气体燃料和成型燃料的高效清洁制备和利用技术，生物质先进燃烧和热电联产、藻类等高能值能源植物规模化培育及燃料转换技术，实现低碳能源转型，全面推动生物质能源生产和消费方式变革，使生物质能源在能源消费中的比重大幅提高，为保证能源安全、实现能源多元化、促进环境保护和可持续发展提供重要支持。

国家能源局印发的《生物质能发展"十三五"规划》提出，"生物质能基本实现商业化和规模化利用，生物质能年利用量约 5 800 万吨标准煤。生物质发电总装机容量达到 1 500 万千瓦，年发电量 900 亿千瓦时，其中农林生物质直燃发电 700 万千瓦，城镇生活垃圾焚烧发电 750 万千瓦，沼气发电 50 万千瓦；生物天然气年利用量 80 亿立方米；生物液体燃料年利用量 600 万吨；生物质成型燃料年利用量 3 000 万吨"。生物质能科技发展对于促进能源结构优化、保障能源安全、稳定能源价格、维护能源市场正常秩序、节能增效、推动建立可持续发展型能源生产方式和消费模式、有效扩大内需、增加社会就业、优化区域环境、提高农村地区人民生活水平等的作用将更加明显。

表 19-3 是我国生物质能潜力分析，将生物质能分为能源作物、农林废弃物与畜禽粪污三类，截至 2014 年，三类物质所能产生的能量分别相当于 0.1 亿吨标准煤、5.7 亿吨标准煤、4.0 亿吨标准煤，并预计到 2020 年其产生的能量将相当于 0.9 亿吨标准煤、5.9 亿吨标准煤、4.0 亿吨标准煤，到 2035 年其产生的能量将相当于 1.7 亿吨标准煤、6.0 亿吨标准煤、4.0 亿吨标准煤。由此可见，我国能源作物、农林废弃物及畜禽粪污等生物质能，在 2020~2035 年每年开发潜力为 10.8 亿~11.7 亿吨标准煤，开发潜力巨大，可满足能源存量优化和增量替代的需求。

表 19-3 我国生物质能潜力分析

生物质能	2014 年		2020 年		2035 年	
能源作物	—	0.1 亿吨标准煤	—	0.9 亿吨标准煤	—	1.7 亿吨标准煤
农林废弃物	11.4 亿吨	5.7 亿吨标准煤	11.8 亿吨	5.9 亿吨标准煤	12.0 亿吨	6.0 亿吨标准煤
畜禽粪污	44 亿吨	4.0 亿吨标准煤	44 亿吨	4.0 亿吨标准煤	44 亿吨	4.0 亿吨标准煤
合计	—	9.8 亿吨标准煤	—	10.8 亿吨标准煤	—	11.7 亿吨标准煤

19.5 农村能源技术发展方向

19.5.1 能源植物选育与种植技术

能源植物是未来生物质能发展的重点方向，突破选种、育种、基因改良，以及规模化种植等各项关键技术，实现能源植物的大规模培养与过程调控，系统优化示范并产业化推广；开展优良种质生物学信息研究，种质资源数据库集成化，突破能源植物编码功能基因的蛋白组学理论研究，突破能源植物遗传学及基因组学理论关键技术，实现新品种定向选育培育规范化及系统化；采用高效栽培及管理技术，突破高效生物质量栽培与优质管理工艺关键技术；系统开展转化利用技术研究，突破高附加值产品转化技术、联产工艺及技术装备研发，实现系统集成及示范应用。

1. 能源植物新品种选育技术

结合能源植物重要生物学性状和主要目标物质分析结果，同时考虑规模化种植的要求，通过对能源植物重要生物学性状进行观测和目标物质主要成分的分析提出能源植物评价标准。利用选择育种，选择出种子产量高且出油率高的品种（系）或地域种质资源，利用杂交育种、诱变育种（辐射诱变、化学诱变、航天育种、离子束注入诱变育种）获得有价值的突变体或单株，为培育新品种（系）提供优良材料。

2. 能源植物规模化高产技术

对现有较好前景的能源植物，在产业化过程中的关键技术问题展开系统研究。对能源植物进行丰产栽培、发展模式及生理生态评价，建立丰产栽培试验示范基地，获得其高产栽培配套技术与最佳发展模式。

3. 收运关键技术装备

能源植物产业化发展需要实现收运关键技术装备创新，目前我国能源植物的收储运体系发展不够成熟，种植、收获、运输、储藏等设备的机械化水平偏低，如收获用的收割机是由国外引进的高秆作物收割机发展起来的，国内引进后，根据植物性状进行技术改造，虽取得了一些成果，但是由于技术原因，在实际使用中仍存在可靠性差、故障率高、使用效率低等缺点。总体来说，国内现有能源植物收储运设备存在作业效率低、环境适应性差、功能单一等缺点。未来能源植物的产业化应用，需要实现收储运体系设备机械化、自动化、智能化、集成化、一体化。

19.5.2 农林废弃物能源化工技术

农林废弃物是我国生物质原材料的主要来源,也是重要的能源和资源,提高农林废弃物的利用率,缓解农村就地焚烧状况,逐步实现农林废弃物的全部能源化和资源化利用,建立完善的农林废弃物能源化工系统,制备高品位生物燃气、成型燃料、液体燃料及化学品,建立基于热解多联产技术的农林废弃物综合利用体系,形成系统集成优化与示范基地,最终实现大规模产业化应用。

1. 农林废弃物制备高品位生物燃气技术

通过化学转化与生物转化制备燃气是农林废弃物制备燃气的主要手段,突破热化学转化过程中高效催化剂的制备,大幅度提高可燃成分的选择性和产量,进而提升燃气热值,降低副产物的生成,是目前研究的重点。在生物转化过程中耐受性强的中高温菌种的选育、多技术耦合提效系统装备的研发、对生物燃气中有害组分生成进行有效控制和分离等技术是未来研发的重点方向。

2. 农林废弃物制备高品位液体燃料和化学品技术

农林废弃物制备液体燃料已经得到初步发展,但是合成理论和工艺技术仍需完善,原料成本需要降低,液体燃料热值还需进一步提高,下游的精制技术也急需发展。农林废弃物制备的化学品虽然附加值很高,但目前其产量和选择性有待进一步提高,以及转化过程中催化剂寿命较短也是有待解决的问题。因此开发新型高效、稳定、可再生的催化剂,设计新的制备工艺,定向提高产品产量和选择性,如何高效地将高附加值产品完全分离出来等是今后重点探究方向。

3. 农林废弃物制备高附加值碳基功能性材料技术

孔结构、孔隙分布特性、表面官能团是碳功能性材料的重要参数,如何设计和构建更加合理的孔结构、有序的孔径分布、定向的表面官能团需要深入探究。目前的活化剂 $ZnCl_2$、KOH、H_3PO_4 等常常会造成碳骨架坍塌、破坏孔道、设备腐蚀等问题,因此开发绿色环保、温和高效的活化剂将是未来的研究热点。目前碳功能性材料多数是在实验室合成的,产业化与规模化利用有待加强。

4. 基于热解多联产技术的农林废弃物综合利用体系

热解多联产技术能够将农林废弃物转化为较高附加值的气、液、固产品,但三态产物间的协同机制还不是很清楚,有待进一步探究,通过调控各种反应参数,实现三态产物附加值的最大化。多联产生产的液体产品往往需要再进一步炼制,有利于提升液体油的附加值。分布式能源供应与精炼工业原料供应有效结合是解决农林废弃物高值化利用的有效方法，即将热解多联产工厂分布式布置于农林废弃物产地，而热解多联产得到的液体产品转送到精炼工厂提炼，从而实现将分散的农林废弃物转化为高附加产品。

19.5.3 生活垃圾能源/资源化利用技术

我国未来的生活垃圾处理趋势为"源头分类+垃圾分选+综合处理/利用"。针对农村生活垃圾量大面广的现状，突破车载式生活垃圾自动分选及移动式可燃物近零排放热处置关键技术、可腐物低耗快速制肥关键技术，开展分布式一体化垃圾处置模式构建研究，建立农村分散式系统示范基地，运用各项转化技术实现垃圾变废为宝，将垃圾产品化。

1. 农村生活垃圾自动分选技术

分选技术是根据物料中各组分的物理性质差异，如密度、颗粒大小、磁化率和光电性质等，来选择适当的设备，从而实现物料中不同物质的分离。分选技术可分为以下几类：按物料粒度大小差异分选，按重力分选，按物料的光、电、磁效应差异分选等。

针对我国农村生活垃圾的特点，即垃圾组分高度粘连、混杂、不易分离的难题，构建基于破袋、磁选、风选、钩选相结合的小型简易自动化组合车载式分选技术，实现垃圾复杂组分的有效及时分选，其主要设计内容包括根据乡村生活垃圾中各种物质的尺度、比重、磁性等物理特性，构建合理耦合破袋、磁选、风选、钩选相结合的简易自动化组合分选技术，并以垃圾组分高度粘连、混杂、不易分离的难题为导向，设计垃圾给料设备、破袋机与导向性勾选等系列分选专有设备，实现农村生活垃圾可燃物与可腐物的有效分离。

2. 农村生活垃圾可燃组分热转化技术

农村生活垃圾分选后产生的大量的可燃固体废弃物是一种物性、尺寸不均的可燃物质构成的混合体。这种混合体给垃圾处理和利用带来很多困难，研究开发具有自主知识产权的可燃固废热解气化再燃烧技术，在提升热利用效率的同时能有效阻止二次污染的生成。该过程主要是针对可燃固体废弃物成分复杂、共气化过程耦合作用强烈的特点，明晰在热解气化炉内实际传热传质过程，研究当量比、气化温度对热解气化过程和产物的影响，确定热解气化炉膛内温度场的分布，进而确定富氧热解气化关键工艺条件；并根据可燃固废热解气化关键工艺条件，设计有针对性的可燃固体废弃物热解气化再燃烧一体化装置，解决传统固定床气化炉、气化效率低、产气不稳定的问题，同时可以将可燃固体废弃物在热解气化过程产生的焦油类液态可燃物通入气化炉内，通过焦油二次裂解，优化工艺参数，提升气化效率。

3. 农村生活垃圾可腐物肥料化技术

农村生活垃圾分选后，也产生了另一类大量的可腐有机物。以发酵工程、酶工程等高新生物技术为依托，对可腐有机物高温连续发酵工艺与技术参数进行优化，开发快速发酵新型复合微生物菌系，开发快速堆肥腐熟关键技术与设备；探讨发酵过程中氮素等养分资源保持的新材料及相应的关键技术，建立可腐有机物快速堆肥技术体系。主要技术包括建立高效产酶的木质纤维素分解微生物复合系的筛选技术，采用传统的酶活测定和宏基因组学分析法相结合构建高效而稳定的分解菌复合系；针对低碳/氮比物料堆肥过程中臭味和氮素损失率高的问题，以原位控制技术为主导，开发堆肥过程中控制氮素和碳素损失的新材料和新技术，并研制出富氮高磷铁有机肥新产品；针对混杂废弃物量大氮素含量高，以农区秸秆为辅助原料，利用快速堆肥复合微生物菌种，开发出适合高湿物料的省能耗、翻堆效率高、空程时间短、一机多槽的成套槽式动态发酵工艺、技术和设备，构建可腐有机物快速高效肥料化技术体系及装备。

19.5.4 畜禽粪污能源化工技术

建立畜禽粪污能源化工系统是未来技术发展的重点方向，逐步提高畜禽粪污的资源化利用率，从能源与资源两个方面替代传统化石能源，并实现养分还田，达到改良土壤的效果。以现阶段我国畜禽废弃物无害化处理与资源化利用过程中集中凸显的共性关键技术问题为导向，以生物转化、热化学转化和物理化学转化理论为指导，研发畜禽粪污厌氧消化制备生物燃气、沼渣沼液高值化利用、畜禽粪便热转化三相联产等关键技术，从而增强养殖产业污染综合治理水平，丰富养殖行业环境危机应对手段与策略，以科技创新驱动我国畜禽养殖产业转型升级与可持续发展。

1. 高效厌氧消化技术

（1）高负荷厌氧消化生物强化与稳定控制技术研发。针对畜禽粪污高有机负荷条件下厌氧消化过程中氨氮浓度高、产甲烷菌适应pH值范围窄、产甲烷菌和互营有机酸降解菌的代谢速率慢、水解发酵产酸菌与产甲烷菌之间易失衡等问题导致的高负荷厌氧消化容易发生酸或氨抑制的情况，应重点研发高负荷厌氧消化失稳预警、高效厌氧消化生物强化菌剂、高负荷厌氧消化稳定控制技术装备研发等技术。

（2）畜禽粪污高效、低耗、稳定厌氧消化新装备研发。现有畜禽粪污沼气工程以湿式厌氧消化为主，针对该工艺存在的搅拌能耗高、维修难度大，且不适合处理含固率较高的干清粪的问题，重点研发湿发酵反应器气液双相联合搅拌技术装备研发、连续式平推流畜禽粪污干式厌氧消化装备研制与优化等技术。

（3）畜禽粪污低热损、太阳能辅热厌氧消化技术装备研发。畜禽粪污厌氧消化工程的热损失主要是消化剩余物的排放和发酵罐/管道的散热造成的，高温厌氧消化和北方寒冷地区的沼气工程的热损失更为严重；因此，寒冷地区冬季的厌氧消化工程净产能较低，甚至产生的沼气不足以保持正常发酵温度进而造成停产，针对以上问题重点对消化剩余物余热回收利用、寒冷地区太阳能辅助厌氧消化技术与装备等进行了研发。

2. 生物燃气提质及高值化利用

（1）生物燃气净化提纯技术。重点研发生物燃气脱硫和脱碳新技术；选育高效生物脱硫菌并研究两段生物脱硫新工艺；开发甲烷-二氧化碳分离专用的高效吸收剂、吸附剂及分离膜，实现膜分离材料的国产化；研发加氢原位甲烷化生物脱碳技术；探索生物燃气脱碳与沼液脱氮除磷耦合处理机制及工艺系统研发。

（2）新型生物燃气储运技术。针对不同地形、规模、运输距离、村镇及加气站分布等特点，研发集中供气模式和纯化车用模式的生物燃气储运技术，重点研发吸附式罐装储运技术。

（3）基于生物燃气的分布式能源系统。针对不同的生物燃气规模、地域地形、季节气候、周边用户需求等特点，研发热电联产模式的发电余热综合利用技术，包括余热制蒸汽、供暖、制冷、蓄能等热能技术，构建基于生物燃气的电力、蒸汽、供热、供暖、制冷、蓄能等分布式能源系统。

（4）生物燃气制备化学品技术。通过生物燃气催化重整制备合成气（一氧化碳+氢气），利用合成气平台的现有化工产品生产技术，构建生物燃气平台化工体系。

3. 沼液高值化利用技术

针对畜禽粪污湿式厌氧消化后产生的沼液量大且资源化利用率低的问题，重点开展如下研发工作。

（1）消化剩余物的有效固液分离。由于畜禽粪污经厌氧发酵后的残余物是一种粒径分布很广的有机胶体，加大了固液彻底分离的难度。发酵残液残渣的固液分离是影响发酵残液残渣由传统利用方式向商品肥料利用方式转变的关键因素，因此，研究解决发酵残液残渣固液有效分离的技术是其推广应用的前提条件。重点开发发酵剩余物多级分离设备，实现沼渣沼液的精细分离。

（2）沼液浓缩调制生产液态肥技术。根据不同原料的沼液成分，探讨不同浓缩方法对厌氧发酵液浓缩效果及肥力的影响，建立相应的沼液浓缩工艺和制液肥工艺，开发或改进沼液浓缩新设备，从而建立适合于不同原料特性、产物用途和发酵环境等要素的沼液浓缩调制生产液肥技术。

（3）沼液培养微藻固碳生产油脂。选育高产油脂和高效二氧化碳固定的藻类；研发高密度培养技术；针对沼液特点，研发异-自养混合培养技术。

19.5.5 多种废弃物协同处置与多联产技术

减少农林废弃物、畜禽粪污和果蔬剩余物的浪费和环境污染，构建多原料来源的、集物理-化学-生物转化于一体的农村废弃物综合利用系统，建设"代谢共生产业园"，实现多种乡村废弃物协同利用，将农林废弃物转化为可燃气、化工原料、有机肥及其他资源，提高乡村废弃物综合利用的有效性和经济性，解决土壤板结问题，实现土壤修复，如图19-4所示。

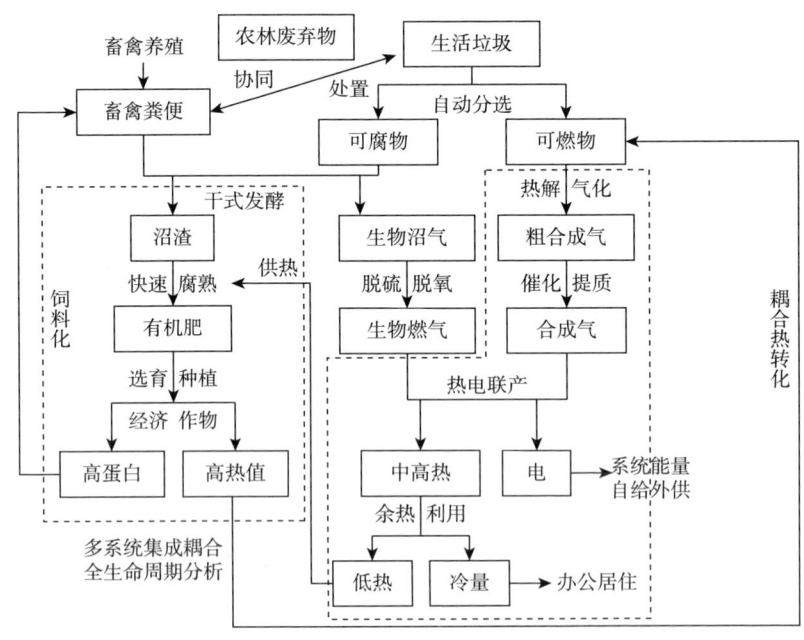

图19-4 农村垃圾-畜禽粪污-生物质废弃物协同处置与多联产系统示意图

根据各地情况，按照分布式和集中式两种模式处置多种废弃物，针对较为分散的农村废弃物，可采取分布式处置；针对相对集中的城市废弃物，可采取产业园的方式集中协同处置，主要包括多种废弃物预调质、高附加值提取、沼肥联产、固体-液体有机肥分离和提纯等各项关键技术，以及车载式生活垃圾自动分选关键技术、平推流式厌氧发酵技术、热解气化定向供气关键技术及生物除臭与生物污水处置关键技术；多种原料高效预处置关键技术及能源作物选育与种养一体化系统技术。开发出生物转化、热转化、化学转化系统技术和成套装备，形成生物燃气、有机肥、饲料、电、冷量等一系列产品，构建基于多种废弃物协同资源化、能源化清洁利用的近零排放的绿色生态系统，实现系统的能量自给，实现区域内废弃物的零排放与资源化、能源化清洁循环利用，为我国低碳友好社会建设提供一套全新的模式与可模块化组合的系统技术，如图19-5所示。

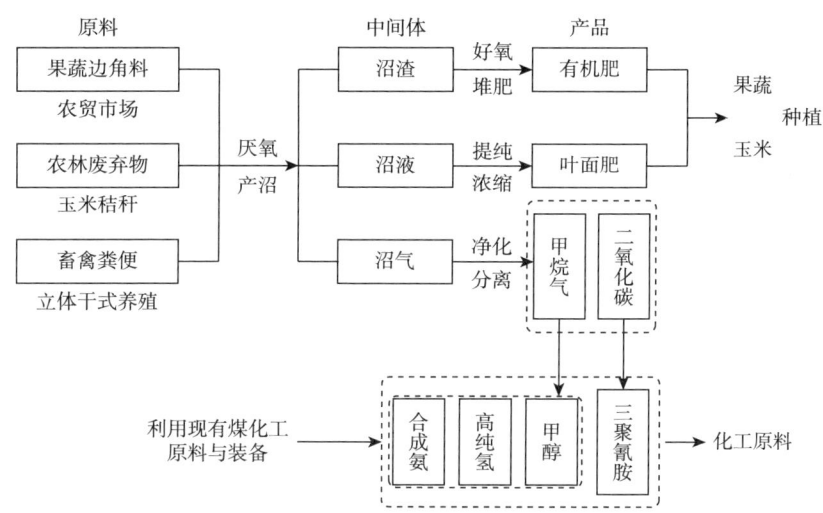

图19-5 多种农村废弃物深加工多联产技术产品示意图

19.5.6 农林废弃物颗粒燃料技术

将各类秸秆、树枝、废木料等生物质类废弃物，通过高效热挤压成型技术加工为颗粒燃料，将松散、低热值的生物质废料压缩成一定形状和密度的颗粒，以达到高效利用生物质潜在热能的目的。生物质颗粒将有效替代燃煤，减少硫化物与氮氧化物的排放，解决散烧煤导致的污染问题。该技术的发展将优化农林废弃物收集、预处理系统及成型过程，开发低能耗高产率生物质颗粒燃料系统；突破多原料组成的生物质颗粒低温密致结构技术，研发高效长寿命生物质颗粒燃料专有设备，深入研究关于黏结剂黏结作用机制及农林废弃物成型黏结机理，为农林废弃物利用产业提供理论依据。开发农林废弃物成型产品品质提升新工艺仍是农林废弃物高值化利用的迫切需求，以提升成型燃料的经济价值。

19.6 生物质能技术发展路线图

依据我国现在生物质能源发展技术水平与工程开发情况，以 2020 年、2035 年、2050 年为时间节点，分别提出了三个阶段性目标：①解决环境问题的同时，实现生物质能源化利用，无害化率达到 90%，资源化、能源化率达到 80%，替代能源 2.5 亿吨标准煤；②建成生物质能源化利用与联产化工产品工程示范基地，无害化全覆盖，资源化、能源化率达到 90%，替代能源 10 亿吨标准煤；③实现生物质能高附加值资源化利用，间接替代能源 12 亿吨标准煤。同时，根据六项生物质能主要技术发展方向的关键技术突破、技术集成及示范、规模化应用三个阶段的实际情况，提出了实现上述各阶段性目标的具体时间节点。具体如图 19-6 所示。

图 19-6 我国生物质能技术发展路线图

19.7 农村代谢共生产业模式

传统散户饲养模式存在畜禽粪便收集难、处置难、养殖气味大、抗生素使用监管难、病死畜禽随意弃置等问题，这造成了严重的面源污染，大量的散户及中小养殖户被叫停。"猪地产""猪物业"这一新兴模式可以有效解决环境污染压力与人民群众对肉类产品需求间的矛盾。"猪地产"模式通过猪栏的租赁，可以使周边养殖户实现区域集中，解决散户养殖过程中畜禽粪便收集难、处置难而导致随意排放的问题；"猪物业"统一管理体制的建立，实现了统一饲料调控、生物添加剂统一添加、疫病统一防治、统一自动化喂养等关键技术的应用，解决了养殖气味大、抗生素使用监管难、病死畜禽随意弃置等问题，同时大幅度降低了养殖成本，实现"猪地产""猪物业"与农户间的双赢；通过"猪地产""猪物业"的推广，集中了原本难以收集处置的畜禽粪便，并同时将其转化为沼气、有机肥等高值化产品，实现了环境、生态、经济的共赢，如图19-7所示。

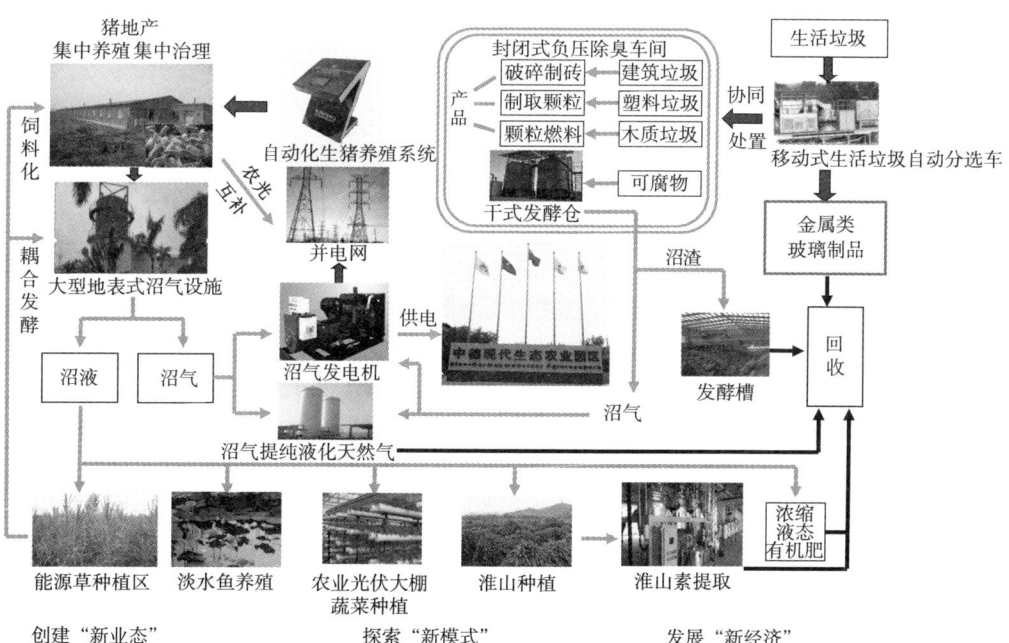

图 19-7 农村代谢共生产业园

第 20 章 结 论

我国部分以生物质能为主的农村能源开发利用技术已达到国际先进水平，但与欧美发达国家生物质能整体发展技术相比还有较大差距，主要表现为能源利用效率低，转化成本过高，生物质能生产工艺水平和装备的自动化程度不高。

本篇通过分析和总结，梳理出以下具有一定创新性的技术方向和相关关键技术。

建立能源植物选育、种植与利用系统。其关键技术包括：优质品种选育技术、高效栽培及管理技术和综合转化利用技术等，完成能源植物选育与种植技术及培养体系，实现高产、高能、高抗且易转化能源植物新品种的产业化应用，形成标准化生物质原料的可持续供应体系。

建立农林废弃物能源化工系统。其关键技术包括：以农林废弃物制备高品位生物燃气、制备成型燃料、制备高位液体燃料及化学品、基于热解多联产技术的农林废弃物综合利用体系；提出农林废弃物定向气化关键技术，先进的成型燃料与器具技术，热化学制备液体燃料及提质技术，农林废弃物制备汽、柴油及航空煤油技术，微生物、催化制备烯烃、醇、醚燃料技术，生物质热解多联产资源化利用系统集成与优化技术，热解油催化制备燃料及化学器技术，基于生物燃气的分布式能源系统，生物燃气制备化学品技术，生物燃气燃料电池技术，以及生物炭及碳基功能材料制备技术等是未来技术发展的方向。

建立生活垃圾能源化/资源化利用系统。其关键技术包括：预处理与控污技术、处理与资源化利用技术。针对传统处理方式单一、技术设备落后导致的资源化利用率和产品品质低、处理成本高、二次污染不易控制等难点问题，提出集分类、收集、预处理、资源化于一体的分布式生活垃圾处理关键技术，形成新型资源化和能源化利用共性技术、系列单项技术、技术优化与集成的整体技术路径，实现全覆盖式全链条产业化应用，生活垃圾实现全量资源化利用，实现无废弃物排放。

建立畜禽粪便能源化工系统。其关键技术包括：高负荷稳定厌氧消化技术、沼气能源化工利用技术、沼液养分回收利用技术、沼渣生产功能有机肥技术等，实现畜禽粪污的高值高效能源化工利用，构建"种—养—能"循环农业体系，综合治理畜禽养殖污染，基本实现规模化养殖场粪污零排放。

建立多种城乡废弃物协同处置与多联产系统。其关键技术包括：提出畜禽粪便-能源作物协同处置与能源化利用技术、农村垃圾-畜禽粪污-生物质废弃物协同处置与多联产系统、多联产技术产品深加工技术等，建设"农村代谢共生产业园"，实现各类农村废弃物全量协同资源化利用，实现区域内单一工程对各类乡村废弃物的处置利用。

建立农林废弃物颗粒燃料系统。关键技术包括：多原料组成的生物质颗粒低温密致结构技术，高效长寿命生物质颗粒燃料专有设备，低能耗高产率生物质颗粒燃料系统。

其中，能源植物选育种植与利用系统具有一定的前瞻性，是主动型生物质能的发展趋势；多种城乡废弃物协同处置与多联产系统具有一定的颠覆性，将改变传统单一处置模式，增进各种生物质的互补与融合，促进"农村代谢共生产业园"的形成，提高生物质能的利用效率和环境效益。

第21章　保障措施与政策建议

为实现农村能源供给绿色化及用能清洁化与便利化，需从政策导向、发展模式、关键技术攻关、示范工程建设及农村能源产业发展等方面提供政策支持与保障措施。

（1）政策导向：农村能源革命必须与美丽乡村建设、精准扶贫等国家重大战略相结合，协同考虑能源、资源、环境、生产模式、生活方式等，做好顶层设计。政府应根据不同地区、不同条件提供相应的政策支持，并强化政府引导与监督作用；完善农村清洁能源科技发展相关政策和法规，落实国家投资补贴、税收减免及推广应用的后补助政策，制订生物质燃料替代行动计划；将农村相关人才培育纳入国家人才规划纲要，针对农村能源产业的多学科交叉与环境的特殊性，制定专门的人才培养与招聘政策。

（2）发展模式：针对现在农村能源供给与环境治理过程中的问题，积极探索新的农村能源与环境相融合的技术与产业发展模式——创新农村代谢共生产业模式发展。

以农村代谢的废弃物及废弃物资源化的产品为控制因素，设计、规划养殖、种植、人居规模耦合的区域，实现废弃物的近零排放与资源的最大化利用，构建生产-生活-生态协调发展的模式。

农村在养殖、种植和生活过程中代谢出大量的废弃物，如畜禽粪污、秸秆、谷壳、枯枝落叶、生活垃圾等，传统的单一废弃物处置模式存在成本高、处置效率低、资源利用率低等一系列问题，各种农村废弃物的协同处置、各类技术高度集成，使处置系统集约化，这不仅降低了处置成本，同时增强了各种废弃物在处置过程中的互补性，产出绿色热、电、肥、饲料等系列高值化产品，其中热、电用于生产生活，饲料用于养殖体系，肥料用于饲料作物、果蔬、能源作物的种植。通过区域内各种生产生活过程的代谢产物的共生，实现各类有机废弃物的能源化与资源化利用，大幅度提高现代农业的附加值，实现生态环境与农村经济两个系统的良性循环，达到经济、生态、社会三大效益的统一。

（3）关键技术攻关：加强平台建设，完善技术创新体系，依托科研院所、大学和大型骨干企业，组建工程技术中心及重点实验室，突破一些在农村能源发展过程中尚需解决的关键技术问题,并通过设立重大专项的方式,对能源植物选种育种与利用系统、农林废弃物能源化工系统、生活固废综合利用系统、畜禽粪污能源化工系统、多种废弃物协同处置与多联产系统及农林废弃物颗粒燃料技术等技术方向的关键技术开展技术攻关。

(4)示范工程建设:通过模式创新,实现多元化技术集成,并通过智能化、工业化的手段实现技术的规模化、组织化、装备化;建立技术先进、程序简单、成本低廉的农村能源利用示范应用体系。在原料方面,加强其收购、运输、储存、加工等环节的配套衔接,降低其因高成本带来的风险;在示范体系运行方面,强化单项技术的普适性与多项技术的耦合关联性,最大限度地降低运行成本;在示范工程产出产品方面,需要与当地实际情况相结合,获得因地制宜的农村绿色能源与资源,实现效益的最大化;需要政府给予优惠价格扶持农村能源的示范工程,也需要充分利用市场机制的作用培育农村能源应用的市场环境;政府从相关示范项目的审批到实践应用各个环节,都应给予充分支持,保证示范达到效果,同时要增强农村能源示范应用政策的持续性。要不断吸引私人资本的投入,保持创新活力,也需要不断将政策纳入法律当中,不断推进政策立法,从而保证政策的持续性,增强投资人的信心。

(5)农村能源产业发展:要构建农村能源产业技术创新和支撑服务体系,加大企业技术创新的投入力度。发展一批企业主导,产、学、研、用紧密结合的产业技术创新联盟,支持联盟成员建立专利池、制定技术标准等;加强知识产权体系建设,健全知识产权保护相关法律法规,制定适合我国农村能源产业发展的知识产权政策;加强技术指标体系建设,制定并实施农村能源产业标准,建立标准化与科技创新和产业发展协同跟进机制,在重点产品和关键共性技术领域同步实施标准化;加强信息技术与生物质能利用的融合,依托云计算、"互联网+"、物联网等现代化信息技术手段,推进市场配置的智慧管理,加大农村有机废弃物收集、转移、利用、处置等环节的远程控制的力度。

第六篇　西部油气发展战略研究

第 22 章　西部油气战略地位及面临挑战

本篇所称的"西部"是指广义的西部,包括陕、川、滇、黔、桂、甘、青、宁、藏、疆、蒙、渝等 12 个省、自治区和直辖市,面积 681 万平方千米,占全国总面积的 71%;人口约 3.5 亿人,占全国总人口的 25%。由于油气潜力分析以盆地为单元,松辽、鄂尔多斯两大盆地横跨东、西部两大地理区域,本书将鄂尔多斯盆地整体划入西部,松辽盆地整体划入东部。

22.1　西部油气开发利用的意义

22.1.1　西部是中国石油发展最现实的战略接替区

西部已成为中国石油储产量增长的主体,接替地位愈加明朗。"十一五""十二五"期间西部年均新增石油地质储量分别为 5.1 亿吨、7.5 亿吨,分别占全国石油地质储量的 46%、62%,成为推动中国石油储量持续高峰增长的主体。西部石油产量由 2001 年的 3182 万吨,增长到 2017 年的 6509 万吨(图 22-1),年均增长 208 万吨,占全国年均增量的 82%,形成鄂尔多斯一个超 3500 万吨、准噶尔和塔里木两个超 1000 万吨石油生产基地。2016 年受低油价影响,西部石油产量降至 6610 万吨,仍占据全国石油产量的 1/3。西部业已成为弥补东部产量递减、推动中国石油产量持续增长的重要接替力量。

西部剩余资源丰富,探明率低,常规油藏开发技术相对成熟,是中国石油最为现实的战略接替区。西部常规石油资源量 430 亿吨,探明石油地质储量 131 亿吨,资源探明率 30.5%,处于勘探早中期;致密油资源量 63.7 亿吨,探明地质储量 1.0 亿吨,探明率不足 2%,处于勘探早期。从大型含油盆地看,除鄂尔多斯盆地外,准噶尔、塔里木盆地石油累计探明率分别为 34%、29%,整体处于勘探早期阶段,储量具备持续高峰增长的潜力和前景(图 22-2)。油田开发方面,西部油田常规水驱开发技术已经成熟,特低渗、碳酸盐岩、超稠油等低品位复杂油藏的开发主体技术已经基本攻关成功,配套技术基本完善,具备将探明储量规模转化为产量的技术基础。从中长期来看,西部石油产量仍将保持增长趋势,是中短期

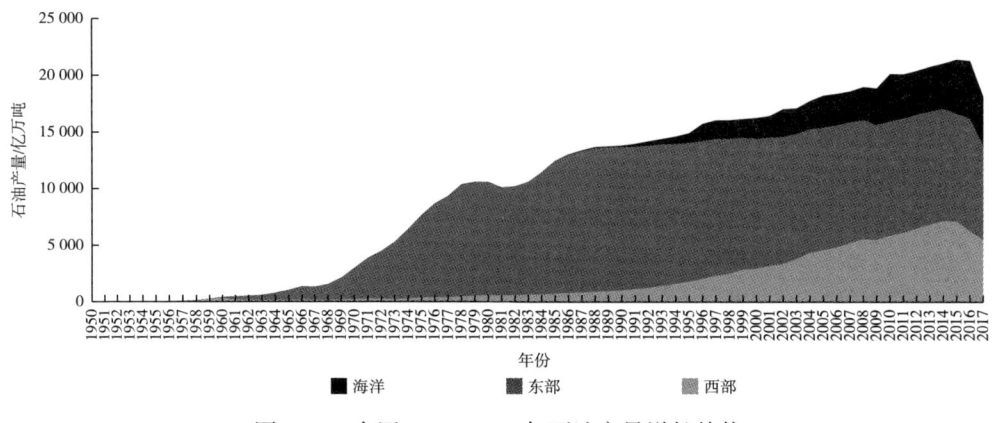

图 22-1　全国 1950~2017 年石油产量增长趋势

中国石油工业发展最现实的战略接替区。

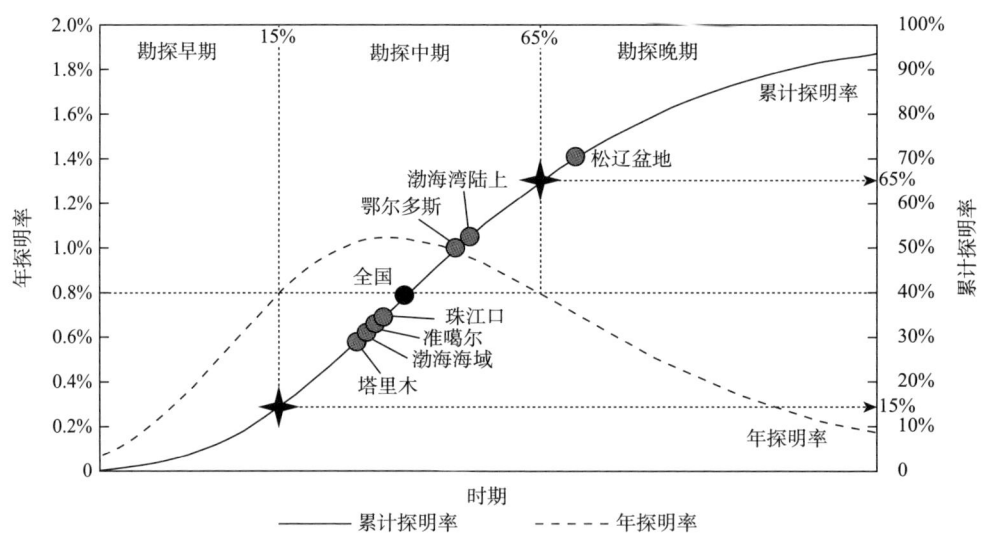

图 22-2　中国主要含油气盆地石油勘探阶段

22.1.2　西部地区是中国天然气持续发展的主要依托

西部是中国天然气勘探开发主战场,建成 3 个超 200 亿立方米的大气区。2000 年以来,以西气东输管线和陕京线系统建设为标志,天然气勘探开发实现从四川向塔里木、鄂尔多斯盆地扩展,西部天然气迎来大发展时代。2001~2017 年西部累计探明天然气地质储量 13.09 万亿立方米,占全国探明天然气地质储量的 82%;天然气产量由 2000 年的 167 亿立方米增长到 2017 年的 1 240 亿立方米,占全国比重由 60% 提升到 85.6%，成为推动中国天然气大发展的主要力量（图 22-3）。截至 2017 年底，西部已形成鄂尔多斯、四川、塔里木三个探明地质储量超万亿立方米、年产量超 200 亿立方米的大气区，2016 年其产量分别达到 422 亿立方米、339 亿立方米（含页岩气）、240 亿立方米。

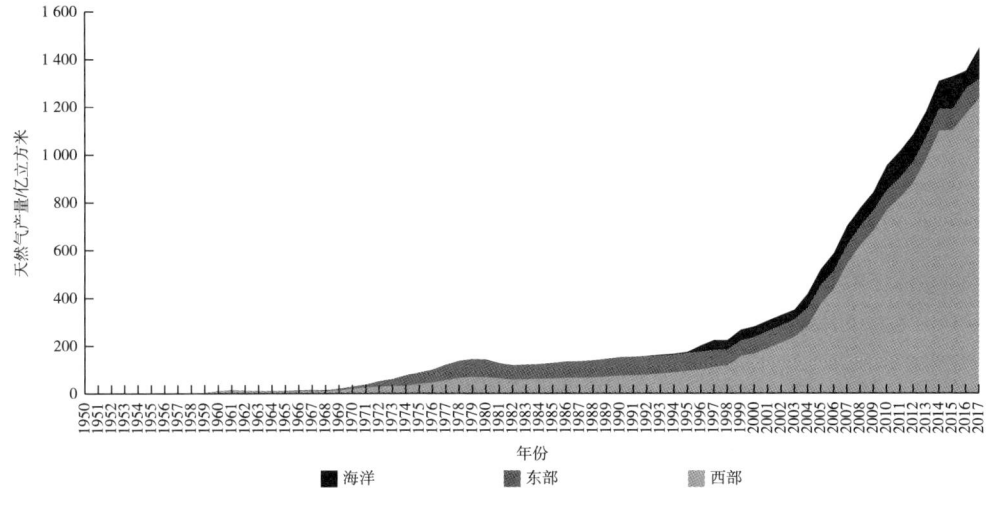

图 22-3　全国 1950~2017 年天然气产量增长趋势

西部天然气类型多、剩余资源丰富，是推动中国天然气发展的主要力量。根据中国石油第四次油气资源评价，中国近七成的天然气资源分布在西部。西部常规气和致密气资源量为 54 万亿立方米，占全国常规气和致密气总资源量的 55%；页岩气和煤层气远景资源量为 90 万亿立方米，占全国页岩气和煤层气总资源量的 82%。截至 2017 年底，西部累计探明天然气（常规气+致密气）13.1 万亿立方米，探明率 24%；累计探明页岩气地质储量 9 208 亿立方米、煤层气 6 254 亿立方米，探明程度极低，尚处于勘探起步阶段。目前，西部常规天然气开发方兴未艾、致密气和海相页岩气已实现规模效益开发、煤层气完成工业化起步，未来多类型天然气共同发展，将推动西部天然气产量持续增长，为气化中国做出重要贡献。

22.1.3　西部地区油气是保障国家能源安全的战略支点

西部发挥区位优势和资源优势，将在保障国家能源安全中发挥重要作用。西部区位优势明显，是连接中亚-俄罗斯的重要枢纽，已建成中哈原油管道、中亚天然气管道，国内建成西部石油管道、西气东输一线、西气东输二线、西气东输三线、川气东送管线等能源输送大通道。同时，西部现已建成鄂尔多斯 7 000 万吨级油气生产基地、新疆 5 000 万吨级油气生产基地和四川 3 000 万吨级天然气生产基地，是重要的油气供应基地。西部发挥两大优势，成为保障中国能源资源安全的战略支撑。

油气工业是新疆经济发展支柱，对新疆经济社会发展和长治久安意义重大。新疆维吾尔自治区2017年石油、天然气产量分别为2 628万吨、304亿立方米，分别占全国油气产量的14%、21%。2017年新疆油气、化工产业增加值分别占新疆规模以上企业增加值的36%、10%，合计达到46%，是新疆经济发展的重要支柱。油气资源开发利用通过投资推动、就业推动、产业链推动和消费推动"四个推动"，能够增加就业、促进产业升级，推动新疆经济社会发展。同时，通过发展油气产业能大幅提升地方税收、支持地方反恐/反分裂、消除地区发展差距，对于新疆长治久安意义重大。

22.2 西部油气发展面临的挑战

22.2.1 西部地区油气地质条件复杂，勘探开发难度大

西部地表、地下条件复杂，油气经历多期成藏、多期改造，富集分布规律认识难度大。西部剩余石油资源的98%、剩余天然气资源的81%分布在山地、沙漠、黄土塬、高原和戈壁5类复杂地表区。塔里木、四川、鄂尔多斯等大型叠合含油气盆地地质演化时间长，多期成藏、多期构造运动叠加改造。复杂的地表和地下条件，使得地震高精度成像、油气成藏规律认识、有利区分布与优选、勘探目标识别和大规模勘探难度极大。

西部油气藏类型复杂，规模效益开发难度大。西部主要发育深层-超深层碳酸盐岩油气藏、超深层高温高压气藏、稠油油藏、低渗-致密油气、页岩气、煤层气等复杂类型油气藏，效益开发难度大。例如，鄂尔多斯盆地特低渗油藏，单井日产油不足2吨且递减快；塔里木盆地库车地区超深层高温高压气藏，钻井周期长、单井投资大；塔里木盆地台盆区深层碳酸盐岩油气藏储量丰度低、单井递减快，靠井间接替实现稳产。

22.2.2 西部地区资源分布不均，油气需大规模调配

西北地区油气产量远超需求量，外输规模大。2017年我国西北地区石油、天然气需求量分别为4 743万吨、370亿立方米；同年，石油、天然气产量分别为6 398万吨、818亿立方米；外输量分别达到1 655万吨、448亿立方米。考虑中亚-俄罗斯进口规模，外输量石油超过3 000万吨、天然气超过600亿立方米，是我国油气供应的重点地区。

西南地区石油产量远不能满足需求,需大规模调入。2017年,西南地区石油、天然气需求量分别为6 120万吨、295亿立方米;同年,石油产量15万吨、天然气产量395亿立方米,石油几乎需全部从外部调入。

新疆成品油过剩,需向区外输送。2016年新疆炼油一次加工能力近3 000万吨/年,原油加工量2 301万吨,成品油产量1 428万吨;当年成品油消费量787万吨,出疆成品油641万吨,成品油出疆数量占产量的45%。

西北地区生态环境脆弱。西部生态环境问题要一分为二看。西南地区降水充足,气候湿热,生态环境较为优越;西北地区地处内陆,全年干旱少雨,生态环境十分脆弱,环境承载力低。根据《2015年中国环境状况公报》,全国降水量小于400毫米的区域涵盖了西北大部。县域生态环境"较差""差"水平的地区主要集中在西北地区,特别是内蒙古西部、甘肃中西部、西藏西部和新疆大部。其中新疆水资源总量严重不足,且分布极为不均。油气资源富集区均位于水资源严重匮乏、生态环境极度脆弱区。西北地区油气勘探开发、炼化产业发展要树立环境保护理念,实现资源开发利用与环境保护的统一。

第 23 章　西部石油发展现状、潜力与前景

西部发育 35 个含油气盆地，已发现油田 191 个，累计探明石油地质储量 132 亿吨，现已建成鄂尔多斯一个超 3 500 万吨，准噶尔、塔里木两个超 1 000 万吨的大型石油生产基地和年产 200 万吨以上的中型石油生产基地，2017 年石油总产量达到 6 509 万吨，占全国产量近 1/3。

23.1　西部石油勘探开发现状

23.1.1　西部石油发现不断，成为国内增储的主体

西部石油勘探历经曲折，目前进入跨越发展期。20 世纪 80 年代前，西部石油勘探多点突破，但发展相对缓慢。1907 年鄂尔多斯盆地延 1 井拉开了我国陆上石油工业的序幕；1939 年酒泉盆地玉门老君庙 1 号井获工业油流，发现玉门油田；1955 年准噶尔盆地发现克拉玛依大油田；1958 年塔里木盆地发现依奇克里克油田，柴达木盆地发现冷湖油田，酒泉盆地发现鸭儿峡油田，四川盆地川中发现蓬莱镇、龙女寺油田。20 世纪 60 年代，随着石油勘探战略东移，西部石油勘探步入缓慢发展时期。20 世纪八九十年代，随着石油勘探战略西移，一批新区新领域获得突破，先后发现鄂尔多斯盆地的安塞油田、吐哈盆地的吐哈油田、塔里木盆地的塔北和塔中油田，展示了巨大的勘探潜力。2000 年以来，随着地质认识和技术进步，西部迎来大发展、大跨越。2001 年以来，西部累计探明石油地质储量超过 85 亿吨，占全国累计探明储量的 49%，其中"十二五"期间，西部新增储量更占到 61%，成为全国石油新增储量主体。

西部石油勘探大发现不断，战略接替地位日益显现。"十二五"期间，西部石油勘探在四大盆地碎屑岩岩性地层、海相碳酸盐岩、前陆冲断带、致密油等 4 大领域取得 11 项重大成果。一是鄂尔多斯盆地石油勘探新增 4 个亿吨级规模储量区。姬塬地区多层系岩性油藏累计探明地质储量 14.20 亿吨，陕北安塞—靖安油田探明储量超 10 亿吨，陇东地区长 8 发现环江油田新增探明储量 1.11 亿吨，红河油田新增探明储量 1.5 亿吨。二是准噶尔盆地西北缘形成 3 亿~5 亿吨级百里油区。

准噶尔盆地在玛湖凹陷西斜坡岩性油藏勘探获重大发现的同时，呈现多层系满凹含油格局，新增探明地质储量1.4亿吨，三级储量3.2亿吨。三是塔里木盆地形成3个海相碳酸盐岩规模储量区。塔河油田新增探明储量2.85亿吨，哈拉哈塘新增探明储量2.26亿吨，顺北地区奥陶系石油勘探取得重大突破，新增探明加控制储量6500万吨。四是柴达木盆地英雄岭构造带发现亿吨级英东油田。在柴西英雄岭构造发现亿吨级英东油田后，英西湖相碳酸盐岩油藏勘探也获突破，总体探明地质储量6685万吨，新增控制预测储量1.03亿吨。五是鄂尔多斯盆地发现我国首个亿吨级新安边致密大油田。新增探明储量1.0亿吨，控制加预测储量规模5.0亿吨，预计储量规模可达10亿吨。

受大发现带动，我国西部新增探明储量台阶式上升，"十五""十一五""十二五"时期年均新增探明储量分别为4.34亿吨、5.14亿吨、7.48亿吨，占全国的比例分别为44.5%、46%和62%。西部已超过东部，成为我国新增储量主体。其中，鄂尔多斯、塔里木、准噶尔等三大盆地探明储量占西部新增储量的89%。

23.1.2 西部复杂油藏开发成效显著，石油产量持续增长

碎屑岩岩性和海相碳酸盐岩是西部两大增储领域，低品位储量规模大，稳产、上产难度大。西部新增储量以碎屑岩岩性和海相碳酸盐岩为主，两者占比合计达到80%左右。"十二五"期间，致密油加入新增储量，累计探明3.39亿吨，占比达到9%，增幅较大（图23-1）。受地质条件影响，低渗透成为储量增长主体，占比已超过70%。复杂的油藏类型和低品位的储量特征，使得油藏开发普遍呈现采收率低（图23-2）、递减快的特点。低渗砂岩油藏平均采收率只有19.2%、碳酸盐岩油藏平均采收率为15.0%、致密油藏平均采收率为8.0%，远低于全国已开发油田29.4%的平均水平。2007~2017年投入开发的低渗透油藏初期递减率30%，致密油为40%，碳酸盐岩油藏35%，超稠油油藏40%（图23-3），这四类油藏投产10年后产量不到投产时高峰产量的10%，这意味着老油田保持稳产难，新区上产需要更大的投资和储量投入。

通过开发技术攻关、试验和大规模建产，西部石油产量实现快速增长。"十五"以来，通过复杂油藏开发技术攻关和开发试验，低渗透、碳酸盐岩油藏实现有效开发。西部石油产量保持较快增长，从"十五"初期的3182万吨增长到2017年的6509万吨，在国内石油产量的占比由19%增加到33%。2016年石油产量降至6387万吨（受低油价影响），低渗-致密、稠油、碳酸盐岩等低品位、复杂油藏产量达到5476万吨，占西部总产量的88%（图23-4）。

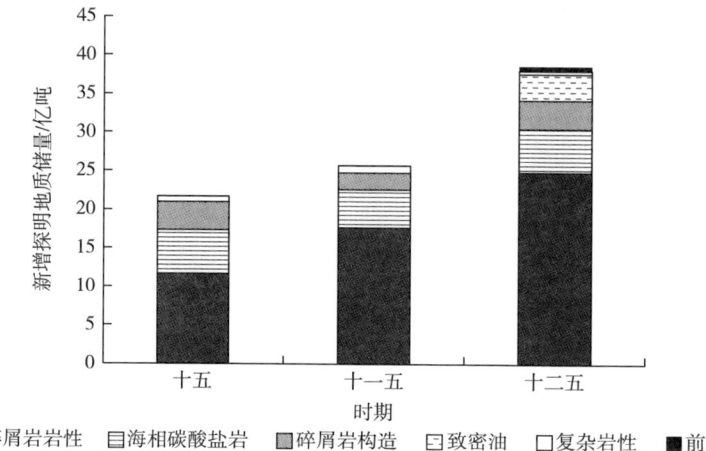

图 23-1　西部地区石油探明储量领域变化

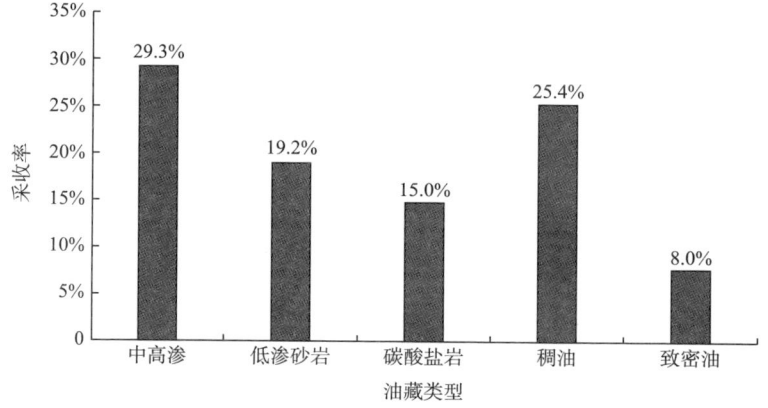

图 23-2　西部主要类型油藏采收率

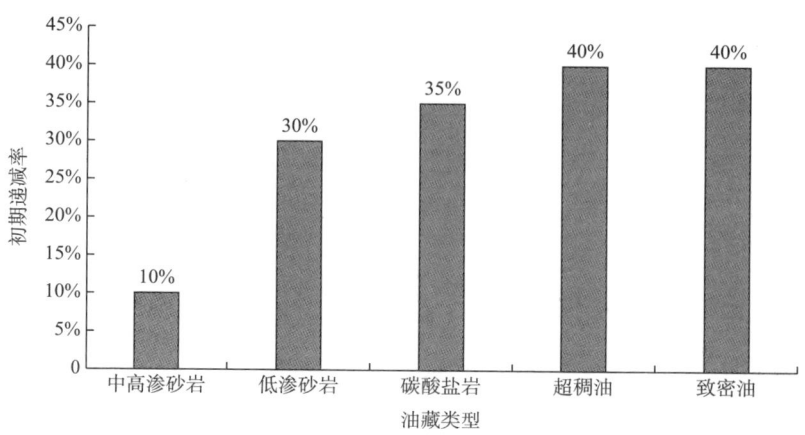

图 23-3　西部各类油藏产量初期递减率

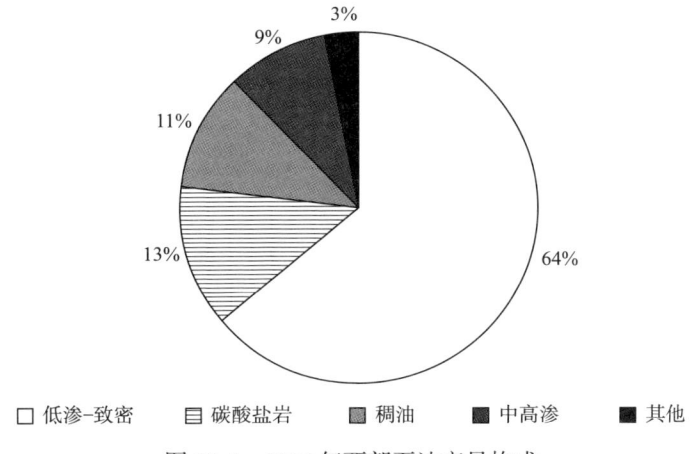

图 23-4　2016 年西部石油产量构成

目前，西部针对复杂油藏采收率低的难题，正攻关低渗透砂岩油藏精细注采和气驱技术，热采稠油蒸汽驱、SAGD（steam assisted gravity drainage，蒸汽辅助重力泄油）和火驱等技术，碳酸盐岩油精细缝洞雕刻、注水和注气技术，致密油密集缝网切割压裂和补充储层能量技术。致密油开发试验也在有序推进。上述技术有望成为未来西部石油稳产和上产的重要保障。

西部三个重点省区和三大含油盆地的石油产量占比高。从产量分省构成来看，陕西、新疆、甘肃三省区石油产量分别占 41.9%、40.5% 和 10.4%。分盆地产量构成来看（图 23-5），鄂尔多斯、塔里木和准噶尔是三大重点盆地，其中，鄂尔多斯盆地产量增长最快，从 2000 年的 731 万吨增长到 2017 年的 3 501.66 万吨，占西部总产量的 54%。

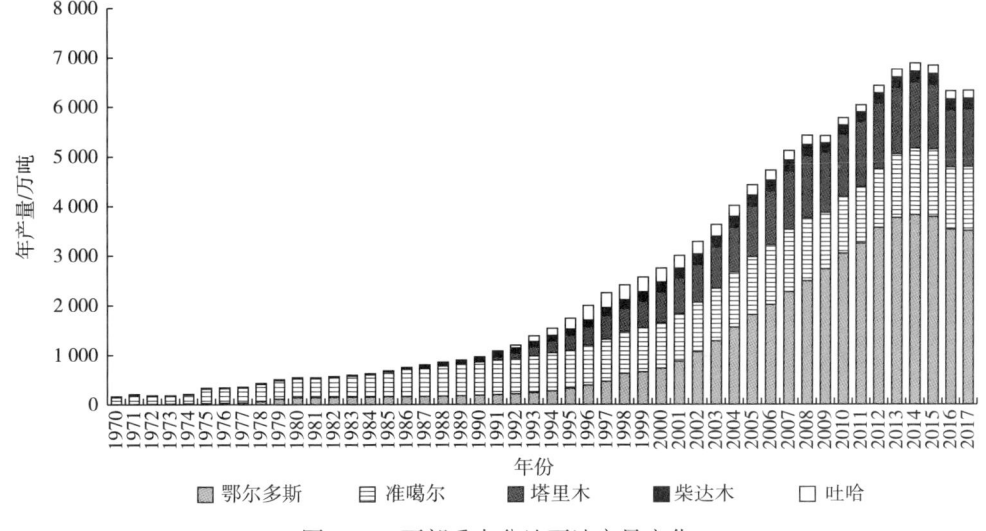

图 23-5　西部重点盆地石油产量变化

23.2 西部石油发展潜力

23.2.1 西部剩余石油资源丰富，具备年增6亿~7亿吨探明储量潜力

1. 西部剩余资源丰富，主要分布在四大领域

据中国石油第四次油气资源评价，西部常规石油资源量430亿吨，探明石油地质储量131亿吨，待探明资源量299亿吨；致密油资源量63.7亿吨，探明地质储量1亿吨，待探明资源量62.7亿吨。西部合计待探明石油资源量382亿吨，其中鄂尔多斯、准噶尔、塔里木、柴达木盆地剩余石油资源量均超30亿吨，具备深化勘探的潜力（图23-6）。

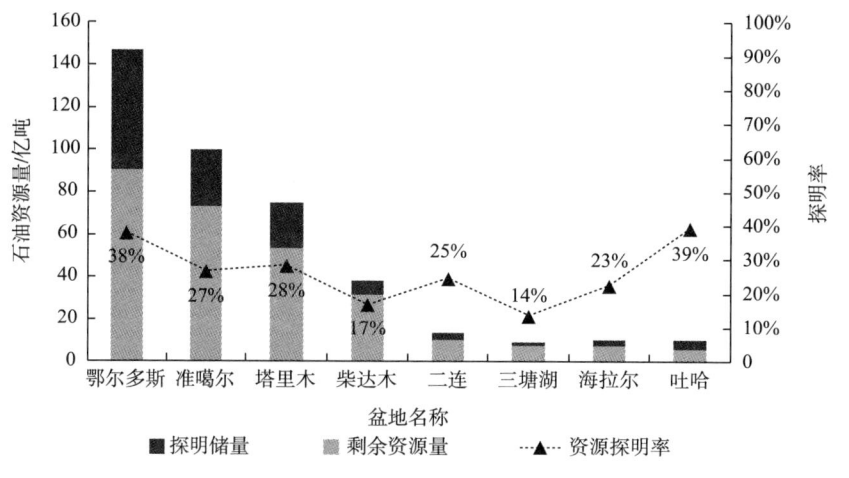

图23-6 西部地区主要盆地石油剩余资源量与探明情况

待探明石油资源主要分布在碎屑岩岩性、海相碳酸盐岩、前陆冲断带、致密油等四大领域。其中，碎屑岩岩性待探明石油资源量119.07亿吨，占总体待探明石油资源36.5%；致密油剩余石油资源量80.85亿吨，占总体探明石油资源24.8%（图23-7）。海相碳酸盐岩、碎屑岩构造和前陆冲断带待探明石油资源也都超过30亿吨。

2. 未来西部年增石油探明储量6亿~7亿吨，主要分布在四大盆地

结合含油盆地的重点区带和领域分析，2030年前鄂尔多斯、准噶尔、塔里木和柴达木四大盆地经过拓展、培育、准备2个10亿吨油区、12个5亿吨、2个2亿~3亿吨级油区，有望形成80亿吨的增储规模，其中现实增储领域具备40亿~50

亿吨前景（表 23-1）。考虑新区新领域拓展，2030 年前具备累计新增 90 亿~100 亿吨探明储量潜力。

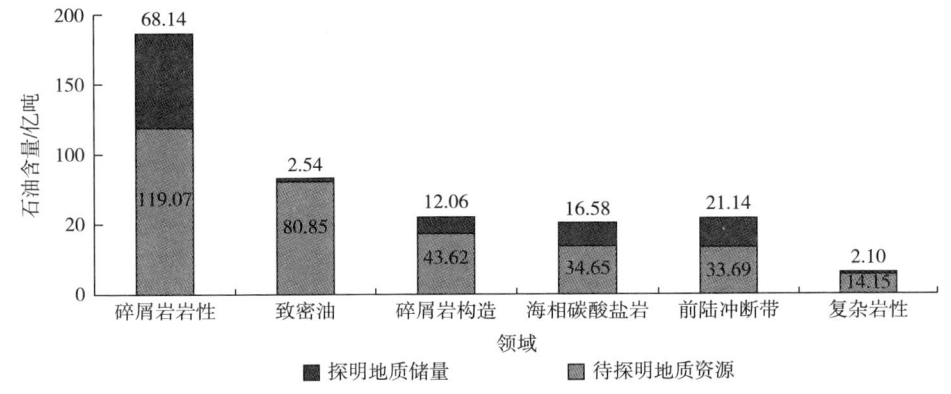

图 23-7　西部不同领域石油剩余资源量与探明情况

表 23-1　2030 年前西部石油未来重点增储盆地及区带

盆地	重点区带			资源量/亿吨	2015 年累计探明/亿吨	2016~2030 年预计探明/亿吨	2030 年底探明率
	区带名称	勘探级别	增储潜力级别				
鄂尔多斯	镇北—合水	拓展	10 亿吨	146.6	54.7	43	66.6%
	姬塬	拓展	5 亿吨				
	华庆	拓展	5 亿吨				
	陕北	拓展	5 亿吨				
	延安	拓展	5 亿吨				
	长 7 致密油	培育	10 亿吨				
准噶尔	环玛湖 P-T	拓展	5 亿吨	99.9	26.4	17.5	43.9%
	西北缘	拓展	5 亿吨				
	腹部	准备	5 亿吨				
	准东	准备	5 亿吨				
	吉木萨尔	培育	5 亿吨				
塔里木	塔北	拓展	5 亿吨	75.1	23.9	17	54.5%
	塔中	培育	5 亿吨				
	库车南斜坡	准备	3 亿吨				
柴达木	柴西南	拓展	5 亿吨	37.1	6.3	6	33.2%
	致密油	准备	2 亿吨				

同时，翁旋回模型预测结果表明（图 23-8），2017~2030 年，西部年均新增常规油探明储量 6 亿~7 亿吨。若 2020 年后致密油实现规模效益开发，石油年新增储

量有望达到 8 亿吨；2031~2050 年，西部年均新增常规油探明储量 5 亿~6 亿吨，致密油年均新增石油探明储量 1 亿吨左右，常规油年均新增储量 6 亿~7 亿吨。

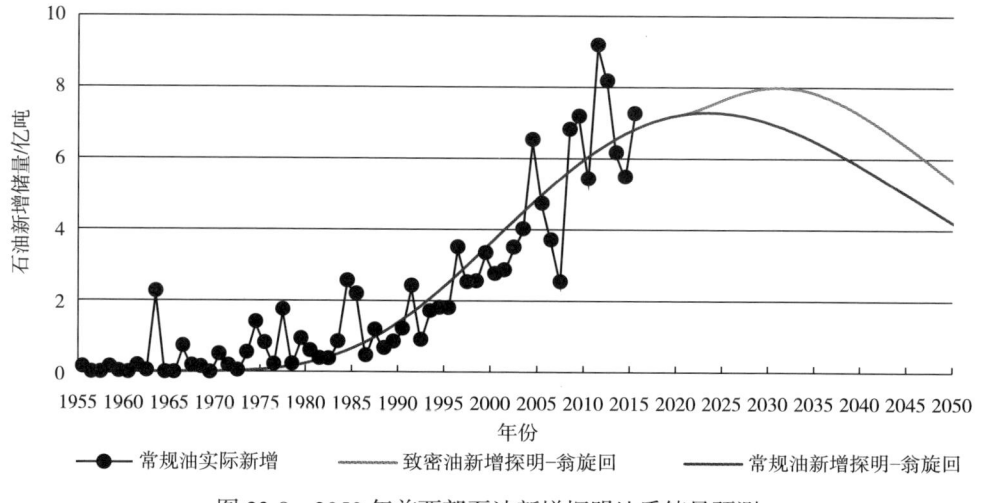

图 23-8　2050 年前西部石油新增探明地质储量预测

鄂尔多斯、准噶尔、塔里木和柴达木四大盆地是未来储量增长的主要贡献者。预计 2016~2030 年，鄂尔多斯、准噶尔、塔里木和柴达木盆地累计新增石油探明地质储量 43 亿吨、17.5 亿吨、17 亿吨和 6 亿吨，合计占西部累计新增石油探明地质储量的 90%左右。届时前三大盆地石油探明率均将超过 50%，逐步进入勘探中后期，增储规模小，2031~2050 年，年新增储量规模将出现显著下降的态势（表 23-2）。

表 23-2　2050 年前西部石油新增探明地质储量前景　　　　单位：亿吨

时期	鄂尔多斯	准噶尔	塔里木	柴达木	其他盆地
七五	1.02	2.35	0.38	0.06	0.62
八五	1.97	2.37	1.96	0.04	2.37
九五	5.40	4.55	1.92	0.62	2.27
十五	7.94	3.25	6.64	0.74	3.15
十一五	13.04	3.02	6.13	1.11	2.45
十二五	21.67	5.85	5.70	1.95	2.18
十三五	17.50	5.00	5.00	2.00	3.00
十四五	13.00	6.00	6.00	2.00	3.00
十五五	12.50	6.50	6.00	2.00	3.00

23.2.2 西部油田开发程度相对较低,已探明资源具有较大挖潜空间

1. 已开发油田挖潜和探明未动用储量开发具备较大潜力

已开发油田勘探提高采收率6~10个百分点。目前西部已开发油田总体处于高含水、中采出阶段,综合含水67.7%,可采储量采出程度54.1%,相比已处于高含水、高采出阶段的东部油田仍有较大的开发潜力(图23-9)。2050年前,已开发油田一方面加强已开发油田水驱精细注水和注采系统综合调整,努力减缓递减速率;另一方面中高渗油田通过规模推广二次开发+三次采油,低渗透油田推广水平井缝网压裂和气驱,稠油油田推广火驱、SAGD、蒸汽驱,碳酸盐岩油藏推广注气、注水替油等提高采收率技术,预计可提高采收率6~10个百分点,增加可采储量5.3亿~8.8亿吨。其中鄂尔多斯盆地可增加可采储量2.2亿~3.7亿吨,准噶尔盆地可新增1.4亿~2.4亿吨,塔里木盆地碎屑岩油藏可新增0.7亿~1.2亿吨。

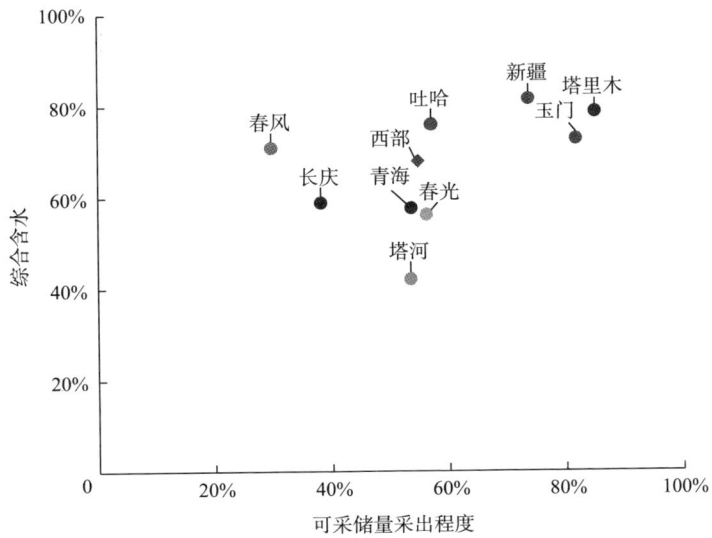

图23-9 2017年西部部分油田含水率与可采储量采出程度

探明未开发地质可动用规模超过20亿吨。2017年底已探明未开发储量40.8亿吨,其主要分布在长庆、新疆、塔里木、青海、塔河等油田。至2050年,通过规模应用水平井、体积压裂、空气驱、二氧化碳驱、蒸汽驱、火驱、SAGD等开发技术,探明未开发储量预计可动用22.5亿吨,增加可采储量4.5亿吨。其中,鄂尔多斯盆地可增加可采储量2.2亿吨,准噶尔盆地可增加可采储量1.4亿吨,塔里木盆地可增加可采储量0.9亿吨。

2. 致密油工程技术攻关，2050 年前可动用地质储量超 40 亿吨

西部致密油主要分布在鄂尔多斯、准噶尔、三塘湖、柴达木等盆地，资源量 63.7 亿吨。在目前的投资、开发技术和税费政策下，即使按油价 80 美元/桶测算，长庆、新疆等致密油试验区也均无经济效益。通过攻关配套水平井体积压裂技术，完善能量补充方式，大幅度降低单井投资，延长油井稳产期，有望实现致密油有效开发。经初步评价，预计可新增探明地质储量 45.7 亿吨，可动用地质储量 41.1 亿吨，新增动用可采储量 6.3 亿吨，其中鄂尔多斯盆地新增可采储量 2.6 亿吨，四川盆地新增可采储量 1.4 亿吨，准噶尔盆地新增可采储量 1.0 亿吨，三塘湖盆地新增可采储量 0.8 亿吨，其他盆地新增可采储量 0.5 亿吨。

23.3 西部石油发展前景判断

23.3.1 西部石油产量发展情景

根据"十一五"以来油田开发的规律、开发潜力和开发技术发展趋势，设计了三种产量发展情景，评价西部石油发展情况如下。

情景一（常规技术情景）：预测期内平均油价在 80 美元以内，油田开发以目前常规成熟技术为主，储量动用率、采收率、递减率等指标保持"十二五"水平。根据产量趋势，继续采用常规较为成熟的水驱、热采和三采等技术，西部石油产量将呈下降趋势，到 2030 年将降至 6 700 万吨左右，到 2050 年将降至 6 100 万吨左右。

情景二（技术发展情景）：预测期内平均油价在 80~90 美元，老油田二次开发+三次采油等提高采收率技术进一步发展并规模实施，超稠油、碳酸盐岩、致密油等低品位复杂油藏有效开发技术得到推广并规模应用，储量动用率、采收率、递减率等指标在"十二五"水平上有所提高。该情景下，通过规模推广水驱和稠油油田的"二次开发+三次采油结合"大幅提高采收率技术及碳酸盐岩、致密油等低品位油田有效开发技术，到 2030 年西部产量可增长至 7 600 万吨，到 2050 年将达到 7 700 万吨。

情景三（技术突破情景）：预测期内平均油价在 90 美元以上，致密油等非常规资源有效开发和提高采收率技术获得突破。在情景二的基础上，鄂尔多斯盆地长 7、准噶尔、三塘湖盆地芦草沟组，以及四川盆地侏罗系等致密油开发技术实现突破，致密油成为西部常规石油的重要补充，产量占比将增长到西部总产量的 1/6（图 23-10）。西部石油产量有望在 2030 年前后增长至 8 000 万吨左右，成为陆上石油生产"半壁江山"（图 23-11）。

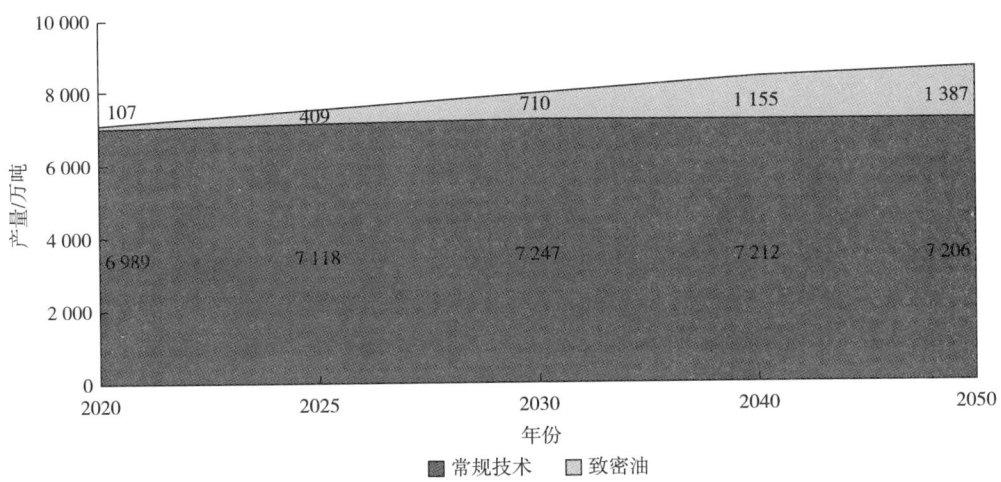

图 23-10　技术突破后西部常规与非常规油产量构成

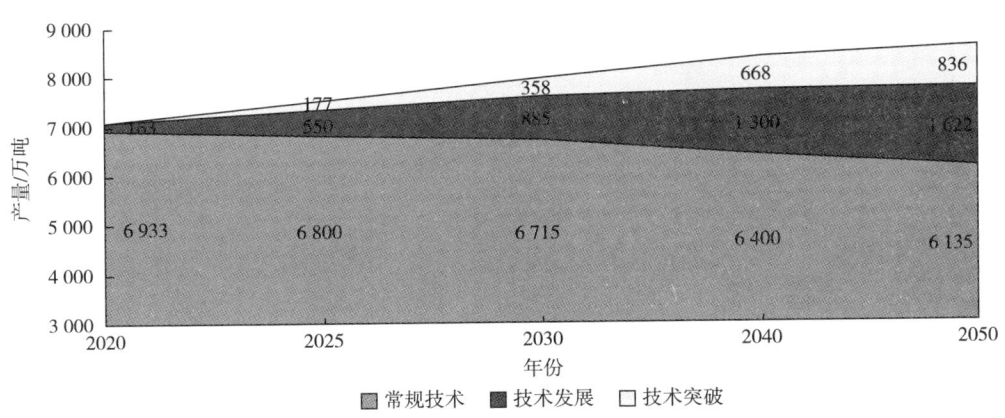

图 23-11　西部石油产量变化趋势预测

23.3.2　西部重点盆地石油产量发展趋势

按照技术突破情景（情景三），重点盆地总体表现为产量持续增长的态势。其中，鄂尔多斯盆地通过常规低渗、特低渗油田稳产和 2020 年后致密油规模开发，在 2020 年、2035 年、2050 年石油产量有望分别达到 2 900 万吨、3 300 万吨、3 500 万吨以上。准噶尔盆地实施老油田二次开发+三次采油，突破技术瓶颈，规模开发难动用采储量和致密油资源，在 2020 年、2035 年、2050 年石油产量有望分别达 1 400 万吨、1 600 万吨左右、1 700 万吨左右。塔里木盆地强化老油田精细注采调整和注气开发技术应用，碳酸盐岩油藏提高储量动用率、钻井成功率，有效降低递减率，2020 年、2035 年、2050 年石油产量有望分别达 1 300 万吨左右、1 450

万吨、1 550 万吨。柴达木盆地提高老油田开发效果，加大新储量勘探评价，石油产量小幅提升至 2020 年的 250 万吨左右、2035 年的 280 万吨左右和 2050 年近 300 万吨左右。吐哈、酒泉、二连等众多中小盆地合计 2020 年、2035 年、2050 年石油产量分别达到 1 300 万吨左右、1 450 万吨左右和 1 500 万吨以上（图 23-12）。

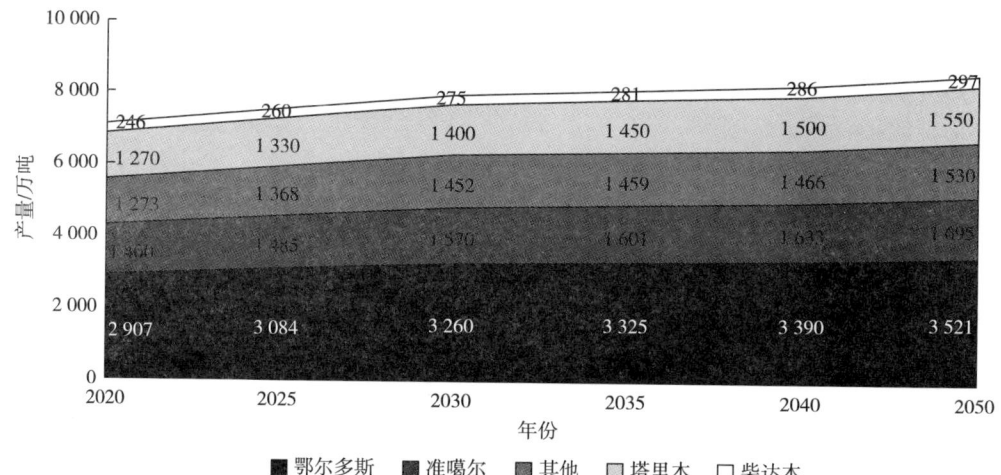

图 23-12　技术突破后西部盆地石油产量变化

第 24 章 西部天然气发展现状、潜力与前景

西部是我国最主要的天然气生产区,目前已发现气田 183 个,主要分布于鄂尔多斯、塔里木、四川、柴达木等盆地。2017 年天然气产量 1 240 亿立方米,贡献了全国天然气产量的 85.6%,为我国天然气快速发展奠定了坚实的基础。

24.1 西部天然气勘探开发现状

我国天然气工业发展源于四川盆地,20 世纪 80 年代前,其发展相对缓慢,全国累计探明储量不足 3 000 亿立方米。20 世纪 80 年代以来,随着靖边、克拉 2、苏里格等一批大气田的发现和开发,天然气迎来了大发展时代。

24.1.1 西部天然气勘探成效显著,探明储量持续高峰增长

1. 天然气勘探在四大盆地形成 10 个规模储量区

四川盆地天然气勘探新增 5 个规模储量区。一是川中高石梯—磨溪地区寒武系和震旦系获重大突破,发现了总规模预计 1.5 万亿立方米的安岳大气田;二是元坝二叠系礁滩实现整体探明,累计新增探明储量 2 303 亿立方米,控制储量 503 亿立方米,为川气东输工程奠定了坚实的资源基础;三是龙岗气田探明地质储量 720.33 亿立方米,探明和控制储量合计 1 100 亿立方米;四是西剑阁区块多层系立体含气,储量规模预计超过 3 000 亿立方米,目前已提交预测储量 1 700 亿立方米;五是页岩气取得重大突破,先后发现涪陵焦石坝、长宁—昭通北等千亿立方米级大型页岩气田,累计探明页岩气地质储量 9 209 亿立方米,形成页岩气产能 130 亿立方米,使我国成为世界第三大页岩气生产国。

鄂尔多斯盆地在致密气和海相碳酸盐两大领域形成 3 个规模储量区。一是苏里格致密气田规模持续扩大,"十二五"期间,新增探明地质储量 1 717 亿立方米,累计探明 1.27 万亿立方米,三级储量达 5 万亿立方米;二是鄂尔多斯盆地上古生

界满盆含气格局显现，鄂尔多斯盆地东部上古生界探明储量 6 652 亿立方米，三级储量达到 1.09 万亿立方米，成为继苏里格之后一个新超万亿立方米储量区；三是鄂尔多斯盆地靖西风化壳新增探明储量 2 210 亿立方米，靖边下古碳酸盐岩累计探明储量 6 547 亿立方米，具备成为万亿立方米储量区的前景。

塔里木盆地克拉苏构造带形成万亿立方米深层大气区。塔里木库车坳陷深层高陡构造带累计探明天然气储量 8 813 亿立方米，三级储量 1.21 万亿立方米，为"西气东输"提供了重要保障。

柴达木盆地北缘天然气勘探获重大突破。阿尔金山前天然气勘探在东坪、牛东一号相继获得勘探突破，初步形成整体含气、局部富集的有利态势，东坪气田累计探明地质储量 519 亿立方米。

2. 西部天然气储量持续高峰增长

西部天然气年新增储量规模大，"十一五""十二五"期间年均新增储量分别为 4 818 亿立方米、6 012 亿立方米，分别占全国年新增储量的 86%、84%，是支撑我国天然气储量高峰增长的最主要贡献者（图 24-1）。

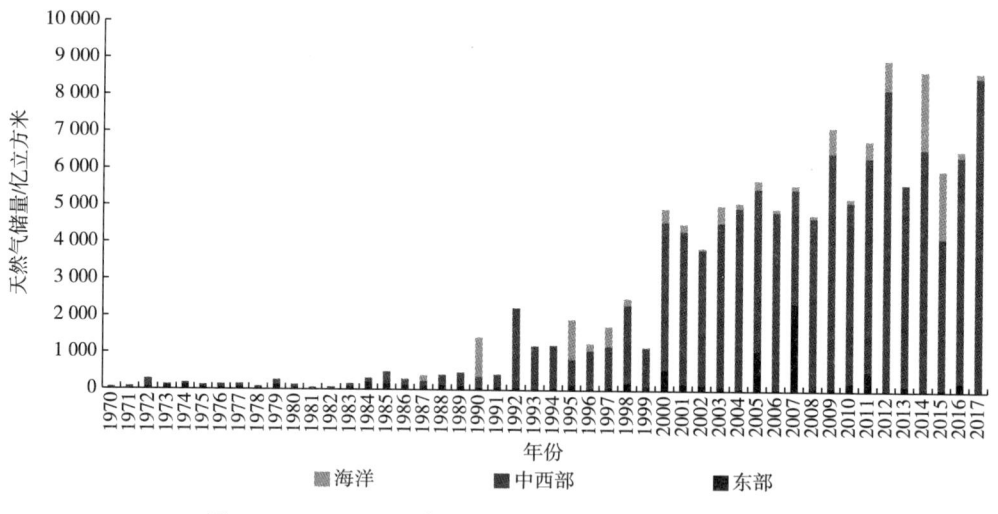

图 24-1　1970~2017 年西部天然气探明储量趋势变化图

四川、鄂尔多斯、塔里木三大盆地是增储重点。"十二五"期间，四川、鄂尔多斯、塔里木盆地共探明天然气储量 2.9 万亿立方米。其中，四川盆地探明储量 1.36 万亿立方米，占比 46.9%；鄂尔多斯盆地探明储量 1.06 万亿立方米，占比 36.55%；塔里木盆地占比 16.55%。三大盆地新增探明储量占到西部的 97%。

海相碳酸盐岩、前陆冲断带、致密气等是最重要增储领域（图 24-2）。"十二五"期间，海相碳酸盐岩、致密气、前陆冲断带累计新增探明天然气地质储量分别为 1.22 万亿立方米、1.22 万亿立方米、0.54 万亿立方米，分别占西部新增储量的 41%、41%、18%。

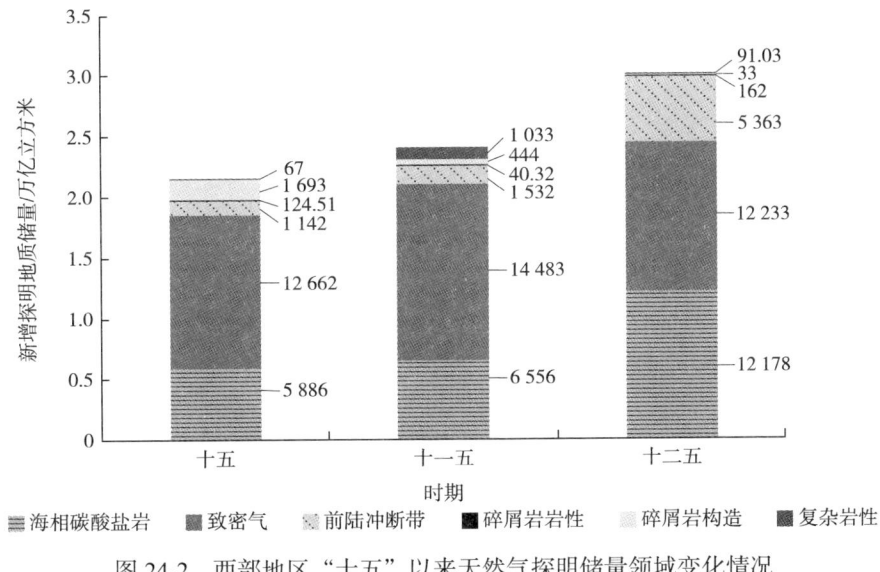

图 24-2 西部地区"十五"以来天然气探明储量领域变化情况

24.1.2 西部天然气产量持续增长，四大气区粗具规模

1. 西部天然气产量快速增长，非常规和深层气产量占比迅速提高

随着陕京线、西气东输、忠武线等长输管线相继建成，西部天然气常非并举，进入快速上产阶段。2000 年以来，相继建成了克拉 2、克深、英买力、大北、塔中Ⅰ号、苏里格、靖边、榆林、子洲、安岳等 18 个年产规模大于 10 亿立方米的整装气田。西部天然气产量由 2000 年的 130 亿立方米增长到 2017 年的 1 219 亿立方米，占全国天然气产量的 83.7%，主体地位日益突出。其中，非常规天然气产量由 2000 年的 21 亿立方米增长到 2017 年的 480 亿立方米（图 24-3），年均增长率约 20%，占西部天然气产量的比例由 16% 上升到 39%。

2. 大气田相继投产，已建成四大天然气生产基地

西部气田主要集中在塔里木、鄂尔多斯、四川、柴达木、准噶尔和吐哈等盆地。截至 2017 年底，西部形成了四个大中型天然气生产基地，其中四川、塔里木、鄂尔多斯生产量大于 250 亿立方米，柴达木生产量大于 60 亿立方米。四个大中型天然气生产基地粗具规模，产量占全国的 84.3%，为天然气产量的快速上升和安全平稳供气提供了很好的保障。

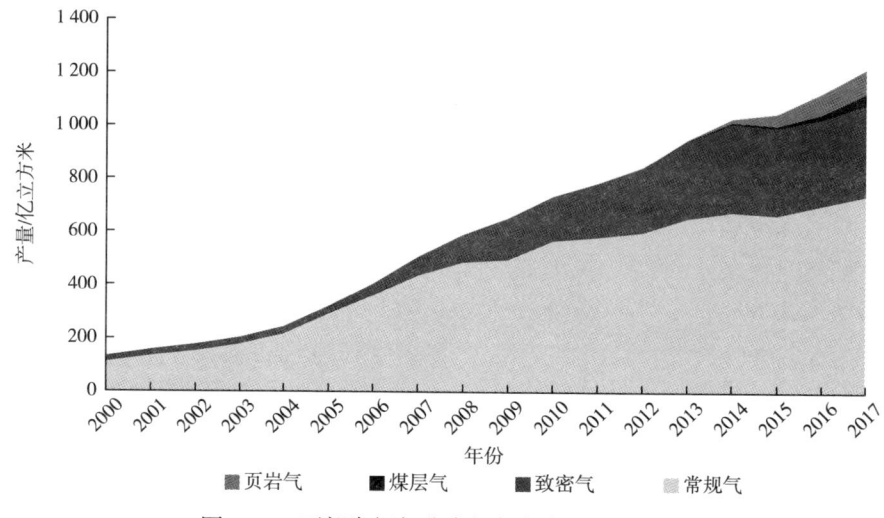

图 24-3　西部常规与非常规气年产量构成变化

24.2　西部天然气发展潜力

24.2.1　西部天然气具备年增 7 000 亿立方米探明地质储量潜力

1. 西部常规、非常规天然气待探明资源合计超 100 万亿立方米

西部常规天然气资源探明率30%，剩余资源量37.8万亿立方米，其中塔里木、四川盆地剩余天然气资源均超 8 万亿立方米，柴达木、准噶尔盆地剩余资源超 2 万亿立方米，具有较大勘探潜力（图 24-4）。致密气剩余资源量 12.59 万亿立方米，页岩气剩余地质资源量 67.16 万亿立方米。

2. 海相碳酸盐岩、前陆冲断带、致密气和页岩气是未来增储重点领域

西部剩余天然气资源以致密气、海相碳酸盐岩、前陆冲断带为主，上述领域剩余资源量分别为 11.82 万亿立方米、15.48 万亿立方米、6.92 万亿立方米，分别占西部剩余天然气资源量的29%、39%、17%，是未来勘探重点（图 24-5）。

海相碳酸盐岩是西部常规天然气勘探最现实的领域。海相碳酸盐岩天然气资源量 18.8 万亿立方米，累计探明储量 3.4 万亿立方米，剩余天然气资源 15.48 万亿立方米，主要分布于四川、鄂尔多斯、塔里木等 3 大盆地。未来立足塔中、巴楚、川中、川东震旦-寒武系、鄂尔多斯盆地下古生界等16个区带，有望实现多

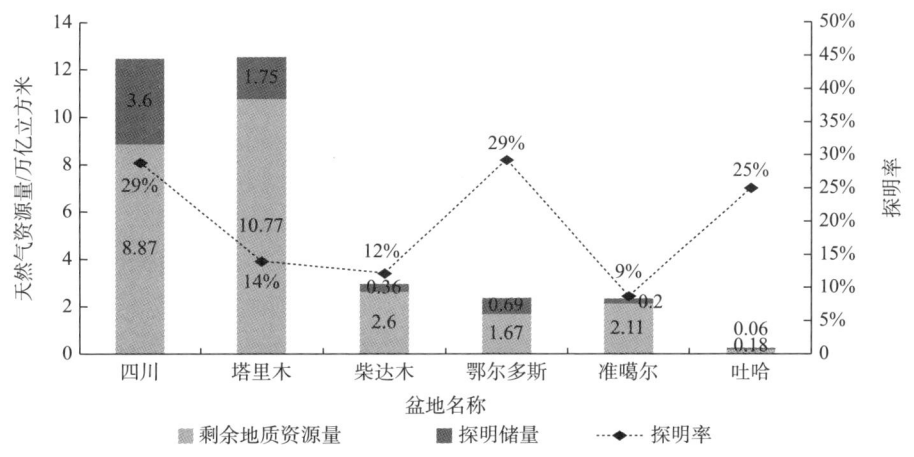

图 24-4　西部地区重点盆地常规天然气剩余资源量与探明情况

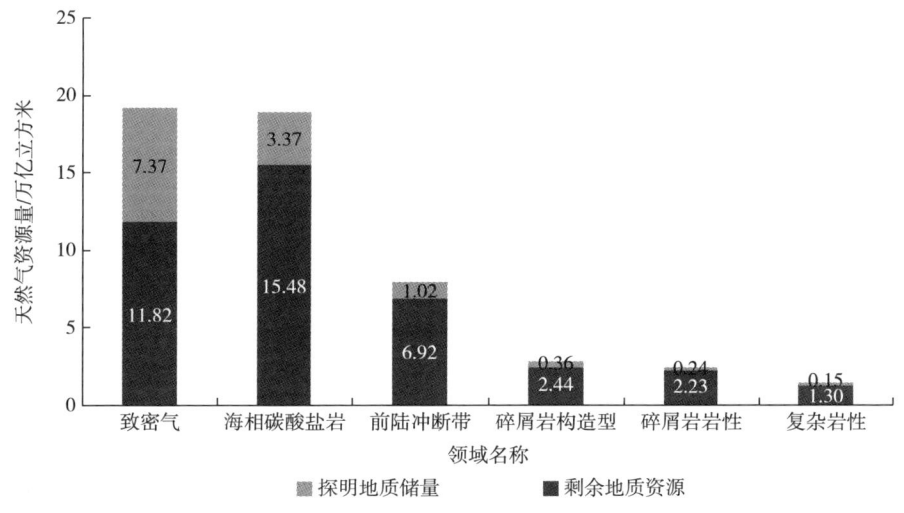

图 24-5　西部地区不同领域天然气剩余资源量与探明情况

区突破,保证储量稳定增长。

前陆冲断带是常规天然气勘探的重要领域。前陆冲断带待探明资源量 6.92 万亿立方米,其主要分布在西部。"十二五"期间库车超深层万亿立方米大气区形成,柴西、塔西南、准南缘取得突破,展现了良好的勘探前景。未来立足塔里木、准噶尔、柴达木等重点盆地,主攻克深—大北、阿尔金山前等 9 个重点区带,2030 年前天然气有望增储 1 万亿立方米,为西部天然气储量持续快速增长提供支持。

致密气是天然气储量持续增长的主体资源。我国西部致密砂岩气地质资源量 42.6 万亿立方米,待探明资源主要分布在鄂尔多斯、四川和塔里木盆地。2007 年以来累计新增探明储量 2.67 万亿立方米,2015 年产量 330 亿立方米,占西部总产量29.4%。立足于鄂尔多斯上古生界、四川须家河组+侏罗系等两个现实区，以及吐哈、准噶尔、塔里木等三个潜力区，2030年前预计可新增探明储量3万亿立方米。

海相页岩气已实现工业起步，其发展前景值得期待。受勘探与认识程度限制，初步评价西部页岩气资源量67.7万亿立方米，占全国的84%。其中四川盆地海相页岩气地质资源量44.6万亿立方米，目前已探明超过5 000亿立方米，未来增储潜力大。

3. 2050年前西部探明储量有望保持高峰增长

通过分析西部天然气重点领域、区带资源潜力和勘探准备情况，2030年前立足于鄂尔多斯、四川、塔里木、柴达木四大重点盆地，未来15年经过拓展、培育、准备1个5万亿立方米、5个2万亿~3万亿立方米、7个万亿立方米气区，有望形成20万亿立方米的增储规模（表24-1），具备年均新增7 000亿立方米的增储前景。2030年后，通过拓展新区勘探，加大非常规勘探，西部具备年均新增6 000亿立方米探明储量潜力（图24-6）。

表24-1　2030年前西部重点盆地天然气增储潜力

盆地	重点区带		增储潜力/万亿立方米	资源量/万亿立方米	2015年底累计探明/万亿立方米	2016~2030年探明/万亿立方米	2030年底探明率
	区带	级别					
鄂尔多斯	上古生界	拓展	5	15.68	3.56	4.4	38.01%
	下古生界	培育	2~3				
	台缘带	准备	1				
四川	川中震旦-寒武	拓展	2~3	15.98	3.44	2.6	44.05%
	川东北礁滩	培育	2~3				
	川西多层系	准备	1				
	川西北 P-T	培育	1				
塔里木	库车	拓展	2	12.97	1.69	2.6	32.77%
	塔中	培育	2				
	塔西南	准备	1				
柴达木	阿尔金山前	培育	1	2.96	0.36	0.6	32.40%
准噶尔	克拉美丽山前	培育	1	2.46	0.2	0.2	7.53%
	准南缘	准备	1				

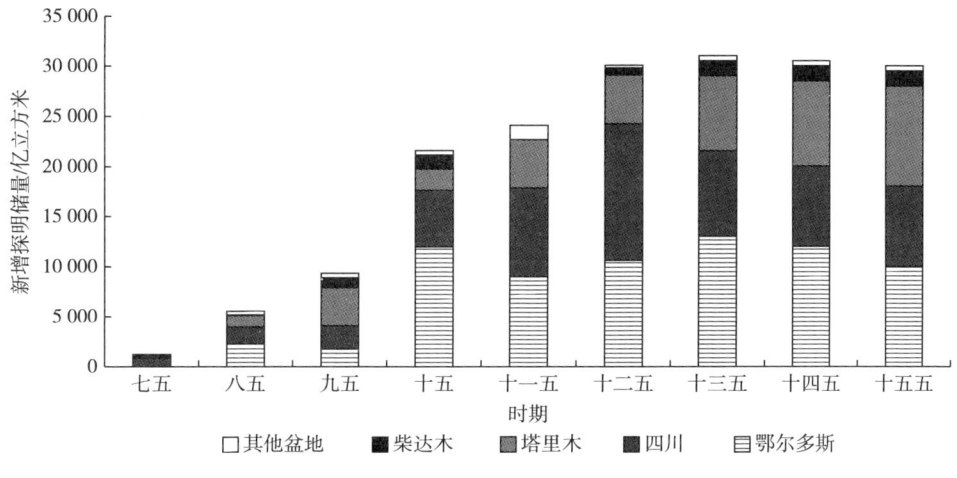

图 24-6　西部天然气新增地质储量前景

同时，根据储量增长模型预测，西部天然气仍将持续高峰增长，2016~2030年累计新增探明储量11万亿立方米，年均7333亿立方米；2031~2050年，年均新增探明储量7000亿立方米左右（图24-7）。通过综合领域分析和模型预测，2030年前西部年均新增探明储量7000亿立方米，2031~2050年年均新增探明储量6000亿立方米。

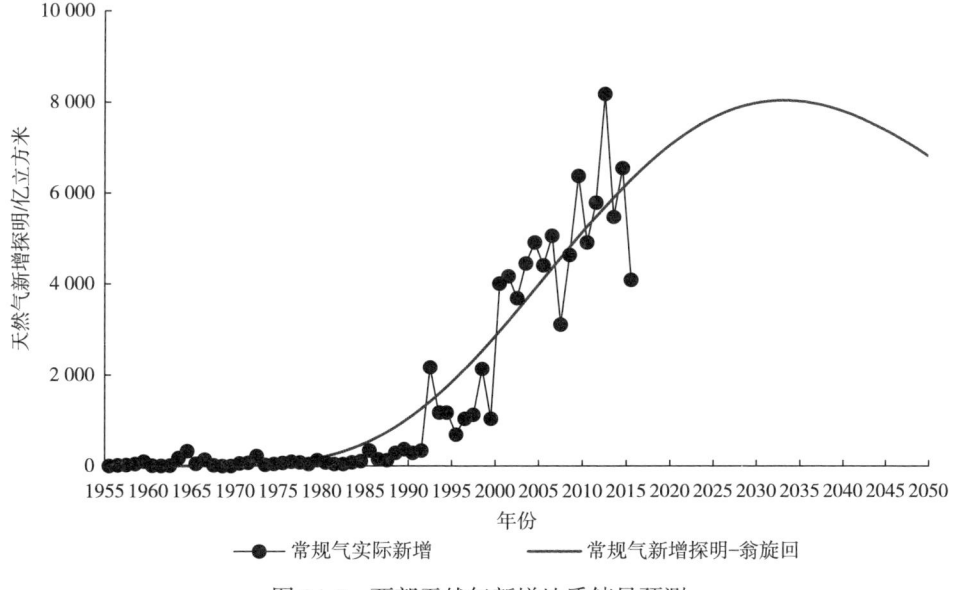

图 24-7　西部天然气新增地质储量预测

24.2.2 西部天然气开发程度总体较低，具备上产潜力

西部天然气开发程度较低。截至 2017 年底，西部累计探明天然气（常规气、致密气、煤层气和页岩气）地质储量 13.09 万亿立方米、可采储量 6.77 万亿立方米，累计动用地质储量 6.89 万亿立方米、可采储量 3.12 万亿立方米，探明地质储量动用率 52.6%；累计产气量 1.46 万亿立方米，探明技术可采储量采出程度为 21.5%。常规气（含致密气）储量动用率和技术可采储量采出程度分别为 1.8%、20.7%，页岩气和煤层气更低。西部地区天然气剩余可采储量增长迅速，由 2006 年的 2.43 万亿立方米增至 2017 年的 4.51 万亿立方米，储采比随着产量快速增长虽有所下降，但仍在 40 左右（图 24-8），具备进一步上产的潜力。

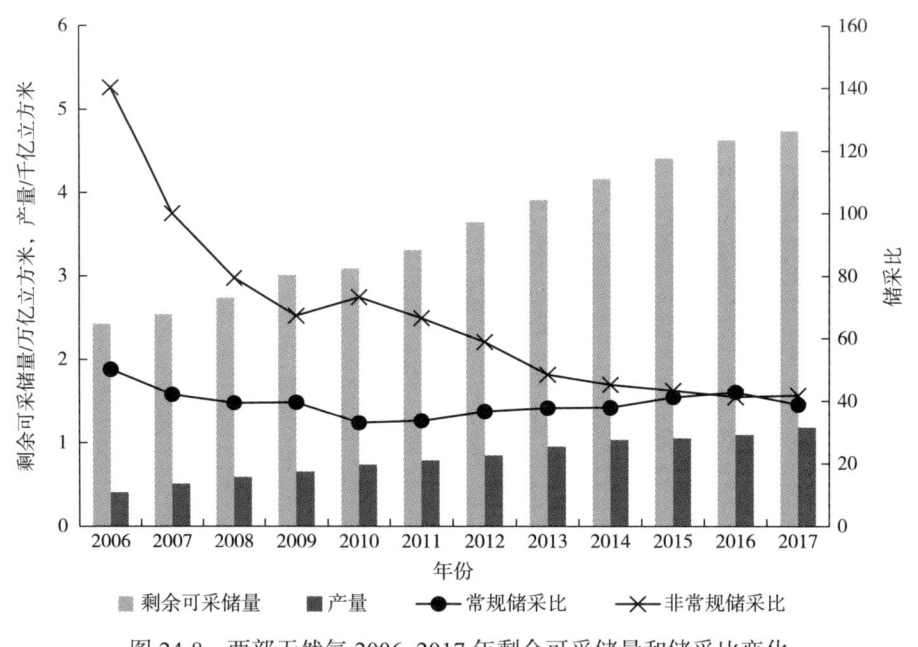

图 24-8 西部天然气 2006~2017 年剩余可采储量和储采比变化

1. 常规天然气开发潜力

2030 年前已开发气田具备增加可采储量 2 400 亿立方米潜力。根据气田生产动态分析，截至 2015 年底，西部实际已开发天然气地质储量 44 259 亿立方米，SEC（Securities and Exchange Commission of the United States，美国证券委员会）标定采收率 38.6%。鄂尔多斯、四川、准噶尔和吐哈盆地采收率总体较低，通过实施精细描述，寻找剩余气分布、补孔转层、打调整井、增压开采等系列措施，预计 2030 年前采收率可提高 5.6 个百分点，增加可采储量 2 448 亿立方米（表 24-2）。

表 24-2　2015 年底西部常规气已开发气田预计增加可采储量

盆地	已开发地质储量/亿立方米	SEC 标定最终可采储量/亿立方米	SEC 标定采收率	采收率拟达到目标	拟增加可采储量/亿立方米
四川	16 170	5 954	36.8%	45.7%	1 440
鄂尔多斯	9 759	2 759	28.3%	32.7%	429
塔里木	12 442	6 004	48.3%	51.1%	356
柴达木	3 612	1 667	46.2%	50.2%	145
准噶尔	1 780	564	31.5%	32.8%	19
吐哈	496	157	31.6%	43.5%	59
西部常规气	44 259	17 105	38.6%	44.2%	2 448

资料来源：《全国油气矿产储量通报（2016）》

探明未动用储量具备动用近万亿立方米地质储量的潜力。西部探明未动用地质储量为 1.32 万亿立方米，主要赋存于碳酸盐岩气藏和凝析气藏中。扣除待落实储量 3 381 亿立方米，可供开发的储量实际为 0.985 7 万亿立方米。根据探明未开发储量分类情况和储量类型，2016~2020 年可动用川东北高含硫、四川安岳震旦系和塔里木盆地深层未动用储量 7 250 亿立方米，采气速度按 1.6%~1.8%测算，可建成 113 亿~128 亿立方米产量规模；2021~2030 年可动用四川盆地元坝和川西深层的未动用储量 2 600 亿立方米，采气速度按 2.5%测算，可建成 66 亿立方米产量规模。

2050 年前预计新增探明地质储量可动用 6.5 万亿~8.5 万亿立方米。2016~2050 年，深层碳酸盐岩、碎屑岩和火山岩领域天然气将新增探明地质储量 9.3 万亿立方米，储量动用率设置 70%、80%、90%三种情景，预计可动用地质储量分别为 6.51 万亿立方米、7.44 万亿立方米、8.37 万亿立方米，采气速度按 2%测算，未来新增储量可建产潜力在 1 300 亿~1 670 亿立方米。

2. 非常规天然气开发潜力

我国非常规气类型多，主要包括致密气、煤层气、页岩气等，勘探开发起步晚，技术准备不足，但资源丰富，前景广阔。

1）致密气

西部致密气累计探明地质储量 4.33 万亿立方米、可采储量 2.10 万亿立方米，2017 年年产气量 348 亿立方米。已开发地质储量 2.38 万亿立方米，SEC 标定采收率为 16.5%。由于致密气单井产量低、初期递减快，采用加密调整、井间接替的开发模式进一步提高老区采收率，预计可提高 9 个百分点，增加可采储量 2 100 亿立方米。

探明未开发储量 1.13 万亿立方米致密气中，扣除待核销及无效益储量，2030 年前实际只有 7 080 亿立方米可供开发。2016~2020 年、2021~2030 年预计分别动用 2 880 亿立方米、4 200 亿立方米，可建成 73 亿立方米产量规模。2016~2050 年预计新增探明地质储量 4.6 万亿立方米，可动用地质储量 2.76 万亿~3.68 万亿立方米，采气速度按 1%测算，可建产量规模在 280 亿~370 亿立方米。

2）煤层气

截至 2017 年底，西部煤层气探明地质储量 1 907 亿立方米，已建成 25 亿立方米产能。2015 全国油气资源动态评价成果，西部 1 200 米以浅煤层气地质资源量 17.5 万亿立方米，2016~2050 年可新增探明可采储量 1.9 万亿立方米，具备建成 300 亿~400 亿立方米产量规模的潜力。

3）页岩气

截至 2017 年底，四川盆地累计提交页岩气探明地质储量 9 209 亿立方米，已在涪陵、长宁、威远和昭通国家级页岩气产业示范区实现商业开发，2017 年产气量 90 亿立方米，建成 130 亿立方米产能。未来勘探重点主要集中在四川盆地蜀南地区及邻区，页岩气小于 4 500 米地质资源量 18.24 万亿立方米，可新增探明可采储量 1.81 万亿立方米，按稳产 20 年、稳产期末采出可采储量 60%测算，具备建成 500 亿立方米左右产量的潜力。

24.3 西部天然气发展前景判断

24.3.1 西部天然气发展前景

根据西部已开发气田生产动态、新增储量规模与品质和技术政策等因素，设置低、中、高三种情景分析未来天然气发展前景（图 24-9）。西部三种产量情景方案，从资源、技术与政策发展来看，中情景相对可靠，推荐将其作为目标方案，即 2020 年、2030 年、2050 年西部天然气产量分别为 1 470 亿立方米、2 130 亿立方米、2 210 亿立方米。

（1）低情景：常规气稳定增长，致密气保持稳中有升，页岩气和煤层气在成熟区实现规模开发；常规气、致密气新增储量动用率分别为 70%、60%。

常规气："十三五"期间以动用目前塔里木和四川盆地深层、高含硫已探明地质储量为主，"十三五"之后逐步加大塔里木盆地、四川盆地深层气藏未来新增探明储量的动用。常规气 2020 年产量为 830 亿立方米，2030 年达到峰值产量 1 030 亿立方米，2050 年递减到 950 亿立方米。

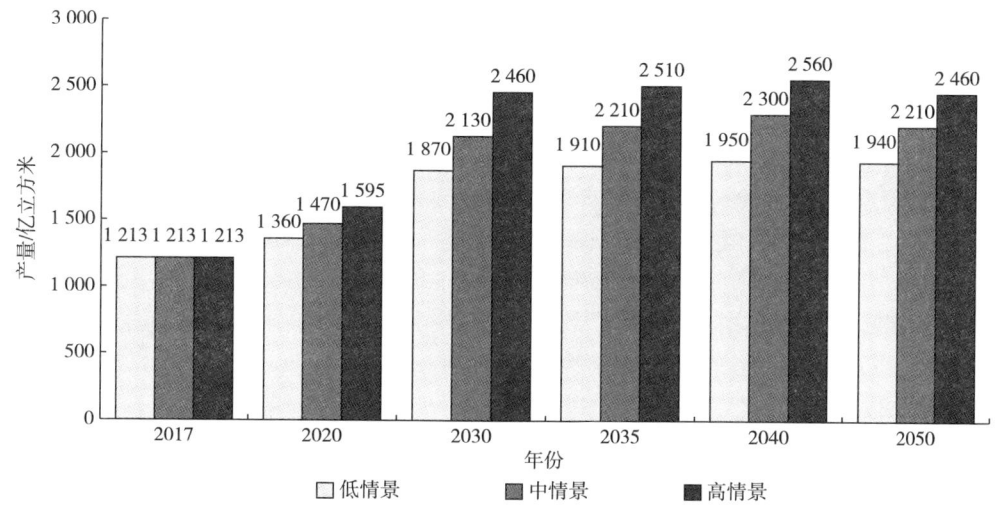

图 24-9 西部天然气产量发展前景预测

致密气：主要动用鄂尔多斯盆地在目前气价和技术经济条件下可开发的储量，致密气 2020 年产量为 380 亿立方米，2030 年达到 390 亿立方米并稳产到 2050 年。

页岩气：2020 年前在四川盆地动用超压核心区资源实现规模开发，2021~2050 年动用核心区外 3 000~3 500 米以浅资源，页岩气 2020 年产量达到 115 亿立方米，2030 年达到 330 亿立方米并保持稳产到 2050 年。

煤层气：2020 年前开发动用鄂尔多斯盆地已探明储量成熟区块和蜀南地区，2021~2050 年动用鄂尔多斯盆地及其他地区 800 米以浅煤层气资源，煤层气 2020 年产量达到 35 亿立方米，2030 年、2035 年、2050 年分别达到 120 亿立方米、150 亿立方米、270 亿立方米。

综合常规气、致密气、页岩气和煤层气资源低情景下未来发展前景，西部天然气产量 2020 年、2030 年、2035 年、2050 年分别为 1 360 亿立方米、1 870 亿立方米、1 910 亿立方米、1 940 亿立方米。

（2）中情景：在低情景基础上，常规气加快探明未开发储量的动用，致密气低效储量得以开发，低煤阶煤层气、页岩气 3 500~4 000 米以浅技术取得重大突破，常规气、致密气新增储量动用率分别达到 80%和 70%。

常规气：加快动用四川盆地深层、加大川东北高含硫气藏对外合作进程，常规气 2020 年产量为 895 亿立方米，2030 年达到 1 070 亿立方米，2050 年产量递减为 980 亿立方米。

致密气：若 2020 年前获得国家财政补贴 0.2~0.4 元/米^3 或单井开发成本进一步降低，可新增动用四川盆地须家河组和鄂尔多斯盆地探明剩余未开发储量 3 000 亿立方米，预计致密气 2020 年产量为 390 亿立方米、2030 年产量为 430 亿立方米并稳产到2050年。

页岩气：若2020年前4 000米以深页岩气开发技术取得重大突破，则页岩气2020年产量为150亿立方米、2030年达到430亿立方米、2035年、2050年产量分别达到480亿立方米、530亿立方米。

煤层气：若2020~2030年鄂尔多斯盆地之外其他地区800~1 200米以浅资源取得重大突破，煤层气2020年、2030年产量分别达到35亿立方米、200亿立方米，2035年、2050年分别达到230亿立方米、270亿立方米。

综合常规气、致密气、页岩气和煤层气资源中情景下未来发展前景，西部天然气产量2020年、2030年、2035年、2050年分别为1 470亿立方米、2 130亿立方米、2 210亿立方米、2 210亿立方米。

（3）高情景：1 200米以深煤层气和海陆过渡相页岩气实现效益开发，2020~2050年新增储量中常规气与致密气动用率进一步提高，分别达到90%和80%，开发规模进一步扩大。

常规气：深层气藏开发成本进一步降低，加大塔里木和四川盆地深层储量的动用，常规气2020年产量为980亿立方米，2030年达到1 150亿立方米并保持稳产至2040年，2050年产量为1 000亿立方米。

致密气：若同时考虑国家财政补贴和技术进步，可新增四川盆地须家河组和鄂尔多斯盆地探明剩余未开发储量和未来新增储量的动用，预计致密气2020年产量为390亿立方米、2030年产量为480亿立方米并稳产到2050年。

页岩气：若4 500米以深海相页岩气和海陆过渡相开发技术提前突破，则页岩气2020年产量为185亿立方米、2030年为580亿立方米并稳产到2050年后。

煤层气：若2020~2030年鄂尔多斯盆地之外其他地区1 200米以深资源取得重大突破，高情景条件下2020年、2030年、2035年、2050年煤层气产量分别达到40亿立方米、250亿立方米、300亿立方米、400亿立方米。

综合常规气、致密气、页岩气和煤层气资源高情景下未来发展前景，西部天然气产2020年、2030年、2035年、2050年分别为1 595亿立方米、2 460亿立方米、2 510亿立方米、2 460亿立方米。

24.3.2 西部重点盆地天然气发展趋势

从未来产量的盆地构成看，不考虑页岩气、煤层气，2030年前四川和塔里木盆地持续上产，鄂尔多斯盆地、柴达木盆地以稳产为主（图24-10）。

四川盆地产量有望提升至500亿立方米，考虑页岩气则可提升至930亿立方米。盆地目前投入开发气藏主要有碳酸盐岩气藏、深层高压气藏、低渗-致密气藏和高含硫气藏。截至2017年底，气层气累计探明地质储量3.68万亿立方米，已开

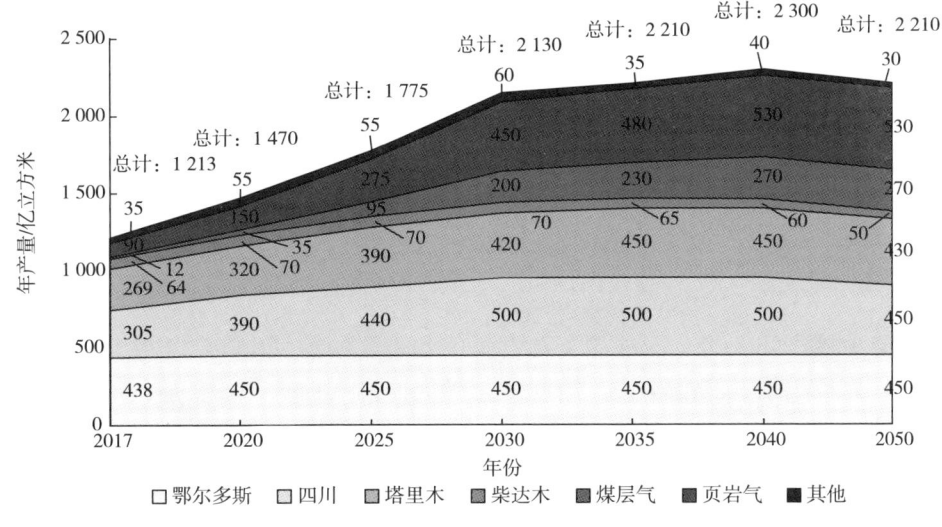

图 24-10 西部地区重点盆地产量趋势

发地质储量 1.95 万亿立方米；年产气层气 305 亿立方米，累积产量 5 288 亿立方米，剩余可采储量 1.6 万亿立方米，储采比 52.5。预计 2020 年四川盆地天然气产量为 390 亿立方米，2030 年达到 500 亿立方米并稳产到 2040 年，2050 年递减到 450 亿立方米。我国页岩气开发主要位于四川盆地及周缘，考虑 2030 年页岩气产量达到 430 亿立方米，届时四川盆地天然气总产量将达到 900 亿立方以上。

塔里木盆地 2030 年有望建成年产 420 亿立方米大气区。塔里木盆地目前投入开发气藏主要有碳酸盐岩气藏、深层高压气藏和低渗-致密气藏。截至 2017 年底，气层气累计探明地质储量 1.83 万亿立方米，已开发地质储量 1.03 万亿立方米；年产气层气 258 亿立方米，累积产量为 2 496 亿立方米，剩余可采储量 8 835 亿立方米，储采比 34，具有上产潜力。预计 2020 年塔里木盆地产量为 320 亿立方米，2035 年为 450 亿立方米并稳产到 2040 年，2050 年递减到 430 亿立方米。

鄂尔多斯盆地未来产量保持稳定。鄂尔多斯盆地气田以碳酸盐岩和低渗-致密气为主。截至 2017 年底，气层气累计探明地质储量 4.16 万亿立方米，已开发地质储量 2.55 万亿立方米；年产气层气 435 亿立方米，累积产量为 3 798 亿立方米，剩余可采储量 1.83 万亿立方米，储采比 42，具有上产潜力。预计鄂尔多斯盆地 2020 年产量 450 亿立方米，保持稳产到 2050 年。

柴达木盆地在 2030 年前保持稳中有升。截至 2017 年底，探明地质储量 3 700 亿立方米，已开发储量 3 151 亿立方米。2017 年采气 63 亿立方米，累积采气 714 亿立方米，剩余可采储量 1 299 亿立方米，储采比 21。"十三五"期间递减率可控制在 8% 左右。预计 2020 年柴达木盆地产量为 70 亿立方米，2030 年产量为 70 亿立方米，之后进入递减态势，2035 年、2050 年将分别递减到 65 亿立方米、50 亿立方米。

第25章 新疆油气生产、加工与储备基地建设

新疆地域广阔,是全国能源资源富集区和重要的油气生产加工基地,已建成独山子、克拉玛依、乌鲁木齐、塔河炼化等规模油气加工产业基地,原油加工能力约3 000万吨/年,产业链较为完整,"西油东送""西气东输"能源战略大通道已基本形成。新疆可发挥区位优势,构建具有核心竞争力的特色油气加工和储备基地,构建天然气储备基地与西部能源大通道调节枢纽,发挥"一带一路"能源枢纽核心作用。

25.1 新疆油气生产、加工与储备发展现状

25.1.1 油气行业规模较快发展,支柱产业作用明显

依托区域内外丰富的油气资源优势,经过十几年的发展,新疆原油一次加工能力总计近3 000万吨/年,居全国第七位;乙烯产能120万吨/年,PX(对二甲苯)产能100万吨/年,已成为国内重要的油气加工基地之一。2017年新疆维吾尔自治区规模以上工业增加值3 059.57亿元,石油工业增加值1 087.86亿元,增长5.5%;非石油工业增加值1 971.71亿元,增长7.0%。油气行业在新疆工业经济中的支柱地位突出。

25.1.2 油气产业布局趋向合理,产业链较为完整

目前,新疆共有独山子石化、乌鲁木齐石化、克拉玛依石化、塔河炼化四个重点炼化企业。其中,独山子石化拥有1 000万吨/年原油加工能力及122万吨/年乙烯产能,是典型的炼化一体化企业;乌鲁木齐石化原油加工能力850万吨/年,PX生产能力为100万吨/年,属燃料-芳烃型石化企业;克拉玛依石化原油加工能力600万吨/年,是重要的高档润滑油和沥青生产基地,属燃料-润滑油型石化企业;塔河炼化拥有500万吨/年原油加工能力,是塔河重油加工基地。现有石化产业布局与油气资源开发布局相匹配,且分布相对集中,管道和储备等储运设

施配套也相对较为完善；各企业业务范围涵盖炼油、乙烯、芳烃、合纤原料、合成纤维、合成树脂、合成橡胶等领域，产业链较为完整、产品特色较为突出。

25.1.3 油气储备体系较为完善

"西油东送""西气东输"能源战略大通道已基本形成。2016 年底，规划总库容达 1 300 万立方米的国家石油战略和商用储备库工程，在独山子、鄯善分别建成 500 万立方米、200 万立方米储备库，建成储备库的投用，有效提升了区域炼化企业抵御市场风险的能力，提高了"西油东送"平稳供油能力。

随着"西气东输"三线 2015 年全线建成投产，以及前期建成的"西气东输"一线和二线、中哈原油管道、西部原油管道，新疆目前形成了 600 亿米^3/年的天然气、1 200 万吨/年的原油管道入境输送能力和 770 亿米^3/年的天然气、2 000 万吨/年的原油管道出疆东输能力。2015 年进口天然气 305.52 亿立方米（不含新疆广汇公司进口量约 5 亿立方米）、原油 1 175.08 万吨（不含非管道入境约 15 万吨），出疆东输天然气 433.52 亿立方米、原油 1 144.32 万吨（不含铁路运输约 120 万吨）、成品油 573.40 万吨。"西油东送""西气东输"能源战略大通道已基本形成。

25.2 新疆油气生产、加工与储备基地建设存在的主要问题

25.2.1 中国能源消费增速放缓，产业发展动力不足

2016 年,随着中国经济增速放缓和结构优化,全年一次能源消费总量约为 43.6 亿吨标准煤，同比增长 1.2 亿吨标准煤。2016 年，中国石油表观消费量约为 5.78 亿吨，比 2015 年增加 0.325 亿吨，预计"十三五"和"十四五"期间成品油年均增速分别为 3.1%和 1.6%，石油消费持续中低速增长；受经济增速放缓、气价缺乏竞争力等因素影响，中国天然气需求增速明显放缓，2016 年全年表观消费量约为 2 103 亿立方米，同比增长 193 亿立方米。

25.2.2 市场配置资源的决定性作用制约了产业发展

新疆地广人稀，总体经济水平相对较低，与内地特别是东部沿海发达地区相比，疆内油品、化工产品市场容量相对较小，大部分要销往疆外，对内地市场的

依存度较高。2016 年全疆炼油一次加工能力近 3 000 万吨/年，原油加工量 2 301 万吨，炼厂开工负荷为 77%，成品油产量 1 428 万吨；2016 年新疆维吾尔自治区全年成品油消费量 787 万吨，出疆成品油 641 万吨，成品油出疆数量占产量的 45%；出疆原油 1 156 万吨，出疆天然气 432 亿立方米。受原油资源配置及产品市场需求有限等因素影响，现有炼化企业开工负荷还有提高的空间。除约 1/3 产品在西北地区销售外，新疆主要石化产品主要销往西南、华北、华东等市场需求旺盛区域，但由于运距远、运费高，降低了产品竞争力；另外，受原料不足、市场需求有限、运输困难等因素影响，区域内 PX 装置开工率仅为 40%左右。综上，市场配置资源的决定性作用在一定程度上制约了新疆油气加工产业的进一步发展。

25.2.3　生态环境和水资源约束加大，基础设施相对薄弱

新疆地处内陆，全年干旱少雨，生态环境十分脆弱，区域环境承载力低，许多区域的生态环境一旦被破坏就将很难恢复。2008 年度《新疆维吾尔自治区环境状况公报》中评价，新疆生态环境质量总体保持基本稳定，但仍呈现部分改善与局部恶化并存的态势。新疆目前平均水资源量 905 亿立方米，占全国水资源总量的 2.7%，位列全国第 15 位，人均水资源量位列全国第 8 位；区域水资源分布很不均衡。新疆生态环境脆弱，特别是水资源缺乏，这已成为制约区域可持续发展的重要因素。

除此以外，受自然条件、历史原因等因素影响，新疆基础设施建设欠账较多，特别是控制性水利工程和交通运输大通道建设滞后，铁路、公路、机场密度均低于全国平均水平，水利和交通基础设施建设和完善是制约经济社会、支柱产业发展和升级的主要瓶颈。

25.2.4　产业整体竞争力不强，结构调整面临诸多挑战

尽管新疆原油一次加工能力总计近 3 000 万吨/年，产业链较为完整。但与国内外大型炼化一体化、产业集群化基地相比，存在以下不足：原油资源不足、品质较差，加工负荷偏低；装置结构、产品结构不尽合理，沥青和焦炭等重质产品偏多；天然气化工缺乏市场竞争力，亏损较严重；产品远离市场；等等。基地炼化产业整体竞争力不强。未来，应以市场需求为导向，优化资源配置，加快装置和产品结构调整，延伸产业链、增产化工产品，化挑战为机遇，以内涵发展为主，促进产业升级，努力打造具有核心竞争力的特色油气加工与储备基地。

25.3 新疆油气特色炼化基地建设可行性及路径

25.3.1 西部未来油品和石化产品需求增速较快

考虑产品经济的运输半径，新疆成品油目标市场定位主要包括西北地区的新疆、甘肃、青海和宁夏等地区。未来我国西部工业增长潜力较大，成品油消费增速将显著高于其他地区，预计 2020 年西北地区成品油消费将达到 3 501 万吨，2030 年将达到 3 656 万吨。未来新疆成品油供应和辐射仍以西北地区为主，并注意降低柴汽比、增产航空煤油。

此外，独山子石化生产的聚乙烯、聚丙烯、橡胶等石化产品不同市场销售量比例为：西北市场 27%、西南市场 15%、华北市场 26%、华东市场 19%、华南市场 13%。可以看出，石化产品市场辐射面很广，加上主要靠铁路、汽车运输，制约了石化产业的进一步发展。根据预测，2020 年、2025 年两聚产品产能、消费量继续保持增长趋势，但供应仍存在较大缺口，特别是聚乙烯、PX 产品。随着国家"一带一路"倡议的推进，经济发展重点向中西部转移，给石化产品需求带来了新的增长点。预计 2027 年前，西北和西南地区对石化产品的需求增速将超过 7%，高于华东和中南等地区 4%的水平。未来新疆主要石化产品仍具有较好的市场空间，关键是要进一步提升竞争力，弥补运费偏高的不足。

25.3.2 部分周边"一带一路"国家有产品互补需求

根据对周边中亚-俄罗斯地区，以及西亚地区的成品油和石化产品市场供需分析，从区域总体供需平衡看，上述区域当前及未来油品和石化产品整体均过剩。

中亚-俄罗斯地区油品过剩量主要集中在俄罗斯，预计 2020 年哈萨克斯坦、吉尔吉斯斯坦等国家成品油供应仍有较大缺口，且西亚地区的伊朗、伊拉克、土耳其等国家的成品油供应也将存在较大缺口。

对于石化产品，2020 年中亚-俄罗斯地区三大合成材料过剩量全部集中在俄罗斯，其他国家供需基本平衡；西亚地区 2020 年土耳其石化产品供应缺口显著。综上，未来新疆与部分周边"一带一路"国家仍有产品互补需求，建议在提升产业竞争力的基础上，加快外部市场开拓，加大"走出去"步伐，实现与沿线国家的优势和市场互补。

25.3.3 新疆油气加工与储备基地的发展原则

坚持统筹"两种资源、两个市场"。以加工区域油气资源、供应国内周边区域市场为主,进一步拓展进口原油资源来源、开拓国外市场,适度延伸产业链,实现区域油气资源的高效利用,打造丝绸之路经济带大型油气加工基地和产业集聚区。

坚持资源优化配置。统筹考虑油气资源、水资源、环境条件、交通运输等方面的因素,发挥市场导向作用,坚持质量和效益优先,推动建设规模效益好、市场竞争力强的油气加工项目,进一步优化产业布局,实现可持续发展。

坚持改革创新发展。深入实施创新驱动发展战略,加快推进产业结构调整和优化升级,加速推进石化产业装置规模化、工艺先进化、产品高端化,不断提升石化产业核心竞争力。

25.3.4 特色炼化和储备基地发展路径及布局

遵循将新疆建成大型油气生产加工和储备基地的战略地位,坚持创新、协调、绿色、开放、共享发展理念,响应我国"一带一路"倡议,统筹"两种资源、两个市场",依托现有石化园区和产业基础,坚持创新驱动,加快现有装置结构调整和区域资源的高效利用,积极发展油品、基础化工原料、合成材料生产等核心业务,延伸乙烯和芳烃产业链,实现产业升级;发挥区位优势,进一步加强油气战略储备基地布局;将新疆打造成为资源优化合理、生产技术先进、产品附加值高的具有核心竞争力的特色油气加工与储备基地。

到 2020 年,全疆油气产量突破 6 000 万吨油当量,其中,石油产量突破 3 000 万吨、天然气产量达到 400 亿立方米;进口原油 1 885 万吨、进口天然气 584 亿立方米,区域原油储备及天然气储备、调峰作用更加完善;通过现有炼化产业升级和适度发展,原油加工负荷进一步提高、产业结构更加合理;实现利用天然气约 200 亿立方米。

2020~2035 年,实现新疆国有和地方炼化企业原油加工能力合计约 4 000 万吨/年;努力打造高品质润滑油和道路沥青百万吨生产基地;进一步延伸区域乙烯和芳烃下游产业链,发展合成树脂、聚酯等化工产品。其中 PX 产能达到 140 万吨/年,聚酯产能达到 200 万吨/年,力争将新疆建成丝绸之路经济带重要的纺织服装产业基地;积极发展高性能、高附加值和差异化两聚产品,打造面向中亚的对外合作化工产业高地和一体化产业集群。

2035~2050 年,上游勘探开发技术持续进步、油价稳定等因素使油气资源来源更加有保障。传统化石燃料仍在市场需求中占主导,经济的持续增长将促进基地炼油和石化产能利用率进一步提高;渣油加工技术的进步和应用使重油转化更加经济和高效,能耗、商品率等主要技术经济指标更加先进;前沿天然气化工利用技术取得重大突破和应用,新疆油气加工与储备基地更具核心竞争力。

第 26 章　西部地区油气发展战略与举措

26.1　西部油气发展战略

26.1.1　西部油气发展总体战略

契合国家"一带一路"倡议，充分利用"两种资源、两个市场"，灵活运用市场机制和政策引导，强化科技创新引领，坚持油气并重、常非并举，巩固发展鄂尔多斯、新疆两大石油生产基地，加快建设鄂尔多斯、四川、塔里木三大天然气生产基地，实现石油产量稳定增长、天然气产量倍增发展；新疆立足现有油气加工基地，优化产业规模和产品结构，构建特色油气加工基地，为我国石油和化学工业持续健康发展提供重要支撑。

26.1.2　西部油气发展总体目标

1. 石油稳定增长，天然气倍增发展

石油发展目标：2030 年石油产量达到 6 900 万吨以上；2030 年前年均新增石油探明储量 6 亿~7 亿吨；2035 年石油产量达到 8 000 万吨，占全国陆上石油产量的"半壁江山"；2050 年，石油产量达到 8 000 万吨以上。

天然气发展目标：2030 年前年均新增天然气探明储量 7 000 亿立方米；2030 年建成四川、塔里木、鄂尔多斯三个 400 亿立方米以上的大气区，天然气产量为 2 130 亿立方米，实现倍增发展；2035 年天然气产量为 2 210 亿立方米；2040 年天然气产量增长至 2 330 亿立方米，到 2050 年降至 2 210 亿立方米。

2. 建成新疆特色石油炼化基地

特色炼化基地发展目标：2035 年前，新疆原油加工能力 4 000 万吨/年；延伸乙烯和芳烃下游产业链，独山子石化建成千万吨级炼化一体化基地；发挥稠油资源优势，建成高品质润滑油和高等级道路沥青的两个百万吨基地；发展合成树脂、聚酯等化工产品，其中 PX 产能达到 140 万吨/年，聚酯产能达到 200 万吨/年；着力打造面向中亚的化工产业高地和一体化产业集群。

3. 建设鄂尔多斯国家天然气供应战略调节枢纽

天然气战略调节枢纽：统筹陕京线和西气东输天然气供应规模和天然气市场需求，发挥鄂尔多斯盆地天然气资源优势、生产规模优势和区位优势，按照日常稳产、应急上产原则，研究确定鄂尔多斯天然气产量规模，设定资源战略储备区，做好资源动用方案和应急响应机制，打造资源储备充足、应急响应迅速的国家天然气供应战略调节枢纽。

26.1.3 西部油气发展的路线图

1. 总体发展路线图

充分发挥西部的资源优势和区位优势，以建设"两油、三气"五大油气生产基地、新疆特色炼化基地、能源西部大通道和鄂尔多斯天然气战略枢纽为重点，依托科技创新、体制创新，油气并举、常非并重，实施深层、非常规、提高采收率和低成本开发四大战略，推动油气勘探规模发现和有序接替，油气产量倍增；强化炼化结构调整，扩大油气储备和储运基础设施建设，着力构建能源输送大通道和调节枢纽，为我国伟大复兴提供充足、安全的能源保障（图 26-1）。

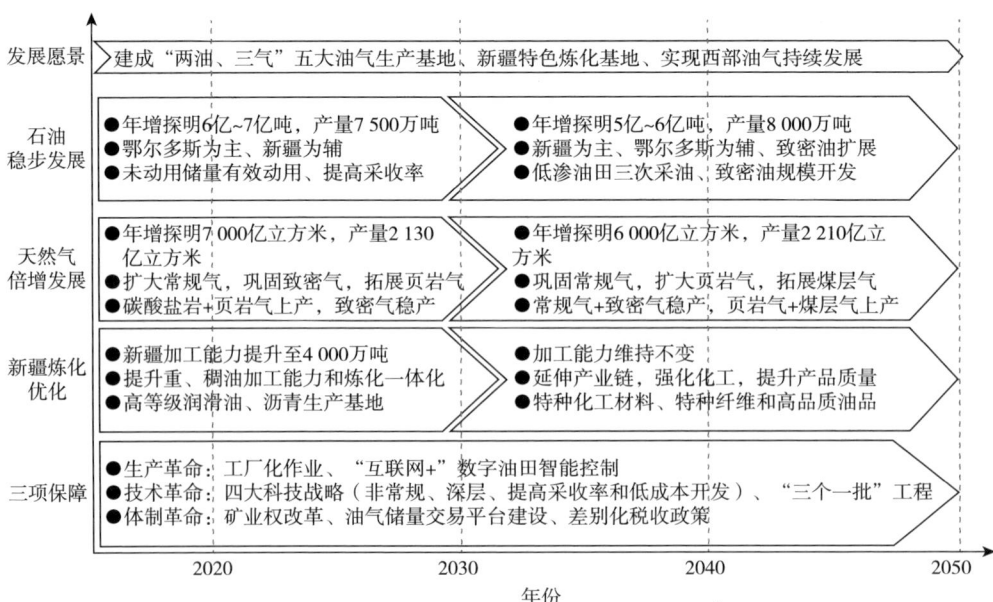

图 26-1 西部油气发展路线图

2. 新疆特色炼化、储备基地发展路线图

2020年前完善现有油气加工基地配套，加快产业结构调整和质量升级；2020~2035年，进一步提高原油加工量，延伸石油化工下游产业链，提高加工基地的核心竞争力；2035~2050年，在继续提供清洁油品的同时，提高合成材料产品的性能，采用新技术，促进资源、能源利用效率进一步提高（图26-2）。

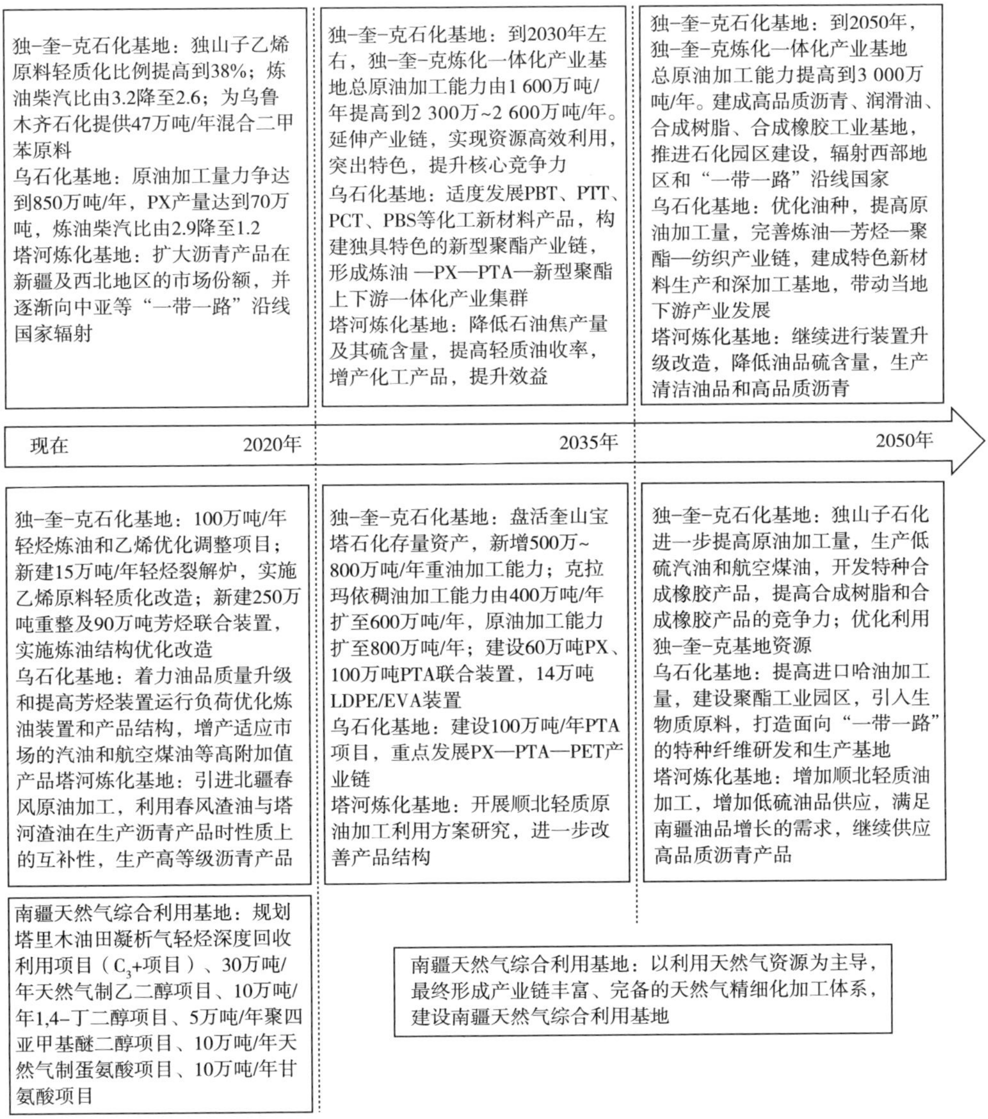

现在—2020年	2035年	2050年
独-奎-克石化基地：独山子乙烯原料轻质化比例提高到38%；炼油柴汽比由3.2降至2.6；为乌鲁木齐石化提供47万吨/年混合二甲苯原料 **乌石化基地**：原油加工量力争达到850万吨/年，PX产量达到70万吨，炼油柴汽比由2.9降至1.2 **塔河炼化基地**：扩大沥青产品在新疆及西北地区的市场份额，并逐渐向中亚等"一带一路"沿线国家辐射	**独-奎-克石化基地**：到2030年左右，独-奎-克炼化一体化产业基地总原油加工能力由1 600万吨/年提高到2 300万~2 600万吨/年。延伸产业链，实现资源高效利用，突出特色，提升核心竞争力 **乌石化基地**：适度发展PBT、PTT、PCT、PBS等化工新材料产品，构建独具特色的新型聚酯产业链，形成炼油—PX—PTA—新型聚酯上下游一体化产业集群 **塔河炼化基地**：降低石油焦产量及其硫含量，提高轻质油收率，增产化工产品，提升效益	**独-奎-克石化基地**：到2050年，独-奎-克炼化一体化产业基地总原油加工能力提高到3 000万吨/年。建成高品质沥青、润滑油、合成树脂、合成橡胶工业基地，推进石化园区建设，辐射西部地区和"一带一路"沿线国家 **乌石化基地**：优化油种，提高原油加工量，完善炼油—芳烃—聚酯—纺织产业链，建成特色新材料生产和深加工基地，带动当地下游产业发展 **塔河炼化基地**：继续进行装置升级改造，降低油品硫含量，生产清洁油品和高品质沥青
独-奎-克石化基地：100万吨/年轻烃炼油和乙烯优化调整项目；新建15万吨/年轻烃裂解炉，实施乙烯原料轻质化改造；新建250万吨重整和90万吨芳烃联合装置，实施炼油结构优化改造 **乌石化基地**：着力油品质量升级和提高芳烃装置运行负荷优化炼油装置和产品结构，增产适应市场的汽油和航空煤油等高附加值产品 **塔河炼化基地**：引进北疆春风原油加工，利用春风渣油与塔河渣油在生产沥青产品时性质上的互补性，生产高等级沥青产品	**独-奎-克石化基地**：盘活奎山宝塔石化存亡资产，新增500万~800万吨/年重油加工能力；克拉玛依稠油加工能力由400万吨/年扩至600万吨/年，原油加工能力扩至800万吨/年；建设60万吨PX、100万吨PTA联合装置，14万吨LDPE/EVA装置 **乌石化基地**：建设100万吨/年PTA项目，重点发展PX—PTA—PET产业链 **塔河炼化基地**：开展顺北轻质原油加工利用方案研究，进一步改善产品结构	**独-奎-克石化基地**：独山子石化进一步提高原油加工量，生产低硫船用油和航空煤油，开发特种合成橡胶产品，提高合成树脂和合成橡胶产品的竞争力；优化利用独-奎-克基地资源 **乌石化基地**：提高进口哈油加工量，建设聚酯工业园区，引入生物质原料，打造面向"一带一路"的特种纤维研发和生产基地 **塔河炼化基地**：增加顺北轻质油加工，增加低硫油品供应，满足南疆油品增长的需求，继续供应高品质沥青产品
南疆天然气综合利用基地：规划塔里木油气田凝析气轻烃深度回收利用项目（C_3+项目）、30万吨/年天然气制乙二醇项目、10万吨/年1,4-丁二醇项目、5万吨/年聚四亚甲基醚二醇项目、10万吨/年天然气制蛋氨酸项目、10万吨/年甘氨酸项目	**南疆天然气综合利用基地**：以利用天然气资源为主导，最终形成产业链丰富、完备的天然气精细化加工体系，建设南疆天然气综合利用基地	

图 26-2 新疆油气生产、加工储备基地发展路线图
PBT，聚对苯二甲酸丁二醇酯；PTT，聚对苯二甲酸丙二醇酯；PCT，聚对苯二甲酸 1,4-环己烷二甲醇酯；PBS，聚丁二酸丁二醇酯；PTA，精对苯二甲酸；LDPE，低密度聚乙烯；EVA，乙烯-乙酸乙烯酯共聚物

26.2 西部油气发展战略举措

26.2.1 准备战略接替，创新开发模式，推动石油稳步发展

1. 强化预探与风险勘探，推动储量高峰增长

石油勘探立足鄂尔多斯、准噶尔、塔里木和柴达木盆地四大盆地，瞄准碎屑岩岩性、海相碳酸盐岩和致密油三大领域，持续推进鄂尔多斯盆地延长组规模拓展、准噶尔盆地玛湖凹陷斜坡区整体勘探、塔里木塔北-塔中低隆区奥陶系新区勘探、柴达木盆地英雄岭地区勘探，实现近期规模增储；突出准噶尔盆地腹部、准东、塔里木盆地碎屑岩和海相碳酸盐拓展勘探、柴西缘新区预探，准备区域接替；强化鄂尔多斯长7、准噶尔盆地吉木萨尔致密油、鄂尔多斯长7页岩油技术准备和有利区优先，准备战略接替。同时，深化认识，突出新区、新领域风险勘探。预探和风险勘探并举，推动石油勘探领域有序接替，力争年新增探明地质储量6亿~7亿吨，为石油稳步发展提供资源基础。

2. 突出鄂尔多斯盆地和新疆，转换开发方式，实现产量持续增长

鄂尔多斯盆地已开发油田立足水驱，深化精细油藏描述和剩余油研究，做好精细注采和加密调整，进一步提高水驱采收率；攻关气驱、化学驱等三次采油技术，探索进一步提高采收率新途径。新油田以技术和管理创新为驱动力，攻关、完善、配套和推广水平井+体积压裂、工厂化作业等技术，大幅降低建设成本，提高开发效果，实现超低渗等低品位油藏的经济有效开发。2050年前石油产量保持增长趋势，产量占西部总产量一半以上。

新疆的准噶尔、塔里木、吐哈等重点盆地，已开发油田立足水驱，深化克拉玛依砾岩和砂岩、吐哈低黏油、塔里木砂岩等油藏的精细油藏描述和剩余油研究，在精细注采的基础上，采用二次开发+三次采油的开发模式，进一步提高采收率；完善配套新疆超稠油、塔里木和塔河碳酸盐岩、吐哈深层稠油的开发技术，进一步提高采收率和开发效益。新油田围绕超稠油、碳酸盐岩、深层特低渗、深层稠油等复杂油藏，攻关大幅降低投资和成本的开发技术，创新管理模式，实现规模效益开发。2050年前新疆石油产量保持增长趋势，产量占西部总产量四成以上。

3. 创新开发模式、管理机制，实现致密油规模上产

致密油的开发关键在于转变观念，认清开发特点和规律，突出工程技术、开

发方式和模式创新。一是完善配套水平井+体积压裂和工厂化作业等技术，大幅降低建设成本；二是攻关储层能量补充方式和技术，探索新的适用开发方式和模式，减缓产量快速递减的趋势，努力提高采收率 7.0 个百分点以上；三是争取国家政策支持，强化开发机制创新。2030 年前，以鄂尔多斯盆地延长组长 7、准噶尔盆地芦草沟组、三塘湖盆地芦草沟组，以及四川盆地侏罗系等区域为重点，力争推动致密油产量占到西部总产量的 1/10~1/7。

26.2.2 新老并重、常非并举，推动天然气产量倍增发展

1. 立足三大盆地，强化三种类型，夯实资源基础

常规天然气（含致密气）立足鄂尔多斯、四川、塔里木三大盆地，近期瞄准海相碳酸盐岩、前陆深层和致密砂岩气三大天然气勘探领域，深化古老地层天然气成藏认识、强化库车前陆盆地目标识别和致密砂岩气"甜点区"优选，实现天然气规模增储。中远期加大塔西南、川西和准南前陆区、鄂尔多斯下古生界天然气勘探实现战略接替。同时，加大蜀南地区海相页岩气选区评价和鄂东、准东和吐哈盆地煤层气区域拓展，探索海陆过渡相和陆相页岩气勘探开发潜力，寻找新的核心区。通过非常规天然气发展实现对常规天然气的类型接替。依靠常规气、页岩气和煤层气三种资源类型，为西部天然气倍增发展提供资源基础。

2. 强化常规天然气老区稳产，加强新区前期评价与产能建设，保持产量稳定增长

天然气开发立足鄂尔多斯、塔里木、四川、柴达木和准噶尔五大盆地，深化低渗-致密气藏、深层气藏、高含硫气藏和火山岩气藏等复杂气藏开发，大力提高老区储量动用率和采收率，确保气田稳产和有序递减；加快新区产能建设步伐，2020 年前以四川盆地高含硫、震旦系和塔里木盆地深层复杂气藏为开发重点；2020~2030 年重点强化鄂尔多斯盆地东部、川中须家河、四川台缘礁滩、克拉苏构造深层等大气田的前期评价和产能建设工程。2030 年建成鄂尔多斯、塔里木和四川 3 个年产 400 亿立方米以上和柴达木 1 个 50 亿立方米以上的大中型天然气生产基地，实现西部天然气倍增发展。

3. 非常规天然气重点突破页岩气、煤层气，实现对常规气的有效接替

川渝页岩气 500 亿立方米上产工程。川渝地区页岩气已实现工业突破，2017 年底建成产能 130 亿立方米，年产量达 90 亿立方米。2030 年前以川渝地区海相

为重点，加快四川长宁-威远、重庆涪陵、云南昭通、陕西延安等国家级示范区建设，全面突破海相页岩气效益开发技术，实现产量大幅增长，2020年产量将达到150亿立方米，2030年产能将达到500亿立方米，产量将达到430亿立方米。

煤层气200亿立方米上产工程。煤层气立足鄂尔多斯东缘已开发煤层气产业基地，实现规模效益开发，加快蜀南、准噶尔盆地、二连盆地、塔里木盆地等煤层气勘探评价，力争突破深部煤层气地面开发技术。煤层气2020年产量达到50亿立方米，2030年达到220亿立方米。

26.2.3 实施"三个一批"工程，为增储上产提供科技支撑

我国油气资源丰富，但丰度总体偏低、品位较差，分布具有多样性，勘探开发难度大、周期长，未来重点开展以下三方面攻关研究。

1. 超深层油气成藏理论与有效开发技术

我国含油气盆地以叠合盆地为主，深层石油地质资源量超过300亿吨、天然气地质资源量29万亿立方米。为实现超深层油气的有效勘探开发，未来需重点开展以下三方面研究：深层古老含油气系统重建、油气成藏理论与勘探关键技术、超深层油气资源开发理论与关键技术、超深层油气开发安全高效工程技术。

2. 已开发油田提高采收率技术

提高采收率技术是保证油田稳产、实现资源充分利用的核心技术之一。我国已开发油田平均采收率28%，较美国低5.7个百分点，如果达到美国的平均水平，可多增加可采储量近20亿吨。针对挖掘不同类型油田提高采收率潜力，未来重点开展以下三方面攻关研究：高含水油田提高采收率技术、低/特低渗透油田提高采收率技术、稠/超稠油油田提高采收率技术。

3. 非常规油气规模有效开发关键技术

我国非常规油气资源丰富，不同类型非常规油气发展水平差异很大。未来我国非常规油气规模有效开发，仍需重点开展以下三方面攻关研究：致密油气规模勘探开发关键技术、页岩气规模勘探开发关键技术、煤层气规模勘探开发关键技术。

瞄准上述三大技术方向和关键技术需求，按照关键技术发展基础和成熟度，归纳形成"应用推广一批""示范试验一批""集中攻关一批"共三个一批42项技术（表26-1）。

表 26-1　"十三五""十四五"期间油气科技发展重点领域与重大技术方向

技术发展方向	"十三五""十四五"期间		
	应用推广一批	示范试验一批	集中攻关一批
超深层油气成藏理论与有效开发技术	1. 深-超深层多类型勘探目标识别与评价技术； 2. 高过成熟烃源岩演化机理与评价技术	1. 超深层油气地震成像与储层流体预测技术； 2. 深-超深层原型盆地恢复、古老含油气系统目标评价技术； 3. 超高温、高压、深层致密储层改造与高效开发关键技术； 4. 超深井管柱动力学表征、井筒完整性控制及高效破岩新技术； 5. 超高温、高压储层及复杂多相流井筒压力演变规律与采油采气关键技术	1. 深层优质储层形成、保持及演化机理与评价预测技术； 2. 超深井井筒流体高温流变特性、相态变化及井筒—地层复杂多相耦合流动规律与评价技术
已开发油田提高采收率技术	1. 油藏精细表征与剩余油精细描述技术； 2. "二三结合"大幅度提高采收率技术； 3. 低/特低渗油田水驱技术	1. 特低丰度/高含水/复杂裂缝区致密气藏精细描述技术； 2. 薄层超稠油有效开发技术； 3. 稠油/超稠油多介质复合吞吐技术； 4. 蒸汽+气体+化学剂多介质复合蒸汽驱技术； 5. 气体/溶剂辅助 SAGD 技术； 6. 同井注采等井筒控制关键技术	1. 新一代化学驱理论体系和技术系列； 2. 低/超低渗透油藏注气及泡沫驱提高采收率技术； 3. 纳米驱油技术； 4. 稠油平面多层/垂向火驱技术； 5. 太阳能、电磁波加热油层开采技术； 6. 稠油原位改质开采技术； 7. 油气开采智能一体化软件系统
非常规油气规模有效开发关键技术	1. 致密油"甜点区"地球物理识别与评价技术； 2. 海相页岩气富集区评价优选技术； 3. 3 500 米以浅页岩气分段压裂技术； 4. 大平台丛式井钻完井优化设计技术； 5. 长水平段水平井安全快速钻进技术	1. 致密油油藏描述和有效开发技术； 2. 致密油清洁高效压裂与驱替一体化技术； 3. 海陆过渡相、陆相页岩气富集规律和"甜点"预测技术； 4. 页岩气气藏描述、产能评价技术； 5. 中低煤阶煤层气富集区段优选技术； 6. 多煤层煤层气定量排采技术； 7. 特低渗煤层增产改造技术	1. 致密油气提高采收率技术； 2. 海陆过渡相/陆相页岩气排采工艺技术； 3. 深层煤层气勘探开发关键技术； 4. 高应力/大倾角/多煤层叠置区快速钻井与增产改造技术； 5. 无水压裂和配套工艺技术及装备

26.2.4　创新生产方式，实现绿色高效开发

1. 平台丛式井钻井、"工厂化"作业，节约土地资源、降低工程成本

平台丛式井钻井技术充分利用井距小的特点，实现一台电机拖动相邻的多口

油井同时采油，最大限度地满足丛式井采油工艺需要，节约电力消耗，提高抽油机和抽油系统使用寿命及效率。长庆油田通过运用丛式井开发，节约土地占用 4 万余亩（1 亩≈666.67 平方米）。工厂化作业是指在同一地区集中布置大批相似井、使用大量标准化的装备和服务，以生产或装配流水线作业的方式进行钻井、完井、压裂的一种高效低成本的作业模式。工厂化作业有效地解决了多工种作业活动中的协同配合、工时浪费、成本控制等难题。丛式井开发和工厂化作业是西部低渗透和特低渗油田开发降本增效的一种必然选择。

2. 标准化设计、数字化建设，提升油田开发效益和水平

标准化设计以"统一工艺流程、统一平面布局、统一模块划分、统一设备选型、统一三维配管、统一建设标准"为建设原则，针对油气田地面工程建设中同类型的站场、装置和设施，设计出技术先进、通用性强、可重复使用的系列化设计文件，实现地面工程建设内容、建设标准和建设形式的协调和统一。数字化建设则是利用数据采集、信息传输、自动控制、安全保护、视频监控等技术和手段，实现油气生产数据和信息自动采集、整理和应用，转变劳动组织形式，创新管理模式。通过标准化设计和数字化建设，可大幅降低油田地面建设成本、提升油气田开发管理水平和综合效益。

3. 创新式驱动，支撑地面低碳、绿色发展

通过太阳能稠油热采和火烧油层开采技术，推动稠油绿色开发。重点攻关槽式集热技术，推动太阳能稠油热采技术发展；强化火烧油层技术研发和推广应用，实现注蒸汽开发后期稠油油藏和薄层、薄互层稠油油藏规模开发。

利用二氧化碳驱油与埋存技术，提高原油采收率，变废为宝。我国已建立了陆相沉积低渗油藏二氧化碳驱油与埋存理论，形成了二氧化碳驱油油藏工程设计方法、注采工艺及地面处理等配套技术，实现了二氧化碳驱油与埋存的工业化应用，为我国西部低渗透油田持续有效开发开辟了新的技术途径。

26.2.5 推动管理体制改革，为油气发展提供制度保障

1. 推进矿业权改革，放开上游市场，培育多元市场主体

以新疆勘查开采改革试点为基础，适时扩大探矿权竞争性出让范围；完善矿权管理制度，严格矿权退出机制，盘活国内探矿权存量；规范矿权交易，将矿权转让审批登记制改为"登记制"，实现矿权有序流动；加强地质资料汇交管理，尽快建立地质资料信息共享机制，避免低效、无效投入；建立国家级油气储量交易

平台，健全油气储量评估标准和机构，培育市场化储量评估机构。

2. 鼓励资源充分利用，调节各方利益，推进油气财税制度改革

实行国家权力金制度，最大限度地实现全民所有的资源所有权收益；调节中央与地方分成比例，明确油气资源税收收益在中央与地方分配方式和比例，适度向地方倾斜；推行差别化石油特别收益金征收办法，建立资源耗竭补偿基金，用于风险勘探、老油田企业转型和代际补偿；建立差别化税率调整机制，促进低品位资源开发。

3. 适应多元市场主体，强化政府监督管理职能

改革过程中要坚持油气矿业权（包括页岩气等非常规油气资源矿权）国家一级管理；研究制定石油天然气法，完善油气相关法律法规体系；建立权责明确的油气勘查开采政府监管体系，加强相关标准修订工作，明确政府职能，建立透明和制度化的管理方式；加快监督能力建设，构建高素质监管队伍；实行全过程监督，维护勘查开采秩序。另外，在推动管理体制改革的过程中，重点关注两个层面的问题：一是切实剥离国有企业办社会职能；二是加强市场机制下的行业调控。

26.2.6 优化装置和产品结构，建设特色加工基地和油气技术装备支持中心

1. 新疆三大特色炼化基地和一个天然气综合利用基地

按照构建独-奎-克石化基地、乌鲁木齐石化基地、塔河炼化基地和南疆天然气综合利用基地总体方案，优化产能规模，调整产品结构：①独-奎-克石化基地。调整炼油结构、降低柴汽比、乙烯原料轻质化；提高重油加工能力，打造高品质润滑油和高等级道路沥青两个百万吨基地；建设独山子石化 60 万吨 PX、100 万吨 PTA 联合装置，开发特种合成橡胶产品。②乌鲁木齐石化基地。优化装置和产品结构、降低柴汽比；延伸产业链，建设一体化产业集群，建设 100 万吨/年 PTA 项目，打造特种纤维研发和生产基地。③塔河炼化基地。引入春风原油，提高沥青等级；开展顺北轻质原油加工方案研究，降低石油焦及其硫含量、增产化工产品。④南疆天然气综合利用基地。以利用天然气资源为主导，形成产业链丰富、完备的天然气精细化加工体系，生产高附加值化工产品。

2. "丝绸之路经济带"油气技术装备支持中心

新疆已建成年产量规模近 5 000 万吨的油气生产基地；体系较为完善、加工

能力近 3 000 万吨/年的大型油气加工基地；年输送能力达到原油 2 000 万吨、天然气 770 亿立方米，具有国际一流水平的油气输送大通道。形成了集油气勘探开发、石油化工、油气服务、机械制造于一体的较为完整的石油石化工业体系、科研体系、管理体系和后勤保障体系，涌现了一大批有实力的石油石化企业。具备建设特色炼化基地、油气技术装备支持中心和能源输送大通道的基础和条件。借助国家"一带一路"倡议向西开放，发挥新疆区位优势，面向中亚–俄罗斯，选择在风景秀美的伊犁建设"丝绸之路经济带"油气技术装备支持中心，形成技术服务、装备出口、后勤保障、人员交流休整基地。一方面将为拓展中亚–俄罗斯市场提供技术、装备支持；另一方面将促进各方交流，推动国家间合作发展。

第 27 章　西部地区油气发展相关政策建议

27.1　强化体制革命，增强发展活力

27.1.1　深化新疆矿业权改革试点

以新疆勘查开采试点为契机，深化完善探矿权竞争性出让制度、出让办法，包括完善评标规则、制定竞争性出让长期规划、制定延续与退出规则、探索适合国情的出让改革途径。完善油气探矿权竞争性出让方式，包括增加透明度、公平对待各类企业、保持规则一致性和可靠性。建立勘探区块强制退出机制，逐步放宽上游勘探开发准入，培育石油勘探开发多元化市场主体。在总结经验之后逐步将退出机制推向全国，引导全国改革。

27.1.2　建设储量交易平台，盘活存量资源

鼓励西部油气交易平台建设，促进油气定价市场化改革，充分发挥市场优化资源配置作用。以探明未动用储量为切入点，制定储量价值评估和储量交易规则，搭建储量交易平台，推动难动用储量上市交易，鼓励企业开发模式和管理合作创新，借助小企业成本低的优势，盘活数十亿吨边际资源，培育市场多元主体。

27.1.3　超前谋划财税体系和监督等制度建设

完善石油税收制度，将石油特别收益金转变为法定税收，且设定为滑动税率，确保资源收益的合理分配。强化市场化推进过程中的各项监管，创新监管模式，确定监管部门及其职责与分工，明确监管目的、主要内容和方式；建立监管工作规程、方法和工作体系；健全监管队伍；建立监管信息平台和信息公开、公告制度，保证市场化背景下的公平竞争，防范国有资产流失。同时，加强环境和油气基础设施公平接入等方面的监督。

27.2 设立风险勘探基金，推动战略接替

27.2.1 设立 30 亿~50 亿元油气风险勘探基金

为鼓励石油公司在"三新"领域加强风险勘探，建议国家从石油税收中拿出 30 亿~50 亿元资金设立西部油气风险勘探基金。勘探目标由石油公司提出与实施，由国家成立的专家审查委员会审查把关；政府通过购买服务方式委托石油公司实施风险目标钻探，取得战略发现后通过市场招标方式有偿出让，所得收益优先补充风险勘探基金，形成长效机制。

27.2.2 加大新区地球物理勘探

明确国家层面新区定义，将新区新盆地前期地震勘探工作纳入国家"找矿突破战略行动计划"，由国家出资、自然资源部负责组织实施，资料向石油公司开放，推动新区突破。

27.3 实行差别化财税政策，增强发展后劲

27.3.1 建立资源耗竭补偿制度

调整石油特别收益金后续利用方向，国家从资源类税费中按比例提取资金，构建资源耗竭补偿基金，主要用于资源型城市持续发展问题，在解决历史遗留问题的同时，推动企业转型和代际补偿。

27.3.2 对低品位资源实施差别化财税政策

针对非常规油气资源、深水油气资源、稠油、高凝油、三次采油、低丰度油气资源，以及枯竭性尾矿油气资源，建议国家借鉴美国、加拿大等国家的做法，制定低效-无效、超低产井开发和非常规油气勘探开采扶持政策，综合运用差别化财政、税收和金融调整机制，促进特高含水老油田提高采收率和低品位资源效益开发。尽快制定石油尾矿标准，给予尾矿开发一定的扶持政策，实现资源充分利用。

27.3.3 合理调整西部油气企业税赋

建议国家统筹考虑地方利益诉求和企业发展实际，根据互利共赢原则，地方

政府应制定合理的税收政策。率先在西部推进油气财税制度改革，合理调整西部油气企业税赋，对西部油气企业在企业所得税、增值税等方面加大优惠力度，同时为留住人才，建议给予西部油气企业员工对应的个人所得税优惠。

27.4 推进技术革命，支撑跨越发展

27.4.1 实施五大科技创新战略

依托国家重大科技专项、国家自然基金项目和专项支持项目，瞄准新疆、非常规石油、海域深水三大战略接替领域与低品位资源开发，实施深层、非常规、提高采收率、低成本开发和油气资源绿色开采战略，从石油分布与富集规律、勘探开发技术和装备准备入手，组织国内外科研力量开展理论创新和技术攻关。

27.4.2 实施"三个一批"重点技术研发和推广应用工程

为推动西部油气工业发展，兼顾当前与长远，以现实勘探开发领域拓展、提高采收率为重点，确定近期推广、集中攻关、超前储备"三个一批"重点技术，国家针对有重大应用前景的技术给予重点扶持。

27.4.3 设立油气勘探开发科技专项

为支撑西部油气资源开发，针对页岩油新类型、天山南部天然气资源拓展和鄂尔多斯盆地长期稳产，建议国家设立三项重大科技攻关专项：①页岩油"地下炼厂"重大科技专项，重点攻关页岩油有利区评价、优选技术，页岩油地下高效转化机理与开采工艺，页岩油地下转化关键装备研发，清洁能源综合利用技术。②天山南部天然气勘探开发重大科技专项，重点攻关天山南北油气成藏规律与有利区优选技术，明确勘探潜力和重点；攻关目标识别与安全快速钻进技术，形成配套技术。③鄂尔多斯特低渗-致密油气高效开发科技专项，重点探索超低渗油气藏体积改造下渗吸驱油理论，提高特低渗-致密油气藏采收率新方法，超低渗油藏水平井有效补充能量技术和低渗-特低渗油藏水驱扩大波及体积关键技术，低渗-超低渗油藏关键工艺技术系列和复杂油藏规模动用关键技术。

27.5 深化国有企业改革，提升管理运营效率

27.5.1 深化国有企业改革

选择驻西部油气企业，深化国有油气企业股份制改革，进一步完善管理体制和运营机制；稳步推进国有企业改革，加快剥离国有企业办社会职能，建立完善的监管制度，保障市场化背景下公平竞争，防止国有资产流失。

27.5.2 构建竞争性市场主体

推进油气技术服务、工程建设、装备制造等业务独立运营，培育形成完全市场化的油气技术服务、工程建设、装备制造竞争体系；适时、适度缩减国有企业工程技术服务公司规模，着力培育大批具有特色技术的油服公司，形成完善的甲乙方市场，依靠市场竞争形成多层次、竞争力强、多元化的油田服务市场主体。

27.6 适度提高西部人员安全和待遇

27.6.1 扩大西部惠民利民政策覆盖范围

针对驻疆央企设立特殊地区维稳安保补贴、调整地区补贴标准、建立新疆工作年限津贴等。2009年"7·5事件"以来，为推动新疆社会稳定和长治久安，国家和新疆维吾尔自治区相继制定出台了创业就业、教育改革、医疗保险、住房补贴等一系列惠民利民政策。但上述优惠政策尚未覆盖到驻疆央企，在疆的石油企业员工不能同地方人员享受同等相关待遇。

27.6.2 给予防恐维稳专项资金支持

2009年前后新疆特别是南疆是重大恶性暴恐事件多发地区，这对油田的安全生产、员工生活带来了不利影响，由于没有专项资金，安防建设和人员不到位，维稳应对存在风险，建议给予专项资金支持。

第七篇　西部煤炭资源清洁高效利用发展战略研究

第 28 章　西部煤炭能源的地位和作用

28.1　西部在国家战略中的地位

28.1.1　西部地理区划与研究范围的界定

西部煤炭资源开发前景广阔，但面临着突出的生态环境约束。在西部省区中，我国煤炭产业布局重点在陕西、内蒙古、宁夏、甘肃、新疆。因青海煤炭资源保有量仅 63.40 亿吨，且 2011 年国务院常务会议已决定建立青海三江源国家生态保护综合试验区，本书重点研究除青海之外的内蒙古、陕西、新疆、宁夏、甘肃西部五省区。

28.1.2　西部社会经济概况

西部五省区主要是指内蒙古自治区、陕西省、甘肃省、宁夏回族自治区、新疆维吾尔自治区，简称蒙陕甘宁新，面积约 356.9 万平方千米，占国土面积的 37%。西部五省区陆地边境线长达 9 800 千米，约占我国总陆地边境线的 43%，与 8 个国家为邻，地缘战略十分重要。

2015 年，蒙陕甘宁新地区人口为 1.19 亿人，占西部人口总数比重为 34%，占全国的比重为 9%。西部五省区人口比重见图 28-1。从人均 GDP 来看，内蒙古人均 GDP 最高，达到了 7.2 万元，最低的甘肃省为 2.6 万元，西部五省区贫富差距较为明显。

2015 年，西部五省区 GDP 合计 55 231.55 亿元，占西部 GDP 比重为 38%，而仅占全国 GDP 的 8%（图 28-2），其中陕西省 GDP 最高，达到了 18 171.86 亿元。

产业结构方面，2015 年西部五省区第一产业为 5 968.43 亿元，第二产业为 25 999.7 亿元，第三产业为 23 263.42 亿元。结构为 11∶47∶42，第二产业占比较大，高于全国的 40.5% 的水平。西部五省区产业结构情况如图 28-3 所示。

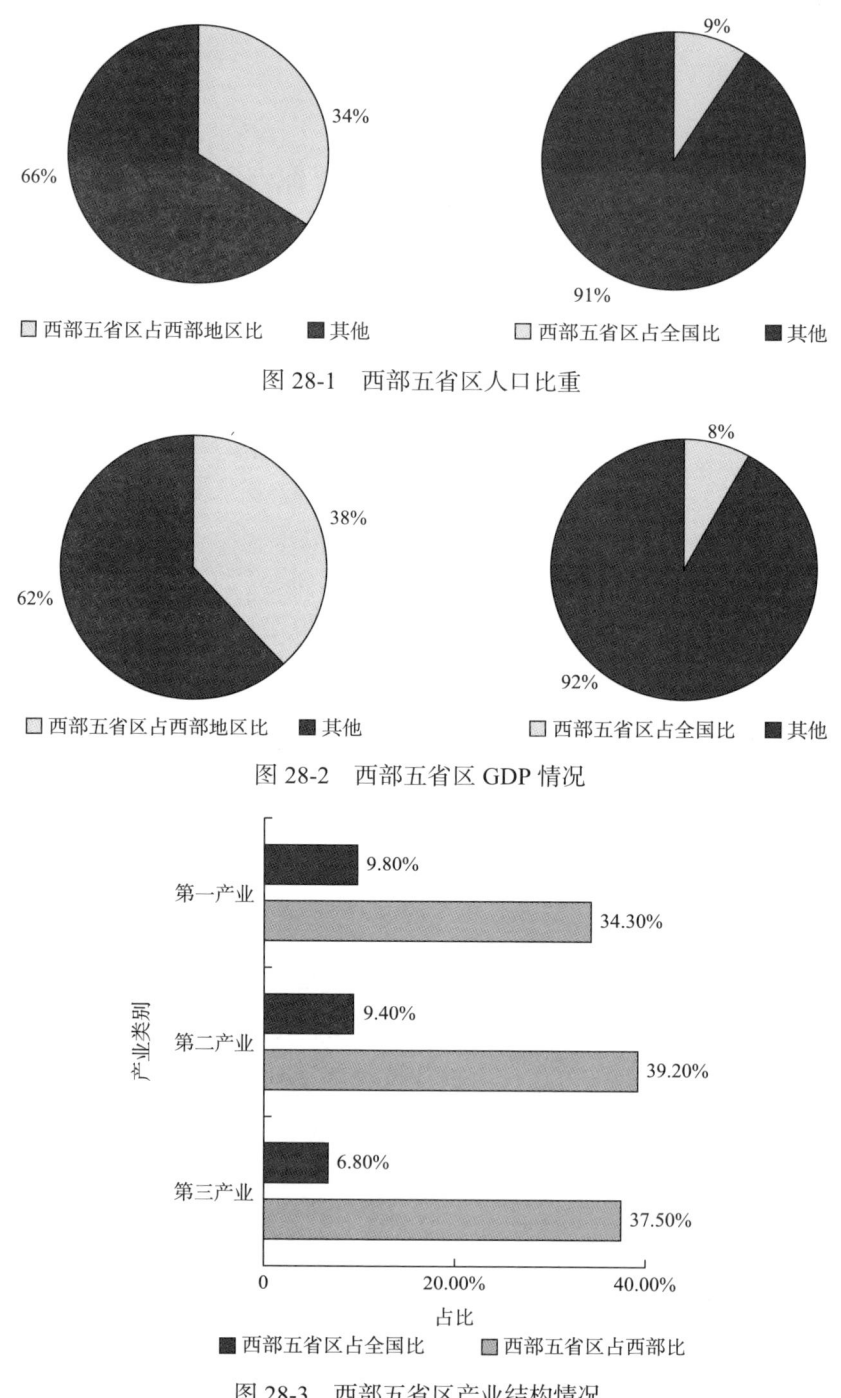

图 28-1　西部五省区人口比重

图 28-2　西部五省区 GDP 情况

图 28-3　西部五省区产业结构情况

图 28-4、图 28-5 是西部五省区固定资产投资及占比情况。2015 年西部五省

区完成固定资产投资 56 891.63 亿元。其中陕西省最高，为 20 177.98 亿元，占西部五省区的 35.4%。西部五省区固定资产投资占整个西部比重为 41%，占全国比重为 10%。

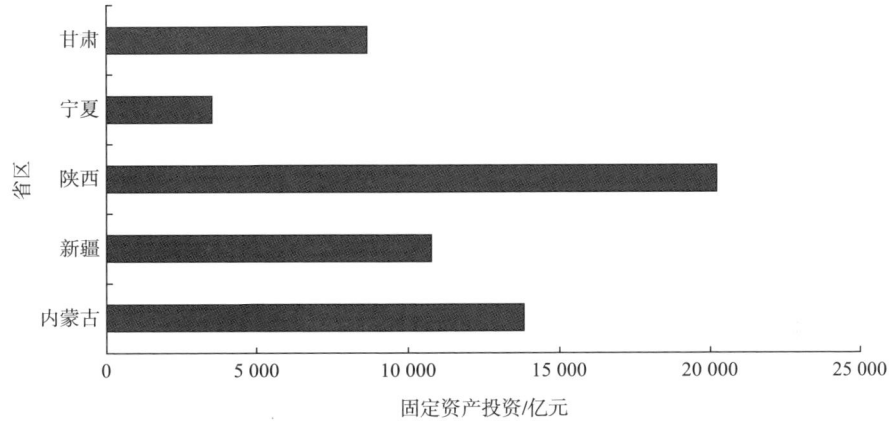

图 28-4 西部五省区固定资产投资情况

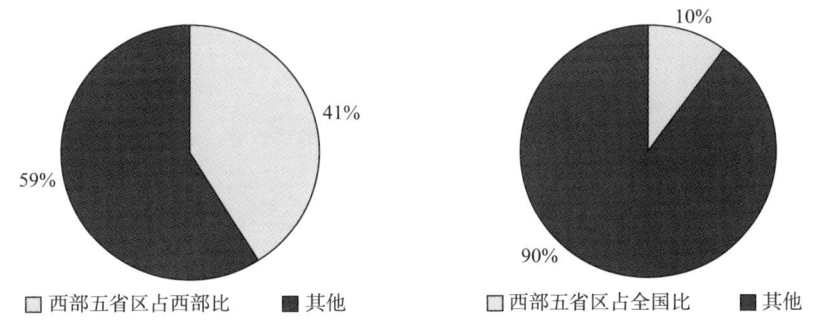

图 28-5 西部五省区固定资产投资占比

区域社会基础设施方面，西部五省区货运方式以铁路和公路为主，航空货运几乎为零，其中铁路货运占全国铁路货运的 35.0%，公路货运占全国公路货运的 13.5%。图 28-6 是西部五省区货运在全国占比情况。

28.1.3 西部发展对接国家战略需求

西部五省区是我国内陆向西开放和建设"丝绸之路经济带"的关键节点。我国高度重视西部的发展问题，国家相关部门持续推动西部五省区能源开发利用综合规划的制定与实施，国务院相继出台了一系列进一步加快宁夏、甘肃、内蒙古、陕西、新疆等西部地区经济社会发展的若干意见。

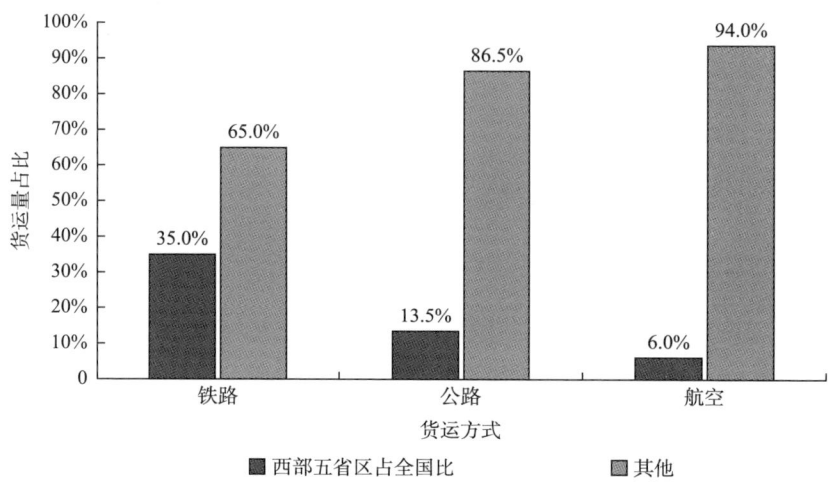

图 28-6 西部五省区货运在全国占比情况

"一带一路"倡议的实施将为拥有资源优势和区位优势的西部带来更多的发展机会,为我国煤炭生产要素"走出去"拓展更大的发展空间,可进一步带动在西部得到应用和发展的先进煤炭开采技术和装备出口,扩大海外煤矿的承包建设、生产、经营等业务。

28.2 西部煤炭在中国能源体系中的地位

28.2.1 西部煤炭资源保障国家能源安全

西部拥有丰富的煤炭资源,保有加预测资源量 3.85 万亿吨,占全国的 66.2%,是国家大型煤炭基地集中分布区,在我国能源供应格局中具有重要地位。西部也是我国绿色煤炭资源集中分布地区,全区绿色煤炭资源保有量 9 234.59 亿吨,占全国绿色保有量的 92.45%,占该区保有总量的 88.9%,占全国保有总量的 47.5%,集中分布在陕西中北部、北疆、内蒙古中部、甘肃东部以及宁夏部分地区;绿色储量 251.37 亿吨,占全国绿色储量的 54.9%,占西北地区储量的 76.5%。2005~2016 年西部五省区煤炭产消量及占比情况见图 28-7。

西部五省区中现有神东、陕北等六大煤炭生产基地,主要服务于华北地区和华东地区,新疆煤炭外运的目标市场在甘肃、宁夏和青海。

28.2.2 西部煤炭工业代表中国煤炭工业先进生产力

西部五省区煤炭产业结构得到显著优化。近年来随着一大批大型、特大型安

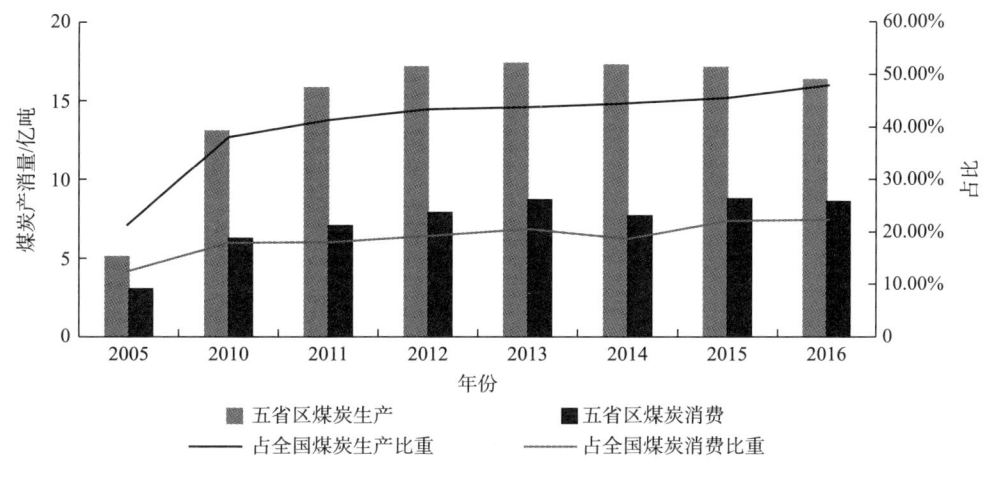

图 28-7　2005~2016 年西部五省区煤炭产消量及占比

全高产高效矿井的建成投产，国有重点煤矿采煤机械化和掘进机械化程度已达到全国先进水平。煤炭转化利用方面，大量百万千瓦装机的清洁高效燃煤发电和一批具有世界先进水平的现代煤化工项目进一步提升了区内煤炭工业的竞争力。五省区的煤炭开发利用产业已逐步转型为技术、资金密集型产业，引领我国煤炭工业技术发展方向。

28.3　西部煤炭对区域经济社会发展的引擎作用

28.3.1　煤炭投资和生产拉动区域经济增长

随着我国煤炭开发战略西移，五省区煤炭采选业固定资产投资大幅增长，2005~2016 年已累计达 1.32 万亿元，复合年均增长 26.8%，占同期全国煤炭采选业固定资产总投资的 30% 以上。

数万亿元的煤炭产出工业增加值支撑了地区经济的高速增长。2005~2016 年，五省区规模以上煤炭采选工业总产值合计 5.11 万亿元，占同期五省区 GDP 的 11.7%。内蒙古和陕西的 GDP 增速明显高于全国增速，这与煤炭生产开发有着最直接的联系。从人均产值看，煤炭采选业用人少产值高，人均产值大幅增加，2013 年和 2014 年均已超过 100 万元/人，是同期五省区全部就业人员平均产值的 14 倍，经历 2014 年、2015 年低潮期后，2016 年又回到了 2013 年水平，见表 28-1。

表 28-1　西部五省区煤炭采选业对经济的影响

指标	2005年	2006年	2007年	2008年	2009年	2010年
煤炭采选业固定资产投资/亿元	208	361	530	720	986	1 167
全国煤炭采选业固定资产投资/亿元	1 163	1 459	1 805	2 399	3 057	3 785
五省区GDP/亿元	12 989.5	15 736.4	19 326.7	24 364.7	27 018.5	33 058.5
从业总人口/万人	5 499.7	5 558.4	5 649.2	5 740.1	5 885.8	5 978.5
规模以上煤炭采选工业总产值/亿元	607.1	830.2	1 251.2	2 208.9	2 864.5	3 961.3
煤炭采选从业人员/万人	43.3	45.4	46.1	50.2	56.4	62.6
煤炭采选占GDP比重	4.67%	5.28%	6.47%	9.07%	10.60%	11.98%
煤炭采选人均产值/（万元/人）	14.0	18.3	27.1	44.0	50.8	63.3
煤炭采选工业产值增长率	—	36.74%	50.72%	76.54%	29.68%	38.29%
煤炭采选对GDP贡献率	—	8.12%	11.73%	19.01%	24.71%	18.16%
指标	2011年	2012年	2013年	2014年	2015年	2016年
煤炭采选业固定资产投资/亿元	1 463	1 722	1 966	1 852	1 294	936
全国煤炭采选业固定资产投资/亿元	4 907	5 370	5 213	4 684	4 007	3 038
五省区GDP/亿元	40 605.7	45 879.5	50 487.5	54 353.1	54 909.9	58 032.3
从业总人口/万人	6 101.5	6 212.2	6 419.1	6 565.1	6 627.7	6 721.9
规模以上煤炭采选工业总产值/亿元	5 837.7	6 485.0	7 220.9	6 895.4	6 235.4	6 728.05
煤炭采选从业人员/万人	63.5	67.1	61.3	63.6	61.2	55.9
煤炭采选占GDP比重	14.38%	14.13%	14.30%	12.69%	11.36%	11.59%
煤炭采选人均产值/（万元/人）	92.0	96.6	117.9	108.4	102.0	120.3
煤炭采选工业产值增长率	47.37%	11.09%	11.35%	−4.51%	−9.57%	7.90%
煤炭采选对GDP贡献率	24.86%	12.27%	15.97%	−8.42%	−118.52%	15.77%

注：表中煤炭采选对GDP贡献率指煤炭产业增加值增量与GDP增量之比。
资料来源：国家统计局

煤炭采选业还是地方财政收入的主要来源。2005~2016年五省区规模以上煤炭采选企业累计缴税5 752亿元，其中内蒙古、宁夏两区煤炭税收占全区财政收入的比重较高，2011年内蒙古达到了18%，见图28-8。

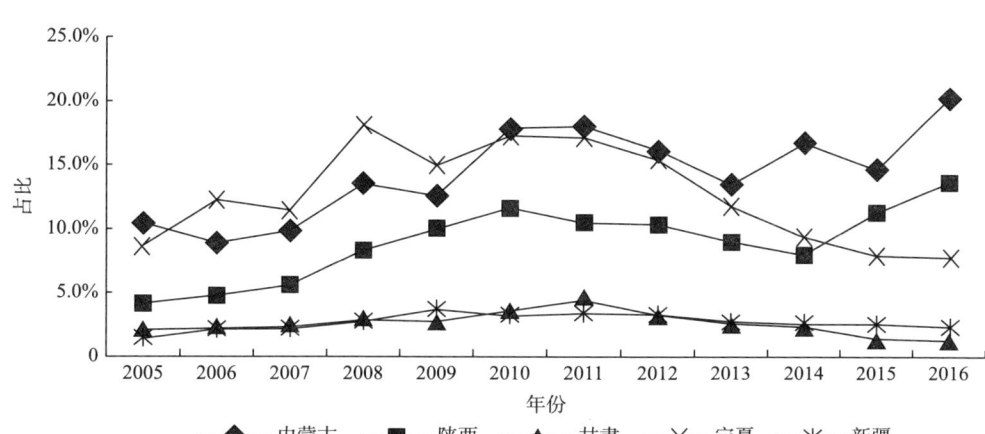

图28-8 五省区规模以上煤炭采选企业纳税总额占财政收入比重

煤炭开发创造了大量就业机会，职工收入、队伍素质也得以大幅提升。西部五省区煤炭开发利用产生大量就业机会，随着产业的高端化，从业人员队伍整体素质与收入也在不断大幅提高。2016年五省区规模以上煤炭采选业从业人员55.91万人，煤炭从业人员占全国的比重超过10%。以宁煤集团为例，自2002年成立以来，宁煤集团就以煤炭及煤化工产业为重点，企业得到长足发展的同时，也带动了就业及职工收入的提升；十余年来宁煤集团累计已提供新增就业3.56万人，最高时2005年就新增6063人；职工收入也是逐年提升，由2003年的平均1.68万元，提高到2014年的9.09万元，年均增加16.59%，高于全国平均水平。

资源优势转化为经济优势，产生了强大的示范带动作用。鄂尔多斯市曾是内蒙古自治区最为贫穷落后的地区之一，全市2个区7个旗中5个是国家级贫困区。自"十五"以来，鄂尔多斯市有效实施资源转换战略，建设一大批煤炭资源开发利用重大项目，形成了以煤为主、多元发展的工业产业发展格局，使资源优势迅速向经济优势转化，被国内经济界称为"鄂尔多斯经济现象"。从2000年到2016年，鄂尔多斯市经济总量翻了近5番，产业结构实现了以农牧业为主导向以工业为主导的转变，实现了由贫穷到小康的跨越。图28-9为2000~2016年鄂尔多斯市煤炭产量及GDP增长情况。

28.3.2 煤炭关联产业带动区域产业同步发展

五省区煤炭产业带动电力、新型煤化工等下游行业固定资产投资大幅增加。

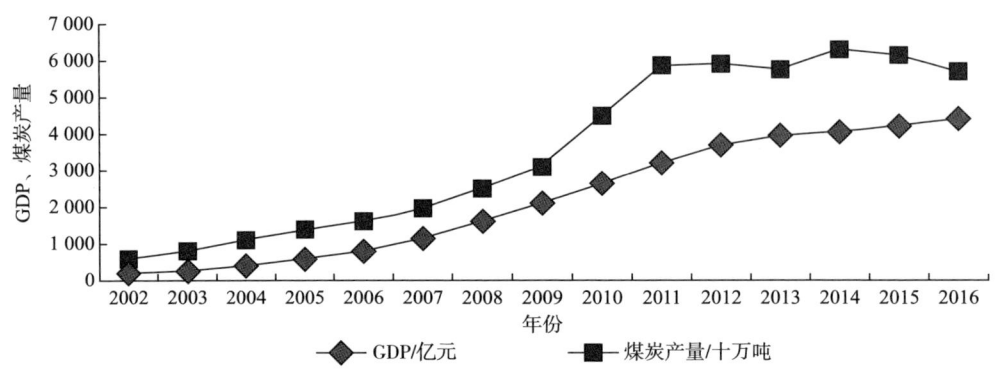

图 28-9 2000~2016 年鄂尔多斯市煤炭产量及 GDP 增长

我国五大综合能源基地中有三个位于西部五省区,"西电东送"工程建设提速,特别是内蒙古、新疆大量投资建设燃煤电厂,截至 2016 年底,两区煤电装机规模已达 11 744 万千瓦,占全国煤电装机的 12.5%。现代煤化工产业在五省区得到快速发展,一批煤制油、煤制烯烃、煤制天然气、煤制乙二醇示范项目已建成投运。根据国家能源总体布局,能源"金三角"宁夏宁东、内蒙古鄂尔多斯、陕西榆林是发展现代煤化工的重点区域,新疆、内蒙古东部等地则可以适度发展煤化工,现代煤化工产业发展必将进一步促进西部五省区经济发展。

巨大的能源外调需求推动西部铁路、输电通道等基础设施建设。五省区特别是内蒙古和陕西作为重要的煤炭调出省区,每年出省煤炭总量已在 10 亿吨左右,为满足运输需求,铁路、公路等建设随之加快,改变了西部偏远、落后的面貌。以"三西"为例,2016 年初建成蒙冀新通道,正在建设内蒙古西部至华中煤运通道,实施了朔黄铁路扩能改造工程,建设了准格尔连接大秦铁路通道,形成四条主要煤炭外送通道。同时,构建了区内"七横七纵"铁路运输网络。此外,五省区电力设施建设也得到快速发展。以内蒙古西部电网为例,"十二五"期间累计完成固定资产投资 549.6 亿元,目前统调装机 5 934.7 万千瓦,网变电容量突破 1 亿千伏安,形成"三横四纵"500 千伏主干网架,向北开辟了蒙古国,向南开辟了我国陕西榆林地区的送电通道,有力地支撑了内蒙古西部的电力产业发展;宁东-山东青岛、哈密-郑州特高压输电线路已建成,宁东-绍兴、淮东-皖南特高压项目正在建设,这些都对促进西部能源基地开发,保障我国东部地区电力可靠供应具有十分重要的意义。

煤炭开发有力地促进了西部产业结构升级,推动了技术进步。近年来随着一大批大型、特大型安全高产高效矿井的建成投产,西部五省区的煤炭产业结构得到了有效改善,大量百万千瓦装机的清洁高效燃煤发电和一批具有世界先进水平的现代煤化工项目也进一步提升了西部五省区的工业竞争力。在产业结构优化升级背后，是高水平科技研发平台的建设、科技攻关项目的设立和大量科技创新资金的投入，大量高新技术与装备的研发在西部得到成功应用。

西部五省区的煤炭开发利用产业已经逐渐成为技术、资金密集型产业。

第 29 章 西部煤炭开发利用面临的形势、取得的成就和问题

29.1 西部煤炭发展的国内外形势分析

29.1.1 国际形势

国际能源供需格局总体呈现生产西移，消费东移，能源结构转变，煤炭需求急剧放缓的态势。新一轮能源技术革命的孕育兴起，新能源科技成果的不断涌现，正在并将持续改变世界能源格局。《BP 世界能源展望 2016》认为未来 20 年间，全球能源需求将继续增长，但能源结构会发生转变，为世界经济提供动力的主导能源仍将是化石能源，2035 年，预计全球能源供应总量的 80%和能源增量的 60%仍将由化石能源提供。但相比之下，煤炭命运巨变，未来 20 年间，预计全球煤炭需求仅以不到过去 20 年均速 1/5 的速度增长。煤炭到 2035 年在一次能源中的比重可能降到有史以来的最低点。

煤炭产业发展机遇与挑战并存。一方面，传统化石能源清洁高效利用技术特别是新型煤化工技术的开发，进一步加快了煤炭可持续发展之路；能源互联网和大规模储能技术的突破能够扩大二次能源的利用范围和利用总量，有利于发挥煤炭转化为电能的相对经济优势，在污染物和碳排放允许的情况下，可进一步扩大煤炭的利用空间。另一方面，可再生能源、非常规油气等技术开始规模化应用，分布式能源、第四代核电等技术进入市场导入期，新能源材料等技术有望取得重大突破，煤炭替代品的来源范围在扩大，供应能力在增强，煤炭的应用市场受到严峻挑战。未来能源供应趋向清洁、低碳化，倒逼煤炭产业向清洁开发和低碳利用方向转变：以"清洁绿色"倒逼煤炭开发、利用、转化过程中的污染物全程近零排放，以"高效智能"倒逼煤炭开发、利用、转化过程中的装备信息化、智能化、无人化，以"可持续性"倒逼环境友好、近零伤亡、低碳利用。

29.1.2 国内形势

国内经济增速放缓，能源消费结构调整加速。我国已进入工业化发展的中后期，能源利用技术在不断突破，经济增长对能源的依赖程度逐步降低，能源需求增速进一步放缓；单位 GDP 能源消费强度不断下降，能源消费结构调整加速，清洁能源在能源消费结构中比例不断增加。预计"十三五"经济增速仍将在 6%~6.5%，2020 年前能源需求年均增长 3.3%左右，是前 10 年的一半，2035 年前下降到 1.5%~2.4%。煤炭、炼油、冶金和电石等传统能源生产及主要耗能行业产能过剩十分突出，决定了未来我国将进一步对这些行业采取控制总量、优化结构的调控措施，核能和可再生能源的快速发展对煤炭的替代和挤压效应越来越明显。

煤炭生产开发布局西移，西部煤炭将填补东部减量空间。东部地区总体上资源趋于枯竭，中部地区开发时间长、强度大，目前面临严峻的生态环境问题，我国煤炭开发布局势必西移。在 2016 年 12 月国家发展和改革委员会、国家能源局联合发布的《煤炭工业发展"十三五"规划》开发布局中，进一步明确了"压缩东部、限制中部和东北、优化西部"的产业发展布局，统筹协调资源开发和生态环境保护，西部煤炭开发将逐步填补东部减量空间。

"一带一路"为西部煤炭产业拓展了发展空间。我国煤炭开发建设的高峰期已过，煤炭产能严重过剩，一方面煤炭生产要素总量富裕，另一方面煤炭生产要素能力显著提高，急需找到新的市场，"走出去"愿望比较强烈。西部五省区煤炭资源总量较为丰富，但已探明的储采比不高，且部分煤种相对短缺，实施"一带一路"倡议，有利于加强国际煤炭资源配置，丰富能源供应渠道。此外，实施"一带一路"倡议也可以进一步带动先进煤炭开采技术和装备出口，扩大海外煤矿的承包建设、生产、经营业务，特别是西部五省区在煤炭开采及转化利用方面的先进技术及装备，对于实现我国煤炭工业国际布局具有重要意义。

国家将煤炭清洁高效开发利用作为能源转型发展的立足点和首要任务，为煤炭行业转变发展方式、实现清洁高效发展创造了有利条件。西部作为煤炭资源的富集区，在开发方面技术最为先进，产量最高，煤炭利用方面也走在全国前列，理应在煤炭的转型发展过程中发挥引领作用。实现煤炭资源清洁高效开发及利用的重点在西部，希望也在西部，因此，应加大煤炭科技的攻关、推广力度，发挥技术、资源、人力、政策等综合优势，尽快将西部打造成为煤炭资源转型升级的示范区，推动行业向清洁、绿色、高效发展转变。

29.2 西部煤炭勘探开发利用取得的成就

29.2.1 西部煤炭地质研究取得重大进展

（1）根据构造空间形态与规模划分了构造分区与类型，建立了典型的赋煤构造样式。

构造作用是控制煤系和煤层形成、形变和赋存的首要地质因素，构造类型及特征对煤炭资源展布和扩大找煤范围具有重要意义，以往的研究只是着重于区域构造格架与矿区或井田构造特征，缺乏不同构造样式对煤炭资源开发利用的影响。西北地区赋存有大量的侏罗系煤炭资源，且大多为厚煤层，根据其资源禀赋特点，选取合理的开采方法是实现安全高效开采的必由之路。本书立足于不同构造样式和层序地层格架相互作用下的控煤、控气、控水作用，从盆地尺度、井田尺度和工作面尺度对比了含煤盆地的构造特征，总结概括出挤压、伸展、剪切、反转4大类和叠瓦式、推覆式、褶皱式、张性断裂、走向滑动、断裂反转6亚类18种类型控煤构造样式，总结了不同构造样式对煤炭资源开发方面的影响。

研究发现，在新疆主要赋煤盆地的边缘地带推覆式滑脱构造具有一定的普遍性，在准南煤田的乌鲁木齐煤矿井田范围内，对勘探、生产资料的对比研究发现，所谓逆冲断层的叠瓦状组合实为推覆式滑脱构造，纠正了对井田断裂构造发育规律的认识，可以更好地服务于煤炭资源的安全高效开采，见图29-1。

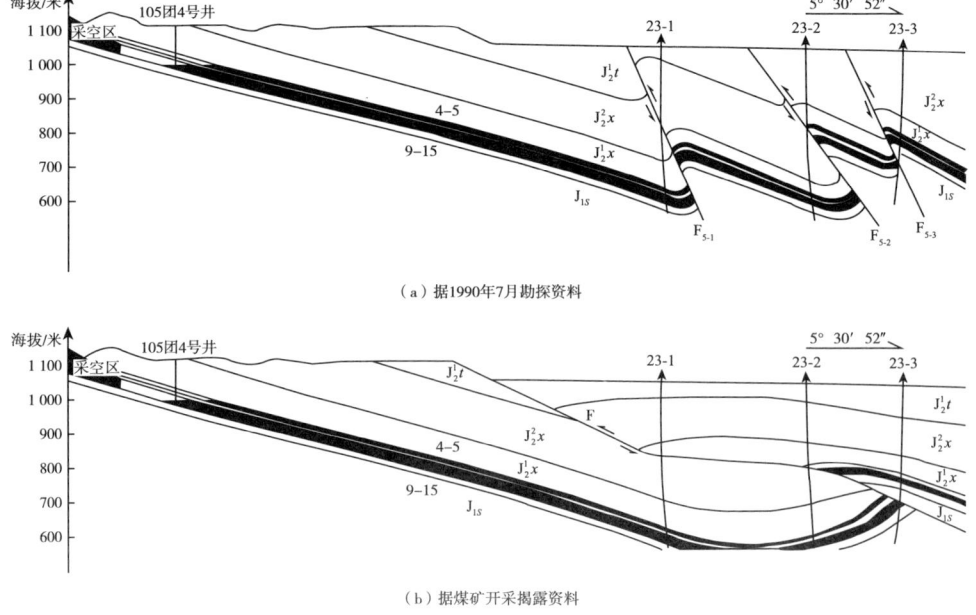

图29-1 乌鲁木齐煤矿推覆构造的认识过程

(2)煤系气综合研究与共采。

研究了煤炭资源与煤层气、页岩气、天然气水合物多种非常规天然气资源的相互成因联系,建立了煤盆地内相互有成生关系的多能源资源成藏模式,阐述了煤层气、页岩气及天然气水合物与聚煤作用和煤化作用关联紧密,提出了煤盆地煤系气概念。

煤系气是由整个煤系中的烃源岩母质在生物化学及物理化学/煤化作用过程中演化生成的仍保存在煤系中的天然气,包括煤层气、页岩气、致密砂岩气,在青藏高原冻土地区还包括天然气水合物。将煤系中的非常规天然气作为一个系统进行整体研究,通过对地质作用过程的研究将各地质要素联系成一个有机整体,揭示煤化作用、构造作用、地质环境条件之间的时空耦合关系,探讨区域地质背景与演化对煤系中气体形成的控制作用,形成特有的煤系气研究与资源评价路线。

(3)构建了西北地区陆相含煤盆地煤炭、煤层气、页岩气、水资源四位一体的协同勘查技术体系。

多能源矿产协同勘查理论的核心由煤与其共伴生多能源矿产控制因素的识别、聚煤规律研究、成因机制分析、矿产组合类型与聚集单元划分、资源评价、生态环境保护等内容构成。协同勘查实践由多能源矿产快速精细整装勘查、勘查技术与方法优化、技术与经济综合评价、生态环境保护及可持续开发资源保障等组成。含煤盆地煤、煤系非常规天然气及水资源呈共伴生产出,在探煤的同时,实现了煤层气、页岩气、水资源的系统评价与多能源矿产协同勘探开发,避免了单矿种勘查造成的重复工作和部分资源被遗漏。

煤炭地质勘查理论与综合勘查技术研究取得了长足进步,在系统分析中国煤炭资源赋存规律和煤炭资源勘查工作特点的基础上,将传统的以资源勘查为核心的"煤田地质勘探"发展为以煤为主,涵盖煤炭资源调查、勘查、矿井建设、安全生产、环境保护勘查,煤层气和与之有一定生成关系的洁净能源及共伴生矿产资源勘查与评价的"煤炭资源综合勘查",形成了以中国煤炭地质理论新进展为支撑,由煤炭资源遥感技术、高精度地球物理勘查技术、快速精准地质钻探技术、煤炭资源勘查信息化技术、煤矿区环境遥感监测与治理技术及煤质测试化验技术等关键技术构成的立体的、信息化的煤炭地质综合勘查理论与技术体系。

29.2.2 西部煤炭资源丰富,已建成和在建一批大型特大型矿井

(1)西部具有丰富的煤炭资源。

西部五省区煤炭资源丰富,且相对集中,是国家大型煤炭基地集中分布区。

保有和预测资源总量达 3.85 万亿吨，占全国的 66.2%，其中保有资源量 10 392.45 亿吨，占全国的 53.4%；1 000 米以浅预测量达 10 241.24 亿吨，占全国 1 000 米以浅预测总量的 71.2%；基础储量为 626.00 亿吨，占全国的 22.9%；储量为 328.68 亿吨，占全国的 22.1%。详见表 29-1。

表 29-1 西部煤炭资源现状   单位：亿吨

地区	累计探明资源量	保有资源量	1 000~2 000 米预测量	1 000 米以浅预测量	储量	基础储量
内蒙古西部	5 805.30	5 767.40	5 077.49	987.19	108.11	180.19
陕北	1 814.43	1 794.15	2 092.99	166.28	125.85	209.75
宁夏	383.89	376.92	1 339.36	131.65	18.13	42.12
甘肃	167.45	158.66	1 502.69	154.11	23.57	45.91
新疆	2 311.73	2 295.32	7 879.84	8 802.01	53.02	148.03
总计	10 482.80	10 392.45	17 892.37	10 241.24	328.68	626.00

西北地区绿色煤炭资源集中分布在陕西中北部、内蒙古中西部、新疆以及宁夏部分地区。经评价得出，绿色煤炭资源保有量 9 234.59 亿吨（表 29-2），占全国绿色保有量的 92.45%，占研究区保有总量的 88.9%；绿色基础储量 473.64 亿吨（表 29-2），占全国绿色基础储量的 54.05%，占西北地区基础储量的 75.66%，占全国基础储量的 17.34%；绿色储量 251.37 亿吨（表 29-2），占全国绿色储量的 54.9%，占西北地区储量的 76.5%，占全国储量的 16.89%。远景绿色储量 7 494.2 亿吨。

表 29-2 绿色煤炭资源勘查开发现状表   单位：亿吨

地区	总保有量	保有尚未利用量					储量	基础储量
		合计	勘探	详查	普查	预查		
陕西	1 451.11	1 291.52	206.81	195.84	339.5	549.37	97.81	163.02
内蒙古西部	5 318.43	5 215.1	561.52	409.25	1 288.77	2 955.56	93.93	156.55
新疆	2 085.19	1 453.14	275.87	176.42	1 000.85	—	32.94	105.02
陇东	124.59	112.51	11.3	26.4	72.32	2.49	14.5	28.46
宁夏	255.27	141.52	78.29	24.15	15.58	23.50	12.19	20.59
合计	9 234.59	8 213.79	1 133.79	832.06	2 717.02	3 530.92	251.37	473.64

注：宁夏包括宁东煤田的灵武、鸳鸯湖、马家滩、积家井、萌城五个侏罗纪矿区

（2）煤层结构简单，煤质优良。

研究区以中厚-厚煤层为主，大多数煤层赋存稳定，结构简单，倾角缓。主要

矿区煤层多为浅埋深，顶板一般具有稳定或坚硬的特点，多为低瓦斯矿井。未来几十年，提高煤炭质量，提高优质煤炭使用比重是大势所趋，优质煤炭使用范围将逐步扩大，从西部调出更多优质环保煤炭对改善全国大气环境意义重大，西部煤炭具有广阔的市场前景。

（3）煤炭产量年均增幅超过10%，全国占比持续提升。

2000~2016年，西部五省区煤炭产量从1.86亿吨增长至16.35亿吨，占全国煤炭产量的比例由14.93%增加至47.9%。西部五省区无论在煤炭资源量、探明储量还是产量、产能等各个方面都具有绝对优势，我国煤炭工业的持续发展主要源于西部煤炭开发利用水平的快速提升。

（4）煤炭产能规模持续增加，机械化、自动化和安全生产水平不断提高。

西部五省区煤炭资源丰富，且相对集中，是国家大型煤炭基地集中分布区。目前我国已建成的特大型现代化矿井和高产高效工作面多数都在西部。根据《煤炭工业发展"十三五"规划》，到2020年，煤炭生产开发进一步向大型煤炭基地集中，14个大型煤炭基地产量37.4亿吨，占全国煤炭产量的95%以上。

29.2.3 煤炭行业科技创新步伐加快，助推西部煤炭产业转型升级

1. 西部高效开发先进工程科技达到国际先进水平

6~8米厚煤层一次采全高大功率自动化技术装备与15~20米特厚煤层大采高综放装备取得突破。自动化、智能化综采工作面成套装备技术快速发展，建设了一批年产千万吨，具有国际先进水平的现代化安全、高效矿井。

2. 绿色开发工程科技

1)"地下水库"新技术

为了适应我国西部浅埋深、薄基岩特点的煤炭资源保水开采需要，神东公司提出了"地下水库"新技术，创新性研究和开发了更加实用的保水开采技术及措施，实现了水资源保护由"堵截"向"导储用"的转变。

2）水资源综合利用技术

煤矿开采（井工和露天）会对地下水资源形成破坏，西部在煤炭开发利用时应用了先进的水资源综合利用技术。新疆神新能源公司各矿井根据特殊的地理位置和生产特点，提出矿山排水、供水、生态环境保护三位一体的优化管理，采用"三级处理"技术，实现了对污水的分质分类处理与利用，提高了废水资源利用率，节约了净水资源。

3）地表生态修复技术

在西部人口聚居区仍要采取地表生态修复，防止沙漠化趋势蔓延。对于平原地区，采后地表会形成塌陷区，应根据塌陷区是否积水、塌陷区所在位置、当地生态环境现状以及区域经济发展情况等综合因素，制定合适的生态恢复方向，并结合环境学、生态学等学科理论，提出平原塌陷区不同的生态恢复方案。对于西部多山地区，采后地表不会形成明显的塌陷盆地，治理方向以生态环境修复以及预防地质灾害为主。对于西北草原地区，采后地表塌陷较严重，主要根据塌陷后地面高差情况，因地制宜地采用工程手段，进行人工造坡，将塌陷区修整为缓坡，并选取适宜的草种搭配，在缓坡种草，减少草原水土流失。

3. 煤炭清洁高效利用先进工程科技

1）西部燃煤发电先进工程科技

燃煤发电是西部煤炭消费的主要方向。在西部煤炭消费结构中，发电和供热消耗5.2亿吨，约占西部煤炭消费总量的74.13%。从技术上来说，西部燃煤发电技术较为先进，全球首台百万千瓦级超临界空冷机组、全国单机容量最大机组、世界首台600万千瓦超临界循环流化床机组、全国单机容量最大机组等先进机组均在西部。目前我国正在研发更高参数（700℃）的机组，另外针对新疆准东高碱煤也在开发其适用的锅炉。

2）西部现代煤化工先进工程科技

煤炭化工转化是我国煤炭利用重点方向，西部是目前我国煤炭化工转化发展的主要地区。据《中国统计年鉴2016》，西部煤化工用煤1.41亿吨，占西部煤炭消费的20.03%。现代煤化工产业在西部得到快速发展，据不完全统计，"十二五"时期煤化工总投资接近7 000亿元。西部吸引了一大批资金实力雄厚、技术力量突出的大型能源企业进驻，全国成功实现商业化稳定运行的新型煤化工项目主要集中在该区域，引领了煤化工产业发展方向，西部已经具备了建设世界一流现代煤化工基地的各种条件。

29.2.4 代表世界先进水平的大型现代煤化工项目在西部建设

西部榆林国家级能源化工基地、鄂尔多斯能源与重化工产业基地、宁东能源化工基地以及陇东能源基地的规划与建设相继获得国家相关部门的批复与政策支持。表29-3~表29-6为我国规划建设的各类现代煤化工项目，大部分都分布在我国西北部地区。

表 29-3 截至 2017 年 5 月煤炭液化项目统计

序号	建设地	建设公司	投产产能/（万吨/年）	产能/（万吨/年）	进度
1	内蒙古鄂尔多斯	神华集团	108	392	先期 108 万吨/年投产
2	内蒙古鄂尔多斯	神华集团	18	18	投产
3	内蒙古鄂尔多斯	伊泰集团	16	16	投产
4	山西长治	山西潞安	21	21	投产
5	陕西榆林	兖矿集团	100	100	投产
6	宁夏宁东	神华宁煤集团	400	400	投产
7	山西长治	山西潞安		100	在建
8	新疆伊犁	伊泰集团		100	前期工作
9	内蒙古鄂尔多斯	伊泰集团		200	前期工作
10	贵州毕节	渝富集团		200	前期工作
	合计		663	1 547	

表 29-4 截至 2017 年 5 月煤制天然气项目统计

序号	建设地	建设公司	投产产能/（亿米³/年）	产能/（亿米³/年）	进度
1	内蒙古克什克腾旗	大唐集团、北京燃气集团、新天域资本	13.3	40	核准，一期投产
2	辽宁阜新	大唐集团		40	核准，在建
3	新疆伊犁	庆华集团	13.8	55	
4	内蒙古鄂尔多斯	内蒙古汇能集团	4	16	核准，一期投产
5	新疆伊犁	新天煤化工	20	40	在建
6	新疆伊犁	中电投		60	前期工作
7	新疆伊犁	苏新能源		40	前期工作
8	新疆准东	华能集团		40	前期工作
9	新疆准东	新疆龙宇		40	前期工作
10	新疆准东	中石化		80	前期工作
11	新疆准东	浙能集团		60	前期工作
12	新疆准东	新疆广汇		40	前期工作
13	新疆准东	新疆生产建设兵团		40	前期工作
14	内蒙古鄂尔多斯	中海油		40	前期工作

续表

序号	建设地	建设公司	投产产能/（亿米³/年）	产能/（亿米³/年）	进度
15	内蒙古鄂尔多斯	北京控股		40	前期工作
16	内蒙古鄂尔多斯	河北建设		40	前期工作
17	内蒙古鄂尔多斯	新蒙能源		40	前期工作
18	内蒙古鄂尔多斯	华星能源		40	前期工作
19	内蒙古兴安盟	国电集团		40	前期工作
20	山西大同	中海油、同煤集团		40	前期工作
21	安徽淮南	安徽省能源集团、国投新集		22	前期工作
	合计		51.1	893	

表 29-5　截至 2017 年 5 月煤制烯烃项目统计

序号	建设地	建设公司	投产产能/（万吨/年）	产能/（万吨/年）	进度
1	内蒙古包头市	神华集团	60	60	投产
2	宁夏宁东	神华宁煤集团	50	50	投产
3	内蒙古多伦县	大唐国际	50	50	投产
4	渭南市蒲城	陕煤化蒲城	68	68	投产
5	陕西榆林	中煤榆林	60	60	投产
6	陕西榆林	陕西延长中煤榆林能源化工有限公司	70	70	投产
7	宁东	宝丰能源	60	60	投产
8	青海格尔木	青海盐湖	33	33	投产
9	内蒙古鄂尔多斯	中天合创	35	130	一期投产
10	新疆乌鲁木齐	神华新疆	68	68	投产
11	安徽淮南	中安联合		65	在建
12	陕西榆林	神华集团		130	在建
13	甘肃平凉	平凉华泓汇金煤化有限公司		70	前期工作
14	黑龙江双鸭山	黑龙江龙泰煤化工公司		60	前期工作
15	陕西榆林	中煤能源		60	前期工作
16	河南	中石化-河南煤化		65	前期工作

续表

序号	建设地	建设公司	投产产能/(万吨/年)	产能/(万吨/年)	进度
17	贵州毕节	中石化		60	前期工作
18	内蒙古鄂尔多斯	中电投		80	前期工作
19	内蒙古呼伦贝尔	神华集团		68	前期工作
20	青海格尔木	青海矿业		60	前期工作
21	内蒙古包头	神华集团		65	规划
22	陕西蒲城	陕煤化蒲城		120	规划
23	陕西榆林	延长石油		60	规划
24	甘肃玉门	中汇洋集团有限公司		136	规划
	合计		554	1 748	

表29-6 截至2017年5月煤制乙二醇项目统计

序号	建设地	建设公司	投产产能/(万吨/年)	产能/(万吨/年)	进度
1	内蒙古通辽	通辽金煤	20	20	投产
2	河南濮阳	河南煤化工集团、通辽金煤	20	20	投产
3	河南安阳	河南煤化工集团、通辽金煤	20	20	投产
4	河南永城	河南煤化工集团、通辽金煤	20	20	投产
5	河南新乡	河南煤化工集团、通辽金煤	20	20	投产
6	河南洛阳	河南煤化工集团、通辽金煤	20	20	投产
7	湖北枝江	中石化	20	20	投产
8	内蒙古鄂尔多斯	新杭能源	30	30	投产
9	河南鹤壁	鹤壁宝马科技集团	25	25	投产
10	山西寿阳	阳煤集团	20	40	一期投产
11	河北深州	阳煤集团	20	20	投产
12	新疆	新疆天智辰业		15	在建
13	贵州黔西	黔希煤化工投资有限责任公司		30	在建
14	山西长治	山西襄矿泓通煤化工有限公司		30	在建
15	山西平定	阳煤集团		40	在建
16	贵州兴仁	贵州京宇能源投资有限公司		60	在建
17	黑龙江鹤岗	鸿点控股		40	在建

续表

序号	建设地	建设公司	投产产能/(万吨/年)	产能/(万吨/年)	进度
18	内蒙古鄂尔多斯	易高煤化科技		24	在建
19	内蒙古锡林郭勒	内蒙古苏尼特碱业有限公司		20	规划
20	安徽淮南	中安联合煤业化工有限公司		60	规划
21	安徽合肥	中盐安徽红四方股份有限公司		30	规划
22	黑龙江双鸭山	国电盛世公司		40	规划
23	内蒙古鄂尔多斯	内蒙古开滦化工有限公司		40	规划
24	内蒙古鄂尔多斯	久泰能源化工有限公司		50	规划
25	内蒙古鄂尔多斯	北京昊华		60	规划
26	内蒙古呼伦贝尔	呼伦贝尔慧力能源		20	规划
27	内蒙古锡林郭勒	阳煤集团		20	规划
28	内蒙古通辽	内蒙古康乃尔化学工业有限公司		90	规划
29	新疆阿拉尔	新疆生产建设兵团天盈石油化工股份有限公司		30	规划
30	新疆塔城	新疆新瑞祥和矿业有限公司		30	规划
31	陕西咸阳	陕煤化彬长		30	规划
32	贵州省毕节	贵州海通能化		30	规划
33	陕西榆林	神华集团		40	规划
34	内蒙古鄂尔多斯	兖州煤业		40	规划
35	内蒙古巴林右旗	内蒙古安捷新能源科技有限公司		70	规划
36	山西长治	山西一丁煤化工科技有限公司		30	规划
	合计		235	1 224	

29.2.5 宁东能源化工基地成为中国煤基清洁能源基地的典型代表

宁东能源化工基地是国家重点开发建设的大型煤炭基地、煤化工产业基地和西电东送火电基地。宁东能源化工基地以"煤—电—化工"为核心，按照"资源—产品—再生资源"经济发展模式，将基地建设成为生态循环健康协调、资源高效利用、符合国家循环经济发展规范的循环经济示范区；同时把优势产业和配套产业纳入循环经济系统，构建五大循环经济产业链，实现可持续发展。

经过十余年的发展，宁东能源化工基地已经形成了煤化工集成创新技术，形成了煤-电-化产业集群。截至 2014 年底，火电装机达到 891 万千瓦，新能源装机容量达到 307 万千瓦，煤化工产能达到 1 357 万吨，其中烯烃产能达到 160 万吨，成为全国最大的煤基烯烃生产基地，构建了煤炭—发电—化工转化—碳材料—综合利用循环经济产业链。通过±660 千伏电压等级直流输电工程，宁东直流外送电（向山东供电）突破 1 000 亿千瓦时，为受电地区减少二氧化碳排放 7 870 万吨、减少二氧化硫排放 22 万吨、减少氮氧化合物排放 19.3 万吨，经济和环保效益明显。

29.3 西部煤炭清洁高效利用需要解决的重大问题

29.3.1 西部绿色煤炭资源勘查程度低

绿色资源勘查方面，勘查程度高的资源量（保有已利用+保有尚未利用中的勘探级别）占比为 23.3%，勘查程度较高（详查）的资源量占比为 9%，勘查程度较低（普查）的资源量占比为 29.4%，勘查程度低（预查）的资源量占比为 38.3%；而绿色煤炭资源的开发程度仅为 11.6%，绿色煤炭资源的勘查开发也仍处于较低水平。

29.3.2 西部主要大型煤炭基地水资源和地表生态问题突出

在全国范围内，西部五省区煤炭资源开发强度最大，与之相矛盾的是生态环境最为恶劣。随着资源开发利用与生态环境协调发展要求不断提高，煤炭项目建设与水资源紧缺、水土流失等生态环境矛盾加剧，煤炭开发引发的地下和地表水系破坏、地表沉陷等对西部五省区生态环境造成较大影响，特别是陕西、宁夏不少老矿区环境治理设施滞后、环保欠账较多，环境恢复与保护长效机制仍有待进一步完善。新疆煤炭富集区的水资源问题也相当突出。新疆主要产煤地区的水资源极度紧张，如果不合理高效地采取节水、水权置换、调水等措施，未来煤电化工业发展将严重受限。

29.3.3 能源输送通道建设总体滞后

西部是保障全国煤炭供应的中坚力量，未来将成为保障国家能源安全的主要区域。西部煤炭主要调往华中、华东、华南和东北，现有的铁路、公路尚不足以支撑未来全国的能源需求。特别是新疆，作为我国资源最丰富的地区，由于运输通道及运输的经济性问题，产能难以得到有效的利用。另外，西部煤炭深加工产业持续发展，煤制油、煤制气等现代煤化工产品管道运输的归属和使用问题，也成为西部煤炭清洁高效利用的制约。

29.3.4　西部煤炭转化利用水平发展不均衡

近年来，西部五省区煤炭深加工及利用水平有了大幅度提高，特别是现代煤化工产业发展迅速，一大批新型煤化工项目陆续建成投产。

然而，西部五省区内部煤炭加工利用发展不均衡，相当一部分煤炭企业产品结构单一，煤炭加工转化产业链条短，资源综合利用率低，行业抵御风险能力弱。

29.3.5　煤炭及煤炭深加工领域的高素质专业人才短缺

我国煤炭行业正由资源劳动力密集型产业向人才资金密集型产业转型。目前行业从业人员整体文化水平较低。据相关研究，西部煤炭行业中初中及以下文化程度的从业人员占行业人员总数的59.8%，大专以上占比仅为7%左右；从总体分布看，西部具有中高级技术职称的专业技术人员增幅较东部低，且各层次人才总量明显偏少，中高级职称人员严重不足。技能型员工中，高级技师、技师、高级工的缺口基本在10%以下。未来西部煤炭清洁高效利用发展亟须提高中高级职称人员占比和数量。

西部煤炭转化方面的高素质专业技术人才极为缺乏。西部一些煤化工项目多在环境十分艰苦的地方，很难引进和留住高级专业人才。此外，西部煤炭资源开发利用还存在整体煤炭开发的安全高效水平有待加强，行业职业健康水平不足，煤炭开发引起的地表生态问题，区域煤炭产业同质竞争与产能过剩，先进燃煤发电技术应用推广亟待加强等问题。

29.4　西部实现煤炭清洁高效利用的综合判断

（1）西部煤炭产能过剩，未来20年需求约束下的煤炭产量增幅有限。

（2）西部煤炭开发利用的主要约束是水资源、生态环境容量，工程科技发展可以保障煤炭资源的清洁高效开发利用，全面提升煤炭清洁高效开发利用水平。

（3）未来20年西部煤炭发展的空间在于煤电化大型基地建设，应严格区分不同区域的发展定位。

（4）"一带一路"倡议为中国煤炭工业向全球拓展提供了机遇与挑战。

（5）新疆煤炭产业发展面临全方位竞争，必须寻求新的产业定位和创新发展思路以破解其发展瓶颈。

第 30 章 西部煤炭清洁高效利用的战略思路与目标

30.1 战略定位

丰富的煤炭资源优势、优越的开采条件、良好的发展基础、便捷的能源外运通道决定了西部在我国能源格局中的不可替代性，未来较长一段时间内，西部作为我国最重要能源化工基地的战略地位将进一步得到巩固，是保障我国能源持续、稳定、安全、经济性供应的基石。具体可做如下定位。

（1）我国能源安全的基石。西部是我国煤炭资源富集区，以厚煤层为主，开采条件好，十分有利于综合机械化规模化开采，煤炭产品具备中高发热量、低灰、低硫特征，适合打造为我国最重要的清洁煤炭、清洁电力供应基地，成为保障我国能源安全的基石。

（2）世界一流的现代煤化工核心区。西部聚集了神华、中煤、兖矿、伊泰、庆华等一大批资金实力雄厚、技术力量突出的大型能源企业，全国成功实现商业化稳定运行的新型煤化工项目主要集中在该区域，如神华上湾108万吨煤直接液化、神华宁煤400万吨间接液化、中煤榆林60万吨煤制烯烃、伊泰准格尔16万吨间接液化、新疆伊犁庆华13.8亿立方米煤制气等，技术指标先进，引领了煤化工产业发展方向，西部已经具备了发展世界一流现代煤化工的各种条件。

（3）中国煤炭工业升级发展的主战场。未来一段时间，东部煤炭资源接近枯竭，中部生态环境压力增大，决定了煤炭开发布局将加速西移。西部煤炭资源条件好，具备建设大型、特大型安全高效绿色矿井的条件。随着先进煤炭开发转化利用技术在西部的广泛应用，西部煤炭工业快速发展，2016年我国西部五省区煤炭产量已占全国煤炭总产量的48%。"一带一路"倡议的持续推进还将进一步带动西部煤炭产业国际化进程，不断提升我国煤炭工业整体竞争力。

30.2 指导思想

深入贯彻习近平新时代中国特色社会主义思想，认真落实西部煤炭产业发展的总体要求，充分发挥西部的煤炭资源优势，以加快西部煤炭产业发展方式转变为主线，着力推进煤炭资源开发利用方式的变革。按照"基地化、规模化、集约化、集群化、循环化"的模式打造我国最大的煤电化工基地，推动煤炭开发和利用方式革命，促进煤炭及相关产业协调发展、转型发展、升级发展和平稳健康发展，形成区域内分工合作、各具特色的有序竞争格局，将西部建设成为大型现代化能源化工基地，提升西部煤炭乃至煤炭行业整体竞争力，助力实现强国目标。

30.3 发展目标

通过煤炭安全绿色开采和清洁高效利用，把西部建设成为我国清洁煤炭生产基地、转化基地、调出基地，形成能源化工产业核心区，以及重要的能源供应增长极和承接能源密集型产业战略转移的聚集区，进一步增强国家能源安全保障能力，打造煤炭工业升级版，促进区域经济社会又好又快发展。西部煤炭资源清洁高效开发利用战略主要目标见表30-1。

表30-1 西部煤炭资源清洁高效开发利用战略主要目标

目标	数量指标	2020年	2035年	2050年
绿色煤炭资源勘查	绿色储量占全国绿色储量比重	70%	80%	90%
煤炭开发	煤炭产量/(亿吨/年)	20.2	21.5	20.1
	煤炭绿色产能占比	75%	90%	95%
	产量在全国占比	53.2%	63.2%	69.3%
	全员劳动工效/[吨/(人·年)]	3 000	5 000	7 000
	智能化工作面推广应用率	30%	70%	90%
	原煤入选率	80%	应选尽选	应选尽选
煤炭转化利用	煤炭外运量/(亿吨/年)	10.2	9.5	7.1
	煤炭利用量/(亿吨/年)	10.0	12	13
	煤炭深加工能效较2015年提高	10%	15%	20%
	煤炭深加工水耗较2015年降低	40%	50%	60%
人力资源建设	原煤生产人员占比	60%	80%	90%
	技能层人员占比	65%	90%	95%
	人均年收入>10万元占比	45%	70%	80%

至 2020 年，区内绿色煤炭资源储量在全国绿色煤炭资源储量的比重提高到 70%，安全绿色矿井产能占全部总产能的 75%以上，绿色煤炭资源开发利用比重提升至 35%以上。煤炭产量 20.2 亿吨，其中，区内消费量 10.0 亿吨，调出 10.2 亿吨。初步建成西部煤炭安全绿色高效开采体系，智能化工作面推广应用率 30%，全员劳动工效达到 3 000 吨/（人·年）以上。原煤入选率提高到 80%；煤炭燃烧全部实现超低排放，达到超低排放水平的先进工业锅炉技术使用率占 80%左右；煤炭清洁高效转化完成升级示范，能效较 2015 年提高 10%，水耗降低 40%；原煤生产人员占比达 60%，其中生产一线人员占 90%，技能层人员占比达 65%。

至 2035 年，西部绿色煤炭资源储量占全国绿色储量的比重提高到 80%，安全绿色矿井产能占全部总产能的 90%以上，绿色煤炭资源开发利用的比重提升至 50%以上。到 2035 年，西部煤炭产量 21.5 亿吨，其中，区内消费量 12 亿吨，调出 9.5 亿吨。智能化工作面推广应用率 70%，全员劳动工效达到 5 000 吨/（人·年）以上。煤炭燃烧全部实现常规污染物近零排放，燃煤工业锅炉全部实现超低排放；煤炭清洁高效转化能效较 2015 年提高 15%，水耗降低 50%；原煤生产人员占比达到 80%，其中生产一线人员占 95%，技能层人员进一步达到 90%。

至 2050 年，西部绿色煤炭资源储量占全国绿色储量的比重将达到 90%；西部煤炭产量 20.1 亿吨；区内消费量 13 亿吨，调出 7.1 亿吨。西部煤电化生产基地全面建成，基本实现由供应煤炭向输出清洁能源化工产品模式转变，成为我国最大的清洁能源生产中心。全面建成西部煤炭安全绿色高效开采体系，智能化工作面推广应用率 90%，全员劳动工效达到 7 000 吨/（人·年）以上。煤炭燃烧全部实现包括二氧化碳在内的近零排放；煤炭清洁高效转化能效较 2015 年提高 20%，水耗降低 60%；原煤生产人员占比达到 90%，其中生产一线人员占 97%，技能层人员占比 95%。

根据对西部五省区煤炭产业和经济社会发展的总体判断，综合考虑资源、环境、技术、经济等因素，提出西部煤炭资源清洁高效开发利用战略路线图，如图 30-1 所示。

2020~2035 年，在煤炭绿色开采及清洁利用两个方面开展工程科技的攻关和应用升级，形成机械化-自动化-智能探测与控制的高效开发技术演进路线和超低污染及生态保护-近零排放-废弃物无害化处理的清洁绿色利用技术演进路线。

2036~2050 年，开展煤炭绿色开采及清洁利用颠覆性技术研究及工程应用，形成物理化学联合开采-无人开采和 CCUS（carbon capture, utilization and storage, 碳捕获、利用与封存）-生态环境重建的开发利用一体化方式，最终实现煤炭开采利用的清洁、高效、绿色。

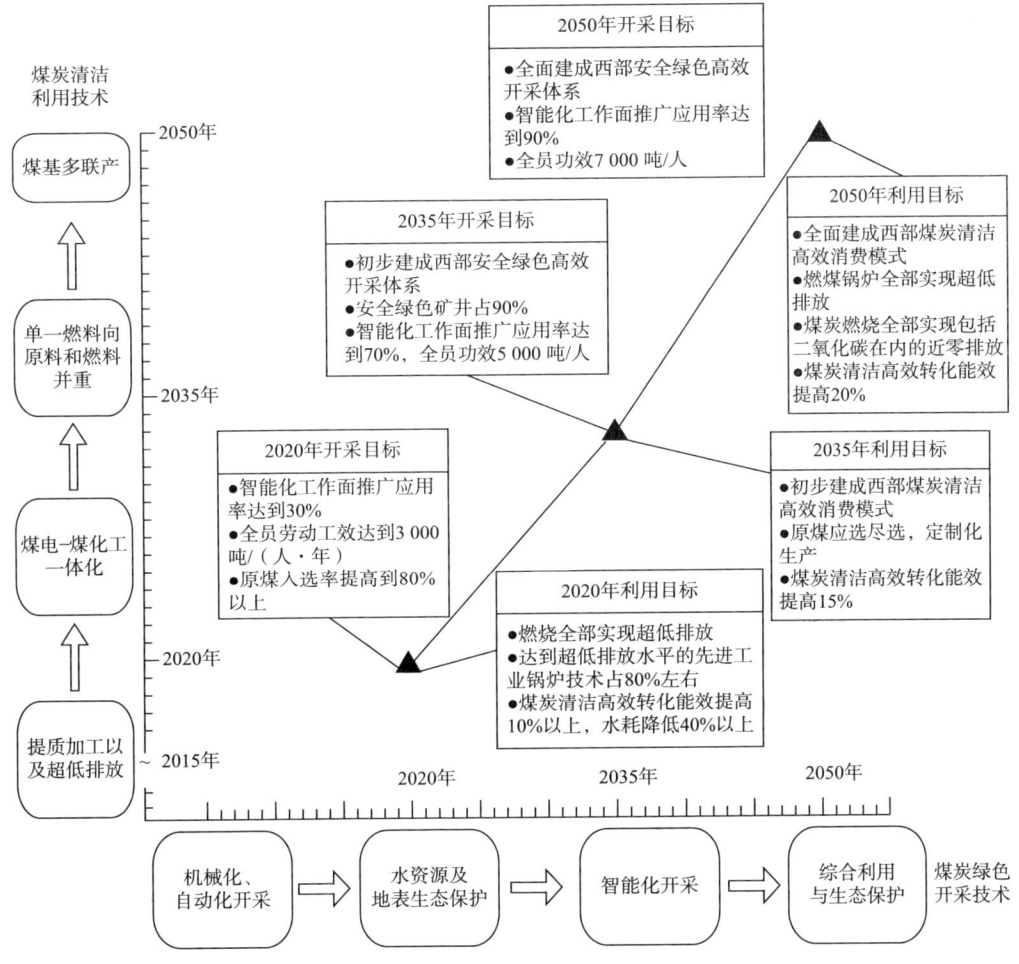

图 30-1 西部煤炭资源清洁高效开发利用战略路线图

30.4 西部煤炭产业战略布局

30.4.1 煤炭需求

根据全国市场空间，充分考虑煤炭进出口、各省（区）煤炭生产、消费、外运现状和发展趋势，对西部煤炭生产进行布局。相对于"十二五""十三五"西部煤炭产量快速增长，"十四五"及之后增速明显放缓，受资源约束宁夏增长空间不大，受市场约束甘肃增长受限，内蒙古、陕西、新疆是增长主力。2020年超过20亿吨后，西部产量进入缓慢增长期，见表30-2。

表 30-2　西部煤炭生产消费调出表　　　　　　　　　　　单位：万吨

分区	2016年			2020年			2035年			2050年		
	生产	消费	调出	生产	消费	调出	生产	消费	调出	生产	消费	调出
内蒙古	84 559	36 675	47 884	107 000	41 000	66 000	107 000	47 000	60 000	100 000	49 000	51 000
陕西	51 566	19 671	31 895	60 000	24 000	36 000	60 000	24 000	36 000	50 000	28 000	22 000
甘肃	4 254	6 378	-2 124	6 000	7 000	-1 000	7 000	8 000	-1 000	7 000	8 000	-1 000
宁夏	7 069	8 665	-1 596	9 000	10 000	-1 000	8 000	11 500	-3 500	5 000	11 500	-6 500
新疆	16 073	14 600	1 473	20 000	18 000	2 000	33 000	30 000	3 000	39 000	34 000	5 000
合计	163 521	85 989	77 532	202 000	100 000	102 000	215 000	120 500	94 500	201 000	130 500	70 500

30.4.2　淘汰落后产能

2016 年 2 月，《国务院关于煤炭行业化解过剩产能实现脱困发展的意见》（国发〔2016〕7 号）提出，从 2016 年开始，用 3 至 5 年的时间，再退出产能 5 亿吨左右，减量重组 5 亿吨左右。《煤炭工业发展"十三五"规划》提出，"十三五"期间化解淘汰过剩落后产能 8 亿吨/年左右。其中西部五省区的目标是 1.5 亿吨/年，占 17.9%。2021~2035 年将是报废高峰期，西部五省区共淘汰 3.4 亿吨。

30.4.3　煤矿建设

煤炭"黄金十年"高回报率刺激各行各业巨额资金投入煤炭开发，西部未批先建煤矿高达 5.2 亿吨/年，这些煤矿地处资源条件好、开采成本低的西部，竞争力强，国家宜根据淘汰落后产能需要，适当把握核准节奏，有序转正这批煤矿。因此，总体上看，2025 年前西部不需要再安排新建煤矿，若新疆煤炭消费和外运量能够达到预计的规模，2035 年前新疆存在产能扩展空间，但存在较大不确定性。

30.4.4　煤炭消费

2015 年，西部五省区煤炭消费量 7.8 亿吨，内蒙古 3.3 亿吨，排第一位，其次是陕西和新疆，宁夏、甘肃消费量较低。2020 年消费量主要依据在建煤电、煤化工项目投产情况进行预测，内蒙古、新疆消费增长很快，五省区增长 2.75 亿吨，是全国消费增量的 2 倍，说明煤炭消费在快速向西部转移。2025 年西部消费量还有一定增长，但增速明显放缓。

30.4.5 煤炭外运

2015年和2016年西部净调出煤炭分别为9亿吨和7.8亿吨,主要调往华中、华东、华南和东北,西部是保障全国煤炭供应的中坚力量。面对产能过剩,西南、华中和东北等落后产能集中地区需加大落后产能淘汰力度,西部以外其他区域煤炭产量快速下降,虽然消费量也在下降,但下降速度低于产量下降速度,需要调入的煤炭还要增加,2035年前西部净调出煤炭应稳定在10亿吨左右,2050年将下降到7亿吨左右。

30.5 西部煤炭资源清洁高效利用的重点任务与实施路径

30.5.1 加强西部绿色煤炭资源勘查力度,提高绿色煤炭资源保障能力

勘查评价绿色整装煤炭基地,同时加强绿色整装煤田快速精细勘查技术的攻关和推广应用。在大区评价非绿色区适度开展对于煤炭资源禀赋优良靶区的优选工作,进一步发现新的绿色资源并开展精细评价,为开发产能就近聚拢转移提供便利条件。另外,西部绿色煤炭资源的开发在注重资源自身禀赋条件的同时,要侧重考虑经济因素和环保因素。经济因素则要考虑交通与用水,环保因素则要考虑西部戈壁沙漠无人区的特性(发掘这一特性的优势),即开发绿色煤炭资源要综合考虑经济与环境的综合成本。

加强煤炭资源、煤盆地、煤系、煤系共伴生三稀矿产资源、煤系非常规天然气和水资源四位一体的协同勘查,拓宽煤炭地质研究的范畴。不仅要研究煤炭资源赋存规律、煤质变化、开采技术条件等,还要重视开展煤盆地、煤系地层中的能源矿产和其他矿产资源的形成条件、成藏规律的研究。强化煤化作用-构造作用-地质环境条件之间的时空耦合关系研究,建立煤与煤系中的煤层气、页岩气或天然气水合物等以及煤中的镓、铀、铝土矿等矿产和水资源四位一体的成藏模式,为煤盆地多能源、多矿产协同勘查提供支撑。

30.5.2 以煤炭高效绿色开发技术推动煤炭资源向绿色清洁能源转变

(1)加强煤炭开采智能化、信息化技术的研究和应用,实现不同程度的工作

面少人化或无人化开采作业，建设基于"互联网+"的多信息融合数字化矿山。主要包括：研究复杂煤层自适应割煤技术（调高、导航），支护自适应、行走调直、自纠偏技术，自动化超前支护技术等；推广基于分布式决策的工作面智能控制平台，井上井下全煤流监控无人值守技术，采矿物联网+数字化矿山技术；实现矿井主要功能地面遥控，少部分顺槽控制；实现回采工作面无人化、掘进工作面少人化的目标。充分利用互联网、大数据、云计算等技术加强信息获取和融合处理；建立与生产装备信息融合的高精度时态（四维）地理信息系统（geographic information system，GIS）及数字化矿山模型。

（2）采区开拓方式变革与智能化快速掘进。目前，采区开拓在向着大型化、集中化发展，一矿一水平一面的少煤柱开采方式得到逐步推广，N00工法、沿空留巷等不掘巷道、少掘巷道的工艺开始投入研究并发展。研发掘、支、锚、运、探一体化快速掘进装备，突破智能截割、快速支护及锚固、快速运输、智能通风及安全保障等关键技术；研发实现采区开拓、智能化快速掘进技术，提升巷道掘进效率，解决采掘接替矛盾。

（3）加大绿色开发技术及装备的研发和投入。绿色开采主要包括三个方面的内容。一是矿井水资源的综合利用：建立煤矿与电厂或煤炭转化企业之间的矿井水联合供给和利用系统，研发低成本的矿井水处理技术和装置。针对西部许多矿区存在的高矿化度矿井水，借鉴在海水淡化中使用的低温多效脱盐技术，从蒸汽成本、燃料成本、材料消耗量及等级、资源化利用方面进行攻关，研发高矿化度矿井水处理技术。二是充填、地下水库等低生态损害的煤炭绿色开发及资源综合利用技术：包括充填采煤对地表沉降控制能力与策略、新型充填材料研制及配套输送系统、充填装备的选型与设计等。地下水库技术是煤矿开采中对水资源进行保护和利用的综合性技术，按水资源自身的运移规律或在人工干预下汇集和储存，达到保护地下水资源和地表生态的目的。三是对已经产生的生态环境破坏进行修复：重点探讨不同开采条件和环境下的生态环境的影响机理和土地及生态演变规律，建立矿区生态环境灾害预报预警、生态保护与恢复决策支持系统。研究减轻地表生态环境损伤的开采设计、酸性废石堆的治理、生态工程复垦、生物微生物生态环境恢复、地表生态环境治理的装备与材料的研发及产业化、水土保持等关键技术，逐步恢复采空区被破坏的地表形态和植被。

30.5.3 以先进工程科技和人力资源为支撑，全面提升西部煤炭综合竞争力

实现西部煤炭清洁高效利用，需着力解决的关键工程科技问题包括煤炭提质

加工技术、煤炭清洁高效发电技术、煤炭清洁高效转化技术、煤炭利用污染物控制技术等。在煤粉燃烧发电方面，660兆瓦富氧燃烧超超临界机组、超700℃超超临界机组已经投运；在循环流化床锅炉燃烧方面，1 000兆瓦超超临界机组已经投运；在IGCC（integrated gasification combined cycle，整体煤气化联合循环发电系统）方面，带有二氧化碳减排的500兆瓦电站已经投运。根据我国煤炭资源分布，富油低变质烟煤主要分布在新疆、陕西等地区，考虑水资源、生态环境等条件发展低变质烟煤分质利用，重点研发富油低阶煤分级转化等煤炭清洁高效转化技术，注重发展优质燃料油、柴油、汽油以及高附加值的酚油、苯等化工产品，实现分级分质利用，煤制油、煤制天然气、煤制烯烃等煤炭清洁高效转化是我国煤炭清洁高效利用的新方向。实现煤炭向燃料和原料并重转换。掌握污染物控制与二氧化碳减排关键技术，全面实现煤炭利用中的污染物控制。常规污染物在现有水平上减排80%以上。对加压富氧燃烧、化学链燃烧技术等进行工业示范，示范工程规模达到100兆瓦级以上。

重视人才队伍建设，为西部能源化工基地建设提供智力支持。以优惠政策引进人才，不断吸引和留住东北和中南部地区亏损煤炭企业和煤化工企业中的专业人才，给予引进人才科研启动资金、安家补贴等相关优惠，提供贷款贴息和资金担保等，提升西部人才队伍素质。在企业建立优质培训基地，建立一批具有一定规模、功能齐全、师资水平高、培训设施和手段先进的职业技术教育培训综合基地，逐步形成高、中、初三级职业技能培训网络。

抓住"一带一路"机遇，提高企业适应市场能力，全面提升煤炭产业竞争力。鼓励国内煤炭企业通过购买、风险勘探、投资建矿等方式获取煤炭资源，加大与澳大利亚、印度尼西亚等资源优势突出国家煤炭领域的合作力度，发展煤-电、煤-焦炭-钢铁、煤-合成氨等煤炭加工利用产业，通过下游产业带动上游煤炭开发，增加发电、输配电装备出口。以资本、先进设备和技术输出为重点，逐步拓展以印度、巴基斯坦、孟加拉国为代表的潜在煤炭需求增长国市场。随着欧亚、东亚跨国铁路建设的进一步开发，通过参与煤炭贸易物流，逐步构建亚太煤炭贸易走廊。

30.5.4 合理布局西部大型能化基地，促进煤炭全产业链的协调发展

（1）全面规划西部大型煤炭基地，因地制宜进行生态保护和恢复。

生态恢复必须遵循待恢复区域自然规律和经济规律，制定区域总体发展规划，做到统筹兼顾，协调发展。不同类型煤炭基地，除自然条件的地域性差异之外，社会经济、生产技术条件与矿区开发的历史等都不尽相同。生态恢复规划要根据

当地的现实基础，从实际出发，因地制宜合理制定规划目标和技术措施，达到社会效益、经济效益和生态效益的统一，促进区域的可持续发展。

（2）建设西部大型煤炭开发利用基地。

西部大型煤炭基地建设，对保障国家能源安全、优化煤炭工业结构、促进资源地区经济和社会发展具有重要意义。建设原则：规范开发秩序，推进制度创新，优化生产结构，促进产业融合，支持煤电、煤化、煤路等一体化建设；发展循环经济和加强环境保护；加强配套建设和规划衔接，做好各矿区铁路与运煤通道的衔接和配套。最终形成稳定可靠的煤炭调出基地、电力供应基地、煤化工基地和资源综合利用基地。

（3）达成煤基多产品联产和最佳耦合，实现物质闭环循环、能量多级利用。

坚持基地化、园区化、循环化发展，延伸拓展煤化工产业链，推进绿色循环发展，提升产品竞争力。以煤炭气化和煤炭热解为基础，进一步与其他能源资源耦合，实现煤与非煤能源协同利用，形成共享资源和互换副产品的产业共生组合。

第 31 章　新疆煤炭资源清洁高效利用若干重大问题与战略判断

31.1　新疆煤炭资源清洁高效利用的若干重大问题

31.1.1　水资源优化配置问题

新疆主要产煤地区的水资源供应紧张。2016 年,新疆总用水量 565 亿立方米,已经超过 2020 年红线 515.97 亿立方米。2016 年,新疆人均用水量 2 377 立方米,是全国人均用水量的 5.6 倍。万元 GDP 水耗 586 立方米,是宁夏、内蒙古、甘肃、陕西的 2~10 倍,用水效率较低。从用水结构上看,农业用水近乎占到了总用水量的 95%,而工业用水量不足总用水量的 3%。在水资源供应上,昌吉和哈密地区的地表水及地下水都已经严重超采。

31.1.2　生态环境制约问题

新疆绿洲面积不大、气候干旱、水资源时空分布不均、土壤质量差且沙化、盐碱危害严重,这些自然生态特征决定了新疆自然生态环境的脆弱性。在煤炭煤电煤化工项目建设及运营过程中,一旦对当地生态环境造成破坏或污染,将产生难以恢复的严重后果。此外,虽然新疆约占全国国土面积的 1/6,环境容量极大,然而全国环境排放指标并未根据实际地区环境容量进行分配,新疆的环境排放指标也有限。这些都影响了新疆煤炭开发利用产业的发展。

31.1.3　煤电化产业产能严重过剩

目前,新疆煤炭生产能力已经达到 3.6 亿吨/年,可满足 2020 年前的煤炭需求。新疆存在着实际产能严重过剩,而合法产能不足的问题。一些大型煤化工项目也进入前期开发阶段,新增的配套煤矿项目将进一步加剧新疆煤炭产能过剩问题。

另外，火电"十二五"期间超规划部分的装机达到了1 286万千瓦，加剧了火电产能过剩的情况。并且，新疆传统煤化工产能呈现明显过剩趋势，2016年，新疆焦炭的产量为1 574万吨，为疆内焦炭消费量的两倍以上，产能严重过剩，煤化工产品结构亟待调整。

31.1.4　煤炭开发利用市场竞争力问题

新疆远离东部煤炭消费中心，距华东地区3 000千米以上。与晋陕蒙宁煤炭基地项目比，新疆煤炭基地到我国东部能源消费中心的能源运输距离要远2 000千米以上，能源运输成本处于竞争劣势。

煤制油和煤制烯烃等现代煤化工产品将面临国内和国外产品的同时竞争。在未来几年内，世界油气市场供应宽松，这意味着油气价格不会急剧上升。根据新疆煤炭原料成本和现代煤化工技术，只有当石油原油价格回升到60美元/桶、华东天然气到岸价提高到2.5元/米^{3}以上时，新疆的煤制油和煤制天然气等产品才能盈利。

31.1.5　产业高效协同发展问题

新疆煤炭开发利用产业发展总体缺乏宏观统筹，产业定位、功能不清，致使产业布局和资源配置不尽合理，地区内缺乏整体协调互动。

31.2　新疆煤炭供需形势与市场潜力分析

31.2.1　电力工业新增煤炭需求预测

新疆未来的发展速度将高于全国平均水平，新疆电力需求增长也将高于平均水平。考虑到新疆经济增长速度、特高压电力外输规模和新疆可再生电力装机等多因素影响，按高中低三种情景预测新疆电煤需求装机变化，每五年的变化幅度按10%上下波动考虑。到2020年、2035年和2050年，基准情景下新疆电煤需求分别为1.1亿吨、1.3亿吨和1.3亿吨。

31.2.2　煤化工新增用煤预测

在今后15年内，新疆传统煤化工的煤炭消费将呈稳中有降的态势。现代煤化工是新疆煤炭需求增长最主要的领域之一。

考虑到"十三五"期间现代煤化工仍处于升级示范阶段，增长速度变化范围较小，按10%上下波动变化；"十四五"、"十五五"和"十六五"期间现代煤化工技术均已成熟，油气价格也会上升，尤其是天然气需求将快速增长，研究假定现代煤化工用煤增长按上下波动20%计算。到2020年、2035年和2050年，基准情景下新疆煤化工用煤需求分别为0.36亿吨、1.52亿吨和1.90亿吨。

31.2.3 煤炭外运市场预测

1. 周边市场

受煤炭市场竞争格局变化的影响，新疆煤炭周边市场主要包括甘肃中西部、宁夏西部和青海省。预计到2020年、2035年和2050年，三省区煤炭消费总量分别达到19 400万吨、22 500万吨和23 000万吨。在这三个省区中，甘肃的酒泉地区风电大规模发展，为保证风电"打捆外送"，需要配套建设大型煤电项目，哈密煤炭在当地具有较强的竞争优势，预计每年有1 000万吨的市场空间。兰州及以西地区可以就近使用哈密煤炭。新疆煤炭将主要销往宁夏西部，根据铁路建设规模，甘肃武威—宁夏中卫的运煤铁路预计在"十三五"期间建成，从而为新疆煤炭进入宁夏西部煤炭市场创造条件。青海煤炭需求也不断增长，将主要由准东煤田供应。

2. 华中及西南地区市场

在华中及西南地区，哈密煤炭主要竞争对手包括鄂尔多斯西部、榆林中南部、宁东和黄陇地区的煤炭。鄂尔多斯中部和西部、榆林中南部地区煤炭资源丰富，煤炭生产成本相对较低，在煤炭运输方面明显比哈密煤炭拥有竞争优势。宁东煤炭基地、黄陵矿区和彬长矿区对比新疆煤炭没有明显的竞争优势，对新疆煤炭在华中及西南市场没有直接影响。对于新疆煤炭而言，西南地区煤炭目标市场主要为川渝地区。到2020年、2035年和2050年，四川煤炭供应缺口分别为3 500万吨、4 700万吨和5 500万吨；重庆煤炭供应缺口分别为3 500万吨、4 300万吨和5 000万吨。

预计到2020年、2035年和2050年，新疆商品煤外运规模分别为2 000万吨、3 000万吨和5 000万吨。

31.2.4 煤炭需求预测结论

在基准情景（B）下，到2020年、2035年和2050年，新疆煤炭需求量分别为 2.04 亿吨、3.3 亿吨和 3.89 亿吨,煤化工是新疆煤炭需求增长的重点领域。新疆煤炭需求情景分析结果见表 31-1,考虑 A、B、C 三个情景的情况下,到 2020 年、2035 年和 2050 年,新疆煤炭需求分别为 1.92 亿~2.21 亿吨、2.95 亿~4.08 亿吨和 3.34 亿~4.79 亿吨。

表 31-1 新疆煤炭需求情景分析结果　　　　　　　　　　单位:亿吨

分行业	情景	2015 年	2020 年	2035 年	2050 年
电力工业	A	0.78	1.14	1.47	1.45
电力工业	B	0.78	1.11	1.27	1.25
电力工业	C	0.78	1.08	1.13	1.10
煤化工	A	0.1	0.40	1.90	2.40
煤化工	B	0.1	0.36	1.52	1.90
煤化工	C	0.1	0.32	1.41	1.70
其他行业		0.42	0.37	0.21	0.24
煤炭外运	A	0.1	0.3	0.5	0.7
煤炭外运	B	0.1	0.2	0.3	0.5
煤炭外运	C	0.1	0.15	0.2	0.3
煤炭需求合计	A	1.4	2.21	4.08	4.79
煤炭需求合计	B	1.4	2.04	3.3	3.89
煤炭需求合计	C	1.4	1.92	2.95	3.34

2015 年,新疆煤炭产能合计为 3.6 亿吨,完全可以满足 2020 年的煤炭需求。"十三五"期间新疆煤炭产业以优化结构为重点,着力淘汰落后产能,优化煤炭生产结构,提高产业集中度,新增煤矿产能原则上与煤炭转化项目配套建设。

31.3　新疆实现煤炭清洁高效利用的战略判断

新疆煤炭资源十分丰富,资源保障程度高,截至 2015 年底,全区已编制完成和正在编制的矿区总体规划 42 个,共规划井(矿)田 359 个,规划总能力 17.6 亿吨/年。影响新疆煤炭开发规模的主要因素包括水资源和市场需求,新疆煤炭需求主要由内部需求和煤炭外运规模确定。本书采用定性与定量分析相结合的方法，对新疆煤电化产业进行系统分析，得出以下判断。

31.3.1 目标市场的煤炭价格是决定疆煤外运经济合理半径的主要因素

经济合理半径是指在该销售半径内，煤炭的销售利润率应不低于10%。新疆外运煤炭主要是动力煤，本书重点分析新疆动力煤外运的经济合理半径。考虑到2012年底至2016年12月电煤价格的合理回归，本书选择2016年10月的电煤价格分析疆煤外运的经济合理半径。按照2016年10月各地区电煤实际价格，新疆煤炭的最远销售半径可抵达河南，运输距离为2 342千米，新疆煤炭主要外输目的地为甘肃和青海，其次为河南和四川。

疆煤外运经济合理半径是动态的，煤炭运输距离相对固定，煤炭生产成本变化也不大，决定经济合理半径的主要因素是目标市场的煤炭价格，经济合理半径随着目标市场价格的增长而扩大。

31.3.2 新疆煤炭的主要竞争对手及目标市场

我国14大煤炭生产基地中，服务华北地区和华东地区的煤炭基地最多，其生产规模大，包括神东、陕北、晋北等7大煤炭生产基地。新疆煤炭在2035年前无法与这些煤炭基地竞争。

在运输距离方面，对于华中市场，新疆煤炭主要面临山西、内蒙古西部和陕西煤炭的竞争，榆林和鄂尔多斯比新疆煤炭拥有1 000千米以上的运输距离优势。对于西南市场，云南和贵州煤炭市场主要由云贵煤炭基地供应，调入煤炭的地区主要是四川和重庆，榆林比新疆煤炭拥有900千米以上的运输优势。而准东煤田所在的昌吉市，其煤炭主产区距离哈密400千米，运输成本不占优势。

煤炭生产成本方面，宁东、陕北、内蒙古西部和山西等地动力煤的平均生产成本为151~220元/吨，其中宁东最高（220元/吨），鄂尔多斯最低（151元/吨）。从原煤平均生产成本看，新疆煤炭与鄂尔多斯煤炭生产成本接近，而明显低于宁东、陕北和陇东的原煤生产成本。

综上，如果仅考虑市场因素，在晋陕蒙宁地区煤炭产量没有明显下降之前，新疆煤炭很难进入华北、华东、华中和西南地区。疆煤外运的目标市场将主要集中在甘肃、宁夏和青海。

31.3.3 新疆煤电直流输电外送具有较为明显的竞争优势

根据经济输电范围计算模型,本节通过比较新疆煤电以及能源金三角地区煤电外送至三华地区的单位用电成本,分析疆电外送的竞争力。

1. 新疆与西部各地煤电发电成本比较

煤电的竞争力比较的核心是煤电度电的比较,煤电的受端侧单位用电成本由两类成本构成,它们分别是煤电的发电成本以及煤电的输电成本。因此,本书提供的竞争力分析模型给出了这两类成本的计算方法。

西部各地煤电发电成本(含税)如表31-2所示。

表31-2 西部各地煤电发电成本(含税)   单位:元/千瓦时

地区	新疆哈密	宁夏宁东	甘肃华亭	陕西榆林	内蒙古鄂尔多斯
发电成本	0.082~0.092	0.151~0.161	0.139~0.148	0.114~0.123	0.110~0.114

目前,远距离输电的方式有直流输电和交流输电两种。采用的输电方式不同,将直接导致度电成本不同。本书采用现金流折现模型,分别对采用交流输电方式的煤电输电成本以及采用直流输电方式的煤电输电成本进行计算。

2. 输送至华北电网地区竞争力比较

华北电网主要由北京电网、天津电网、河北电网、山西电网及山东电网构成。其中,山西电网为送端电网,不予考虑。由新疆哈密、宁夏宁东、甘肃华亭、陕西榆林及内蒙古鄂尔多斯通过交流和直流输送至华北各区电网的单位用电成本如表31-3所示。

表31-3 电源点至华北电网的单位用电成本   单位:元/千瓦时

送端	受端							
	北京		天津		石家庄		济南	
	交	直	交	直	交	直	交	直
新疆哈密	0.20~0.21	0.16~0.17	0.21~0.22	0.16~0.17	0.20~0.21	0.16~0.17	0.22~0.23	0.16~0.17
宁夏宁东	0.19~0.20	0.21~0.22	0.20~0.21	0.21~0.22	0.19~0.20	0.21~0.22	0.20~0.21	0.21~0.22
甘肃华亭	0.19~0.20	0.20~0.21	0.19~0.20	0.20~0.21	0.18~0.19	0.20~0.21	0.19~0.20	0.20~0.21
陕西榆林	0.14~0.15	0.17~0.18	0.14~0.15	0.17~0.18	0.14~0.15	0.16~0.17	0.15~0.16	0.17~0.18
内蒙古鄂尔多斯	0.13~0.14	0.16~0.17	0.13~0.14	0.16~0.17	0.13~0.14	0.16~0.17	0.14~0.15	0.16~0.17

从上述单位用电成本的比较结果可得，如果西部煤电输送至华北电网的各个受端省份，在经济性上，最佳的输电方式是采用交流输电。送端的选择上，首选为内蒙古的鄂尔多斯，第二位为陕西的榆林。新疆煤电交流输送不具备任何竞争优势，其直流输送的输送成本较低，但是竞争力相较于鄂尔多斯和榆林地区并不显著。

3. 输送至华东电网地区竞争力比较

华东电网主要由上海电网、江苏电网、浙江电网、安徽电网及福建电网构成。其中，上海、江苏和浙江三个电网为受端电网。由新疆哈密、宁夏宁东、甘肃华亭、陕西榆林及内蒙古鄂尔多斯通过交流和直流输送至华东各区电网的单位用电成本如表31-4所示。

表31-4　电源点至华东电网的单位用电成本　　单位：元/千瓦时

送端	受端					
	上海		南京		杭州	
	交	直	交	直	交	直
新疆哈密	0.31~0.32	0.17~0.18	0.27~0.28	0.17~0.18	0.30~0.31	0.17~0.18
宁夏宁东	0.24~0.26	0.22~0.24	0.22~0.23	0.22~0.23	0.24~0.25	0.22~0.23
甘肃华亭	0.22~0.23	0.21~0.22	0.20~0.21	0.20~0.21	0.22~0.23	0.21~0.22
陕西榆林	0.18~0.19	0.18~0.19	0.17~0.18	0.18~0.19	0.18~0.19	0.18~0.19
内蒙古鄂尔多斯	0.18~0.19	0.18~0.19	0.16~0.17	0.17~0.18	0.18~0.19	0.18~0.19

比较上述单位用电成本可知，将西部的煤电输送至华东地区，交流输电方式和直流输电方式最优单位用电成本差别不大。新疆煤电在直流输电上拥有较好的竞争力，其单位用电成本与内蒙古鄂尔多斯地区的煤电成本近乎相同。

4. 输送至华中电网地区竞争力比较

华中地区主要由湖北电网、河南电网、湖南电网、江西电网、四川电网和重庆电网构成。其中，湖北、河南电网是送端电网，不予考虑。新疆哈密、宁夏宁东、甘肃华亭、陕西榆林及内蒙古鄂尔多斯地区的煤电，通过交流和直流输送至华中各区电网的单位用电成本如表31-5所示。

表 31-5　电源点至华中电网的单位用电成本　　　单位：元/千瓦时

送端	受端							
	湘潭		吉安		成都		重庆	
	交	直	交	直	交	直	交	直
新疆哈密	0.26~0.27	0.17~0.18	0.28~0.29	0.17~0.18	0.18~0.19	0.15~0.16	0.20~0.21	0.16~0.17
宁夏宁东	0.22~0.23	0.22~0.23	0.23~0.24	0.22~0.23	0.19~0.20	0.21~0.22	0.20~0.21	0.21~0.22
甘肃华亭	0.19~0.20	0.20~0.21	0.20~0.21	0.21~0.22	0.17~0.18	0.19~0.20	0.17~0.18	0.20~0.21
陕西榆林	0.17~0.18	0.18~0.19	0.19~0.20	0.18~0.19	0.16~0.17	0.18~0.19	0.16~0.17	0.18~0.19
内蒙古鄂尔多斯	0.18~0.19	0.18~0.19	0.19~0.20	0.18~0.19	0.17~0.18	0.17~0.18	0.18~0.19	0.18~0.19

分析上述结果可知，将西部的煤电输送至华中地区，宜采用直流输电。其中，新疆煤电外送在直流输电上拥有较为明显的竞争力。

31.3.4　新疆现代煤化工具有一定的成本优势和发展基础，但仍需政策支持

新疆建设现代煤化工项目具有一定的成本竞争力，主要体现在煤炭生产成本、固定资产折旧和运输费用等主要因素上，因此本书重点就煤制气、煤制油和煤制烯烃进行成本竞争力分析。煤化工产品成本竞争力测算依据见表 31-6。并假设职工薪酬、维修费、水费、环保费用及其他费用相同；项目消耗的电力折算成燃料煤；不同地区原煤成本按照发热量与新疆进行统一折算；新疆建设项目的固定资产投资为其他地区的 1.2 倍；煤制天然气管道运输费用为 0.116 元/（千标准立方米·千米）；油品和化学品以铁路方式输送，油品运输费用为 0.20 元/（吨·千米），化学品运输费用为 0.17 元/（吨·千米）。不同工艺的技术指标按照表 31-7 进行计算。

表 31-6　煤化工产品成本竞争力测算依据

项目	新疆准东	宁夏宁东	甘肃华亭	陕西榆林	内蒙古鄂尔多斯	内蒙古包头
成本煤价/（元/吨）	80~100	210~230	210~230	160~180	150~160	160~180
收到基低位发热量/（千卡/千克）	5 000	4 800	5 400	5 500	5 500	5 500

表 31-7　不同工艺的技术指标

项目	煤直接液化	煤间接液化	煤制天然气	煤制烯烃
单位产品原料煤耗（吨标准煤/吨、吨/千标准立方米）	3.23	3.52	1.85	5.12
单位产品燃动能耗（吨标准煤/吨、吨/千标准立方米）	0.86	0.75	0.40	1.74

注：单位产品燃动能耗是指项目燃料、动力、电力的消耗量，不包括作为原料的用煤量

1. 新疆煤制气成本竞争力分析

以规模为 40 亿米³/年的煤制天然气项目为例，新疆准东与其他地区煤制气成本竞争力分析如表 31-8 所示。

表 31-8　新疆准东与其他地区煤制气成本竞争力分析

项目	宁夏宁东	甘肃华亭	陕西榆林	内蒙古鄂尔多斯	内蒙古包头
单位成本差/（元/标准立方米）	0.210~0.302	0.155~0.242	0.045~0.131	0.025~0.090	0.045~0.131
运输距离差/千米	1 811~2 603	1 339~2 086	389~1 129	213~777	389~1 129

从表 31-8 可以看出，在假设条件下，新疆准东与宁夏宁东和甘肃华亭相比煤制气具有一定的成本竞争力；当准东地区原煤成本为 80 元/吨，而榆林、包头原煤成本为 180 元/吨时，新疆煤制气具有一定的成本竞争力；当准东地区原煤成本为 80 元/吨，而鄂尔多斯原煤成本为 160 元/吨时，新疆煤制气仅可输送至兰州地区，成本竞争力较弱；当准东地区原煤成本为 100 元/吨，而榆林、包头、鄂尔多斯原煤成本分别为 160 元/吨、160 元/吨、150 元/吨时，新疆准东地区煤制气没有成本竞争力。

2. 新疆煤制油成本竞争力分析

以规模为 100 万吨/年的间接液化项目为例，采用中石化原油 60 美元/桶价格体系，新疆准东与其他地区煤间接液化成本竞争力分析如表 31-9 所示。

表 31-9　新疆准东与其他地区煤间接液化成本竞争力分析

项目	宁夏宁东	甘肃华亭	陕西榆林	内蒙古鄂尔多斯	内蒙古包头
单位成本差/（元/吨）	376~550	272~436	63~226	24~148	63~226
运输距离差/千米	1 879~2 750	1 360~2 182	314~1 129	120~741	314~1 129

从表 31-9 可知，在假设条件下，新疆准东与宁夏宁东和甘肃华亭相比煤间接

液化具有一定的成本竞争力；当准东地区原煤成本为 80 元/吨，而榆林、包头原煤成本为 180 元/吨时，新疆煤间接液化输送至西安仍具有一定的成本竞争力；当准东地区原煤成本为 80 元/吨，而鄂尔多斯原煤成本为 160 元/吨时，新疆煤间接液化仅输送至兰州地区才具有较弱的成本竞争力；当准东地区原煤成本为 100 元/吨，而榆林、包头、鄂尔多斯原煤成本分别为 160 元/吨、160 元/吨、150 元/吨时，新疆准东地区煤间接液化没有成本竞争力，只能疆内消化。

3. 新疆煤制烯烃成本竞争力分析

以 68 万吨/年煤制烯烃项目为例，新疆准东与其他地区煤制烯烃成本竞争力分析如表 31-10 所示。

表 31-10　新疆准东与其他地区煤制烯烃成本竞争力分析

项目	宁夏宁东	甘肃华亭	陕西榆林	内蒙古鄂尔多斯	内蒙古包头
单位成本差/(元/吨)	572~852	405~670	69~331	7~207	69~331
运输距离差/千米	3 365~5 013	2 385~3 939	408~1 949	41~1 215	408~1 949

从表 31-10 可以看出，在假设条件下，新疆准东与宁夏宁东和甘肃华亭相比煤制烯烃具有一定的成本竞争力；当准东地区原煤成本为 80 元/吨，而榆林、包头原煤成本为 180 元/吨时，新疆煤制烯烃具有较为明显的成本竞争力；当准东地区原煤成本为 80 元/吨，而鄂尔多斯原煤成本为 160 元/吨时，新疆煤间接液化输送至西安地区仍具有成本竞争力；当准东地区原煤成本为 100 元/吨，而榆林、包头、鄂尔多斯原煤成本分别为 160 元/吨、160 元/吨、150 元/吨时，新疆准东地区煤制烯烃没有成本竞争力，只能疆内消化。

4. 小结

在新疆建设煤制油、气、化工品项目，尽管远离产品消费市场，但其煤炭价格低，具有一定的成本优势。

与甘肃、宁夏等地区相比，新疆发展现代煤化工具有较明显的成本竞争力；与陕西榆林及内蒙古鄂尔多斯和包头相比，在煤炭成本差距较大（100 元/吨）的情况下，新疆煤制烯烃成本竞争力相对明显，煤制气与煤间接液化竞争力相当，但不明显。与陕西榆林及内蒙古鄂尔多斯和包头相比，在煤炭成本差距较大（60 元/吨）的情况下，新疆现代煤化工项目与其他地区相比不具有成本竞争力。

由此可见，在新疆发展煤制气、煤制油和煤制烯烃具有一定的成本竞争力，具备发展的基础，但是要拓展市场，仍需要政策的扶持，以增强其竞争力。

31.4 新疆煤炭清洁高效利用的战略定位与重要战略举措

31.4.1 战略定位

（1）煤炭煤电煤化工基地。以保障国家能源安全、满足国家能源需求为目标，稳步扩大新疆煤炭和电力外供，合理布局现代煤化工产业，将新疆打造成为国家级煤炭基地、煤电基地和煤化工基地，使其成为西部煤炭清洁高效利用的典范。

（2）区域经济可持续发展的引擎。长期驱动区域经济的持续发展，促进区域整体产业向生态环境友好转型。基于资源优势，通过煤基清洁能源产业的投资、多元化发展和大型产业园区建设，带动相关及区域内其他产业良性发展，推进教育、科技、社会、服务等科技民生的发展，形成结构合理、优势突出、生态环境友好的新格局，实现区域经济社会可持续发展。

（3）向西开放的桥头堡。在"一带一路"倡议引领下，新疆将以国家大型煤炭基地、大型煤电基地、大型煤化工基地以及连接疆内外的能源输送大通道建设为契机，着力打造"丝绸之路经济带"煤基能源核心区，进一步加快新疆煤炭开发利用技术、产业、人才对外开放步伐，成为向西开放的桥头堡。

31.4.2 战略指导思想与目标

坚持新疆煤炭开发利用与国家能源发展战略相统筹，坚持煤炭与上下游产业协同发展相统筹，坚持煤炭开发利用与生态环境协同发展相统筹，坚持疆内与疆外两个市场相统筹，依托科技进步，利用新疆资源优势、低成本优势、政策优势，建设新疆煤炭煤电煤化工基地，实现煤炭资源的清洁高效开发和利用。

新疆煤电化产业的总体发展目标是，充分发挥煤炭资源优势，通过20年的努力，将新疆建设成为清洁、绿色、高效、集约、安全的国内先进煤电化产业基地，使之成为世界煤炭资源清洁高效利用的"中国样本"。新疆煤炭开发利用战略目标见表31-11。

表31-11 新疆煤炭开发利用战略目标

目标	数量指标	2015年	2020年	2035年	2050年
煤炭开发	煤炭产能/（亿吨/年）	3.6	3.6	3.6	4.0
煤炭转化利用	煤电装机容量/万千瓦	4 238	5 800	6 600	6 600
	煤制烯烃产能/（万吨/年）	0	128	300	380

续表

目标	数量指标	2015 年	2020 年	2035 年	2050 年
煤炭转化利用	煤制乙二醇/(万吨/年)	25	85	250	320
	煤制天然气产能/(亿标准立方米/年)	13.75	55.00	350.00	450.00
	煤制油产能/(万吨/年)	0	100	200	300
能源外输	煤炭外输量/(亿吨/年)	0.10	0.20	0.30	0.50
	电力外输能力/万千瓦	660	1 260	2 060	2 060

31.4.3 重要战略举措

1. 缓解水资源短缺和生态环境约束

新疆煤炭开发利用产业发展主要受水资源和生态环境制约。在水资源方面，应采取"开源节流"策略，重点解决水资源短缺问题。一是通过水权置换和跨流域引水工程建设等措施增加能源产业可用水量；二是大力推广水资源循环利用等先进节水技术，提升新疆水资源整体利用水平。在生态环境治理方面，要加快推进清洁高效煤炭开发利用技术的推广应用，实现煤炭开发利用与环境的协调发展。并进一步通过市场和经济手段，加大生态环境保护和建设的投入力度，鼓励地表修复、塌陷区治理、地下水库、保水开采等技术的研发和应用，使新疆煤炭开发利用和经济发展朝着环境友好的方向改变。

2. 统筹规划煤炭开发利用基地布局

在水资源和生态环境容量允许范围内，根据资源赋存条件、市场需求、区域发展条件和区位特点等进行合理布局，形成各具特色、分工明确的煤炭开发利用区域。其中：准东基地以发展大型煤电、示范性现代煤化工为主，优化大型工业园区布局，参与"疆煤外运"；吐哈基地距离外部市场较近，以"疆煤外运"为主，适度发展煤电，参与"疆电外送"；伊犁基地以发展现代煤化工示范项目为主，适度发展煤电，实施煤炭就地转化，重点开发伊宁矿区。

3. 着力推进煤炭绿色智能开发

全面推行煤炭绿色智能开发，建立基于先进产能的煤炭开发标准体系，规范和约束煤炭生产与供应，严格控制煤炭开发总量。建立先进产能的综合评价指标体系和评价标准，引导煤矿向智能、绿色、安全方向发展。按照"以水定产"、"以环境承载力定产"和"以需定产"，科学控制煤炭开发总量。建立安全、智能、绿色的现代化煤炭开发体系，以煤炭先进产能和科学开采来支撑区域煤炭开发基地建设。加大安全、绿色和智能开发资金投入，持续加大水资源开发投入和生态环境治理力度，鼓励发展大型安全高效矿井，重点发展保水开采、充填开采、地表沉降区治理等绿色开采技术与装备，全面推广煤炭先进产能。

4. 有序发展煤炭清洁高效利用产业

科学、合理规划煤电产业布局和现代煤化工产业布局，优化产品结构和产品规模，积极推动煤炭清洁高效转化产业大型化、规模化、集约化、基地化，推动新疆煤炭清洁高效转化产业有序发展。根据新疆不同基地的煤种、煤质特征和目标市场，因地制宜地选择相应的煤炭清洁转化技术路线。以煤定化（化指煤化工）、以水定化、以需定化，适度有序发展现代新型煤化工和煤化工多联产；积极发展劣质煤发电、矸石发电，加大超（超）临界燃煤机组比重，配合疆电东送工程合理配置调峰机组，确保高参数发电机组高效运行。

5. 优化能源外输通道建设

新疆要以服务全国、保障国内能源安全为目标，坚持输电输煤输气并举，统筹区域煤炭、电力、天然气、油品、化学品调运布局，提高区域煤基产品外送能力。有序建设运煤铁路。新疆煤炭外输要坚持"低质煤本地转化、优质煤外输"原则，保障满足西部、华中和西南煤炭的需求。2035年以前主要依托现有中线兰新铁路和北线临哈铁路，2035年以后，随着新疆煤炭外送规模的扩大，需要建设新疆南线通道，目标市场为西南地区。加快输电通道建设。随着新疆火电基地的建设，要加强区域电力外送输电工程的规划建设。规划到2025年完成准东到皖南、准东—重庆、哈密—郑州复线、新疆到巴基斯坦区域电力外送设施建设，届时，区域电力外送能力达到2400万千瓦；在2035年前完成准东到四川输电通道建设，区域电力外送能力达到3200万千瓦。加快建设煤制天然气输送管道。近期煤制天然气主要通过现有的西气东输管道输送，随着新疆煤制天然气生产规模的持续增长，到2025年争取建成新粤浙煤制天然气输送管道，到2035年建成第二条新疆煤制天然气外输管道，煤制天然气总输送能力达到450亿米^3/年。

6. 推进煤炭转化技术创新示范和集成

新疆是我国重要的煤电基地，也是煤炭清洁高效转化利用关键技术产业集成创新和示范基地。重点围绕燃煤发电、现代煤化工、煤基多联产等领域，通过国家重点实验室、大学、科研院所、企业和区外的相关单位协同创新，积极开展关键技术、关键设备和核心工程示范，为煤炭清洁高效转化技术产业化提供支撑。

在燃煤发电领域，新疆要重点发展高参数超超临界发电技术和先进节水发电技术。力争在 2035 年前完成超超临界煤粉炉发电技术和先进节水发电工程示范。在现代煤化工领域，在 2035 年前，进一步做好现有示范工程的优化集成，建设煤炭转化产业链协同多联产创新示范工程，加强环境治理、废弃物资源化循环再利用技术的开发与示范，开展煤基气化多联产、煤炭热解多联产等示范工程，并使之具备产业化条件。

第 32 章　保障措施与政策建议

32.1　保障措施

（1）提高西部煤系矿产资源协同勘查水平，向绿色煤炭资源勘查开发战略转型。

（2）以"一带一路"为契机，加快实现西部煤炭产业"走出去"，推进煤炭清洁高效开发利用技术装备走向国际市场。

（3）优化人才培养体系，设立煤炭紧缺人才定向奖励基金，着力解决行业人才结构性紧缺矛盾。

32.2　政策建议

（1）编制"西部煤炭资源清洁高效开发利用专项规划"，加大西部煤炭清洁高效开发利用的政策支持力度。

（2）重点支持西部煤炭工程科技平台与科研计划，加快煤炭清洁高效开发利用前沿技术在西部的全面推广应用。

（3）出台差异化政策，重点支持新疆建设国家级煤炭煤电煤化工基地，加快区域经济与社会发展。

第八篇　西部清洁能源发展战略研究

第33章 概　　述

33.1　课题背景及意义

由于过度使用和依赖化石能源，世界能源发展面临着资源紧张、环境污染、气候变化等严峻挑战。联合国政府间气候变化专门委员会（Intergovernmental Panel on Climate Change，IPCC）、国际能源署和国际可再生能源署（International Renewable Energy Agency，IRENA）等机构的报告均指出，发展可再生能源是实现应对气候变化目标的重要措施。90%以上的联合国气候变化《巴黎协定》签约国都设定了可再生能源发展目标。欧盟以及美国、日本、英国等发达国家都把发展可再生能源作为温室气体减排的重要措施。以风能、太阳能等清洁能源替代传统化石能源已成为重要的世界能源发展趋势，全球能源正朝着清洁、高效、低碳、可持续的方向发展。

我国是世界上最大的能源生产国和消费国，形成了煤炭、电力、油气、可再生能源全面发展的能源供给体系，技术装备水平明显提高，生产生活用能条件显著改善，但也面临着能源结构不合理、能源利用效率不高、能源生产和消费对生态环境损害严重、能源技术水平总体落后等挑战。为积极应对未来能源发展趋势，美国能源部发布了《风电视角：美国风电新纪元》报告，欧盟提出了一套能源系统改革计划。面对能源供需格局新变化、国际能源发展新趋势，2014年6月，习近平同志主持召开中央财经领导小组第六次会议，明确提出推动能源生产和消费革命的五点要求：推动能源消费革命，抑制不合理能源消费；推动能源供给革命，建立多元供应体系；推动能源技术革命，带动产业升级；推动能源体制革命，打通能源发展快车道；全方位加强国际合作，实现开放条件下能源安全[①]。

我国可再生能源储量丰富，尤其是在地域广阔的西部地区，清洁能源资源十分丰富。我国西部12个省（区、市）土地面积615万平方千米，约占全国总面积的64%。截至2016年底，总电源装机约53 850万千瓦，约占全国总装机的32.7%。

---

① http://opinion.people.com.cn/n1/2017/0613/c1003-29334715.html.

其中清洁能源发电装机容量（包括水能、风能、太阳能、地热能、生物质能、核能）约 32 750 万千瓦，占全国清洁能源装机容量的 60.8%；西部全社会用电量约占全国的 26%，发电量约占全国的 33%。

西部清洁能源资源十分丰富，风能资源技术开发量全国占比达到 78%；在考虑太阳能资源和土地可利用的条件下，西部 12 个省（区、市）光伏资源技术开发量全国占比将达到 98.7%，光热资源技术开发量全国占比接近 100%；我国 80% 水能资源分布在西南部分省（区、市）。因此，西部地区在保障我国能源安全和改善我国能源结构中理应承担更重要的角色地位。但与此同时，2/3 以上的能源需求集中在中东部，西部地区面临着就地用电负荷小，与我国中东部电力负荷中心距离远，大规模清洁能源开发需要远距离外送和消纳利用等问题。

因此，研究我国西部清洁能源如何科学定位与可持续发展，破解一系列关键技术问题和政策机制障碍，将西部打造成为我国重要的清洁能源发电基地，对于推动我国能源革命具有非常重要的意义。

基于上述西部清洁能源发展的背景现状，在中国工程院重大咨询项目"推动能源生产和消费革命战略研究"（二期）的支持下，课题组开展了课题六"西部清洁能源发展战略"研究工作，下设风能组、太阳能组、水能组、地热组、生物质能组、核能组、电网组和综合组八个子课题，每个子课题分别从西部清洁能源资源概况、西部清洁能源发展的机遇和挑战、西部清洁能源发展战略思路、西部清洁能源发展技术路线图和发展建议等五个方面开展研究。

33.2 研究主要内容和目标

课题研究中的我国西部主要范围是指，陕西、甘肃、青海、宁夏、新疆、内蒙古西部、四川、西藏、重庆、云南、贵州、广西，包括我国西北和西南 12 个省（区、市），课题研究的主要清洁能源种类包括风能、太阳能、水能、生物质能、地热能和核能。

主要研究内容和任务目标如下。

（1）研究新疆、青海、西藏、内蒙古西部和云南等西部的风能、太阳能（光伏、光热）、水能、地热能、生物质能等清洁能源资源储量和开发利用现状。

（2）分析西部清洁能源发展的机遇和挑战。

（3）在全面建成小康社会和"一带一路"倡议背景下，分析国家对西部能源基地的战略需求，在此基础上研究提出西部清洁能源发展的定位与战略思路，根据各清洁能源的特点提出各自的发展模式。

（4）开展西部风能、太阳能、水能、地热能、生物质能、核能的资源储量评估和开发前景研究，对开发现状和发展需求进行分析，开展大型基地和分布式双轮发展的技术经济环境生态分析，研究支撑西部清洁能源大规模开发利用的电网发展思路，提出重大工程、科技攻关和政策建议。

（5）提出推动我国西部清洁能源科学开发利用的技术路线图。

第 34 章　西部地区清洁能源概况

从我国自然资源的分布特点和经济开发情况来看，能源资源主要集中在西部地区，生产力和经济要素集中于东部沿海地区。我国西部地区清洁能源资源丰富：100 米高度的风能资源技术可开发量达 30.5 亿千瓦，占全国风能资源的 78%，适合风能资源大规模开发与利用；太阳能资源年总辐射量高于全国平均水平，大多处于太阳能最丰富带（年太阳辐射总量 6 680~8 400 兆焦/米^2）与丰富带（年太阳辐射总量 5 850~6 680 兆焦/米^2），开发潜力巨大，适合开展规模化光伏发电与大型太阳能热发电；水力资源技术可开发量达 5.4 亿千瓦，占全国的 81.7%，其中以西藏、四川、云南三省区水力资源最为丰富，位列全国水力资源技术可开发量前三位；高温地热资源高达 150 亿吨标准煤，其中西藏地区居我国地热能储量的榜首，但仍均处于开发利用初级阶段，具有极高的开发潜力；铀矿资源丰富，占全国总储量的 52.2%，但开发利用程度较低。丰富的清洁能源资源为西部清洁能源和经济社会的发展提供了得天独厚的条件，且西部地区地广人稀，适合建设大规模清洁能源电站。

随着"一带一路"进程的不断推进，西部地区已成为我国最大规模的清洁能源利用聚集区。截至 2016 年底，西部清洁能源发电装机容量（包括水能、风能、太阳能、地热能、生物质能、核能）约 32 750 万千瓦，占西部总电源装机的 54.5%；西部全社会用电量约占全国的 26%，发电量约占全国的 33%。截至 2016 年底，西部地区水电、风电、太阳能发电、核电的并网总体情况如表 34-1 所示。

表 34-1　西部清洁能源发电并网总体情况

序号	发电品种	累计并网装机/万千瓦	全国装机/万千瓦	装机占比	2016 年发电量/亿千瓦时	全国年发电量/亿千瓦时	发电量占比
1	水	21 178	33 211	63.8%	7 869	11 807	66.6%
2	风	7 258	14 864	48.8%	1 076	2 410	44.7%
3	太阳能	4 100.5	7 742	53.0%	403	662	60.9%
4	核	217.2	3 364	6.5%	97.4	2 105.2	4.6%

34.1 风能

34.1.1 资源储量与开发潜力

根据 2018 年我国风能资源普查结果，在中国气象局风能资源数据库（水平分辨率 1 千米×1 千米，垂直分辨率 10 米）的基础上，考虑自然地理条件对风电开发的制约因素，对不同的土地利用类型和坡度进行 GIS 空间分析，得到全国陆地和近海各高度层的风能资源技术开发量。西部 12 个省（区、市）100 米高度风能资源技术开发量共 30.5 亿千瓦（含低风速资源），在全国占比 78%，其中内蒙古西部 11 亿千瓦，西藏 6.5 亿千瓦，新疆 4.9 亿千瓦，甘肃 2.1 亿千瓦，青海 1.7 亿千瓦。四川、云南、广西、贵州、陕西、重庆另有低风速风能资源 1.6 亿千瓦，计入低风速资源后，四川风能资源技术开发量可达 1.4 亿千瓦，陕西可达 6 914 万千瓦，云南和广西分别约为 8 000 万千瓦和 5 000 万千瓦。西部地区风能资源技术开发量如表 34-2 所示。

表 34-2 西部地区风能资源技术开发量

地区	技术开发量/万千瓦	地区	技术开发量		
			不计低风速资源的技术开发量/万千瓦	低风速资源技术开发量/万千瓦	小计/万千瓦
内蒙古西部	110 623	四川	9 787	3 999	13 786
西藏	64 657	云南	6 009	1 980	7 989
新疆	49 468	广西	1 725	3 276	5 001
甘肃	20 946	陕西	2 141	4 773	6 914
青海	17 453	贵州	2 565	1 330	3 895
宁夏	3 910	重庆	515	337	852

进一步考虑不同品质的风能资源（用发电容量因子表示）和土地类型的风电开发的经济成本和收益，得到全国风电供应曲线——各个上网电价水平下风电经济可开发潜力。在目前的风资源评估、风电成本和技术水平条件下，根据 2016 年发布的四档风电上网标杆电价水平（0.47 元/千瓦时，0.50 元/千瓦时，0.54 元/千瓦时，0.60 元/千瓦时），仅考虑风电塔基成本电价（不考虑风电并网和输送成本），则相应的西部 12 个省（区、市）风电经济可开发量分别为 4.90 万亿千瓦时、5.10 万亿千瓦时、5.26 万亿千瓦时和 5.40 万亿千瓦时。如果将风电成本电价水平控制在 0.4 元/千瓦时，西部 12 个省（区、市）的风电经济可开发量仍可以达到 3.45 万亿千瓦时。西部地区风电经济可开发量如表 34-3 所示。

表 34-3 西部地区风电经济可开发量　　　　单位：亿千瓦时

地区	可开发量			
	成本电价 0.47 元/千瓦时	成本电价 0.50 元/千瓦时	成本电价 0.54 元/千瓦时	成本电价 0.60 元/千瓦时
内蒙古西部	16 267.3	16 624.6	16 692.4	16 723.7
新疆	10 013.9	10 628.4	11 259.8	11 857.4
西藏	10 595.8	10 674.5	10 744	10 800.2
甘肃	3 847.4	4 168.7	4 378.2	4 510.8
青海	3 552.0	3 809.5	4 014.9	4 187
四川	1 528.3	1 600.1	1 686.8	1 767.7
云南	1 134.8	1 202.8	1 273.4	1 356.7
宁夏	781.7	808.0	816.8	817.6
贵州	414.8	517.9	623.2	725.2
广西	483.8	529.0	602.4	666.2
陕西	260.5	298.3	330.7	369.3
重庆	92.0	119.2	139.3	167.7
合计	48 972.3	50 981.0	52 561.9	53 949.5

34.1.2　开发利用现状

西部各地区风电并网情况如表 34-4 所示。截至 2016 年底，西部地区风电累计并网装机容量共 7 258 万千瓦，发电量 1 076.1 亿千瓦时。其中，新疆和云南风电发电量相对较高，分别占西部总规模的 20.4% 和 13.8%。

表 34-4 西部各地区风电并网情况

序号	地区	累计并网装机/万千瓦	本地装机占比	2016 年发电量/亿千瓦时	本地发电量占比	利用小时数/小时
1	内蒙古西部	1 625	20.0%	311	10.4%	1 914
2	重庆	28	1.4%	5	0.6%	1 600
3	四川	125	1.4%	21	0.6%	2 247
4	陕西	249	6.4%	28	1.9%	1 951
5	甘肃	1 277	26.5%	136	11.3%	1 088
6	青海	69	2.9%	10	1.8%	1 726
7	宁夏	942	25.6%	129	10.9%	1 553

续表

序号	地区	累计并网装机/万千瓦	本地装机占比	2016年发电量/亿千瓦时	本地发电量占比	利用小时数/小时
8	新疆	1 776	22.9%	220	9.7%	1 290
9	西藏	1	0.3%	0.1	0.3%	1 908
10	广西	67	1.6%	13	1%	2 365
11	贵州	362	6.6%	55	2.8%	1 806
12	云南	737	8.7%	148	5.4%	2 223
合计		7 258	12.1%	1 076.1	5.4%	1 806

2016年全国风电平均利用小时数为1 742小时，重庆、甘肃、青海、新疆、宁夏地区风电利用小时数均低于全国平均水平，其中甘肃地区风电利用小时数最低，为1 088小时。2016年全国弃风电量为497亿千瓦时，平均弃风率为17.1%，弃风电量同比增长了46.6%。在西部地区，甘肃、内蒙古、新疆弃风率远超全国平均水准，其中甘肃地区弃风量与弃风率分别高达104亿千瓦时与43%，为弃风严重区域。

34.2 太阳能

34.2.1 资源储量与开发潜力

我国的太阳能资源基本可以分为4个区域带：①最丰富带。新疆东南边缘、西藏大部、青海中西部、甘肃河西走廊西部、内蒙古阿拉善高原及其以西地区，该区域太阳能资源非常丰富，年平均总辐射辐照度超过200瓦/米^2，其中西藏南部和青海格尔木地区年平均总辐射辐照度近250瓦/米^2。②很丰富带。在最丰富带的西北和以东地区，即新疆大部、西藏东部、云南大部、青海东部、四川盆地以西、甘肃中东部、宁夏、陕西北部、山西北部、河北西北部、内蒙古中东部至锡林浩特和赤峰一带，年平均总辐射辐照度为160~200瓦/米^2。③较丰富带。我国中东部和东北的大部地区年平均总辐射辐照度为120~160瓦/米^2。④一般带。以四川盆地为中心，四川东部、重庆、贵州大部、湖南西北部等地太阳能资源较差，年平均总辐射辐照度不足120瓦/米^2。

西部地区太阳能资源年总辐射量高于全国平均水平，大多处于太阳能最丰富带与很丰富带，开发潜力巨大，且西部地区地广人稀，适合开展规模化光伏发电与大型太阳能热发电。

综合考虑太阳辐照度、地形（坡度）、土地利用类型和政策（自然保护区）等因素，使用 ArcGIS 软件统计分析西部地区的大规模光伏开发潜力，分析结果如表 34-5 所示。若优先开发坡度小于等于 3 度的区域，我国西部地区大规模光伏发电的年发电量最大总计 3.5 万亿千瓦时，占 2016 年全国总用电量的 59%。若优先开发坡度小于等于 6 度的区域，西部大规模光伏发电的年发电量总计 4.08 万亿千瓦时，占 2016 年全国总用电量的 68.9%。

表 34-5　中国西部大规模光伏年发电量统计

省份	年总辐射/万亿千瓦时		面积利用率	光电转化率	年发电量/亿千瓦时	
	坡度小于等于 3 度	坡度小于等于 6 度			坡度小于等于 3 度	坡度小于等于 6 度
内蒙古自治区	399.74	450.77	0.01	0.2	7 994.76	9 015.36
新疆维吾尔自治区	985.66	1 150.50	0.01	0.2	19 713.14	23 010
甘肃省	155.93	172.22	0.01	0.2	3 118.62	3 444.4
宁夏回族自治区	5.67	6.89	0.01	0.2	113.34	137.86
青海省	168.81	211.11	0.01	0.2	3 376.24	4 222.2
西藏自治区	34.50	50.28	0.01	0.2	689.92	1 005.68
云南省	0.04	0.11	0.01	0.2	0.79	2.172 62
总计	1 750.35	2 041.88			35 006.81	40 837.67

太阳能热发电方面，选取太阳直射辐射、地形、土地利用、道路分布、水资源（降水、蒸散等）等因素为太阳能热发电电站的最佳建设位置评价因子，并将各因子分级和归一化处理，赋予权重，构建评价模型，定量评价我国太阳能热发电电站的建设位置适宜性。得分为 4~5 分的为一类地区，最适宜建设太阳能热电站；得分为 3~4 分的为二类地区，适宜建设太阳能热电站；得分为 2~3 分的为三类地区，基本适宜建设太阳能热电站。西部适宜建设太阳能热发电地区面积及容量如表 34-6 所示。西部一类地区有 1.67 万平方千米，可建立电站容量为 5.06 亿千瓦；二类地区有 63.82 万平方千米，可建立电站容量为 193.39 亿千瓦；三类地区有 148.89 万平方千米，可建立电站容量为 451.51 亿千瓦。西部地区适宜建设太阳能热发电的装机容量共为 650 亿千瓦。

表 34-6　西部适宜建设太阳能热发电地区面积及容量

分类	面积/万平方千米	可安装容量/亿千瓦
一类	1.67	5.06
二类	63.82	193.39
三类	148.89	451.51

34.2.2 开发利用现状

西部各地区太阳能发电并网情况如表 34-7 所示。截至 2016 年底，西部地区太阳能发电并网装机容量共 4 100.5 万千瓦，发电量达到 403.02 亿千瓦时。其中，青海、甘肃、新疆和内蒙古西部太阳能发电量相对较高，分别占西部总规模的 22.3%、14.9%、16.6%和 17.6%。

表 34-7 西部各地区太阳能发电并网情况

序号	地区	累计并网装机/万千瓦	本地装机占比	2016年发电量/亿千瓦时	本地发电量占比	利用小时数/小时
1	新疆	934	12.1%	67	3%	717
2	甘肃	686	14.2%	60	5%	875
3	青海	682	29.1%	90	16.3%	1 320
4	内蒙古西部	539	6.6%	71	2.4%	1 317
5	宁夏	526	14.3%	55	4.6%	1 046
6	陕西	334	8.6%	20	1.4%	599
7	云南	206	2.4%	23	0.8%	1 117
8	四川	96	1.1%	11	0.3%	1 146
9	贵州	46	0.8%	1	0.1%	217
10	西藏	33	13.9%	4	7.8%	1 212
11	广西	18	0.4%	1	0.1%	556
12	重庆	0.5	0.02%	0.02	0.003%	400
	合计	4 100.5	6.7%	403.02	2%	877

西北地区弃光现象较为严重，2016 年甘肃全年平均利用小时数为 875 小时，弃光率达 30.45%；新疆全年平均利用小时数为 717 小时，弃光率达 32.23%。

34.3 水能

34.3.1 资源储量与开发潜力

西部地区是全国水力资源的富集地区，西部 12 个省（区、市）水力资源技术可开发量为 5.4 亿千瓦，占全国总量的 81.7%，特别是西南地区云、贵、川、渝、藏 5 个省（区、市）就占全国总量的 2/3 左右。西藏的技术可开发量高达 15 108

万千瓦，位居全国第一，其次为四川和云南，如表34-8所示。

表34-8 西部部分地区（藏川云青新甘）水力资源技术可开发量

序号	省（区）	技术可开发量/万千瓦	年发电量/亿千瓦时
1	西藏	15 108	7 836
2	四川	14 690	7 355
3	云南	11 732	5 608
4	青海	2 396	940
5	新疆	2 041	864
6	甘肃	1 250	528

我国水力资源分布不均，西南地区水力资源较为丰富，西藏、四川、云南、重庆和贵州等5个省（区、市）技术可开发装机容量合计4.5亿千瓦，年发电量为20 710亿千瓦时，分别占全国的68.1%和75.5%。其中又以西藏、四川、云南3个省（区）水力资源最为丰富，位列全国水力资源技术可开发量前三位，是今后我国水电开发的重点地区。具体是，2020年水电开发的重点主要集中在四川和云南，两省规模近1.42亿千瓦。2030年，四川和云南开发规模都达到1亿千瓦以上，占3个省（区）开发总规模的50.2%和42.1%。重点开发区4个省（区）水电开发规模和开发潜力如表34-9所示。

表34-9 重点开发区4个省（区）水电开发规模和开发潜力

单位：万千瓦

省（区）	技术可开发量	2020年预计开发规模	2020年开发潜力	2025年预计开发规模	2025年开发潜力	2030年预计开发规模	2030年开发潜力
四川	14 689	8 000	6 689	12 000	2 689	12 500	2 189
云南	11 732	6 200	5 532	8 000	3 732	10 500	1 232
青海	2 396	1 800	596	1 900	496	2 200	196
西藏	15 108	400	14 708	700	14 408	1 900	13 208
合计	43 925	16 400	27 525	22 600	21 325	27 100	16 825

34.3.2 开发利用现状

西部各地区水电并网情况如表34-10所示。截至2016年底，西部地区常规水电累计并网装机容量21 178万千瓦，占全国常规水电装机容量的63.8%，开发程度为46.4%，全年发电量达7 869亿千瓦时。其中，四川和云南地区水能资源丰富，全年水电发电量分别占西部地区的38%和29.5%，占全国的21.8%和18.4%。

表 34-10 西部各地区水电并网情况

序号	地区	累计并网装机/万千瓦	本地装机占比	2016 年发电量/亿千瓦时	本地发电量占比	利用小时数/小时
1	陕西	272	7.0%	69	4.7%	2 537
2	甘肃	861	17.8%	314	25.9%	3 647
3	青海	1 192	50.8%	302	54.6%	2 534
4	宁夏	43	1.2%	14	1.2%	3 256
5	新疆	665	8.6%	211	9.3%	3 173
6	内蒙古西部	208	2.6%	22	0.7%	1 058
7	四川	7 246	79.5%	2 989	88.7%	4 234
8	重庆	687	33.4%	255	36.0%	3 712
9	西藏	156	66.9%	46	89.4%	2 949
10	云南	6 096	72.2%	2 318	84.1%	3 815
11	贵州	2 089	37.9%	729	37.3%	3 490
12	广西	1 663	40.1%	600	47.0%	3 608
	合计	21 178	35.4%	7 869	39.5%	3 621

2016 年全国水电平均利用小时数为 3 621 小时，与 2015 年基本持平。2016 年全国水电弃水总量约为 500 亿千瓦时，西南地区弃水问题严重。其中四川省弃水电量为 164 亿千瓦时，弃水率为 5.2%，比 2015 年弃水量增加 52 亿千瓦时，水电利用小时数 4 234 小时，比 2015 年减少 52 小时；云南省弃水电量为 315 亿千瓦时，弃水率达 12.0%，比 2015 年弃水量增加 162 亿千瓦时，水电利用小时数 3 815 小时，比 2015 年减少 97 小时。

34.4 生物质能

34.4.1 资源储量与开发潜力

西部地区生物质资源主要包括农作物秸秆、畜禽粪便、林业剩余物、能源植物等。

西部农作物秸秆资源主要包括玉米秸秆、小麦秸秆、水稻秸秆、油菜秸秆和棉花秸秆等，利用方式包括还田，作为饲料、食用菌、燃料和工业原料等。近年，西部农作物秸秆理论资源量约 2.65 亿吨，占全国秸秆资源总量的 27.79%；其中，可收集量为 2.30 亿吨。从绝对量和单位面积保有量看，西部在全国均属于秸秆资源欠丰富地区。西部农作物秸秆已利用资源量为 1.64 亿吨，利用方式包括还田、作为饲料、食用菌、燃料和工业原料等。预计到 2020 年和 2030 年，可高效能源化利用秸秆资源潜力分别为 0.90 亿吨、1.0 亿吨，分别折合 0.45 亿吨标准煤和 0.50 亿吨标准煤。

西部地区畜禽养殖粪便主要包括牛粪、猪粪、羊粪及鸡粪等，主要畜禽养殖（牛、猪、鸡、羊）产生粪便合计 9.01 亿吨，占全国畜禽粪便资源总量的 47.40%。从绝对量和单位面积保有量看，在全国均属于畜禽资源较丰富地区。目前西部地区畜禽粪便主要采用堆沤还田的方式进行处置。2016 年，粪便堆肥化处理量约为 4.21 亿吨，可供沼气生产利用的畜禽粪便资源量约为 4.8 亿吨，产沼气潜力约为 216 亿立方米，折合 1 542 万吨标准煤。预计到 2020 年和 2030 年，西部地区畜禽粪便能源化利用潜力分别可达到 0.20 亿吨标准煤和 0.35 亿吨标准煤。

林业剩余物主要包括采伐剩余物、造材剩余物和加工剩余物等。西部地区年产林业剩余物 2 191 万立方米，其中西南地区 1 961 万立方米，西北地区 226 万立方米。目前，林业剩余综合利用率达 95% 以上，主要用于造纸、生产人造板、养殖食用菌和生物质能源化利用等方面。按照国家批复的"十三五"期间各省（区、市）年森林采伐限额，西部 12 个省（区、市）林业剩余物年可开发利用潜力为 5 376 万立方米。

能源植（作）物是指一年生和多年生植物，其栽培目的是生产固体、液体、气体或其他形式的能源。目前我国除了建成少量示范基地外，尚未形成对生物质能源产业发展的支撑能力。能源作物资源分散，西部地区主要有广西的木薯、油棕，四川、云南的小桐子，甘肃、陕西的文冠果，以及西南山区的薪炭林等。西南地区可用于种植能源作物的边际土地面积为 2.68 亿亩，西北地区可用于种植能源作物的边际土地面积为 3.23 亿亩。随着国家对生态环境保护与能源安全问题的日趋重视，预计到 2020 年和 2030 年西部主要能源作物开发潜力分别可达到 0.08 亿吨标准煤和 0.12 亿吨标准煤。

34.4.2 开发利用现状

1. 生物质直燃发电

截至 2016 年，我国生物质发电项目装机容量达到 1 224.8 万千瓦，较 2015 年增加 104.9 万千瓦，全年发电量达到 634.1 亿千瓦时，相当于 2/3 个三峡水电站的发电量。生物质发电技术基本成熟。

西南地区：农作物秸秆资源相对贫乏，且山区运输条件较差，收集成本较高，加之西南地区高温、潮湿的气候条件也不利于原料储存，生物质直燃发电项目数量较少，占全国总装机规模的比例不足 2%。西北地区：因为缺乏足够的资源，建成的农林生物质直燃发电项目极少。西部生物质直燃发电装机规模如图 34-1 所示。

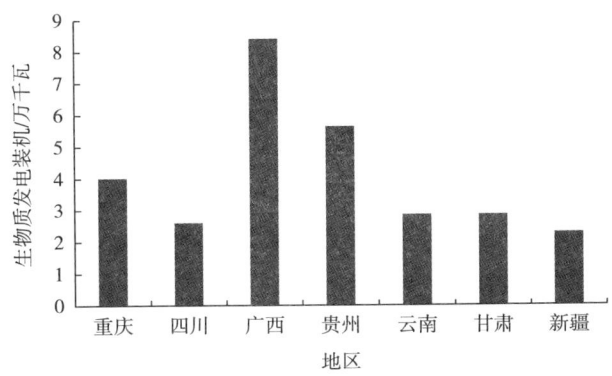

图 34-1　西部生物质直燃发电装机规模

今后，西部尤其是西北冬季寒冷地区生物质发电应向农林生物质热电联产、与燃煤发电灵活比例耦合和高参数生物质发电方向发展。

2. 沼气

截至 2016 年，西南地区户用沼气数为 1 298 万户，占全国户用沼气总数的 31.2%，属全国户用沼气规模大且应用效果好的区域。西北地区户用沼气数为 334 万户，占全国户用沼气总数的 8.0%，受生物质资源和自然条件限制，属全国户用沼气规模较小的区域。西部地区规模化沼气工程共计约 1.8 万处，总体规模较小，主要集中在四川、云南、贵州、重庆等地，如图 34-2 所示。

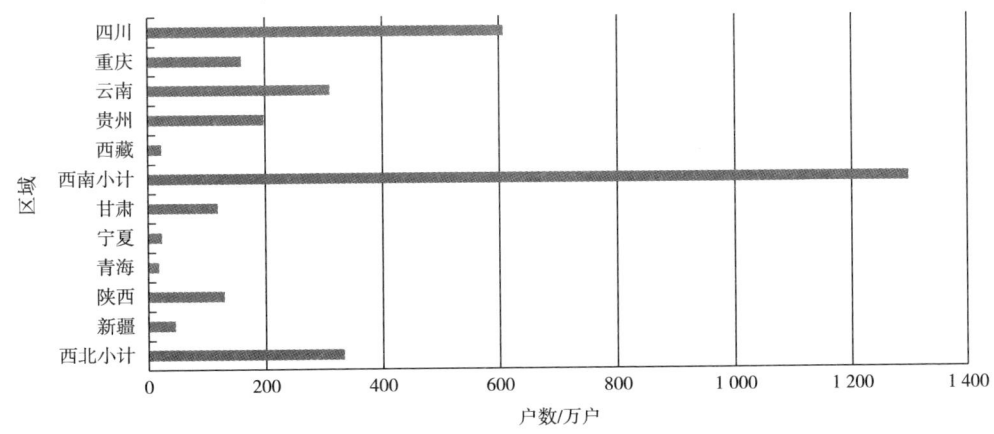

图 34-2　西部户用沼气发展情况

受畜禽养殖向集约发展和经济社会发展影响,沼气生产方式将逐步向集中化、规模化、高值化(生物天然气)方向发展,应在综合条件较好的西部地区,积极发展规模化沼气工程。同时,西部地区,尤其是西南地区户用(联户)沼气仍有较强的生命力,其运行维护不容忽视。

3. 生物质成型燃料

截至 2016 年,生物质成型燃料年利用量约 800 万吨,生物质成型燃料生产规模总体很小,目前,成型燃料生产与锅炉供热在长三角、珠三角等地区产业化示范效果最好。西南地区:林业剩余物资源丰富,可适度发展木质生物质成型燃料。西北地区:总体资源贫乏,但在新疆棉花主要种植区可适度发展生物质成型燃料。

生物质成型燃料供热关乎民生,是近期生物质能开发利用的重点。受山区丘陵等复杂地形影响,原料储运成本高,西南地区宜发展中小规模为主的生物质成型燃料加工项目。

4. 生物质液体燃料

截至 2015 年,燃料乙醇年产量约 210 万吨,生物柴油年产量约 80 万吨。西部地区受资源和经济社会发展水平限制,生物质液体燃料项目少,蓖麻等生物质资源以原料输出为主。西南地区:重庆生物柴油项目、广西燃料乙醇项目(中粮集团)。西北地区:内蒙古燃料乙醇项目。

34.5 地热能

34.5.1 资源储量和开发潜力

地热能资源主要分为水热型地热资源、浅层低温地热能资源和干热岩型地热资源。

根据全国 31 个省(区、市)地热资源现状调查评价结果,西部 12 个省(区、市)中西藏、四川、云南、广西和新疆等 5 省区有大于 150℃的高温地热资源。高温地热资源的水热活动密集带包括喜马拉雅碰撞带、关中盆地、塔什库尔干地区。总的热储热能折合标准煤约 150 亿吨。西部高温地热资源主要为隆起山地型地热资源,采用热储体积法计算其热储资源潜力,折合标准煤约 0.4 亿吨/年。我国喜马拉雅碰撞带高温地热资源发电潜力高达 700 万千瓦电力。2020 年西部高温地热可完成 15 万千瓦电力的目标。同时,在目前已开始的干热岩钻井的基础上,2020 年可能在西部建成我国首座 1 000 千瓦电力干热岩试验电站。预计 2030 年可完成 45 万千瓦电力装机发电，可以开始走上商业化发电模式。

西部中低温地热资源储量折合标准煤约 5 000 亿吨。由于西部中低温地热资源分为隆起山地和沉积盆地两类，分别采用了泉（井）流量法和开采系数法计算其热储资源潜力。计算结果显示：西部中低温地热资源潜力折合标准煤约 7 亿吨/年。在西部 107 个城市中，地下水源热泵开发利用适宜、较适宜区占总面积的 41%，地埋管热泵适宜与较适宜区占总面积的 80%。西部 107 个城市利用浅层地温能可提供夏季制冷面积 58 亿平方米，可提供冬季供暖面积 65.7 亿平方米，节约标准煤约 2.0 亿吨。在地热资源评价的基础上，结合各省地热资源开发利用现状调查资料和地热资源评价结果，采用地热流体热量开采系数指标来衡量我国西部各省中低温地热资源开发利用潜力。我国西部 12 个省（区、市）中低温地热资源热量开采系数均小于 40%，都处于开发利用初始阶段，地热能利用率低，地热资源极具开发利用潜力。按照目前西部中低温地热开发利用年增长 15% 计算，预计到 2020 年，我国西部 12 个省（区、市）中低温地热开采系数平均约为 20%，即 1.4 亿吨/年，到 2030 年能够达到 40%，即折合标准煤 2.8 亿吨/年。

34.5.2 开发利用现状

我国西部地区地热资源开发利用以中低温地热资源开发利用为主，高温为辅，多集中在旅游疗养方面。

1. 地热发电

在西部地区，每年仅有西藏自治区利用高温地热资源发电。20 世纪 70 年代后期，我国西部地区开始利用高温地热资源发电，先后在西藏羊八井、朗久、那曲建商业性地热发电站，总装机容量为 2.8 万千瓦。我国西部地热电站装机容量如表 34-11 所示。

表 34-11 我国西部地热电站装机容量

地点	名称	机组数	装机容量/万千瓦
西藏	羊八井	9	2.5
	那曲	1	0.1
	朗久	2	0.2
总计		12	2.8

2. 地热供暖

相同条件下,地热供暖成本比锅炉供暖可节省30%。在我国西部一些温泉区,尤其是西北,凡有温泉出露的地方,都在不同程度上利用地热采暖,如陕西省开发利用60~100℃的中低温地热水,用于楼房采暖,已取得良好效果。

3. 其他利用方式

地热能还可用于温泉疗养、种植养殖和工业利用。利用地热进行旅游疗养,几乎遍及西部各省(区、市)。西部地区许多温泉区既是疗养地,又是旅游观光区,如陕西的临潼建有华清宫等。利用地热温室种植蔬菜、繁育水稻等已在西部许多温泉区开展,不仅节约了常规能源,而且保证了冬季市场蔬菜供应,如西藏羊八井、重庆市铜梁区陈家湾等地。工业利用方面地热能目前主要用于纺织印染与木材、粮食烘干和生产矿泉水等,其中温泉区地下热水在纺织工业及化工工业方面已获得较好的利用。

34.6 核能

34.6.1 资源储量与开发潜力

西部地区是核能技术应用起源之地,我国核电研发设计、建设、运行技术和经验积累起源于西部的生产堆。西部12个省(区、市)铀资源占全国总储量的52.21%;西部地区有核燃料全产业链,包括分离转化、浓缩、燃料加工全部产能,乏燃料储存和后处理中试厂都在西部。

"十二五"以来,在我国北方可地浸砂岩盆地的铀矿地质找矿相继得到突破,新发现探明一批大型和特大型铀矿床,铀资源量大幅度提升:努和廷发展为超大型铀矿床,皂火壕、大营、纳岭沟、蒙其古尔、塔木素等5个特大型铀矿床,巴-赛-齐、钱家店、十红滩、居隆庵等4个大型铀矿床(区)。在北方伊犁、吐哈、准噶尔、鄂尔多斯、二连、巴音戈壁、松辽等7大沉积盆地形成了相当规模的砂岩型铀资源基地,使我国铀资源开发布局实现了由南方硬岩为主转变为北方可地浸砂岩为主的新格局。

在核电厂厂址选择和建设方面,西部12个省(区、市)中有10个开展不同阶段的厂址选择和核电建设工作。选址综合考虑的因素包括当地对能源的需求、当地及跨区能源供应情况,以及当地的环境容量;西部地区重点考虑地震、大件运输、场地平整等制约因素。截至2016年底,潜在厂址有19个,2台核电机组运行,1台在建。

34.6.2 开发利用现状

中国已经运营的核电机组，绝大部分分布在东部沿海省份——辽宁、江苏、浙江、福建、广东、海南。西部地区核电站数量较少。2010年，西部地区首座核电站正式开工建设，并于2015年10月最终实现并网发电。截至2016年底，西部地区仅广西有防城港核电站两台核电机组，装机217.2万千瓦，2016年全年发电量为97.41亿千瓦时。

第 35 章　西部地区清洁能源发展的机遇和挑战

35.1　西部清洁能源未来发展的机遇

35.1.1　国家能源结构优化升级势在必行

目前我国能源结构仍旧以原煤为主，2016年我国能源消费结构中，煤炭占比为62.0%，石油占比为18.8%，天然气占比为6.3%，非化石能源占比为12.9%。煤炭与石油的消费走势趋于下降，天然气和水电、核电、风电的消费比例虽然有所上升，但总体比例依然偏低。这样的能源结构充分说明我国现阶段能源利用形式过于单一，过于依赖煤炭、石油等化石能源，能源结构优化升级和能源转型任重道远。

2016年12月，国家发展和改革委员会、国家能源局制定了《能源生产和消费革命战略（2016—2030）》，提出"到2020年，全面启动能源革命体系布局，推动化石能源清洁化，根本扭转能源消费粗放增长方式，实施政策导向与约束并重"。

35.1.2　清洁能源产业是西部经济社会发展的支柱产业

清洁能源产业已成为全球具有战略性的新兴产业，成为众多国家选择的新一代能源技术的战略制高点，将有效支撑西部经济社会发展。

1. 风电

对于甘肃、新疆、内蒙古等西部风电装机大省（区），风电上网电量的卖电收益将为当地创造数百亿元的营业收入和数十亿元的税收收入。这将为西部地区提供实际而又稳定的能源，促进西部地区经济社会发展，服务西部大开发战略。

2. 太阳能发电

我国西部地区干旱少雨，地广人稀，有着丰富的太阳能资源和土地资源，是太阳能光伏、光热开发利用的理想地区。西部地区，特别是农牧区，能源消费量小而分散。而分布式光伏发电系统能够很好地解决这些地区的用电问题。对于青海、新疆、宁夏等西部光伏装机大省（区），光伏上网电量的卖电收益会为当地创造数十亿元的营业收入。

太阳能热发电和热利用具有产业链长的特点，涉及机械装备、材料、化工、建筑、电力电子等多方面产业，对传统产业的拉动力非常大。太阳能热发电和热利用可开发利用地区主要在我国的西部地区，建设太阳能热发电站，不仅可以利用其储热容量为发展清洁能源补充调峰能力，同时也可以通过发展热发电和热利用的装备产业为当地的经济发展做出贡献。

3. 水电

水力资源是电力、农业、交通和经济发展的综合性财富，水电建设将为当地带来大量资金投入并带动当地的经济大幅增长，建设期和运行期将为地方财政开辟新的长期而稳定的税源，显著增强其经济实力，大幅提高当地发展能力，促进经济发展。四川、云南、青海和西藏是我国西部大开发战略的重点开发区域，由于受多方面制约和影响，其丰富的能源资源未得到很好的开发利用，未形成自身的支柱产业。

4. 其他能源类型

地热资源方面，西部地区许多温泉区既是疗养地，又是旅游观光区，吸引了大批游客，为当地带来了经济效益。生物质资源方面，西部地区推广使用生物质能源，可节约常规能源，促进能源结构的优化调整。核能方面，核电产业是技术密集和安全绿色的高新技术产业。发展核电，必然需要先进技术、设备、人才和管理方法，能够推动本地技术水平的提高与创新。核电的规模化发展不仅将促进能源发展，而且将拉动装备业、建筑业、仪表控制行业、钢铁等材料工业的发展，促进高科技及高端产业的发展，有利于经济转型。

35.1.3 清洁能源技术进步推动西部清洁能源发展

西部清洁能源开发必须依托于清洁能源技术快速进步，使得清洁能源开发无论从横向广度（涉及能源品种）还是纵向深度（如创新技术、降低成本、关键部件的设计和制造等）都有着极大的扩展空间。随着科教兴国、技术强国战略的实施和推进,我国清洁能源利用技术不断改革创新,能源利用效率不断升高,发电成本日益降低。

1. 风电

风电制造业集中度显著提高,我国整机制造企业由"十二五"初期的80多家逐步减少至"十二五"末期的20多家。风电技术水平明显提升,关键零部件基本国产化,5兆~6兆瓦大型风电设备已经商业化运行,特别是低风速风电技术取得突破性进展,为更大范围内充分利用我国风能资源储备了关键技术。风电的度电成本已从2010年的0.5~0.6元降低到2015年的0.4~0.45元,并有继续降低的空间,我国已启动风电平价上网试点项目。

2. 太阳能发电

我国光伏电池技术创新能力大幅提升,创造了晶硅等新型电池技术转换效率的世界纪录,天合光能研发的大面积6英寸(1英寸≈0.025 4米)全背电极太阳电池效率达到24.13%,创造了新的世界纪录。我国已建立了具有国际竞争力的光伏发电全产业链,突破了国外对多晶硅的生产技术封锁,技术进步及生产规模扩大使光伏发电成本持续下降,我国光伏组件价格已由2007年的36元/峰瓦下降到2017年的不足4元/峰瓦,系统价格由2007年的60元/峰瓦下降到2017年的不足9元/峰瓦,未来仍将呈现下降趋势。2013年,我国西部大型地面光伏电站的发电成本为0.7~0.9元/千瓦时,东部地区光伏发电成本为0.9~1.2元/千瓦时,2015年光伏发电的平均度电成本已降低到0.85元。光伏发电已初步具备经济性,在全球多个地方已经低于传统发电成本,实现了平价上网。光热发电技术也取得了长足进步,并逐步开始试点示范工作。

3. 水电

我国已具备成熟的大型水电设计、施工和管理运行能力,自主制造投运了单机容量80万千瓦的混流式水轮发电机组,掌握了500米级水头、35万千瓦级抽水蓄能机组成套设备制造技术。高原、复杂地质条件地区的水电开发技术进步,使西藏地区的水电开发成为可能。

4. 生物质能

"十二五"期间,组织实施了多项有关生物质液体燃料的科技项目和重点专项,为推动生物质液体燃料规模化利用并实现其替代石油提供技术支撑。生物质成型燃料方面,关键技术已取得突破。生物质发电技术已成为我国技术最成熟、发展规模最大的生物质利用技术。藻类等能源植物培育与能源化转化方面,国内起步较晚,通过一些科技项目,取得了一些研究成果。总体而言,沼气工程、直燃发电、热电联产、成型燃料与供热,目前已具备产业化应用条件,未来,随着技术进步,热解多联产技术、液体燃料技术等将是发展的重要方向。

5. 地热能

地热能开发利用方面,我国已有几十年的中低温地热直接利用经验,但在深层高温地热钻井、干热岩地热资源开发利用技术方面,仍与世界先进水平存有差距。未来,随着核心技术的突破,地热资源的技术可开发量和利用形式将大大增加。

6. 核电

核电技术功能多样化、容量系列化,可以满足多元化和多梯次的能源需求,内陆核电技术可以逐步突破;能够提供蒸汽发电、供热,或者直接提供工业用蒸汽;高温堆能够提供高温气体用于工艺热,乃至实现制氢,推动能源向资源转化。

35.1.4 国际能源合作日趋深化

随着我国深度融入世界经济体系,对内对外开放相互促进,开放型经济新体制加快构建,创新驱动发展战略深入实施,我国能源科技实力显著提升,在国际能源合作和治理中将发挥更加重要的作用。

"一带一路"能源合作全面展开,中巴经济走廊能源合作深入推进。我国能源企业海外投资积极布局"一带一路"沿线国家,由我国企业在海外签署和建设的电站、输电和输油输气等重大能源项目多达40个,已经涉及19个"一带一路"沿线国家。电力、油气、可再生能源和煤炭等领域技术、装备和服务合作成效显著,已经超越了原有单纯的产品走出去,走出去的深度和广度被重新定义。通过日趋深化的国际能源合作,西部的清洁能源电力能够输送到"一带一路"沿线国家,从而扩大消纳范围,实现共同发展,提高清洁能源利用水平,促进国际节能减排和全球能源转型。

35.2 西部清洁能源发展存在的挑战

35.2.1 系统调峰能力不足,"三弃"问题严重

电力系统是发、输、用实时平衡的系统,风电、光伏发电出力具有较强的随

机性和波动性，其高比例接入电力系统后，系统调峰能力不仅要满足负荷波动，还需平衡随机波动的新能源电源出力。我国电网的调峰能力有待提升而调峰形式较单一，电源结构不尽合理，调峰能力的技术进步和工程建设，尚不能满足快速增长的清洁能源发展需要。根据《电力发展"十三五"规划（2016-2020年）》，到2020年，抽蓄机组调峰容量仅占发电总装机的2%左右，远远不能满足清洁能源发展的需求。此外，西北地区热电占火电比例达47%，热电机组在供暖期只有15%~25%的调峰能力，其高比重、高负荷率运行和企业自备电厂不参与调峰，更加剧了冬季供暖期的调峰困难。

35.2.2　跨省消纳存在省间壁垒

我国电力长期以来按省域平衡，清洁能源以就地消纳为主，缺乏跨省跨区消纳政策和电价机制。特别是近期电力供大于求，常规电源电力跨省消纳尚存在壁垒，清洁能源由于没有配套的国家计划，加之具有随机性，以及电网调峰辅助服务机制不健全问题，跨省消纳的壁垒更加突出，造成一些地区清洁能源被弃掉，而另一些地区还在发展和使用化石能源发电的怪现象。

西部电网发展相对滞后，跨省跨区通道规划建设滞后于清洁能源项目，当地电网结构较为薄弱，受暂态稳定制约，西电东送能力有限，不能适应大规模清洁能源快速发展和大规模、远距离输送的要求。以甘肃为例，2015年甘肃酒泉风电基地装机规模已超过1 200万千瓦，太阳能发电近600万千瓦，而酒泉—湖南特高压直流工程2015年5月核准建设，2017年才投产，外送通道建设滞后2~3年，导致大量可再生能源电力无法上网。

35.2.3　工程造价与发电成本较高

同火电工程相比，现阶段清洁能源发电工程的单位造价仍普遍较高。据测算，2015年投产的火电工程单位造价为3 528元/千瓦，风电工程造价为7 516元/千瓦，光伏发电工程为8 464元/千瓦，生物质发电工程约为7 500元/千瓦。对比不难发现，清洁能源发电的单位造价明显高于常规电力的造价成本。虽然技术进步使清洁能源发电成本大大降低，但现阶段大部分的清洁能源发电成本与火电相比仍无优势，火电为0.3~0.4元/千瓦时，风电为0.4~0.45元/千瓦时，光伏发电为0.85元/千瓦时，秸秆生物质能源发电成本为0.9元/千瓦时。因此，大部分清洁能源发电需要国家的大力支持与电价补贴。

35.2.4 对生态环境的影响尚需长期监测研究

风电对环境的影响主要分为两个阶段，一是施工期间的影响，风电场在施工期对环境的影响主要是对地表原有生态系统的破坏。施工期间的挖土与回填土工程将破坏地表形态和土层结构，造成地表裸露，植被破坏，土壤肥力受损，导致水土流失。另外，由于人类活动、交通运输工具、施工机械的机械运动，相应施工过程中产生的噪声、灯光等可能对鸟类栖息地和觅食的鸟类产生一定影响，但这种影响是局部的、短期的、可逆的，当工程建设完成后，其影响基本可以消除。二是运行期间的影响，风电机组的叶片尺寸巨大，如5 000千瓦风电机组的叶轮直径为139米，其在叶尖的最高线速度能超过300千米/小时，近10年来，国外已有不少风电机组转动导致鸟类和蝙蝠撞击伤亡的报道和相关研究。

对于太阳能发电来说，依据国外研究，铺设太阳能光伏电池板会显著改变当地的地表反照率和地面辐射平衡，进而对铺设区域的气候产生影响；太阳能光伏发电系统对气温的影响与自身的能量转化率相关，当转化率达到20%时可产生冷却效果；当达到30%时，冷却作用可达到0.15℃。此外对地表水蒸发及植物生长的影响也需观察和积累。

受历史原因和认知水平的限制，水电开发在一定阶段存在"保护让位于开发"和"保护跟不上开发"的现象，对一些河流的水生生态、景观环境等造成难以恢复的影响，部分河段的水电开发与生态保护的矛盾仍然非常突出。具体影响包括：截断河道改变鱼类栖息环境；水库流速减小，稀释自净能力降低，水体富营养化，高坝出库水温低，对坝下水生物和沿岸农作物生长造成影响；水库水位升降可能产生新的地质灾害；水库泥沙淤积，清水下泄对坝下游河道冲刷；等等。在水电开发利用过程中需要妥善处理水电开发与生态保护的关系，坚持将生态优先的原则贯穿到水电规划开发的全过程，维护好河流的生态系统健康和独特的人文自然景观。

对于生物质能而言，能源作物种植能够提高环境效益，但能源作物种植和加工对生态系统、土地利用、土壤、大气、生物多样性都有潜在影响。种植过程中若不当使用化学药剂和肥料，容易导致酸化和氮类化合物的流失，引起地表水和土壤污染，同时，氮肥的使用能够引起氨化作用和甲烷释放。乙醇、生物柴油、甲烷等不同的能源作物种植的原料需求不同，种植时也需要考虑大气、土壤、水和其他环境因子的污染。生物质能源开发利用过程中，处理不当也可能会造成土壤退化、地下水水位降低、农药污染和废水污染等一系列的生态问题。因此，正确评价生物质能源的可持续性，需要考虑更多的因素，以及更深入的系统研究。

地热资源是在漫长的地质历史发展过程中形成的、含有多种矿物质和丰富热焓的流体资源，是安全、稳定、高效的可再生能源。按照热能梯级利用，流体循环利用的模式开发，不会产生环境地质问题。但是不规范、不科学开发也会对环境产生一定影响：①无序开发，超强度开采（超过其补给量及合理的水位下降量），会导致热储压力下降。②在地热流体矿化度较高的地区，由于回灌量偏小或没有进行回灌，尾水未进行处理就直接排放，容易造成水化学污染。③如果地热利用程度较低，没有进行热能梯级利用，地热尾水的温度仍然较高，容易造成热污染。因此，为保证地热资源的可持续利用，在开发利用过程中需要做到科学、合理、有序。

总之，我国发展清洁能源时间不长，对环境、生态的影响需要长期跟踪研究。

35.2.5 政策问题

1. 定价机制不完善

我国清洁能源的定价机制经过多年的发展，已经形成了一种比较市场化的价格体制，但清洁能源与化石能源在相同环境生态标准下的保护性定价、优惠的信贷、鼓励性的产业政策仍然欠缺。国家增值税转型和战略性新兴产业税收政策不明朗，缺乏资金供应等政策方面的有力支持。目前我国总体电价机制不尽合理。部分地区"西电东送"电价太低，没有"西电东送"的积极性。

2. 管理机制不完善

长期以来，我国电力都是以省域平衡、就地消纳为主，缺乏清洁能源跨省跨区消纳的政策。我国清洁能源资源禀赋与负荷需求呈逆向分布，西部地区风、光、水资源富集，清洁能源装机容量大，人口密度不高，企业较少，电力需求小；而东部地区人口密集，企业较多，用电需求巨大。资源与需求逆向分布的能源布局，加之目前我国西电东送通道不足，系统调节能力差距较大，又无明确的政府跨区跨省输电管理政策，造成了西部清洁电力就地消纳不了，又送不出去，弃风、弃光、弃水率居高不下的现状。

3. 产业布局不合理

西部产业结构布局不合理，首先表现在：西部地区第一产业长期以传统农业为主，现代农产品、现代技术和组织方式缺乏；第二产业低端化比重高，产能过剩问题严重；第三产业中新兴产业占比较低，仍以传统流通贸易为主。其次，西部地区虽然拥有较强的资源优势和较低的转移成本，但自身产业调整创新驱动不足，创新成果少且成果转化率低。最后，西部地区存在较高的地域性壁垒，进行产业结构调整过程中的跨区域合作与跨区域产业体系构建不足，且西部地区长期以来市场化水平较低，市场机制不完善，人才数量、教育科研机构数量都较少。总体看来，西部地区第一、第二产业发展较落后，用电量需求偏低。

第36章 西部地区清洁能源定位与发展战略

36.1 西部地区清洁能源定位

36.1.1 西部清洁能源的总体定位

国家《能源发展"十三五"规划》已明确未来能源发展战略导向，即统筹资源、环境和市场条件，超前布局、积极稳妥推进建设周期长、配套要求高的水电和核电项目，实现接续滚动发展。坚持集中开发与分散利用并举，调整优化开发布局，全面协调推进风电开发，推动太阳能多元化利用，因地制宜发展生物质能、地热能、海洋能等新能源，提高可再生能源发展质量和在全社会总发电量中的比重。西部地区既是打赢脱贫攻坚战、全面建成小康社会的重点难点，也是我国发展重要回旋余地和提升全国平均发展水平的巨大潜力所在。西部清洁能源开发是把西部清洁能源资源优势变成经济发展优势、经济社会发展的动力源，西部是国际能源合作的重要战略通道承载地和桥头堡。

西部地区具有丰富的化石能源资源，天然气和煤炭储量占全国的比重分别高达 87.6%和39.4%，是国家大型油气生产加工储备、煤炭-煤电-煤化工基地。西部地区还有丰富的清洁能源资源，铀矿资源丰富，且西部地区地广人稀，适合大规模清洁能源电站的施工建设。

"一带一路"国际合作背景下，西部地区应充分利用区位优势，深度融入世界经济体系，以"一带一路"为契机，通过构建联通中亚、南亚、东南亚的电力输送通道，扩大清洁能源的消纳范围，实现跨国间的水火互济，提高清洁能源利用水平，促进国际节能减排。

预计到 2020 年、2035 年和2050 年，西部清洁能源装机容量将分别达到 3.4亿千瓦、6.9 亿千瓦、9.3 亿千瓦，占全国总装机的 17.7%、25.1%和32.5%，将分别满足全国 7.4%、12.5%、17.5%的电力需求（表36-1）。

表 36-1　西部清洁能源发展情景预测

年份	全国电力总装机/亿千瓦	西部清洁总装机/亿千瓦	西部清洁能源装机占比	全社会用电量/万亿千瓦时	西部清洁能源电量占全国比
2020	19.2	3.4	17.7%	8.1	7.4%
2035	27.5	6.9	25.1%	11.0	12.5%
2050	28.6	9.3	32.5%	10.6	17.5%

资料来源：《中国可再生能源发展路线图 2050》《中国 2050 高比例可再生能源发展情景暨路径研究》和《电力发展"十三五"规划（2016-2020 年）》

西部清洁能源发展应统筹清洁能源发展与市场消纳、清洁能源与其他能源、清洁能源与电网发展的规划；建立有利于清洁能源消纳的市场化机制；通过加强调峰电源建设和管理，合理控制供热机组和自备电厂发展规模，明确自备电厂要参与系统调峰，增强多能互补与综合利用，研发和推广不同类型储能应用等手段，促进西部清洁能源的快速发展和高效消纳。

36.1.2　西部清洁能源的发展及利用方式定位

西部地区丰富的水能、风能、太阳能等清洁能源大多需要转化为电能，才能实现大规模开发和大范围的高效率利用，西部地区具备建设成为我国清洁能源发电基地的资源禀赋。因此西部清洁能源的发展重点是以发电方式为主，其他利用方式为辅，定位为建设成为我国重要的清洁能源发电基地。应全面考虑各种能源种类的功能定位，让化石能源主要发挥其资源特点，而让可再生能源发挥其发电的优势，因能制宜发挥不同能种的功能。西部各地应结合各省（区、市）清洁能源的资源禀赋特性，依托自然资源优势发展清洁能源。应提高西部乃至全国的终端能源中的电能比例，使我国总能消耗中，用于电能转换的比例早日达到和超过世界平均水平，尽量要把电力的蛋糕做大。为此，应进一步结合西部各省（区、市）清洁能源的资源禀赋特性，因地制宜、因能制宜地建立西部清洁能源发展思路，坚持统一规划、有序实施，形成基地开发与分布式开发并举，以及能源输出与就地消纳并重的发展模式，明确西部地区满足自身能源需求和全国能源基地的战略定位。

1. 优化西部地区能源基础设施布局

有序推进金沙江、雅砻江、大渡河水电开发，以及凉山风电基地和金沙江、雅砻江风光水互补示范基地等建设。继续加大西电东送力度，稳步推进水电、风电基地和现代大型煤电基地外送电通道建设。推动川藏联网，研究滇藏联网。加强农村电网改造升级。统筹西部清洁能源开发与消纳利用、清洁能源与其他电源、清洁能源与电网发展规划。加快可再生能源开发利用，以西南水电基地为重点积极开发水电，重点建设新疆、酒泉和内蒙古西部三大风电基地，加快发展太阳能发电，大力推广分布式光伏发电系统，开展甘肃、宁夏、内蒙古可再生能源综合示范区建设，培育准东、哈密、敦煌、柴达木、内蒙古西部等风光电清洁能源基地，培育和发展青海太阳能利用示范省、甘肃新疆风能利用省区和四川、云南、西藏水能利用示范省区。

2. 推动西部地区传统产业转型升级

在西部地区建设风电装备、光伏产品研发生产基地，开发更大型风电机组、低成本太阳能光伏电池、生物质液体燃料技术，建设生物质能源研发生产基地。在工业园区推广定制化智能化用电服务，全面推进传统行业节能技术改造，实施工业园区节能改造工程，加强园区能源梯级利用，推进集中供热制冷。

3. 创新西部地区可再生能源发展方式

以西南地区主要河流为重点，积极有序推进大型水电基地建设，合理优化控制中小流域开发，确保水电有序建设、有效消纳。推进跨流域的更大范围水电的优化调度，提高水能利用率和调峰能力。借助"三北"地区已开工建设和明确规划的特高压跨省区输电通道，按照"多能互补、协调运行"的原则，统筹风、光、水、火等各类电源，在大力扩大消纳能力和落实消纳市场的前提下，最大限度地输送清洁能源，扩大清洁能源的配置范围，促进清洁能源电力消纳。在资源条件好、具备接入电网条件、消纳能力强的中西部地区，在有效解决已有弃光问题的前提下，有序推进光伏电站建设。推动西部资源条件好、具备消纳条件、生态条件允许地区的太阳能热发电基地建设，充分发挥太阳能热发电的调峰作用，实现与风电、光伏的互补运行。在水能资源丰富的地区，利用水电调节能力开展水光互补或联合外送示范。试点和推进清洁能源自身、清洁能源和常规能源发电互补、共赢的研究和工程实施。

4. 建设西部地区绿色文明宜居乡村

研究建立针对贫困地区能源资源开发收益分配政策，将从发电中提取的资金优先用于乡村后续发展，探索资产收益扶贫。加快推进农村地区散煤的电力替代工作，配套实施农网改造，大力推广以电代煤。因地制宜推进农村沼气建设，加快发展小水电、太阳能、风能、生物质能等可再生能源，大力推进西部地区光伏扶贫工作。

36.2 西部地区清洁能源发展模式

西部地区拥有丰富的清洁能源资源,清洁能源发电进一步大规模开发利用,将有助于提升全国清洁能源发电装机的比例,并促进全国终端能源清洁度的提高。根据各种清洁能源的资源分布情况和技术水平,西部地区应优先发展风电、太阳能和水电,因地制宜发展生物质能和地热能,并根据西部用能特点探索核电合理化利用方式。

36.2.1 提高风电电网友好性和智能化水平

为实现西部地区大型风电资源大规模输送和高效利用,需要提高风电电网友好性和智能化水平,提高对风特性的认识,实现对风电场运维的智能化及"一机一控"管理,从而降低度电成本、高效利用风能。

1. 提高风电功率预测精确性

通过精细化测风与风能资源分析技术,建立详细风能资源数据库和信息滚动公布机制,建立完善的风流场模型—风电场设计(中尺度模型、热稳定性分析、GIS、复杂地形及计算流体力学、尾流模型),全面部署风电功率预测预报体系—风电场运行(中尺度模型及降尺度模型研究、气象观测数据、风电场数据、中短期数值气象预报技术、人工神经网络、风电场控制)。

2. 提升风电场电网友好性

深入研究风力发电机组及风电场性能特性,挖掘设备辅助服务潜力,提升风电场电网友好性(电压调节、频率调节、低穿高穿、无功功率调节、次同步振荡调节控制技术、风电场集控)。

3. 提升风电场运行效率与可靠性

通过研究基于风电场效率提升的智能感知与协同控制技术,基于失效模型和失效机理的智能感知与协同控制技术,基于大数据的风电场运维管理技术,基于预测与健康管理的风电场资产管理技术,提升风电场运行效率与可靠性。

4. 实现风电场运行和维护的智能化管理

基于风电大数据的智能诊断,提高状态监测系统诊断的自动化程度,逐步实现在线故障预警诊断,搭建测风数据管理系统和风电场智能集控平台,采集秒级数据并在线进行大数据分析，为风电场在线监视、能效评估、设备性能比选、优化风机控制策略、优化运维计划等提供技术支持。在智能运维方面，进行风电设备的发电性能分析、电站发电损失成因分析和电站运维质量评估，大力构建风电机组的智能维护方案。

5. 建立风电技术公共研发平台

建立完善风电技术公共研发平台（国家投资的非营利机构），以及行业管理和技术标准、规范。加强风电知识体系、教育体系建设，人才培养体系和科技人才队伍建设。

36.2.2 太阳能光伏光热综合发展

1. 太阳能光伏发展方式

目前太阳能光伏产业发展主要依靠国家政策推动，从电站建设到上网电价都需要财政补贴支持。经过多年的跨越式发展，西部的光伏发电规模在全国遥遥领先。国家的财政补贴政策呈逐步下调趋势，给光伏发电带来了一定的压力，通过电网向东部地区输送是光伏发电消纳的主要途径。

2. 太阳能热发电发展方式

1）太阳能光热发电

目前太阳能光热发电技术已较为成熟，但是还存在某些技术的短板和造价偏高的问题，为此，应积极开展相应的研究，重点研究方向包括：发展高效率太阳能集热技术、大容量蓄热技术、新型高效太阳能光热发电技术、全生命周期的回收利用技术；以热电联产为重要手段发展清洁能源城市。

2）太阳能光热直接利用方面

太阳能光热直接利用技术最成熟，转换效率较高，价格低廉，尤其是中低温的热利用，从能源的有效利用来说是最为经济和合理的。应积极开展直接利用镜场将太阳光热进行聚焦来处理废旧材料的研究，以实现废旧材料的回收再利用。未来对于太阳能光热的利用需要与产业的需求紧密结合。

3）建设光伏-光热联合电站

带储热的光热电站可有效稳定太阳能发电的波动问题，在满足电力市场对可持续供电电源需求情况下，可利用光热电站发电的有蓄能能力的特殊优势，将光热发电与光伏发电打捆上网，从而有效提高太阳能上网电量，降低太阳能发电的弃光率。

4)积极发展太阳能城市

建筑是节能减排、利用清洁能源的重要载体。西部太阳能资源十分丰富，可通过建筑载体推广太阳能发电，实现节约化石能源、降低能耗和改善能源结构的目标。一是规划建设增能型太阳能建筑，使城市建筑和高效、低成本的太阳能发电紧密耦合；二是建设光伏道路、光伏厂房等，充分利用太阳能资源；三是推行"能源自治式小区"城市规划，缩短出行距离，节约出行耗时，减少能源消耗。

3. 太阳能的其他利用方式

除光伏发电和太阳能热发电外，太阳能还有多种利用方式，太阳能制氢技术就是其中一种。太阳能-氢能系统既能够实现工艺过程的清洁化，又可通过太阳能制氢并储氢，解决太阳能低密度和不稳定的缺陷。太阳能制氢技术包括太阳能发电电解水制氢、太阳能热解水制氢、太阳能热化学循环裂解水制氢、太阳能光生物化学制氢和太阳能光电化学制氢等。

36.2.3 在保障生态环境下积极开发水电，加强"西电东送"

未来水电发展的重点在西部的四川、云南、西藏和青海四省区。今后我国水电发展应坚持"一条主线、两个重点、三大任务、四项保障"的发展思路，积极推进水电开发建设。

一条主线：坚持优先积极发展水电的方针不动摇。

两个重点：加快重点开发区域（四川、云南、西藏、青海）和重点河流（金沙江、雅砻江、大渡河、澜沧江、黄河、怒江和雅鲁藏布江等）水电建设。重点区域和重点河流水电发展以大中型水电为主。

三大任务：基地建设、西电东送和流域管理。基地建设是指积极推进千万千瓦级大型水电基地的开发，即重点推进金沙江、雅砻江、大渡河、黄河上游、长江、乌江、南盘江红水河、西南跨界诸河等十个千万千瓦级大型水电基地建设。西电东送是实现我国电力资源优化配置的一项战略性举措，是西部大开发的标志性工程之一，应结合十大水电基地的建设，重点推进中部通道和南部通道的建设，将西部水电送往华东、华中和南方地区。流域管理是指促进流域梯级开发和跨流域调度，使水能效益充分发挥的管理机制。

四项保障：做好移民安置、协调生态环保、兼顾地方发展、提高技术水平等四项保障措施。

36.2.4 重点开发液体燃料，梯级利用生物质能

我国西部地区应按照因地制宜、统筹兼顾、综合利用、提高效率的思路，发展生物质能源，改善西部地区，尤其是西部农村地区能源结构，解决农村能源贫困问题，促进地区经济发展，保护农业生态，改善农村环境，保障农业可持续发展和农民增收。以西部较为丰富的能源作物和农作物秸秆资源为依托，加快推进生物质液体燃料产业发展，打造我国重要的生物质液体燃料生产基地。

一是坚持分布式开发。根据资源条件，确定项目布局，因地制宜确定适应资源条件的项目规模。同时兼顾与西部化石能源融合发展，形成互补、集成转化的产业格局。

二是坚持战略与需求双导向。立足生物质液体燃料能量密度大的优势，着力推进生物质液体燃料产业发展。因地制宜发展生物质冷热电多联产、生物质锅炉、生物质与其他清洁能源互补系统等。

三是坚持融入生态环保。将生物质能开发利用融入生态与环境保护体系，通过有机废弃物的大规模能源化利用，加强主动型源头污染防治，直接减少秸秆露天焚烧、畜禽粪便污染排放。

四是坚持综合梯级利用。立足于多种资源和多样化用能需求，开发液体燃料、电、气、热等多元化产品，加快非电领域应用。

36.2.5 推进高温地热发电

我国的高温地热资源主要集中在板块构造活动比较强烈的西南地区，但是，我国高温地热资源利用方式粗放，造成了高温地热资源的巨大浪费。应充分开发利用高温地热资源，积极推进西南地区高温地热发电，充分利用地热发电调峰灵活的特点，因地制宜建立多能互补的发电格局。

（1）积极推进西藏地区高温地热发电。在开发中坚持集中与分散开发利用并举，优化太阳能、地热能开发布局，形成稳定、清洁、安全、经济、可持续发展的综合能源体系。

（2）在滇西地区实现地热资源与水力资源互补。滇西地处地中海-喜马拉雅地热带东南延伸部位，适宜对水力和地热资源进行综合开发，从而帮助解决当地居民用电稳定难题。

（3）积极推进川西高温地热田勘查开发。川西地区高温地热资源丰富，"十三五"期间应重点在康定、理塘和巴塘地区进行勘查开发，实现地热能供暖与制冷等梯级利用，到2030年实现川西地区高温地热发电。

36.2.6 探索核电池式低温供暖示范

建议按照"政策引领、市场运作"的基本原则，以低温供热示范工程为核心，组建专业的核能供热开发公司。选定陕西关中作为示范区，确定用户集群，按照安全性、经济性、可行性原则，以池式低温供热堆机组建设为突破口，积极稳妥推进核能供热示范项目建设落地。

36.2.7 加强多能互补及开放互联

充分利用能源基地的资源组合优势，发展多能互补的输电和消纳方式。西南是我国重要的水电基地，建设坚强西南送端电网，能够更好满足四川、西藏、云南等地区大型水电基地特高压直流外送需要，保障川藏滇地区电力安全可靠供应。西北是我国重要的风电、太阳能发电基地，与西南水电互补性很强。将西北风电和光伏发电通过特高压直流送入西南电网，通过西南电网实现水、风、光互济运行，既能根本解决川藏"丰余枯缺"矛盾，保证丰水期送得出、枯水期不缺电，又能促进我国西部水电、风电、光伏发电加快开发与外送，推动清洁能源发展。

充分利用青海、甘肃、宁夏、内蒙古、四川、云南、贵州等省区大型综合能源基地的风能、太阳能、水能等资源组合优势，充分发挥流域梯级水电站的调峰能力，建立配套电力调度、市场交易和价格机制，开展风光水储多能互补系统一体化运行，提高电力输出功率的稳定性，提升电力系统消纳风电、光伏发电等间歇性可再生能源的能力和综合效益。

36.3 西部地区清洁能源发展思路

36.3.1 基地和分布式双轮发展思路

我国清洁能源发展呈现集中开发为主、分布式开发为辅、就地消纳和跨区输送并重的特点，西部清洁能源应推动基地和分布式双轮发展。

1. 西部大型清洁能源基地发展思路

1）大型清洁能源基地

我国清洁能源主要分布在西部地区，2/3以上的能源需求集中在中东部。能源资源和需求逆向分布的特点，决定了西部发展大型清洁能源基地，并通过特高压输电技术远距离外送的发展思路。发展西部地区大型清洁能源基地可实现更大范围水火互济、风光互补、大规模输送和优化配置。

2）支撑西部大基地的电网发展思路

电网支撑大型清洁能源基地的基本思路：发展远距离、大容量、经济成本合适的输电技术，实现清洁能源资源在更大范围内的优化配置。

我国西部地区的清洁能源基地与中东部负荷中心地区的距离一般为800~3000千米，发展远距离、大容量，且经济成本合适的输电技术，进一步扩大西电东送规模，实施北电南送工程，将是未来消纳西部地区清洁能源的重要途径和技术手段。其中，柔性直流输电技术是未来输电技术的主要发展方向之一。

2. 西部分布式清洁能源发展

1）支撑西部分布式发展的电网发展思路

电网支撑分布式清洁能源发展有多种途径，包括：分散布局的小规模分布式能源系统就近接入地区配电网；用柔性直流、低频送电等先进输电技术，支持可再生能源分布式开发；发展智能电网，支持风电、太阳能发电等直供大用户和新型用户（如电动汽车），并与用户双向互动。

2）分布式发电解决无电地区电力供应难题

在西部偏远无电地区，可发展分布式能源解决电力供应难题。

（1）发展分布式电源，结合分布式电源+储能（电池）模式实现微电站。

（2）发展独立型微网，该类微网不与常规电网相连接，利用自身的分布式电源满足微网内负荷的需求。当独立型微网内存在可再生能源分布式电源时，常常需要配置储能系统以抑制这类电源的功率波动。

36.3.2 市场机制建设思路

我国面临着严峻的弃水、弃风、弃光问题，西部三弃问题尤为突出。省间壁垒严重、市场和政策机制建设不健全是造成上述问题的重要原因之一。需要充分利用电力交易中心的平台，通过市场手段解决清洁能源消纳难题，可从以下几方面着手：

一是建设全国统一的电力市场，智能判断弃风、弃光、弃水，调节并发布实时电价。

二是进一步推进电力市场化进程，提高负荷侧主动响应和参与电网调节的能力，适应高比例清洁能源并网条件下系统的调节需求。

三是加快现货市场方案研究，拓展日前和实时可再生能源交易。

四是尽快研究可再生能源竞价上网和跨省跨区价格疏导机制，厘清输配电价，促进清洁能源跨省跨区消纳。

36.3.3 西部地区清洁能源"一带一路"发展思路

"一带一路"倡议将构筑新时期我国对外开放的新格局,推进西部地区和沿边地区对外开放步伐,为西部地区跨越式发展提供契机。"一带一路"沿线国家要素禀赋各异,发展水平不一,比较优势差异明显,与我国西部地区存在优势互补和互利共赢的合作空间。西部地区要明晰各自的功能定位、产业布局、资源整合等重大事项,加强能源资源开发、装备、技术、电网互联合作以及电力供需互济,推动水电、核电、风电、太阳能等清洁能源的跨国合作,形成能源资源合作上下游一体化产业链;重点深化同巴基斯坦、塔吉克斯坦、吉尔吉斯斯坦、老挝、越南、泰国等周边存在电力短缺国家的合作;通过构建联通中亚、南亚、东南亚的电力输送通道,充分发挥中亚、东南亚地区的水电和气电装机优势,同时也能发挥我国西部地区火电、风电和光伏发电优势,实现跨国间的水火互济,提高清洁能源利用水平,促进国际节能减排;进一步加强与白俄罗斯、巴基斯坦、伊朗等国在清洁能源技术、装备和投资方面的合作。

第 37 章　西部地区清洁能源发展技术和产业发展路线图

37.1　风能技术发展路线图

37.1.1　重点发展技术

1. 风能资源评估

认识我国 300 米以下复杂大气边界层风特性；提出适用于我国大型风电机组设计仿真和风电场流场仿真计算的风特性参数测量方法、计算方法以及分类分级指标体系，满足西部复杂地形风电机组定制化设计需求；建立适应我国气候和地形特点的数值模式和资源评估软件，实现雷达、卫星对风能资源的连续、多角度监测，建立资源监测网。

2. 风电功率预测

面向风电预测的风能资源数值模拟与气象预报技术：突破边界层资源数值模拟、适用于风电功率预测的数值天气预报关键技术，建立风能资源数值模拟平台。考虑资源相关特性的风电集群功率预测技术：突破集群划分及功率预测在线建模关键技术，针对不同运行状态风电场、不同预测时间尺度分别构建模型，实现对省级电网风电场集群不同时间尺度功率预测的快速全覆盖。风电功率概率预测与事件预测：突破多扰动条件下的概率预测方法，建立风速快速波动等极端事件预测。

3. 整机技术

在高时空分辨率天气预报技术和基于风机模型的主控优化策略发展的前提下，针对我国复杂地形和大集群风电项目特点，强化整机技术，实现对风电机组的一机一控。开发新型风电机组（包括低风速风电机组）设计、风电场建设和运行技术。

4. 试验检测

研究 120 米级叶片气动性能及可靠性试验评价技术；研究 15 兆瓦级风电机组传动链地面试验技术，建立 15 兆瓦级风电机组传动链地面公共试验系统；研究大型风电数模混合实时仿真实验技术，研制风电机组数模混合仿真实验平台。

5. 智能运维

结合我国风资源特性研究成果，完成基于大数据的风电场设计优化控制技术研究与示范应用，开展基于大数据的智能运维关键技术研究与示范应用，掌握风电大数据的采集处理和数据知识挖掘技术，开发风电数据采集和挖掘系统；掌握基于大数据的智能化运维优化策略，研制智能运维关键设备，开发基于人工智能的运维系统，为我国风电场智能化、信息化、高效化和可靠性运行提供技术支撑。

未来基于全生命周期的风电资产管理，将打通全生命周期的数据链条，将运维大数据分析结果反馈给设计环节，提高风电场设计阶段发电量评估的可靠性。

6. 风电环境友好性研究

基于典型风电场案例，研究风电开发对环境生态影响的评估标准与评估方法。全面研究风电开发对环境、生态、鸟类生长与迁徙等的影响及解决对策。研究环境友好型风电机组制造技术、施工技术。

7. 风电电网友好性研究

深入研究风力发电机组及风电场性能特性，挖掘设备辅助服务潜力，提升风电场电网适应性（电压调节、频率调节、故障穿越、无功功率调节、次/超同步振荡控制技术等）。

37.1.2 技术发展路线图

风能技术路线图如图 37-1 所示。

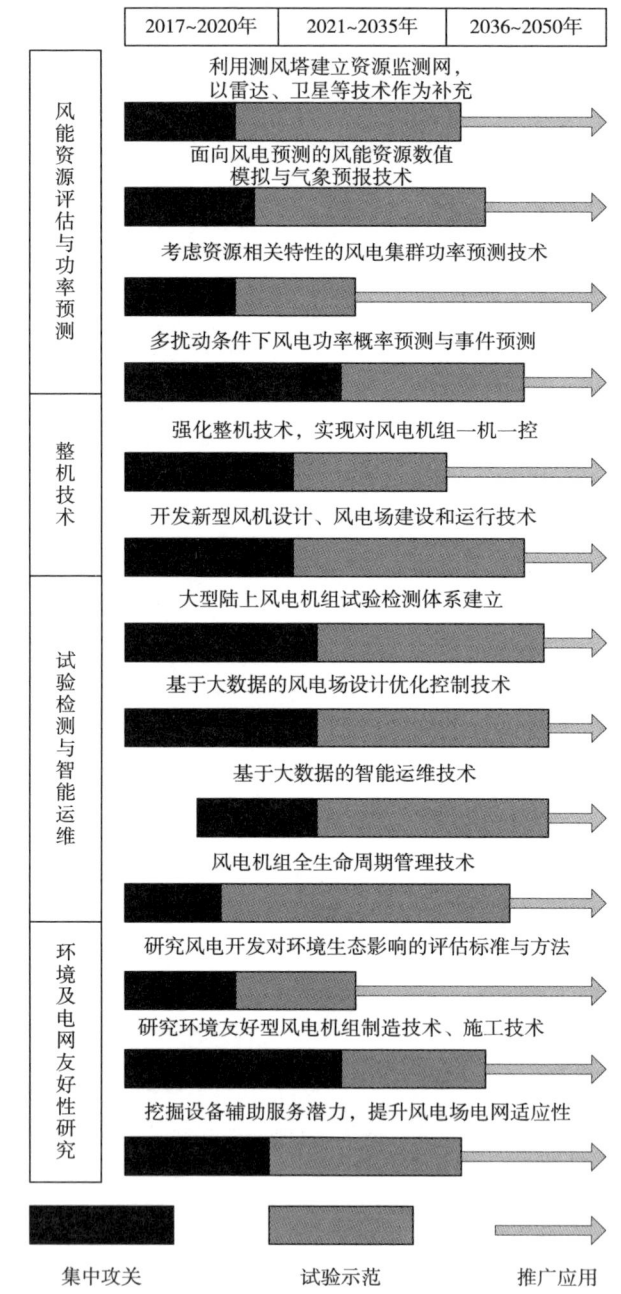

图 37-1　风能技术路线图

37.2 太阳能技术发展路线图

37.2.1 太阳能光伏发电技术路线图

1. 重点发展技术

（1）光伏电池组件技术。

高效光伏电池是太阳能光伏发电的基本条件。目前实验室研究的晶体硅太阳电池效率已经超过25%，但高效晶体硅太阳能电池工艺过程复杂，实验条件苛刻，不适于产业化生产。近年来，新型光伏电池不断涌现，其中以钙钛矿电池最为突出，尽管目前尚不成熟，但新的突破随时都有可能带来革命性的变革。

（2）逆变器技术。

近年来，逆变器的发展呈现多样化的趋势，另外，随着全球可再生分布式能源的大规模应用，逆变器结合储能技术将是保障分布式电网稳定运行和规模化应用的重要发展方向。

（3）系统管控技术。

随着大规模分布式光伏电站的接入，拥有大量集群光伏电站的业主对于集中管理电站资产的需求日益强烈，针对电站现场的运行数据采集、设备运行监测与调控，综合运行质量评估将越发彰显对稳定可靠的大数据系统的依托。

（4）大型光伏高压直流并网技术。

并网光伏电站正在向大型化、集群化方向发展，一批百万千瓦级光伏发电基地相继涌现，然而边远电网比较薄弱，接入交流电网后的无功支撑、谐波谐振、低频振荡等问题非常突出。光伏阵列直流汇集、直流升压和直流接入电网的成本更低，效率更高，大型光伏发电基地和高压直流技术的结合是必然发展趋势。

2. 技术发展路线图

太阳能光伏技术路线图如图 37-2 所示。

37.2.2 太阳能热发电技术路线图

1. 重点发展技术

太阳能热发电主要技术突破点如表 37-1 所示。

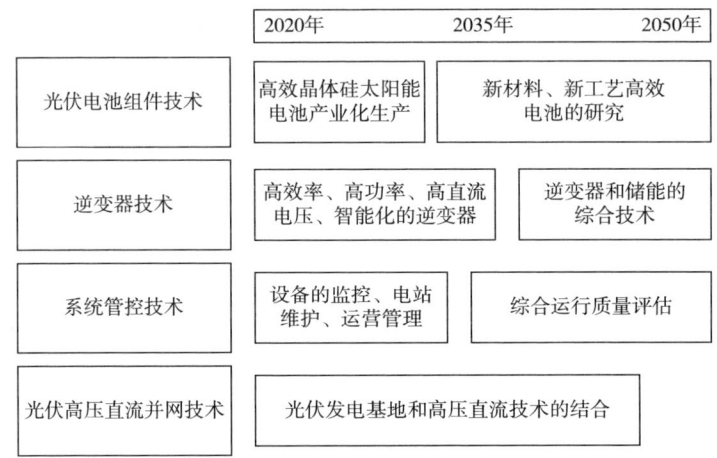

图 37-2　太阳能光伏技术路线图

表 37-1　太阳能热发电主要技术突破点

技术	聚光	吸热	储热形式	发电
槽式	反射镜尺寸和精度支撑结构优化设计	吸热部件改进其他类型的传热工质提高运行温度	熔融盐斜温层储热器	透平的效率
塔式	镜场布局和定日镜尺寸优化跟踪系统成本优化	其他类型的传热工质提高运行温度改进循环技术	熔融盐储热容器的可靠性及斜温层储热，固体材料储热	透平的效率
碟式	支撑结构优化设计反射镜尺寸优化	—	开发适宜的相变储热材料和换热系统	斯特林发动机的效率和容量
菲涅耳	反射镜自动组装工艺反射镜优化	改进吸热部件提高运行温度	开发适宜的中高温液体熔融盐储热系统	透平的效率

2. 技术发展路线图

不同技术形式的太阳能热发电技术路线如下：

（1）槽式太阳能热发电技术。

2020 年，大容量槽式太阳能热发电站将以导热油槽式热发电技术为主流。2020年后，以熔融盐、直接蒸汽发生塔式太阳能热发电技术为代表的槽式新一代技术将逐步发展，并开始商业化应用，2025 年以后将逐步成为槽式发电的主流技术。到 2035 年，大容量槽式太阳能热发电站中融盐槽式热发电站成为槽式热发电市场主流技术；到 2050 年，预计槽式太阳能热发电站装机总容量超过 8 000 万千瓦。

（2）塔式太阳能热发电技术。

直接蒸汽发生塔式太阳能热发电技术是 2020 年前的主流太阳能热发电技术之一，2020 年，作为第三代技术的熔融盐技术将逐步完善并推向商业化应用，大容量熔融盐塔式热发电站中融盐塔式太阳能热发电站单机装机容量达到 5 万~10 万千瓦。到 2035 年，以超临界二氧化碳、空气及粒子集热器为代表的第四代塔式太阳能热发电技术将逐步得到商业化应用，相应地，高温储热和固体储热材料和技术（包括粒子、泡沫和多孔材料储热技术）将得到发展。

（3）碟式技术。

2020年前后，我国适用于太阳能碟式发电技术的太阳能斯特林机设计与制造技术逐渐完善，逐步推向商业化应用，带动我国太阳能热发电技术在分布式电力系统中的发展。

（4）菲涅尔技术。

以DSG（direct steam generation，直接蒸汽发生）技术为主的菲涅尔太阳能热发电技术涉及的膨胀机等在2020年前后逐步成熟，推动我国太阳能热电联产技术在规模化电站发展及与工业领域用能相结合的电热联产系统领域的应用。

（5）储热技术。

储热材料和储能设备在未来40年中将逐步发展和改进。

太阳能热发电技术创新与发展路线图如图37-3所示。

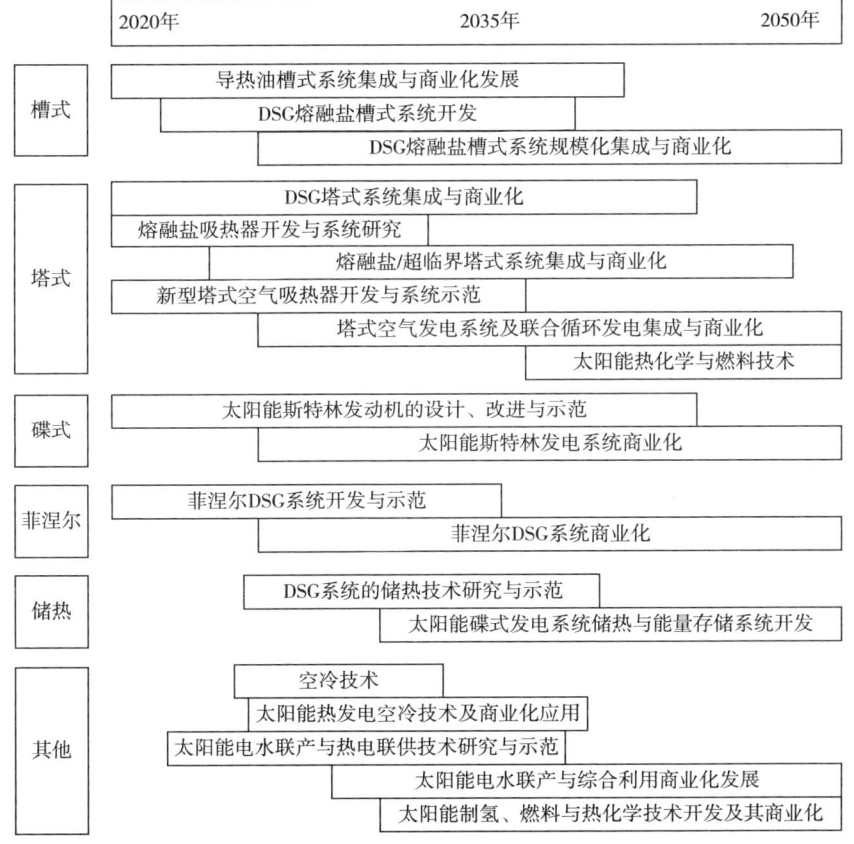

图37-3 太阳能热发电技术创新与发展路线图

37.3 水能发展路线图

37.3.1 重点发展措施

一是改善水电经济性和市场竞争力，合理分摊综合利用投资，优化水电工程设计方案，调整水电财税等政策，制定更合理的水电上网电价机制。二是促进水库移民和库区可持续发展，探索建立水电开发利益共享机制。协调和促进地方经济社会发展。三是采取积极措施，提高生态环境保护技术水平。四是加强水电科学高效利用。五是加快西南跨界诸河水电前期工作和建设。

37.3.2 水电开发利用路线图

西部地区 12 个省（区、市）水电 2020 年争取建成 2.2 亿千瓦，2035 年争取建成 3.4 亿千瓦，2050 年争取建成 3.8 亿千瓦。西部水电科学开发利用总体路线时间进度图见图 37-4。

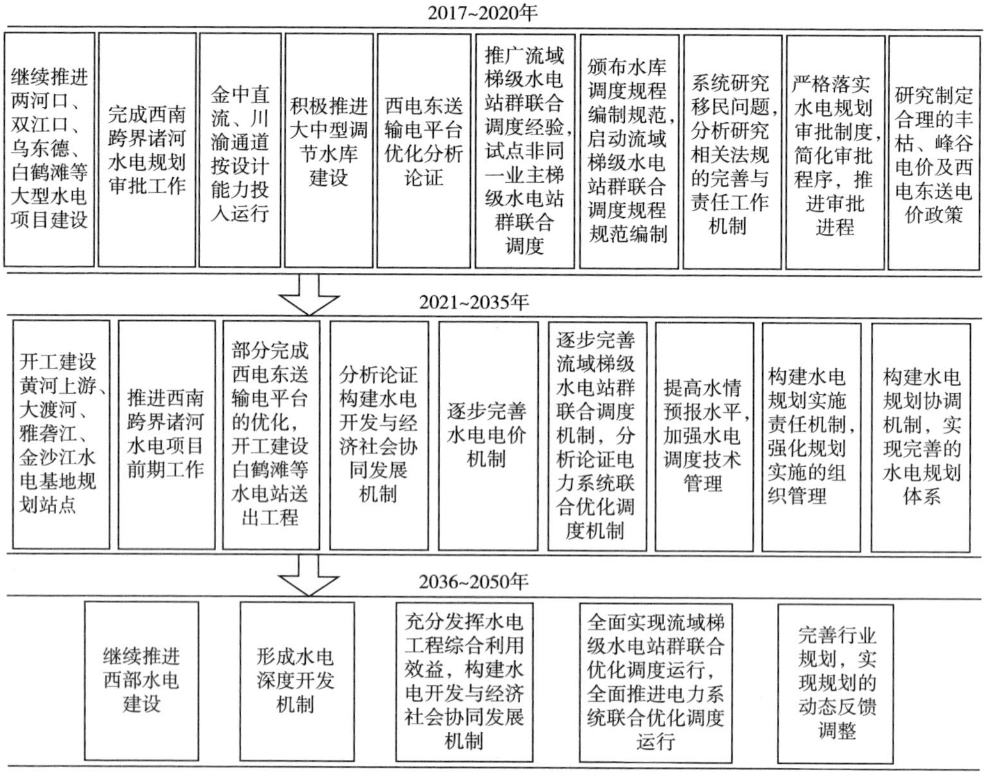

2017~2020年

| 继续推进两河口、双江口、乌东德、白鹤滩等大型水电项目建设 | 完成西南跨界诸河水电规划审批工作 | 金中直流、川渝通道按设计能力投入运行 | 积极推进大中型调节水库建设 | 西电东送输电平台优化分析论证 | 推广流域梯级水电站群联合调度经验，试点非同一业主梯级水电站群联合调度 | 颁布水库调度规程编制规范，启动流域梯级水电站群联合调度规程规范编制 | 系统研究移民问题，分析研究相关法规的完善与责任工作机制 | 严格落实水电规划审批制度，简化审批程序，推进审批进程 | 研究制定合理的丰枯、峰谷电价及西电东送电价政策 |

2021~2035年

| 开工建设黄河上游、大渡河、雅砻江、金沙江水电基地规划站点 | 推进西南跨界诸河水电项目前期工作 | 部分完成西电东送输电平台的优化，开工建设白鹤滩等水电站送出工程 | 分析论证构建水电开发与经济社会协同发展机制 | 逐步完善水电电价机制 | 逐步完善流域梯级水电站群联合调度机制，分析论证电力系统联合优化调度机制 | 提高水情预报水平，加强水电调度技术管理 | 构建水电规划实施责任机制，强化规划实施的组织管理 | 构建水电规划协调机制，实现完善的水电规划体系 |

2036~2050年

| 继续推进西部水电建设 | 形成水电深度开发机制 | 充分发挥水电工程综合利用效益，构建水电开发与经济社会协同发展机制 | 全面实现流域梯级水电站群联合优化调度运行，全面推进电力系统联合优化调度运行 | 完善行业规划，实现规划的动态反馈调整 |

图 37-4　西部水电科学开发利用总体路线时间进度图

37.4 生物质能产业发展路线图

37.4.1 重点发展技术

1. 非食用植物油料制备生物柴油关键技术

研究非食用植物油清洁高效转化生物柴油技术；开发生物柴油合成高效化学固体催化剂，建立高效催化反应工艺等。研究生物柴油合成高效绿色脂肪酶生产与固定化应用工艺；研发化学酶法耦合合成生物柴油；开发连续式高效转化和分离技术及装备；以非食用植物油料为原料，集成创新制备生物柴油工艺技术与装备，建立万吨级生物柴油示范应用工程，实现非食用植物油清洁生产生物柴油规模化工程示范应用。

2. 大型生物质热解液化（多联产）技术与装备

研究生物质热解制备高品位液体燃料目标产物高效富集为导向的分级冷凝调控机制；开发低能耗、低成本、原料适应性广的先进生物质选择性热裂解技术；突破生物油高效分离技术，解决热解气分级冷凝、目标产物富集与调控等关键问题；开发大型生物质热解制备液体燃料装备。

3. 低能耗、低成本生物油提质改性关键技术

开发低能耗、低成本生物质热解液体燃料提质改性技术和低成本催化剂；开展热解油高效乳化、燃烧、热解副产物的高效协同利用等研究；开展木质纤维素类生物质规模化选择性热解、热解气高效净化与分级冷凝、提质、燃料应用等关键技术集成研究。

4. 纤维素醇类燃料制备与生物炼制关键技术

研究纤维素生物质降解酶系纤维素酶发酵生产工艺，培育高耐受抑制物、高效转化五碳糖产乙醇和丁醇的混合糖发酵工程菌株等；研究低成本、高效的纤维素酶制剂的生产与复配技术；研究预处理后纤维素非粮生物质固体酶解和同步糖化发酵产醇的技术及配套的新型反应器；研究低糖损耗的水解液抑制物脱除技术及高效产物分离技术；进行废弃物制备生物醇及精炼技术与装备集成研究。

5. 高产油料能源植物规模化定向培育关键技术与示范

研究能源植（作）物油脂产量性状遗传规律、创制高产高含油适应性强核心新种质材料；常规技术（选择育种、杂交育种）、诱变育种和生物技术育种等方法结合选育一批适应南方或北方不同区域工程化培育的油能源植物新品种；研究高含油植物功能性油脂代谢合成与分布特征；研究新品种在劣质土壤（重金属污染、盐碱地、红漠化）修复和边际土地高产栽培技术；研究建立基于机械化种（植）-抚（育）-收（获）的油料能源植物规模化矮化标准化定向培育技术体系。

6. 生物质和燃煤质发电灵活耦合发电技术，实现低碳目的

生物质混燃发电即在煤中掺入一定量的生物质混合燃烧发电。生物质与煤混合燃烧模式基本不受生物质生产的季节性影响，有利于提高设备利用率和经济效益，具有较好的发展潜力。目前国内缺乏对生物质原料混入量的监测手段，无法有效计量混燃发电项目的生物质使用量，从而导致使用该类技术的项目无法获得生物质能利用方面的补贴，阻碍了混燃发电技术的大规模推广应用。

37.4.2 技术发展路线图

生物质发电、沼气技术、成型燃料技术等均是生物质能源利用的重要方式，但生物质在液体燃料制取方面是其他可再生能源无法取代的，因此生物质液体燃料是西部生物质能源开发的战略重点。在液体燃料方面，以开发油脂、淀粉和糖类能源植物和微藻等新型生物质资源为主，梯级利用、多联产的生物炼制是未来生物质液体燃料发展的重要技术方向。西部地区生物质能技术发展路线图如图37-5所示。

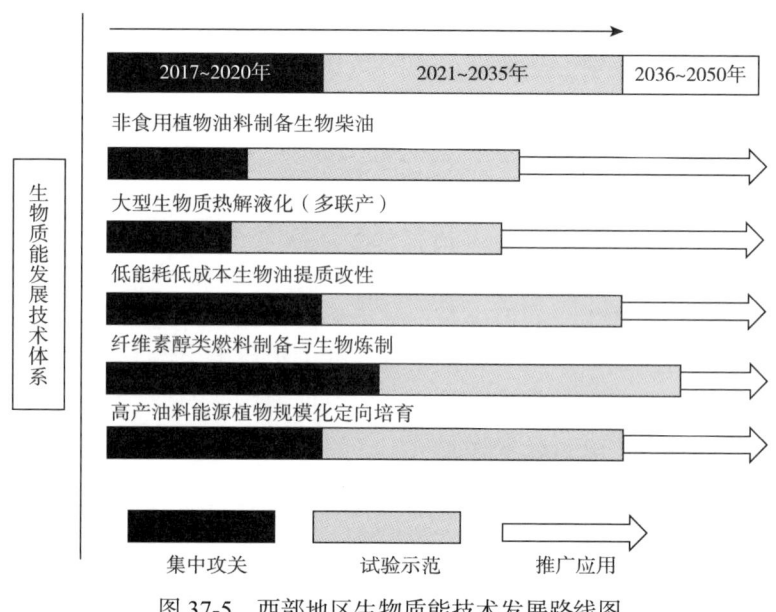

图37-5 西部地区生物质能技术发展路线图

37.5 地热能技术发展路线图

37.5.1 重点发展技术

1. 高温地热勘探和钻井技术

核心技术包括：高分辨率遥感技术等地球物理探测技术，钻井围岩的稳定性控制技术，高温、高压、高钻速破岩技术；高温高压钻井液技术、抗高温固井水泥浆技术；钻井和成井技术；压裂、层间阻断、回灌、井下应力监测、流体循环示踪技术。

2. 地热梯级综合开发利用集成技术

核心技术包括：热泵循环工质特性研究及二氧化碳热泵技术；地热发电循环系统仿真与优化设计技术；地热发电系统及检测平台；地热防腐防垢、新材料技术。

3. 地热多能耦合发电技术

西部太阳能、风能和水能资源丰富，地热发电可控可调，与其他能源在能源特点和利用方式上具有很强的互补性。开发地热能和其他能源混合动力发电系统的耦合技术，能加快实现可再生能源稳定、高效、规模化的供电模式。未来五年我国研发重点包括：发电系统的耦合稳定性；变工况调控性、控制策略；全流式发电动力机设计参数优化；变负荷参数的匹配关系及动力部件核心技术；循环工质、能效与多能匹配、系统运行优化控制及策略技术。

4. 干热岩和油田地热电站建设技术

核心技术包括：钻井和成井技术；压裂、层间阻隔、回灌、井下应力监测、流体循环示踪技术；热储工程数值模拟技术；油田伴生地热资源发电并网等技术。

37.5.2 技术发展路线图

结合西部地区地热资源开发现状和技术水平，制定出我国西部地区地热技术发展路线图（图37-6），包括不同时间节点的分阶段发展目标和相应的行动方案、配套政策措施等，作为预期目标早日实现的保障。

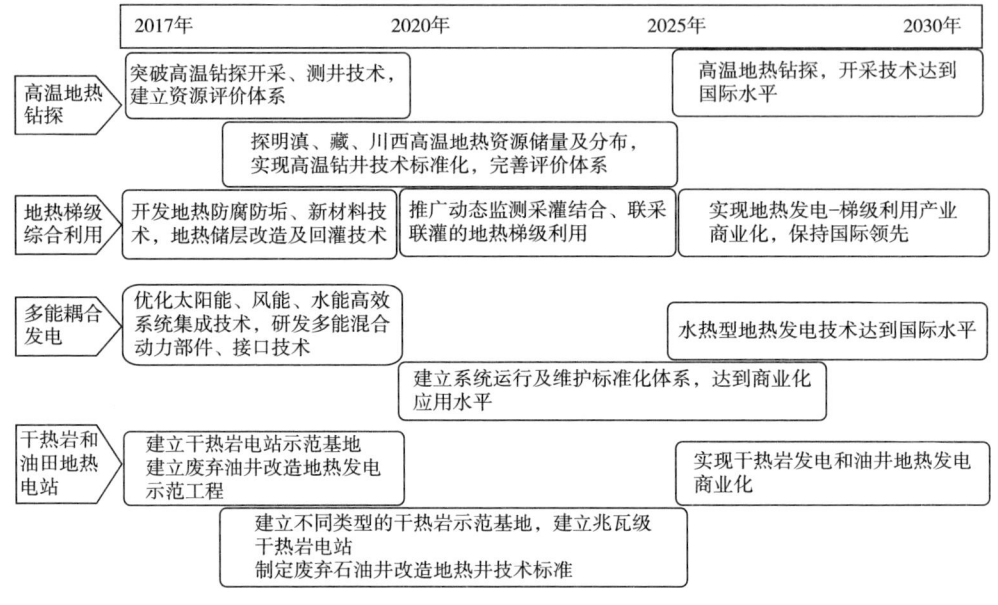

图 37-6　西部地区地热技术发展路线图

37.6　核能技术发展路线图

37.6.1　重点技术

1. 自主先进三代压水堆技术

在中国 30 年核电站设计、建造、运营经验基础上，充分借鉴 AP1000、EPR（European pressurized reactor，欧洲压水堆）等先进核电技术并考虑福岛事故经验反馈，研发了中国自主知识产权的三代核电机型"华龙一号"HPR1000，其示范工程已经开工建设。

下一步应从风险角度正确认识核安全，完善严重事故机理和缓解措施研究，并且采取耐事故燃料元件等新材料，结合数字化和人工智能技术应用。

2. 低温供热堆技术推广解决供热清洁能源替代问题

目前研发出的具有我国自主知识产权的池式低温供热堆，具有安全性高、零堆熔、零排放、易退役等显著特点。供热堆系统简单、制造容易，工程实现性好。现阶段已经在原型堆上做了改造，开始供热，下一步需开展示范工程建设。

3. 核能的其他利用方式

核能的其他利用方式包括：海水和废水的脱盐；居民区和商业建筑的区域供

热;工业用工艺热的供应;燃料的合成;核电制氢。近期来看,小型模块堆和高温气冷堆技术最成熟,其最具市场潜力的应用是为石油和化工工业生产出高质量的蒸汽,还可用于钢铁生产和氧化铝生产。

4. 西部开发清洁能源基地需要解决的核能共性技术

针对西部缺水地区建设的核电项目,应开展空冷循环系统研究,针对空冷循环系统具有背压高、有效焓降低以及排汽量高等特点,提出了汽轮机、凝汽器和和空冷塔的技术方案。另外,根据液态流出物安全排放要求及国内外可用的放射性废液处理技术,提出了放射性废液最佳处理工艺技术。为保障其他清洁能源运行,开展核电调峰研究是必需的,核电站具备调峰能力,但是在安全、环保和后处理等方面会付出相应代价。

37.6.2 技术发展路线图

核能技术发展路线图如图 37-7 所示。

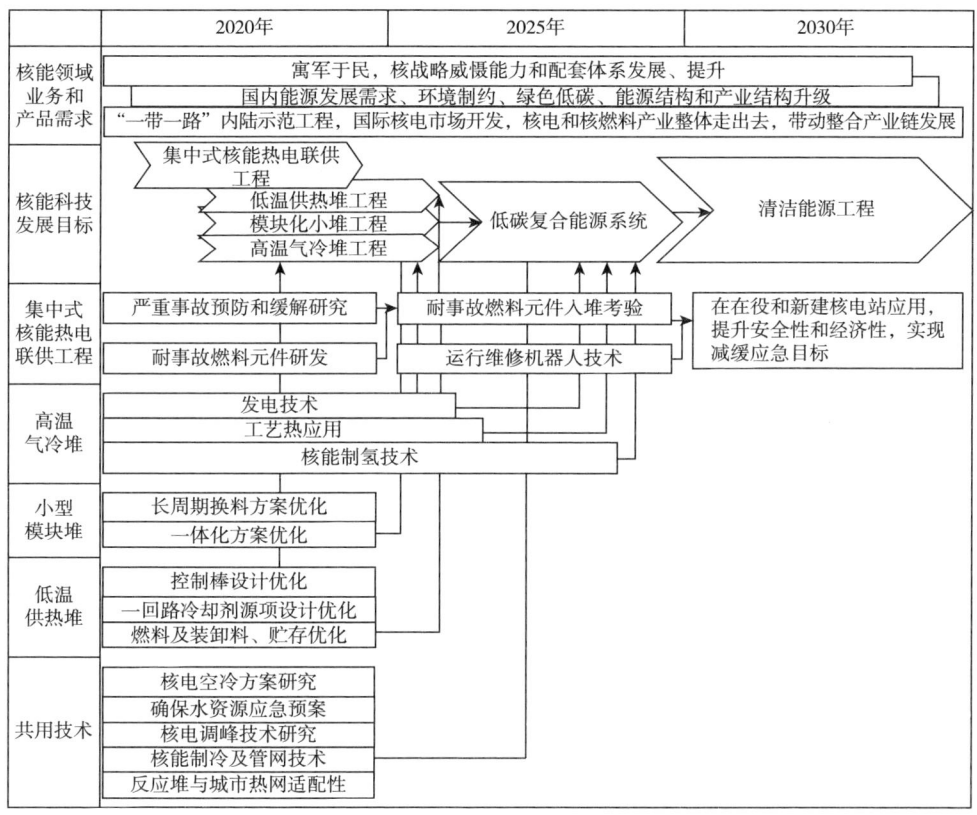

图 37-7 核能技术发展路线图

37.7 支撑清洁能源消纳路线图

37.7.1 储能技术

1. 重点发展技术

1）近期：2017~2020年

掌握高安全固态锂离子电池和钠离子电池技术；完善长寿命、低成本铅炭电池技术；突破液流电池膜技术；电化学储能成本降到1 000元/千瓦时，循环寿命达到15 000次，突破吉瓦级储能电站集成、接入与能量管理技术并开展工程示范。

完善物理储能材料研发平台；掌握高效低成本的压缩空气储能、功率型的超级电容、飞轮储能等技术；压缩空气储能效率达到70%，成本降到3 000元/千瓦。

掌握广域分布的集中式及分布式储能在电力系统不同应用场景下的规划、调度等基础理论；掌握10万千瓦级动力电池梯次利用技术；完善安全评估技术与实验检测能力，建立储能综合评估体系。

2）中期：2021~2035年

形成下一代储能研发能力和装置制备技术。掌握广域分布储能系统在电力系统中应用的耦合机制及控制管理技术；建立储能系统特性检测及综合评估体系；发展高效低成本分布式储能装置，普及分布式储能"即插即用"式接入电网技术。

3）远期：2036~2050年

基于高效协同管理和统一规划，实现大容量、低成本、高安全的电化学储能，高效率、低成本压缩空气储能，大规模广域分布的高比能电动汽车移动式储能，蓄冷/蓄热相变储能及高效储氢等多种储能技术在能源转换和消纳各环节的推广应用。储能在系统中的比例进一步增加，可支撑电网消纳高比例非水可再生能源发电电量。

2. 技术发展路线图

储能技术在我国还处于多种技术并存的发展初期，每类技术都有各自的优点和缺点，还没有形成主导性的技术路线，均面临着关键材料、制造工艺和能量转化效率等的共同挑战，未来规模化应用还需进一步解决稳定性、可靠性、安全性和经济性等问题，储能技术发展路线图如图37-8所示。

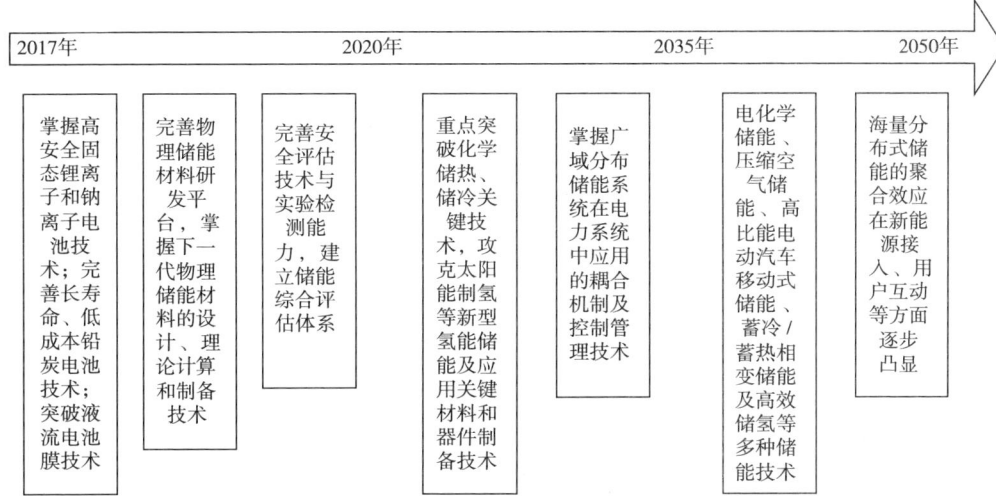

图 37-8 储能技术发展路线图

37.7.2 电网技术

1. 重点技术

（1）输电网技术。

重点技术：大容量、远距离输电技术与装备；特殊环境下超/特高压外绝缘技术、特高压工程防雷与过电压绝缘配合优化技术；西部直流电网的联网理论和规划技术；研究西部大规模水电、可再生能源发电、光伏发电集群的直流汇集技术；西部直流电网的运行控制技术；电网柔性互联技术；等等。

（2）配电网技术。

重点技术：主动配电网关键技术和考虑多能互补的智能配电网关键技术等。

（3）调度控制技术。

调度控制技术是电网实现安全稳定运行和控制的关键，重点技术：大电网安全稳定运行和控制技术，突破特高压交直流电网的全电磁暂态建模和仿真技术、交直流电网安全稳定特性及薄弱环节量化分析技术、交直流混联电网控制保护协同技术、大电网监视/分析/控制技术及优化调度技术。

（4）负荷侧技术。

重点技术：多元用户供需互动用电技术，突破电网与用户互动技术、高功率密度的电动汽车无线充电技术等。

2. 技术发展路线图

电网关键技术创新路线图如图 37-9 所示。

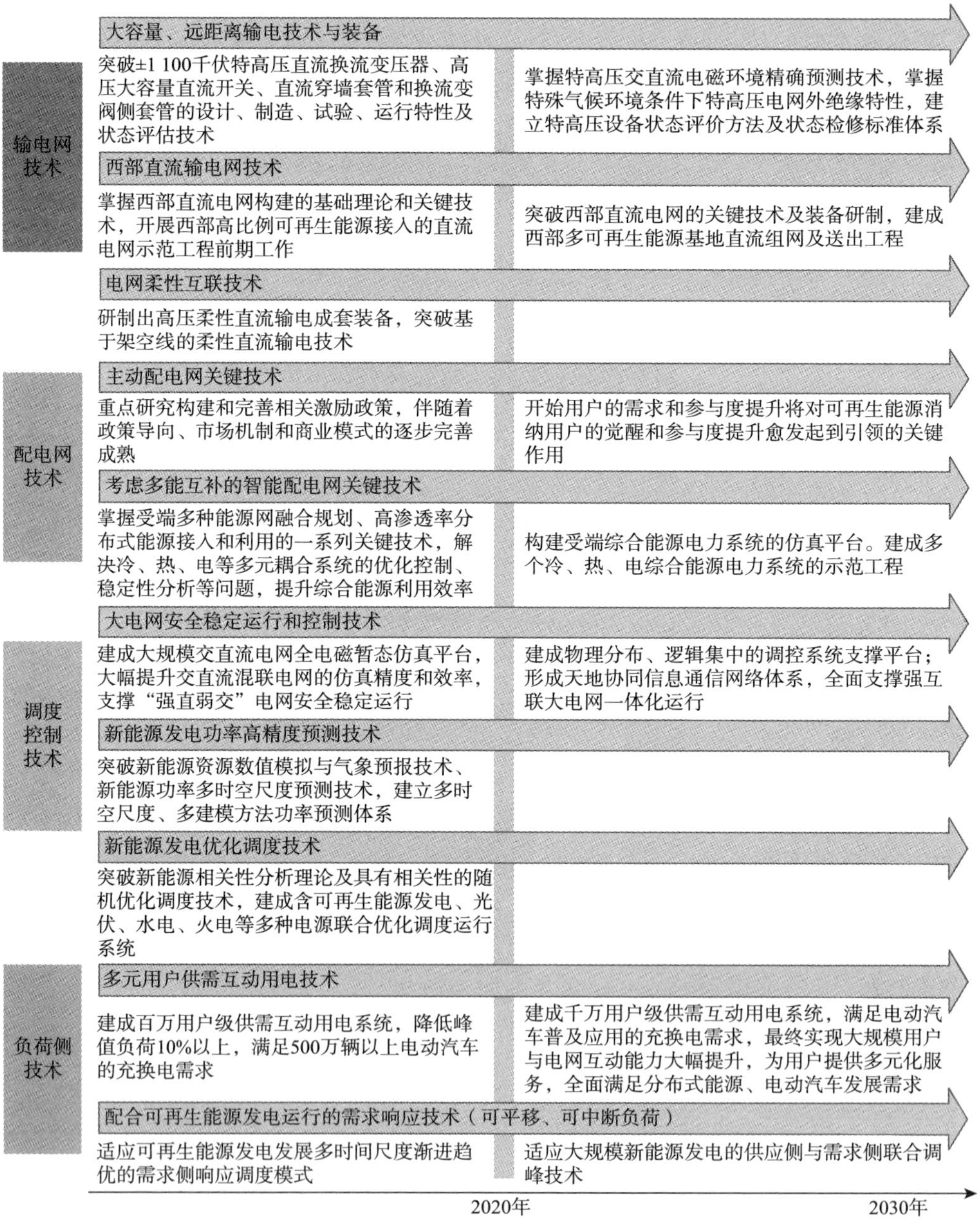

类别	技术项	2020年	2030年
输电网技术	大容量、远距离输电技术与装备	突破±1100千伏特高压直流换流变压器、高压大容量直流开关、直流穿墙套管和换流变阀侧套管的设计、制造、试验、运行特性及状态评估技术	掌握特高压交直流电磁环境精确预测技术，掌握特殊气候环境条件下特高压电网外绝缘特性，建立特高压设备状态评价方法及状态检修标准体系
	西部直流输电网技术	掌握西部直流电网构建的基础理论和关键技术，开展西部高比例可再生能源接入的直流电网示范工程前期工作	突破西部直流电网的关键技术及装备研制，建成西部多可再生能源基地直流组网及送出工程
	电网柔性互联技术	研制出高压柔性直流输电成套装备，突破基于架空线的柔性直流输电技术	
配电网技术	主动配电网关键技术	重点研究构建和完善相关激励政策，伴随着政策导向、市场机制和商业模式的逐步完善成熟	开始用户的需求和参与度提升将对可再生能源消纳用户的觉醒和参与度提升愈发起到引领的关键作用
	考虑多能互补的智能配电网关键技术	掌握受端多种能源网融合规划、高渗透率分布式能源接入和利用的一系列关键技术，解决冷、热、电等多元耦合系统的优化控制、稳定性分析等问题，提升综合能源利用效率	构建受端综合能源电力系统的仿真平台。建成多个冷、热、电综合能源电力系统的示范工程
调度控制技术	大电网安全稳定运行和控制技术	建成大规模交直流电网全电磁暂态仿真平台，大幅提升交直流混联电网的仿真精度和效率，支撑"强直弱交"电网安全稳定运行	建成物理分布、逻辑集中的调控系统支撑平台；形成天地协同信息通信网络体系，全面支撑强互联大电网一体化运行
	新能源发电功率高精度预测技术	突破新能源资源数值模拟与气象预报技术、新能源功率多时空尺度预测技术，建立多时空尺度、多建模方法功率预测体系	
	新能源发电优化调度技术	突破新能源相关性分析理论及具有相关性的随机优化调度技术，建成含可再生能源发电、光伏、水电、火电等多种电源联合优化调度运行系统	
负荷侧技术	多元用户供需互动用电技术	建成百万用户级供需互动用电系统，降低峰值负荷10%以上，满足500万辆以上电动汽车的充换电需求	建成千万用户级供需互动用电系统，满足电动汽车普及应用的充换电需求，最终实现大规模用户与电网互动能力大幅提升，为用户提供多元化服务，全面满足分布式能源、电动汽车发展需求
	配合可再生能源发电运行的需求响应技术（可平移、可中断负荷）	适应可再生能源发电发展多时间尺度渐进趋优的需求侧响应调度模式	适应大规模新能源发电的供应侧与需求侧联合调峰技术

图 37-9 电网关键技术创新路线图

第38章 西部地区清洁能源发展建议

38.1 重大工程建议

（1）甘肃酒泉风电基地跨省消纳及外送工程。

酒泉地区风能资源总储量1.5亿千瓦，可开发量4 000万千瓦以上，可利用面积近1万平方千米，已建成我国首个"千万千瓦级风电基地"。如何有效利用该风电基地的清洁电力是目前酒泉地区风电发展的首要问题。建设甘肃酒泉风电基地及跨省外送消纳工程，有助于推动甘肃风能-太阳能清洁能源基地建设，并能对新疆、内蒙古等西部地区的风电等清洁能源开发产生示范和借鉴作用。

（2）青海海西太阳能基地消纳及外送工程。

海西地区太阳能资源为全国第二高值，年日照时数在3 200~3 600小时，具有非常高的投资价值。据"十三五"规划，海西光伏装机容量将达到348.5万千瓦。如何对太阳能发电量进行有效消纳，是该地太阳能资源发展需要解决的问题。华中、华东地区经济较为发达，用电量大，但当地能源资源少，可通过±800千伏特高压直流输电工程将海西的清洁电力输送至华中、华东地区，既可实现全国能源清洁化的目标，又能促进海西地区清洁能源的发展，解决该地清洁能源的消纳问题。海西太阳能基地的建设，将推动青海水能-太阳能清洁能源基地的建设进程，并为西藏、四川等西部的太阳能等清洁能源消纳提供借鉴。

（3）川滇藏大型水电基地开发和全国市场消纳利用工程。

正在开发和未来待开发的重点大型水电基地多集中在川滇藏三省区。统筹考虑综合利用、生态保护、移民安置、区域发展需要，加快金沙江中下游龙头水库前期工作和建设。继续推进雅砻江两河口、大渡河双江口等水电站建设，增加"西电东送"规模。加强跨省界河水电开发利益协调，继续推进乌东德、白鹤滩水电站建设。根据水电项目前期工作情况，力争尽早开工建设，努力打造金沙江和西南跨界诸河等"西电东送"能源基地。做好电网与电源发展合理衔接，完善水电市场消纳协调机制，按照全国电力统一优化配置原则，落实西南水电消纳市场，加强西南水电基地外送通道规划论证，加快配套送出工程建设，积极推进金沙江上游、金沙江下游、西南跨界诸河等水电基地外送输电通道论证和建设。

（4）高度电气化智慧能源生态示范城市——甘肃敦煌。

甘肃敦煌是中国太阳辐射量最高的区域之一，全年日照时数3 257.9小时，发展光电产业潜力巨大。且该地风能资源丰富，70米高度年平均风速6.91米/秒，主导风向西北风，是发展风电的理想区域。综合敦煌清洁能源资源情况可以看出，该地丰富的风能资源与太阳能资源非常适合作为高度电气化智慧能源生态示范城市。

甘肃敦煌可试点建设高度电气化城市，提高电能占终端能源消费的比例，促进节能减排和保护环境。按照"清洁高效、多能互补、分布利用、综合协调"的原则，面向终端用户电、热、冷、气等多种用能需求，因地制宜、统筹开发、互补利用传统能源和新能源。通过天然气热电冷三联供、分布式可再生能源和能源智能微网等方式实现多能互补和协同供应。为用户提供高效智能的能源供应和相关增值服务，同时实施能源需求侧管理，推动能源就地清洁生产和就近消纳，提升能源综合利用效率。

建造高度电气化智慧能源示范城，可以增强当地城市可持续发展能力，并可建立适应城市清洁能源发展的管理体系和政策机制，为未来清洁能源体系成功实施起到示范作用。

38.2 科技攻关建议

（1）高比例可再生能源电力系统安全运行技术。

高比例可再生能源发电已成为全球广泛关注的未来电力系统清洁电力场景，我国提出了2050年实现60%可再生能源电力系统蓝图。随着可再生能源在电力系统中所占比例的快速增长，我国西部等部分省区的电源结构发生了显著的变化，风、光等波动性电源逐渐成了第二大主力电源。未来高比例可再生能源接入电网后，将对电力系统形态及运行机制产生深刻影响，同步电源比例减少，系统安全稳定运行对可再生能源发电装备的依赖度大大提高。以未来高比例可再生能源并网的电力系统为研究对象，围绕如何确保高比例可再生能源条件下系统安全高效运行的重大科学问题，针对高比例可再生能源并网带来的多时空强不确定性和电力系统电力电子化趋势，研究未来电力系统优化运行技术和可再生能源发电并网主动支撑技术，保证系统安全可靠运行，对提高西部高比例可再生能源电力系统运行的可靠性，促进可再生能源消纳和国家能源结构向清洁化转型有着重要的意义。

（2）多种清洁能源互补协调技术。

我国西部地区地域辽阔，资源禀赋较高，具有风、光、水、热等多种可再生能源。通过电网侧协调，实现更大范围内清洁能源的多能互补，可以有效提高西北地区能源系统的综合效率和可再生能源的消纳能力。围绕如何利用可再生能源的时空互补特性和水、热、电多类能量的存储与调节能力的重大科学问题，发挥多种清洁能源的优势互补作用，研究电网侧及场站侧清洁能源的协调互补技术，对提高西部可再生能源的消纳能力，促进国家能源结构向清洁化转型有着重要的意义。

（3）电力气象及清洁能源发电功率预测技术。

西北部地区风光资源储量丰富，但是气候恶劣、地广人稀，风光电站以及新能源输电线路的安全稳定运行受到气象灾害的影响。未来需要加大定制化电力气象研发力度，针对西部地区清洁能源发电、输电的各个环节，进行电力气象灾害的天气条件、气候态分布、孕灾因子、致灾阈值、灾害模型等分析研究，建立业务化电力气象数值预报模式，向发电调度、运行维护部门提供灾害预报产品，为西部清洁能源高效高比例应用提供保障支撑。

西部地区风光资源丰富，开发潜力巨大，是我国新能源的主要输出端。可再生能源资源评估是开发规划最为关键的第一步，可以有效减少新能源场站因评估误差导致的发电量不足或溢出问题。建立精细化可再生能源数据库，并深入研究可再生能源特性，如波动性与间歇性，全方位对可再生能源进行勘测与评估。通过改进算法、精细建模、与大数据结合分析等方式，提高可再生能源的预测精度，降低其对电网稳定性的影响。

（4）风电、光伏基地智能运维技术。

研究基于大数据、互联网和智能传感等的新能源机组/新能源场站健康评估诊断技术和发电性能评估及优化技术；研究基于机组动态特性、环境因素以及数据挖掘的人工智能群控技术；深入研究风电/光伏基地的运行特性，研究大量集中运行新能源机组的综合运维技术。通过风电、光伏发电智能运维技术的研究和综合运维系统的开发应用，提升西部清洁能源发展水平，提高发电量，降低运维成本。

（5）可再生能源发电基地直流外送系统的稳定控制关键技术。

在西部地区建设千万千瓦级风电/光伏基地，利用特高压直流送出是我国可再生能源开发利用的主导形式。宽频带（数赫兹—千赫兹）振荡问题频发、交/直流故障时系统暂态稳定性恶化，成为制约可再生能源跨区消纳的两大核心问题。

研究可再生能源发电基地直流外送系统的稳定控制关键技术，着力解决两大科学问题：①多样化装备动态相互作用及宽频带振荡机理；②复杂控制作用下多机多时间尺度暂态过程耦合机理及系统暂态行为演化规律，次/超同步振荡抑制与暂态稳定控制关键技术。研究成果将有助于解决新疆、甘肃千万千瓦可再生能源基地宽频振荡和直流功率受限问题，提升我国大规模可再生能源并网消纳水平，促进经济社会可持续发展。

（6）高效低成本太阳能电池技术。

作为光伏发电系统的核心，太阳能电池技术一直制约着太阳能的利用，太阳能电池主要有晶体硅电池、薄膜电池和各种新型太阳能电池，其中，晶体硅电池和薄膜电池已成规模，新型太阳能电池技术的研究在不断进行。提高转换效率及降低制造成本是未来太阳能电池技术的主要发展方向。晶硅电池、薄膜电池（含硅基薄膜电池、碲化镉太阳能电池等）、钙钛矿太阳能电池、染料敏化电池等由于特性不同，将占领不同特定市场。

（7）陆上风电机组整机技术。

随着技术发展，风电机组整机装备正向着特型化和大型化方向发展。未来，陆上风电机组需重点研究大容量高可靠性的关键部件，包括120米超大型风电叶片、传动链（齿轮箱、发电机、变流器），以及与之配套的轴承、基础、塔架等关键部件的设计、制造及试验技术，使之与100万千瓦样机配套。大力研发、应用风机叶片的监测控制技术、新型结构、碳纤维和高模高强玻璃纤维等新型材料。加强齿轮箱功率分流方式、均载形式等关键技术研究，在降低增速比、行星轮均载柔性轴设计和降低噪声方面实现技术突破。采用轴承新结构、新材料、新工艺，以解决轴承寿命、承载能力、可靠性等问题。更广泛地应用通过全功率逆变器并网的发电机，如永磁或电励磁同步电机。同时，高温超导、中压发电机应用、碳纤维复合材料应用技术也需要更广泛地应用推广。

（8）多能种系列化的规模化储能技术。

储能技术的发展和推广，可以打破"发-输-供-用瞬时平衡"的传统概念，在波动性可再生能源装机容量不断增加、规模不断扩大的情况下，增加储能装置，能够提供快速的有功和无功支撑，增强电网调频调峰能力。储能包括储电、储热、储冷等多种能量储存形式，储能技术包括抽水蓄能、压缩空气储能、飞轮储能、相变储能、超导电容器储能、电化学储能、用电侧的"虚拟蓄能"等。由于不同储能技术具有不同优势和适用性，电力系统的实际工作情况使得单一储能技术难以满足所有要求，所以，必须要对各种储能技术进行复合和规模化利用。

规模化储能技术应用的关键技术主要包括：各种储能本体技术；基于新型电力电子器件和拓扑结构的高效、高可靠、低成本能量转换技术；储能在电力系统中应用的耦合机制及控制管理技术；储能大规模系统集成技术；分布式光伏/储能一体化集成技术；含储能的分布式发电系统规划与运行控制技术；储能系统提高新能源发电接入能力的规划与运行控制技术；储能系统检测及并网特性评价技术。

（9）生物质液体燃料关键技术。

研究非食用植物油清洁高效转化生物柴油技术；开发连续式高效转化和分离技术及装备；以非食用植物油料为原料，集成创新制备生物柴油工艺技术与装备，建立万吨级生物柴油示范应用工程，实现非食用植物油清洁生产生物柴油规模化工程示范应用。

开发低能耗低成本生物质热解液体燃料提质改性技术和低成本催化剂，解决热解油转化为高品位动力燃料过程中的催化酯化、加氢、裂化等关键技术；开展热解油高效乳化、燃烧、热解副产物的高效协同利用等研究，解决热解油分质利用、副产物高值利用等问题。

（10）太阳能制氢技术。

太阳能制氢是一种清洁化技术，可通过太阳能制氢并储氢，解决太阳能低密度和不稳定的缺陷，主要有太阳能电解水制氢、太阳能热解水制氢、太阳能热化学循环裂解水制氢、太阳能光生物化学制氢和太阳能光电化学制氢等。太阳能电解水制氢需要重点攻关的关键技术包括氢气的安全储存技术、浮动电压和电流的稳定技术、不同功率条件下并网送电与电解水之间的切换技术以及能够满足这些特殊需求的逆变器和控制器等。太阳能热解水制氢和太阳能热化学循环裂解水制氢技术的关键在于创造足够高的温度以分解水。太阳能光化学制氢技术的难点在于寻找更加便宜、可在室温下发挥作用的催化剂等。

38.3 政策建议

（1）重视西部清洁能源消纳问题，减少"三弃"。

西部地区是我国清洁能源基地，发展西部清洁能源是我国能源结构调整的重点。近年来，西部地区清洁能源消纳问题形势严峻。"十三五"期间，加大西部地区甚至全国的清洁能源消纳力度是我国能源结构调整的重点。西部地区需重视"三弃"问题，通过在源、网、荷侧的多种技术手段和市场机制的建立，提高清洁能源消纳能力。

一是科学有序发展各类电源，科学确定新建电源项目规模和电源结构，确保电力系统有足够的调峰资源。二是加强调峰电源管理，实施热电解耦，提高系统调峰能力。三是尽快建立有效的全国电力市场。四是优化对可再生能源发电的补贴。五是试点建设西部清洁能源发展特区。开展特区内的西南水电、青海太阳能、甘肃风电等地区清洁能源互补协调发电，在全国范围内优化配置与消纳，加快西部清洁能源发展，实现100%消纳。

（2）建设西部清洁能源国家级实验室，加强人才培养与国际合作。

西部是清洁能源资源的富集区，是清洁能源开发利用技术研发的天然试验场，具备建立为大学、科研院所、企业和技术咨询机构提供基础研究和技术创新的国家重点开放实验室所需的必要条件；此外，西部清洁能源的发展反映了我国清洁能源的发展历程，因此也具备建设清洁能源发展史和科普教育基地的条件。在西部建设清洁能源国家重点实验室，不仅较为容易采集到第一手数据，有利于科学研究；而且可为西部提供大量的人才，促进西部大开发的进程。同时可通过实施国际培训计划、聘请国际知名专家、举办国际清洁能源研讨会和引进国外先进技术装备等方式加强人才培养与国际合作。

（3）在"一带一路"背景下，建立清洁能源合作战略政策。

"一带一路"贯穿了亚欧非大陆，为中国与沿线各国在清洁能源领域的合作带来了重要契机，应抓住机遇，建立清洁能源合作战略措施。可通过具体合作项目的制定和实施加强在清洁能源领域的合作，加强价值观交流、技术交流。加强价值观交流有助于双方保持沟通顺畅，增加互信，共同促进项目的进展。加强技术交流有助于清洁能源的高效利用，建立和完善中国与沿线各国之间的多重清洁能源合作机制，实现共赢互利。由于"一带一路"清洁能源合作尚处于初期阶段，国际合作在很大程度上取决于双方的意愿和互信程度，可用机制规范和保障国际清洁能源的合作，降低风险，使清洁能源国际合作成为建立人类命运共同体的重要纽带和桥梁。

（4）扩大清洁能源扶贫自强政策。

在大力发展西部清洁能源的基础上，建立并扩大扶贫自强政策。借助清洁能源开发利用，以原有城镇和集中居民点为依托，建设清洁能源全过程的服务基地和生活区，并配套相应的社会服务设施，形成工程建设和服务中心，扩大城镇规模并提升城镇功能，带动交通、通信、电力、水利等基础设施建设，为加快城镇发展提供物质支撑。积极利用清洁能源投资的乘数效应以及清洁能源产业的关联效应，拉动城镇经济，培育城镇发展的内在动力。依托工程建设，发展城镇非农产业，为农村劳动力转移创造就业机会，吸引人口向重点城镇集聚，显著提升其城镇建设水平和农村现代化水平，做到"外扶及自强"结合，由输血变造血。

（5）建立以发展清洁能源为核心的考核政策和保障性机制。

从财税、土地、金融、政府考核机制等多方面给予支持，促进西部地区清洁能源发展和全国的消纳。在新增和现有输电通道规划、设计、计划和调度中，需要优先保障输送风能、太阳能、水能等清洁能源所发电量，进一步挖掘现有通道输电能力，加快外送通道建设。坚持清洁、低碳的能源发展方针，优化调整西部能源资源，促进煤炭、天然气资源化利用，减少煤炭、天然气的发电量，通过一系列保障性措施推动西部清洁能源基地建设、电力外送和就地消纳，推动西部产业和能源结构转型升级。在政府绩效考核和激励机制中，突出清洁能源的地位，将清洁能源发展指标纳入政府考核机制。

（6）建立全国人才"共享"制度。

在西部地区建立促进地区内和地区外人才交流与互动的系统，构建一个有利于其知识、经验与技能交流的环境。对于西部清洁能源开发利用而言，具有流动性、创造性、稀缺性等特征的科技人才的重要作用不断凸显。

人才共享方式在运行模式上可以分为计划型和市场型；在实现形式上可以分为委托、借调、合作等方式。构建人才资源多维度分类体系，搭建人才资源共享信息平台，设计人才资源共享激励考核制度，能够明确人才共享主体组成，合理选择共享方式，促进西部地区乃至全国范围内人才共享顺利进行。

第九篇 "一带一路"能源合作与西部能源大通道建设战略研究

第 39 章 "一带一路"能源合作现状及前景分析

39.1 能源合作现状

在政府推动和企业运作下,经过 20 多年的海外跨越式发展,中国企业在对外能源合作中取得了卓越的成绩,能源合作涉及石油天然气、煤炭和电力等各个领域,合作地区涵盖了美洲、欧洲及欧亚大陆、中东、非洲和亚太等世界主要能源生产区域。

在能源对外合作过程中,我国企业国际化程度和经营水平不断提高,一方面在积极保障我国能源安全供应,另一方面也为提高企业国际化水平和为全球市场提供稳定的能源供应做出了重要贡献。

39.1.1 油气合作现状

1993 年,在改革开放和经济全球化的大背景下,在党和国家充分利用国内外"两种资源、两个市场"重大决策的指引下,中国石油企业开始实施国际化经营。经过 20 多年的快速发展,中国石油企业海外投资业务规模由小变大、由弱变强,已成为国际油气市场重要的参与者。截至 2015 年底,中国企业参与海外 200 多个油气项目的投资,业务遍及全球 50 多个国家,涵盖上中下游全产业链,基本建成 6 大油气合作区(中亚-俄罗斯、中东、非洲、亚太、美洲和欧洲)。2015 年我国海外油气权益产量 1.5 亿吨左右,其中在"一带一路"24 个国家执行 115 个油气项目,权益产量接近 8 000 万吨。

39.1.2 煤炭合作现状

20 世纪 90 年代我国煤炭企业开始对外工程技术服务项目合作,目前我国煤炭对外合作以工程技术服务和对外投资合资开发为主,项目多以在国外投资兴建煤矿、转让技术、出口设备、资源勘探、开展工程承包与劳务输出等为主要合作内容，煤炭开发和贸易项目较少。目前在"一带一路"9个国家执行26个煤炭合作项目，主要分布在孟加拉国、印度尼西亚、越南、乌兹别克斯坦、蒙古、乌克兰、哈萨克斯坦、俄罗斯和巴基斯坦，2015年我国与"一带一路"国家煤炭贸易量在2亿吨左右。

39.1.3 电力合作现状

20世纪90年代末我国电力企业开始对外工程技术服务项目合作，目前我国电力对外合作以工程技术服务为主，多以建设电厂、电站项目合作为主，电网建设和电力贸易项目较少。目前在"一带一路"57个国家执行936个项目，2015年在建火电项目3760万千瓦，主要分布在西非、北非、南亚、东南亚和中亚-俄罗斯等地。

39.2 能源合作问题分析

"一带一路"建设是"大国梦""中国梦"的具体表现，虽然我国在"一带一路"能源合作中取得了一些成绩，但也应客观地看到，由于我国企业海外能源合作时间相对较短、经验相对较少，我国与"一带一路"国家能源合作仍面临着诸多问题。

1. 外部环境问题

国家配套政策尚需完善：国家层面"一带一路"能源合作缺乏统一政策考量，企业间协调发展不足，存在无序竞争；现行央企业绩考核和员工薪酬管理制度主要针对国内业务制定，缺乏境外投资项目国家和企业的风险共担机制，影响企业"走出去"的积极性。

海外项目合作方式简单：资本输出为主，能源贸易不足；项目合作为主，产业合作不足；上游项目为主，通道合作不足；单兵作战为主，协调配合不足；短期效益为重，长期战略缺乏。

资源保障存在不确定性：中亚、东南亚地区的油气项目大多处于开发的中后期，优质油气区块的获取难度较大，在俄罗斯上游领域尚未有规模性的发展，部分地区资源碎片化程度高，经济效益较差。

2. 企业内部问题

国际化经营能力还不强：我国能源企业大型国际项目管理经验不足，商业模式和业务领域存在局限性，在EPC+融资、BOT、BOOT（build-own-operate-transfer，建设-拥有-运营-移交）等商业模式的运用方面，不能完全满足"一带一路"沿线国家的多样化市场需求。

高端新兴领域竞争力弱：海洋工程、非常规能源、新能源等领域核心技术少，难以适应海外项目大型化、高端化的需要。

人才队伍建设仍需加强：国际化高素质综合性人才的培养和引进有待加强，适应国际业务发展的人才管理和激励机制有待完善。

标准"走出去"较滞后：国际市场和国外能源公司广泛认可的作业标准、作业规范、HSE［健康（health）、安全（safety）和环境（environment）］管理规范亟待强化。

39.3 未来能源合作战略分析

结合"一带一路"能源特征，我国与"一带一路"国家能源合作现状，中国工程院相关研究机构近期开展的油气、煤炭、电力"一带一路"合作战略研究成果，本书对我国与"一带一路"国家未来各能源合作战略研判如下。

（1）油气合作：构建油气全产业链协同共赢战略。在较为扎实的现有合作基础上，充分考虑"一带一路"相关国家的合作需求和我国的比较优势，通过"资源与市场共建、通道与产业共筑"，建设开放型油气合作网络，培育自由开放、竞争有序、平等协商、安全共保的伙伴关系，以资金、技术、标准、管理联合输出催生新的价值链，以利益共同体构建命运共同体，为实现两个百年目标奠定坚实的资源、环境与经济基础。

（2）煤炭合作：以"一带一路"倡议为契机，坚持优化布局、集约开发、绿色开采、安全生产、清洁利用的战略方针，发展大型煤炭企业集团，在澳大利亚、印度尼西亚等国建设大型煤炭基地；以"两种资源、两个市场"为主线，以国际自由贸易规则为基础，以资源开发和资本运营为核心，鼓励国内煤炭企业及相关市场主体，围绕煤炭产业链的各个环节，从勘探设计、基本建设、生产开发、转化利用、市场开拓、物流运输、装备制造、基础设施等领域，积极参与"一带一路"沿线国家煤炭产业合作，实现"一带一路"区域国内外煤炭产业的协同开发，为"一带一路"倡议实施提供能源与化工原料保障，提升我国在国际煤炭产业体系中的话语权和影响力。

（3）电力合作：以"一带一路"倡议为统领，统筹国际国内"两个大局、两种资源"，贯彻落实国际能源合作战略方针，坚持全球能源观，以重大项目、重点市场、核心技术为依托，巩固并扩大与周边国家电网互联互通，寻求电网投资运营与电力工程承包项目机遇，推动我国电力行业优势产能、技术标准、品牌全方位"走出去"，提升产业链竞争力、推动产业转型升级，提升我国电力行业的国际影响力和话语权。

第 40 章　中国能源供需现状及发展趋势

40.1　中国能源生产与消费格局的时空演变

我国能源生产以西部为主，而能源消费主要集中在东部沿海经济发达地区，与资源赋存地呈逆向分布，北煤南运、北油南运、西气东输、西电东送，是我国能源流向的显著特征和能源运输的基本格局。

40.1.1　能源生产总体格局由过去"以东部为主"向"以西部为主"转变

从能源资源禀赋分布看，我国煤炭资源主要分布在北方"三西"（山西、陕西、内蒙古西部）地区；油气资源主要集中在大型含油气盆地，84%的石油资源分布在松辽、渤海湾、鄂尔多斯、塔里木、准噶尔、珠江口、柴达木、北部湾等 8 个大型盆地；天然气探明储量集中在渤海湾、四川、松辽、准噶尔、莺歌海-琼东南、柴达木、吐哈、塔里木、渤海、鄂尔多斯等 10 个大型盆地；水力资源主要位于川、渝、滇和两湖地区，未开发水力资源多集中在西南部高山深谷地带。

我国能源生产格局不断发生变化。1995 年，我国能源生产主要分布在东北地区的黑龙江和辽宁，华北地区的山西、河北，华东地区的山东，西北地区的内蒙古，华中地区的河南和西南地区的四川，其中东部地区占比 74.6%，西部占比 25.4%；1995~2005 年，随着陕西、新疆等西部省区能源开采规模扩大，能源生产重心逐步向西拓展；2005~2015 年，山西煤炭开采规模扩大，陕西、新疆等省区石油、天然气产量增加迅速，我国能源生产重心加速西移。2015 年，西部能源生产超过东部（东部 47.0%，西部 53.0%），内蒙古、山西、陕西、新疆、山东、贵州等 6 省区能源产量占全国能源生产总量的 65.4%。总体来看，中西部、西南地区能源产量大，长三角、东南沿海地区能源产量小。

40.1.2 能源消费总体格局以东部为主，东西部消费比例基本在 7∶3 左右

我国东西部经济发展水平和人口数量相差较大，能源消费需求存在巨大差异。1995 年，我国能源消费东部占比 76.2%，西部占比 23.8%；1995~2005 年，能源消费总量超过亿吨标准煤的省（区、市）不断增加，但东西方向能源消费格局变化不大；2005~2015 年，东部地区各省（区、市）能源消费规模快速增加。2015 年，我国能源消费总量增长至 43 亿吨标准煤，其中东部消费占比 72.7%，西部占比 27.3%。分省能源消费看，山东、江苏、河北、广东、河南、辽宁等 19 个省（区、市）能源消费量超过 1 亿吨标准煤，占我国能源消费总量的 82.3%。

40.1.3 能源运输格局呈现规模逐年增大，"西北-东南"的总体流向特征

总体来看，我国能源生产重心西移距离远大于消费重心西移距离，能源运输规模逐年增大。1995 年，我国能源生产重心到能源消费重心的距离为 276 千米，2005 年扩大到 346 千米，2015 年进一步增加至 409 千米；1995 年我国能源生产总量 12.9 亿吨标准煤，2015 年增加至 36.2 亿吨标准煤。据此测算，1995~2015 年，我国能源平均运输规模增加 11 000 亿吨标准煤·千米以上。

1995~2015 年我国能源生产消费重心流向移动轨迹见图 40-1。

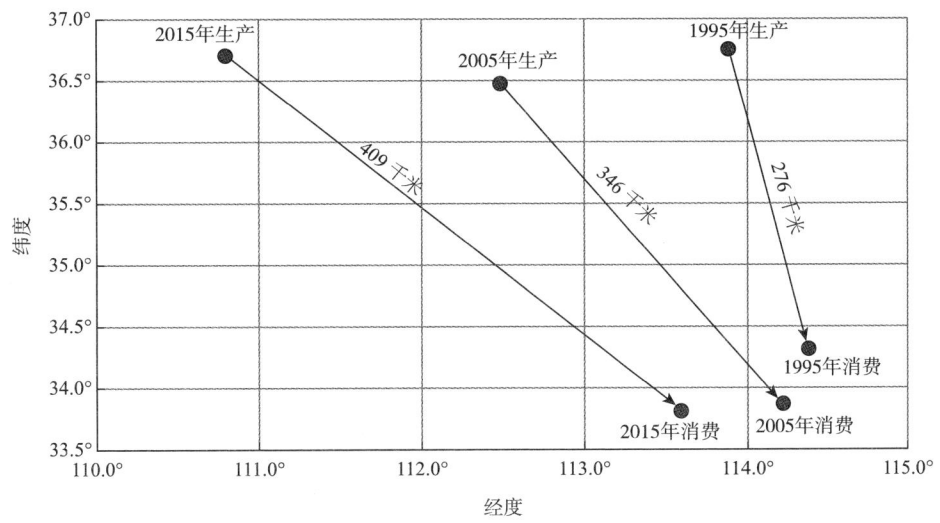

图 40-1　1995~2015 年我国能源生产消费重心流向移动轨迹

40.2 基于国家愿景的中国能源需求预测

40.2.1 预测模型及逻辑框架

LEAP 模型由瑞典斯德哥尔摩环境协会与美国波士顿大学共同开发，是一种分部门自上而下与自下而上相结合的模型。采用 LEAP（long-range energy alternative planning system）能源需求预测模型对中远期能源需求预测进行分析。基于国家社会经济发展以及能源政策设定情景，以环境控制指标为约束条件对能源需求总量和需求结构进行预测。LEAP 模型操作运行界面如图 40-2 所示。

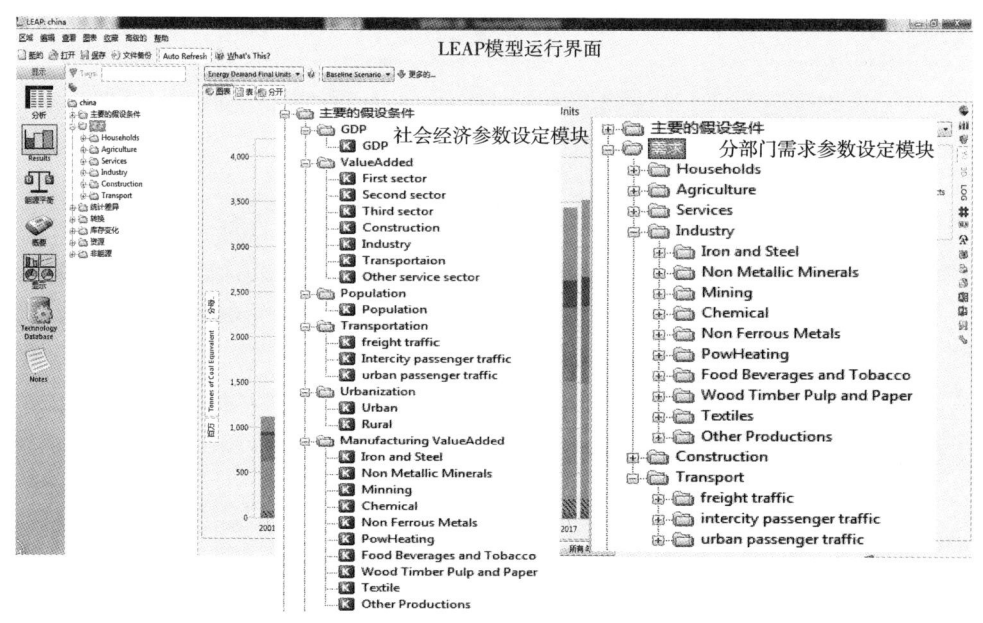

图 40-2　LEAP 模型操作运行界面

中长期能源需求预测的逻辑如下。

（1）基于国家发展愿景，结合能源生产和消费战略，对未来经济社会发展情景（人口、GDP、产业结构、城镇化率）和生态环境发展情景（二氧化硫、氮氧化合物、烟尘以及二氧化碳）等指标进行设定。

（2）基于宏观指标对国民经济各行业包括第一产业、高耗能工业、低耗能工业、交通运输、服务业等发展前景及居民生活状况进行分析，从而预测得到适应国家发展愿景的系统自给的各部门代表性指标。

（3）分析各行业能源利用技术潜力及前景，对各部门能源利用特征指标进行预测，主要包括单位产品能耗、单位增加值能耗及人均能耗等。

（4）综合国民经济各行业发展及各部门能源利用特征进行分析，考虑各能源品种供应可能前景，预测能源需求总量及品种结构。

（5）在能源需求总量及品种结构预测结果基础上，考察其污染物排放是否满足生态环境要求。

（6）如果已满足生态环境要求，则上述预测为最终结果；如果不满足，则需调整能源政策，进一步提高能源利用效率或者加大清洁能源替代力度，控制高碳化石能源消费等，最终得到满足生态环境要求的能源需求总量及结构结果。

研究逻辑框架如图 40-3 所示。

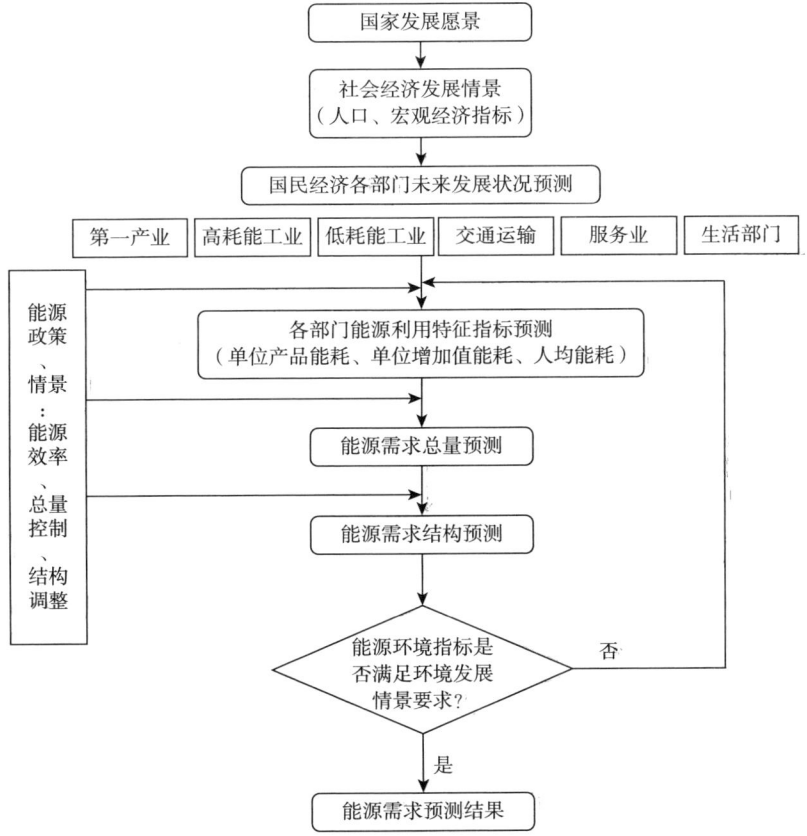

图 40-3 研究逻辑框架图

相应地，能源需求核算及预测方程如下：

第一，能源需求总量 E 等于部门能源需求（部门活动水平 V × 单耗 P）之和：

$$E \equiv E_i \equiv \sum_{i=1}^{n} V_i \times P_i \tag{40-1}$$

其中，n 为模型中部门个数。

第二，部门活动水平是关于社会经济发展各指标的函数：
$$V_i = f(\text{社会经济发展各指标}) \qquad (40\text{-}2)$$

第三，部门单耗水平是关于技术水平及潜力、能源政策、环境约束等的函数：
$$P_i = g(\text{技术水平及潜力, 能源政策, 环境约束}) \qquad (40\text{-}3)$$

第四，各品种能源需求同样受技术条件、能源政策及环境约束的影响：
$$E_j = E \times s(\text{技术条件, 能源政策, 环境约束}) \qquad (40\text{-}4)$$

第五，污染物排放 D 等于各品种能源排放（需求量×排放因子）之和：
$$D \equiv \sum_{j=1}^{m} E_j \times \delta_j \qquad (40\text{-}5)$$

其中，m 为能源品种个数。

40.2.2 社会经济发展前景与生态文明建设

LEAP 模型需求预测以国家发展愿景即邓小平同志在十三大上提出的"三步走发展战略"和习近平同志在十八大上提出的"建设美丽中国"为基础，着力推动能源生产和消费革命；加快能源结构调整，促进节能低碳产业和新能源、可再生能源发展，增加清洁能源供应，打造宜居适度、山清水秀、天蓝地绿的美好家园。模型预测主要指标包括社会经济发展指标和环境控制指标两部分，具体指标预测结果如下。

1. 社会经济发展指标

1）人口

我国人口生育高峰已过，增速趋缓。参考联合国人口署、世界银行等机构预测结果，我国人口预计到 2030 年前后达到峰值，峰值水平约为 14.5 亿人，此后开始缓慢减少，2050 年人口总量降至 13.9 亿人。人口发展目标见图 40-4。

2）GDP

我国中长期经济持续增长潜力依然巨大。国务院发展研究中心、林毅夫、樊纲、王一鸣等机构和专家学者研究成果表明，投资质量和效率提升、内需发展加快、新型城镇化建设拉动、全要素生产率恢复增长和改革红利将会促进工业结构调整、区域布局优化，将会为经济发展带来新的活力。参考国际其他国家经济发展历程，预计 2030 年前中国 GDP 保持 5.0%以上的增速增长，2030~2050 年仍将保持 3.0%以上增速。GDP 增速目标见图 40-5。

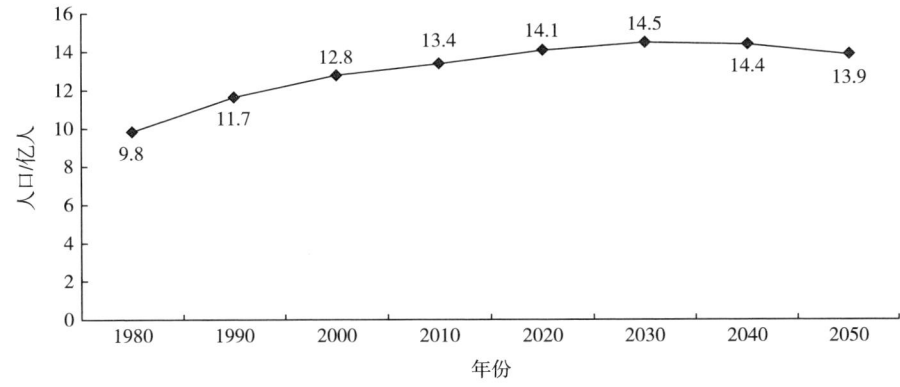

图 40-4 人口发展目标

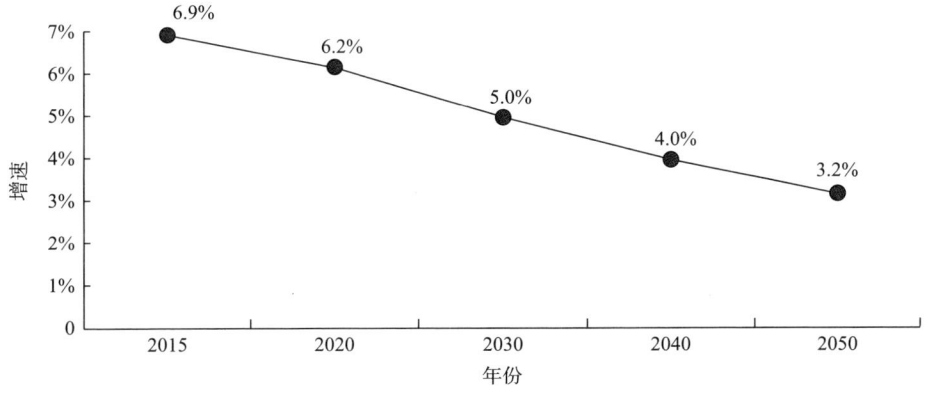

图 40-5 GDP 增速目标

3）产业结构

我国产业结构正处于工业化中级向高级转化的阶段，产业结构中第一产业和第二产业占比不断下降，第三产业比例将逐渐上升。人均 GDP 与第三产业占比关系：人均 GDP 位于 3 000 国际元（1990）以下为低水平发展阶段，第三产业比重随着人均 GDP 的增长迅速提升，由不足 40% 快速提高到 55%；人均 GDP 位于 3 000~10 000 国际元（1990）为服务业与工业并行发展阶段，第三产业所占比重为 55%~65%；人均 GDP 位于 11 000~22 000 国际元（1990）为加速发展阶段，第三产业比重由 60% 快速上升到 70%；人均 GDP 超过 22 000 国际元（1990）为发达阶段，第三产业占比稳定在 70% 以上水平。第三产业与人均 GDP 的关系见图 40-6。

2015 年中国人均 GDP 已超过 7 000 国际元（1990），服务业在产业结构中占比仅 50%，远低于同等收入水平下 60% 的国际平均水平，产业结构极不合理。在当前产业结构调整政策指导下，我国将持续优化产业结构，提高第三产业占比。2015~2050 年，第三产业占比由 50% 升至 67%，第一、第二产业占比分别由 9%、

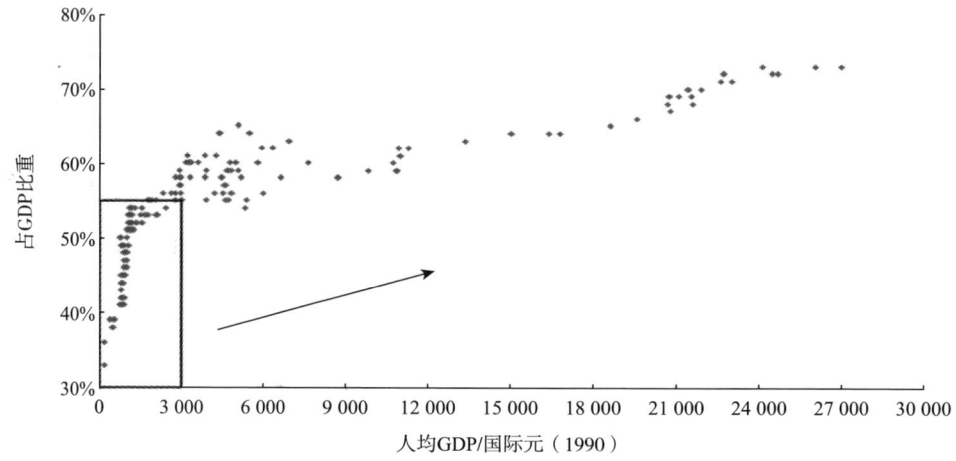

图 40-6　第三产业与人均 GDP 的关系

41%下降至 3%和 30%。产业结构调整目标见图 40-7。

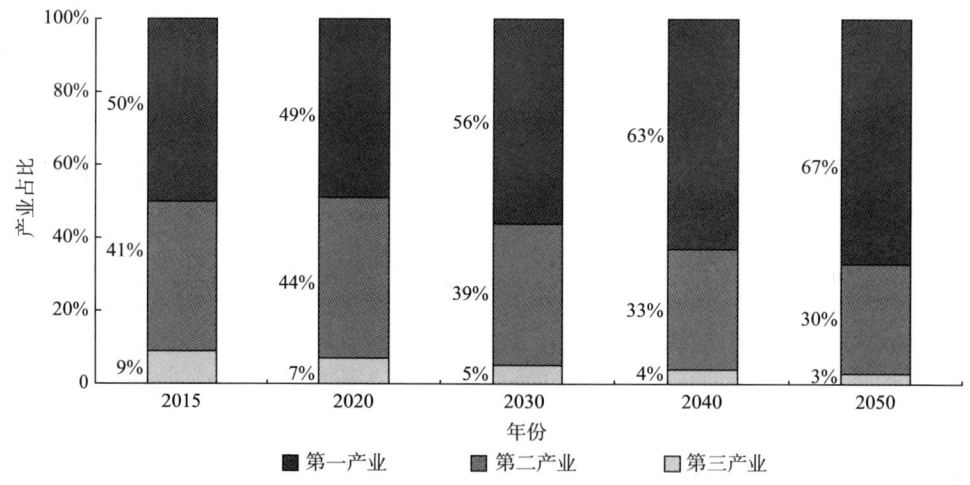

图 40-7　产业结构调整目标

4）城镇化率

我国城镇化水平滞后于工业化进程，随着新型城镇化政策的实施和推进，未来城镇化发展水平有望达到东亚经济体中间水平。综合统计，日本、韩国、中国台湾等地城镇化率随人均 GDP 增长变化呈现先快速增长再趋于平稳增长态势。初期当人均 GDP 低于 5 000 国际元（1990）时，城镇化率随着人均 GDP 的增长快速升高；当人均 GDP 超过 5 000 国际元（1990）后，城镇化率持续提高，但增速趋缓。东亚经济体城镇化水平与发展阶段见图 40-8。

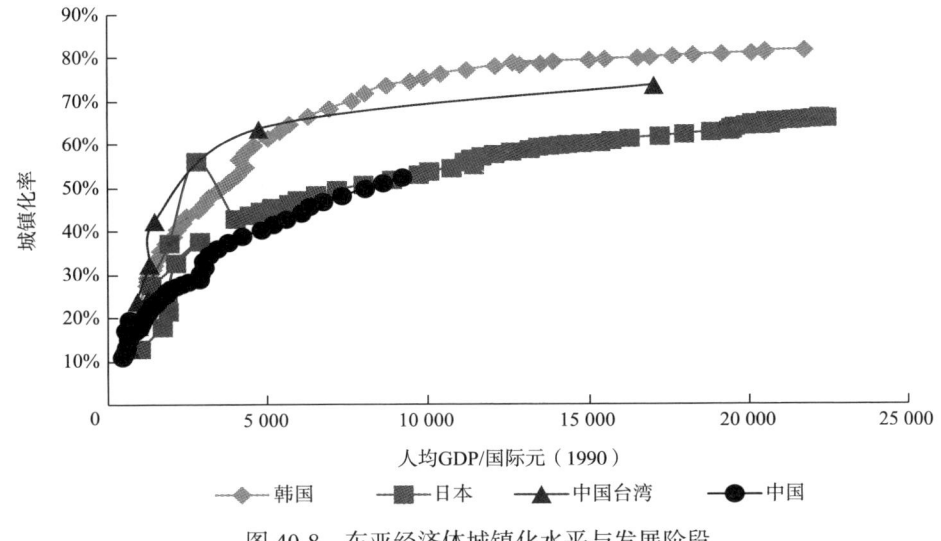

图 40-8 东亚经济体城镇化水平与发展阶段

目前，我国城镇化水平较低，2015年城镇化率为56%，随着经济的高速增长和推进新型城镇化政策的实施，2030年之前我国城镇化率将以年均1%高速发展；2030~2050年城镇化进程趋缓，但仍将保持0.3%以上的年均增速，预计2050年城镇化率达到77%。城镇化率发展目标见图40-9。

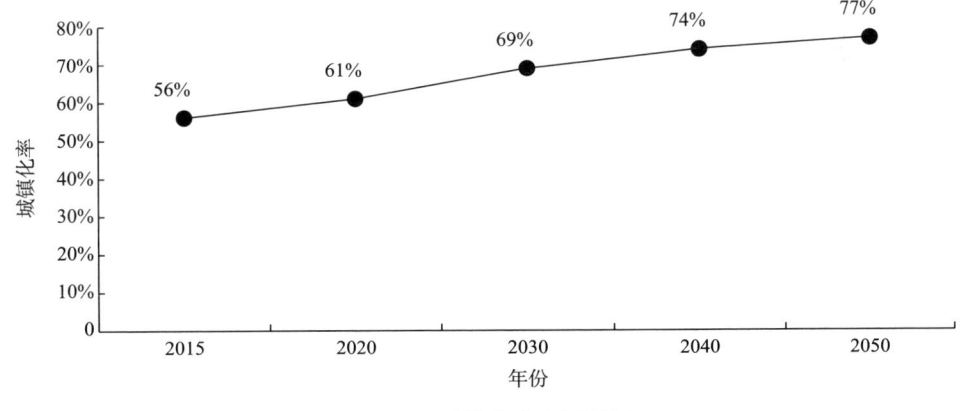

图 40-9 城镇化率发展目标

2. 环境控制指标

长时间、大面积雾霾问题终于让人们认识到改善环境的重要性，大力建设生态文明已成为各界心声。为实现"建设美丽中国"目标，未来我国生态环境至少要回到20世纪80年代初水平，二氧化硫、氮氧化合物、烟尘等主要污染物排放逐年降低，二氧化碳排放在2030年达到峰值。

1）大气污染物控制目标

中长期环境和生态保护目标是根据《中国环境宏观战略研究》设定的，该目标为 2020 年主要污染物排放总量得到有效控制，生态环境质量明显改善；2030 年，污染物排放总量得到全面控制，生态环境质量显著改善；2050 年，环境质量与人民群众日益提高的物质生活水平相适应，与现代化社会主义强国相适应。参考《"十三五"生态环境保护规划》《大气污染防治行动计划》以及中国工程院相关研究成果，2050 年我国主要污染物减排较 2010 年下降 50%以上，二氧化硫、氮氧化合物、烟尘的排放量分别为 1 000 万吨、1 100 万吨和 400 万吨，较 2010 年分别下降 54.2%、51.6%和 51.7%。2010~2050 年主要大气污染物控制情景设定见表 40-1。

表 40-1 2010~2050 年主要大气污染物控制情景设定   单位：万吨

污染物排放	2010 年	2020 年	2030 年	2040 年	2050 年
二氧化硫排放量	2 185	1 900	1 600	1 300	1 000
氮氧化合物排放量	2 274	1 950	1 700	1 400	1 100
烟尘排放量	829	700	600	500	400

2）二氧化碳控制目标

气候变化是当今人类社会面临的共同挑战，需国际社会共同携手应对。化石能源燃烧是温室气体排放的主要原因，在碳捕获技术尚未成熟之前，限制高碳化石燃料消费是降低温室气温排放的必要途径。我国是拥有 13 多亿人口的发展中国家，绿色低碳发展是生态文明建设的重要内容，结合我国发展国情及可持续发展战略，参考 IPCC 及国内相关研究，按照树立负责任大国形象的要求设定未来碳排放场景。我国二氧化碳排放量将在 2030 年达到峰值，峰值水平约为 125 亿吨（能源二氧化碳排放 110 亿吨），2050 年二氧化碳排放降至 105 亿吨（能源二氧化碳排放 95 亿吨）。二氧化碳排放控制情景见图 40-10。

40.2.3 能源需求总量与结构转型

我国能源发展的首要任务是，在控制能源消费总量的前提下，提升天然气和非化石能源占比，降低煤炭消费比重。综合考虑社会经济发展目标和环境控制目标，我国能源消费总量将在 2040 年前达到峰值，峰值水平约为 58 亿吨标准煤。一次能源消费增速从"十三五"期间的 1.8%降至 2020~2030 年的 1.6%及 2030~2040 年的 0.7%，之后以年均 0.3%的速度缓慢下降。

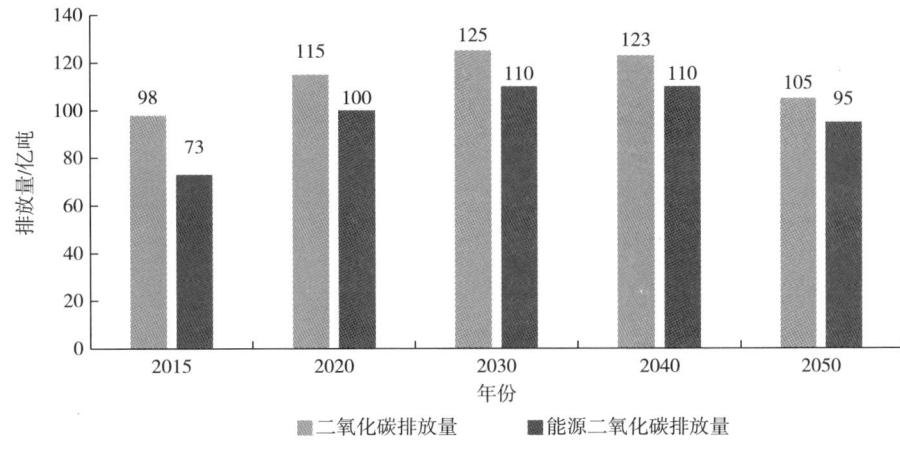

图 40-10 二氧化碳排放控制情景

在国家推动能源结构转型、消费总量控制基本思路指导下和碳排放、污染物控制环保条件约束下,能源消费结构中,煤炭占比不断下降,油气占比稳步上升,非化石能源占比大幅提高。其中,煤炭消费在 2013 年峰值水平上持续下降,2050 年降至 31.9 亿吨(折合 22.8 亿吨标准煤),占能源消费总量的 40%,仍是主要能源品种;石油需求稳步增长,2030 年达到峰值 5.8 亿吨(折合 8.3 亿吨标准煤),此后缓慢下降,2050 年石油消费总量为 5.2 亿吨(折合 7.4 亿吨标准煤),占能源消费总量的 13%;天然气需求持续高速增长,到 2050 年有望达到 7 293 亿立方米(折合 9.7 亿吨标准煤),占能源消费总量的 17%;非化石能源高速增长,逐步转化成为主体能源,2020 年在能源消费结构中的占比将达到 15%(消费量折合 7.2 亿吨标准煤),2050 年占比达到 30%(消费量折合 17.1 亿吨标准煤),占能源消费总量的比例接近 1/3。

2015~2050 年我国能源消费总量及结构预测见表 40-2。

表 40-2 2015~2050 年我国能源消费总量及结构预测

单位:亿吨标准煤

类别	2015 年		2020 年		2030 年		2040 年		2050 年	
	消费量	占比	消费量	占比	消费量	占比	消费量	占比	消费量	占比
消费总量	43	100%	48	100%	55.1	100%	58	100%	57	100%
煤炭	27.5	64%	27.8	58%	27.5	50%	26.1	45%	22.8	40%
石油	7.8	18.1%	8.2	17%	8.3	15%	8.1	14%	7.4	13%
天然气	2.5	5.8%	4.8	10%	8.3	15%	9.3	16%	9.7	17%
非化石	5.2	12.1%	7.2	15%	11	20%	14.5	25%	17.1	30%

资料来源:2015 年数据源自《中国统计年鉴 2016》

具体分析单个能源品种供应前景、环境治理要求及政策走向，未来不同能源品种的供需如下：

（1）煤炭。我国煤炭资源相对丰富，储量接近 1 150 亿吨，居世界第 3 位，但煤炭消费产生大量污染物，在强化大气污染防治和碳排放约束条件下，国家将对煤炭消费量加以约束和控制。未来煤炭的利用逐渐向电力、钢铁和煤化工等集中利用方向发展。按照"美丽中国"建设目标、《大气污染防治行动计划》对大气污染物减排需求和《强化应对气候变化行动——中国国家自主贡献》对碳排放的控制目标，煤炭消费将在 2013 年的峰值水平上持续下降。

（2）石油。随着我国经济的快速增长、工业化和城镇化进程的推进及汽车保有量的迅速增长，未来我国石油需求量仍将保持较快速度增长。但我国石油资源相对匮乏（储量 14 亿吨，居世界第 14 位），受资源储量的影响和地质条件的限制，国内石油产量很难大幅增长。页岩油、油砂油等非常规石油资源虽然较丰富，但是品位较低，开采成本大，难以成为主力，只能对常规石油进行补充。另外考虑到能源安全问题和新能源汽车的发展对交通领域用油的冲击，预计石油消费量将在 2030 年达到峰值，随后开始逐渐回落。

（3）天然气。天然气是一种优质、高效、清洁的低碳能源，节能减排效果显著，随着我国大气污染防治和能源结构调整力度的进一步加大，天然气将在未来较长时间快速发展。一方面，我国天然气增产基础牢固，常规天然气勘探开发仍处于快速增长期，非常规天然气资源禀赋巨大（储量 3.5 万亿立方米，居世界第 13 位）。另一方面，全球天然气资源丰富，随着北美页岩气技术的突破，世界天然气供应能力将不断提升，我国正加大天然气进口力度，不断提高进口多元化，未来进口能力将显著提升。在资源供应能力充足、有保障的前提下，2015~2050 年，我国天然气消费将以年均 3.9%的速度持续增长。

（4）非化石能源。核能、水能、风能、太阳能、生物质能等非化石能源由于其绿色、清洁特性，是我国未来能源发展的最主要方向。其中，核能虽受日本福岛核事故的影响，近年来建设步伐有所减缓，但在我国能源发展战略中的地位并没有改变，在加大科技创新、提高安全的基础上，应有序推进核电建设，促进核电装机规模进一步提升；我国西南地区的水能、西部的风能和太阳能也十分丰富，其中水力资源理论蕴藏量、技术开发量、经济开发量及已建和在建开发量均居世界首位，风能和太阳能的技术可开发装机容量也逐年提升；我国生物质资源品种丰富，包括农业有机废弃物、林业废弃物、生活废弃物、工业废弃物等，生物质资源的发展潜力也巨大。2015~2050 年非化石能源将以年均 3.5%的速度增长。

40.3 西部能源供应与东部能源需求分析

1）西部与东部一次能源供应与消费平衡

根据《中国能源统计年鉴 2016》，2015 年西部一次能源生产总量为 195 764 万吨标准煤，一次能源消费总量为 122 244 万吨标准煤，经过平衡分析，西部一次能源生产可供东部能源消费的总量为 73 520 万吨标准煤，占东部能源消费缺口的比例为 46%。2006~2015 年东西部一次能源生产与消费情况见表 40-3。

表 40-3　2006~2015 年东西部一次能源生产与消费情况

区域	分类	2006 年	2007 年	2008 年	2009 年	2010 年	2011 年	2012 年	2013 年	2014 年	2015 年
西部	生产/万吨标准煤	93 883	107 555	122 069	136 132	154 851	175 193	186 665	196 388	200 167	195 764
	消费/万吨标准煤	69 410	76 500	82 149	88 157	96 680	108 113	116 656	113 491	119 067	122 244
	可供/万吨标准煤	24 473	31 055	39 920	47 975	58 171	67 080	70 009	82 897	81 100	73 520
东部	生产/万吨标准煤	150 882	156 617	155 349	149 961	157 274	164 981	164 378	162 396	161 698	165 711
	消费/万吨标准煤	221 127	242 474	255 554	269 081	292 831	314 192	326 560	313 999	320 878	325 073
	缺口/万吨标准煤	70 245	85 857	100 205	119 120	135 557	149 211	162 182	151 603	159 180	159 362
西部供应占东部缺口比例		35%	36%	40%	40%	43%	45%	43%	55%	51%	46%

注：西部可供指西部生产减去西部消费，东部缺口指东部消费减去东部生产

2）西部与东部煤炭供应与消费平衡

根据《中国能源统计年鉴 2016》，2015 年西部原煤生产总量为 204 730 万吨，煤炭消费总量为 131 134 万吨，经过平衡分析，西部原煤生产可供东部煤炭消费的总量为 73 596 万吨，占东部煤炭消费缺口的比例为 59%。2006~2015 年东西部煤炭生产与消费情况见表 40-4。

表 40-4　2006~2015 年东西部煤炭生产与消费情况

区域	分类	2006 年	2007 年	2008 年	2009 年	2010 年	2011 年	2012 年	2013 年	2014 年	2015 年
西部	生产/万吨	90 560	100 713	123 902	146 620	178 566	206 172	224 704	220 430	216 697	204 728
	消费/万吨	77 143	78 647	85 502	94 458	103 556	120 930	129 958	131 770	134 049	131 134
	可供/万吨	13 417	22 066	38 400	52 162	75 010	85 242	94 746	88 660	82 648	73 594
东部	生产/万吨	145 241	148 476	156 876	157 907	175 388	189 137	191 296	177 013	170 693	169 924
	消费/万吨	221 957	242 481	249 306	256 725	277 858	307 655	306 496	271 950	297 691	294 342
	缺口/万吨	76 716	94 005	92 430	98 818	102 470	118 518	115 200	94 937	126 998	124 418
西部供应占东部缺口比例		17%	23%	42%	53%	73%	72%	82%	93%	65%	59%

注：西部可供指西部生产减去西部消费，东部缺口指东部消费减去东部生产

3）西部与东部石油供应与消费平衡

根据《中国能源统计年鉴 2016》，2015 年西部原油生产总量为 6 947 万吨，石油消费总量为 10 766 万吨，经过平衡分析，西部石油消费缺口为 3 819 万吨，需要从外部进口，东部石油消费也需从外部进口。2006~2015 年东西部石油生产与消费情况见表 40-5。

表 40-5　2006~2015 年东西部石油生产与消费情况

区域	分类	2006 年	2007 年	2008 年	2009 年	2010 年	2011 年	2012 年	2013 年	2014 年	2015 年
西部	生产/万吨	4 790	5 195	5 500	5 472	5 840	6 121	6 496	6 840	7 041	6 947
	消费/万吨	6 494	6 542	7 609	7 713	8 323	9 544	10 024	10 586	11 085	10 764
	可供/万吨	-1 704	-1 347	-2 109	-2 241	-2 483	-3 423	-3 528	-3 746	-4 044	-3 817
东部	生产/万吨	13 686	13 438	13 543	13 477	14 461	14 167	14 253	14 152	14 101	14 511
	消费/万吨	29 351	31 153	31 483	33 560	37 814	40 010	42 265	40 371	41 486	43 728
	缺口/万吨	15 665	17 715	17 940	20 083	23 353	25 843	28 012	26 219	27 385	29 217
西部供应占东部缺口比例		-11%	-8%	-12%	-11%	-11%	-13%	-13%	-14%	-15%	-13%

注：西部可供指西部生产减去西部消费，东部缺口指东部消费减去东部生产

4）西部与东部天然气供应与消费平衡

根据《中国能源统计年鉴 2016》，2015 年西部天然气生产总量为 1 081 亿立方米，天然气消费总量为 646 亿立方米，经过平衡分析，西部天然气生产可供东部天然气消费的总量为 435 亿立方米，占东部天然气消费缺口的比例为 42%。2006~2015 年东西部天然气生产与消费情况见表 40-6。

表 40-6　2006~2015 年东西部天然气生产与消费情况

区域	分类	2006 年	2007 年	2008 年	2009 年	2010 年	2011 年	2012 年	2013 年	2014 年	2015 年
西部	生产/亿立方米	437	547	638	673	769	841	873	981	1 053	1 080
	消费/亿立方米	307	341	368	397	479	495	522	563	644	645
	可供/亿立方米	130	206	270	276	290	346	351	418	409	435
东部	生产/亿立方米	150	145	165	181	180	184	198	228	249	265
	消费/亿立方米	278	373	464	571	678	824	977	1 085	1 180	1 300
	缺口/亿立方米	128	228	299	390	498	640	779	857	931	1 035
西部供应占东部缺口比例		102%	90%	90%	71%	58%	54%	45%	49%	44%	42%

注：西部可供指西部生产减去西部消费，东部缺口指东部消费减去东部生产

40.4 西部能源供应与东部能源消费需求分析

通过对我国能源供需现状及发展趋势的研究，结合我国能源生产与消费的分布及时空演变，利用 LEAP 模型对我国分地区能源供需进行预测分析，预计 2020 年我国西部一次能源生产总量为 22.6 亿吨标准煤，能源消费总量为 13.7 亿吨标准煤；东部一次能源生产总量为 15.4 亿吨标准煤，能源消费总量为 34.3 亿吨标准煤；西部可向东部供应的能源总量为 8.9 亿吨标准煤，结合西部进口量，预计 2020 年通过西部流向东部的能源总量为 9.7 亿吨标准煤。

2030 年我国西部一次能源生产总量为 27.3 亿吨标准煤，能源消费总量为 18.3 亿吨标准煤；东部一次能源生产总量为 14.7 亿吨标准煤，能源消费总量为 36.7 亿吨标准煤；西部可向东部供应的能源总量为 9.0 亿吨标准煤，结合西部进口量，预计 2030 年通过西部流向东部的能源总量为 10.3 亿吨标准煤。

2050 年我国西部一次能源生产总量为 30.7 亿吨标准煤，能源消费总量为 22.5 亿吨标准煤；东部一次能源生产总量为 13.3 亿吨标准煤，能源消费总量为 34.5 亿吨标准煤；随着高耗能产业西移，西部能源消费增加，西部可向东部供应的能源总量减至 8.2 亿吨标准煤，结合西部进口量，预计 2050 年通过西部流向东部的能源总量为 12.0 亿吨标准煤。

2020~2050 年我国东西部能源生产消费情况及流向见图 40-11。

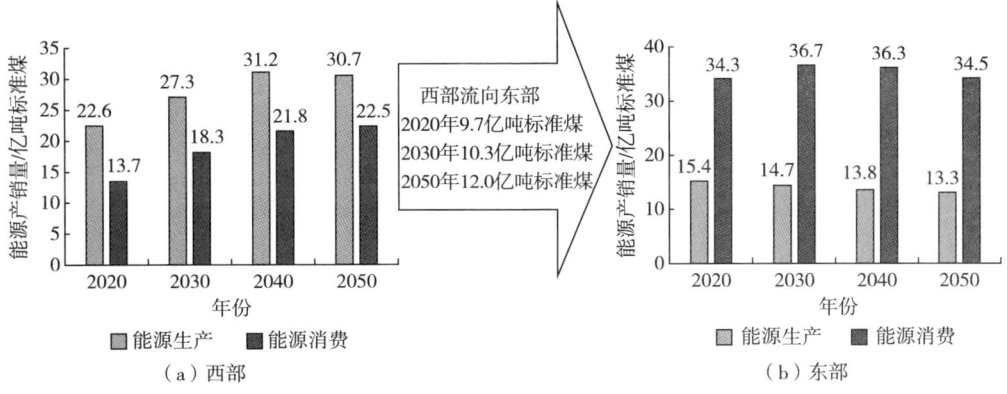

图 40-11　2020~2050 年我国东西部能源生产消费情况及流向图

第41章 中国西部能源大通道构建战略及关键技术需求

41.1 中国西部能源大通道建设现状

41.1.1 油气通道

1. 进口油气通道

2006年我国第一条陆上进口管道——中哈原油管道建成,拉开了西部陆上油气进口通道的建设序幕。截至2015年底,西部陆上油气进口通道已经建成中哈原油管道、中亚A/B线、中亚C线和中缅油气管道,具备4300万吨/年原油和550亿米^3/年天然气的进口能力。2015年西部能源通道实际进口原油1181万吨,占全国原油进口总量的4%;进口天然气293亿立方米,占全国天然气进口总量的48%。

2. 国内配套管道

截至2015年底,我国已初步构建"横跨东西、纵贯南北、连通海外"的油气供应保障格局,总运营里程11万千米,其中原油管道2.1万千米,成品油管道2.1万千米,天然气管道6.8万千米,油气管网已初具规模。其中天然气管道形成了以西气东输系统、陕京系统、涩宁兰系统、川气东送系统等为骨干的输气管道框架,在川渝、华北及长三角地区已形成了比较完善的区域性管网;原油管道形成了东北、西北—西南、华东—华中—中南输油管网系统;成品油管道形成了西北—西南—华中以及西南、珠三角地区骨干管道输油系统。

整体来看,国内油气管网承接西部进口资源,并实现了在国内的灵活调配。其中:天然气资源主要从西部向东部发达地区输送;原油全部在西部就地加工;成品油资源满足西部消费外剩余部分输往东部地区。

41.1.2 铁路运输通道

1. 跨国运煤铁路通道

2015年，我国煤炭进口的五大来源国按进口量排名分别为印度尼西亚（7 376万吨）、澳大利亚（7 091万吨）、朝鲜（1 958万吨）、俄罗斯（1 580万吨）和蒙古（1 439万吨）。我国煤炭进口的其他来源国还有加拿大、南非、美国等。

目前我国绝大部分内陆进口煤炭来自蒙古。蒙古矿产资源丰富，其中煤是蒙古最丰富的矿产资源之一，以无烟煤和焦煤为主，煤质优良，适宜大规模露天开采。2015年，蒙古向我国出口煤炭1 438.9万吨，占据我国进口煤炭总量的比重由2014年的6.6%提高到7.1%。呼和浩特海关是蒙古煤炭的主要进口海关，2015年进口煤炭总量达1 402.9万吨。

虽然目前二连、策克两个对蒙口岸均有铁路连通国内铁路干线网，但由于蒙古煤炭产区铁路和口岸铁路建设滞后等，我国内陆进口煤炭运输仍主要通过公路方式完成。

2. 国内运煤铁路通道

从既有铁路煤炭运输流量流向看，除本省自供外，西部地区煤炭以外运为主的省区包括内蒙古、陕西、宁夏、贵州和新疆。其中内蒙古西部煤炭主要供应华北地区、东北地区、甘肃省，陕西煤炭主要运往中南、华东、华北、川渝地区，宁夏煤炭主要运往甘肃、川渝地区、两湖地区，贵州煤炭主要供应西南地区及两广地区，新疆煤炭主要供应甘肃省。另外甘肃省煤炭虽以调入为主，但调出量也比较大，调入煤炭主要来自宁夏、新疆，调出煤炭主要运往陕西、河南、四川、安徽等省。西部其他煤炭调入省区，其煤炭来源也基本是西部省区。

总体来看，我国西北地区煤炭输出的主要目的地是环渤海地区、华中地区和西南地区。其中，发往环渤海地区的煤炭除供给华北地区本地消费之外，主要通过海铁联运方式发往长三角地区和东南沿海地区，供给东部沿海地区城市和临港工业区消费。

41.1.3 电力通道

1. 进出口电力通道

西部电力跨国通道的规划和建设还处在初期阶段，目前已建成的跨国电网工程主要从云南出发，向大湄公河次区域的缅甸、老挝、越南、泰国等国家发展，实现跨国电网互联。

2. 国内西部电力外输通道

西部电力通道的国内部分主要依托我国"西电东送"战略建设。"西电东送"是指开发贵州、云南、广西、四川、甘肃、内蒙古、山西等省区的电力资源，将其输送至我国中部和东部的负荷中心，如广东、江浙沪、京津冀地区等，以缓解我国负荷中心电力紧缺的问题。

西电东送规划建成三条送电线路：北线由内蒙古、陕西等省区向华北电网送电，将黄河上中游水电和山西、内蒙古坑口火电站的电能送往京津唐地区；中线由四川、重庆等省市向华中、华东电网输电，将三峡和金沙江干支流水电送往华东地区；南线由云南、贵州、广西等省区向华南电网送电，将贵州乌江、云南澜沧江和广西、云南、贵州交界处的南盘江、北盘江、红水河的水电以及云南、贵州两省坑口火电厂的电能输送到广东。

41.2 中国西部能源大通道建设存在的主要问题

结合已建及未来境外油气资源引进需求和运输通道，从供应战略安全角度考虑，已建西部能源大通道存在如下问题：

（1）我国西部能源大通道在国家层面缺乏系统的统筹规划，油气、电力、煤炭运输等行业各自为政进行能源通道规划，行业间缺乏衔接协调，造成了一定的投资浪费，给生态环境也造成一定影响；同时，一些已建通道由于输送负荷率较低、运行成本高，经济效益不佳。

（2）原油进口能力比重偏低，2015年我国原油进口合计3.3亿吨，西部能源通道能力为5 300万吨，占比为16%，2015年实际进口量约2 200万吨（哈油+钦州港海上原油）。从地缘安全角度来看，主要是中缅原油管道过境国缅甸局势复杂，对管道安全运营形成一定影响，需在稳妥发展中缅管道进口量的前提下尽量扩大新疆的原油进口通道。

（3）铁路运输通道利用率不均、效率低、运费高，随着经济环境的变化和环保压力的加大，煤炭产能过剩，连续出现负增长，2012年开始，铁路煤炭运量连续三年下降，大秦等煤运专线铁路运量受到较大影响。但是个别煤运通道（如南昆铁路、宝成铁路、成昆铁路等）存在能力紧张状况，需要采取相应措施。此外，铁路与煤矿间衔接不畅，致使运输环节增加，效率低下，推高了运输费用。

（4）西部电力通道建设经济性评价难度大，西电东送新能源电力与受端电源存在市场竞争,动态管控线路的难度加大,输电线路精益化管理有待提升。

41.3 中国西部能源大通道经济性分析

1. 原油输送通道

西北通道的原油主要有新疆自产原油和中亚-俄罗斯进口原油。未来如果西北地区炼厂加工国内外原油有剩余,通过西部通道输送到西南或中西部两个地区将是可选方向,所以选择这两个地区作为目标市场进行经济性分析,并分别选择四川、呼和浩特、大连等炼厂作为目标炼厂具体分析经济性运输临界点。具体见表41-1。

表41-1 目标市场油源方向比较表

区域	省市区	油源比较
中西部	晋蒙陕宁	(1)东北方向中俄原油管道来油 (2)西北方向中亚—俄罗斯油
西南地区	川渝云贵藏	(1)西南方向中缅管道来油 (2)西北方向中亚—俄罗斯油

经济性比较计算公式:

原油边境离岸价=陆上原油到厂价-运杂费

在计算中需要说明以下几点:海上来油以离岸港口为交货点,管道来油以边境作为交货点,价格参考近年的实际价差水平;海运费以近三年平均价测算;未考虑不同油品品质差和价格贴水;如果没有已建管道则以新建管道计算。

东北通道与西北通道来油到厂运杂费的经济均衡点:计算东北和西北方向来油的运杂费,比较东北通道来俄油和西北通道来中亚—俄罗斯原油经济性相当的国内炼制地点。经计算,以呼和浩特炼厂为基准,东北通道相比西北通道约低1美元/桶的运杂费,所以,在边境到岸油价相同的条件下,东北通道和西北通道的经济性临界点约为呼和浩特炼厂往西450千米处。

由于两个通道边境到岸价格对比存在波动性,以2017年3月数据为例计算,则两个通道的经济性临界点将东移至大连炼厂,所以,考虑油价差异和经济性,东北通道来俄油最远可输送到大连炼厂炼制。

西北通道与西南通道来油到厂运杂费的经济均衡点:计算西北和西南方向来油的运杂费,比较西北通道来中亚—俄罗斯油和西南通道来中缅管道中东油经济性相当的国内炼制地点。经计算,以四川石化为基准,西北通道相比西南通道约低0.9美元/桶的运杂费,在阿拉山口油价与中东原油油价相同的条件下,西北通道和西南通道的经济性临界点约为四川石化炼厂往南418千米处。

如果通过中缅管道进口的中东原油离岸价格基本与国际油价水平相当,没有较大贴水,而西北通道阿拉山口原油价格贴水保持现有水平,则西北通道和西南通道的经济性临界点约为云南石化炼厂,西南通道中缅原油最远只能运至云南石化。

2. 天然气输送通道

对中国天然气进口西部通道进行经济性分析,选择六个地区作为目标市场,分别为东北地区、环渤海地区、长三角地区、东南沿海地区、中南地区、西南地区,将中亚或中俄西线天然气通过管道运输与其他通道来气进行经济性对比。其中,由于西北地区进口气只可能采用西北通道,不做对比分析,具体见表41-2。

表41-2 不同目标市场地区气源来向比较表

区域	省市区	选取目标市场地区	气源
东北地区	黑吉辽	沈阳	(1) 东北方向中俄东线来气 (2) 海上大连LNG来气
环渤海地区	京津冀鲁	北京	(1) 东北方向中俄东线来气 (2) 海上唐山LNG来气 (3) 西北方向中亚气源
长三角地区	苏浙沪	上海	(1) 东北方向中俄东线来气 (2) 海上江苏、上海LNG来气 (3) 西北方向中亚气源
东南沿海地区	粤闽桂琼澳港	广州	(1) 西南方向中缅管道来气 (2) 海上深圳LNG等来气 (3) 西北方向中亚气源 (4) 东北方向中俄东线气
中南地区	豫鄂湘皖赣	长沙	(1) 西北方向中亚气源 (2) 海上深圳LNG等来气
西南地区	川渝云贵藏	昆明	(1) 西南方向中缅管道来气 (2) 广西钦州LNG来气

进口天然气通过国内天然气管网配置到市场,管输费参考现有管输费水平。出于保密需要,具体价格不在书中体现。本书均采用目前价格水平测算,假设未来同通道边境价格水平基本一致,未来新签订购气合同价格水平如有较大变动,将影响经济性分析结果。

以下对各主要进口天然气通道进行价格水平分析和对比。

1)四大主要进口天然气通道

中亚管道来气:中亚天然气经过中亚管道输送至中国,其中中亚A/B线、C线,自土库曼斯坦和乌兹别克斯坦边境经乌兹别克斯坦、哈萨克斯坦输送至霍尔果斯,再进入西气东输二、三、四线,输送至国内市场。中亚D线,自土库曼斯坦经乌兹别克斯坦、塔吉克斯坦、吉尔吉斯斯坦，至中国境内乌恰，再进入西气东输五线，输往国内市场。

中俄东线管道来气：俄罗斯东部天然气自黑龙江黑河进入中国，经中俄东线天然气管道最终输送至上海。

中缅管道来气：起自缅甸西部皎漂地区兰里岛，从云南瑞丽入境，经昆明、贵阳到南宁，目前主要覆盖西南市场。

LNG 进口天然气：由于 LNG 现货产品价格受世界经济、短期供求矛盾、地缘发展不平衡、气候变化和替代能源不可控事件等影响较大，较难长期预测，在此不作比较。本书采用 LNG 长贸合同价格进行比较，中国进口 LNG 平均价格采用收集到的中国石油、中国石化、中国海油三家公司长期进口 LNG 项目的价格公式进行计算取平均值。

2）比较分析结论

比较各进口通道中国边境完税价，油价 50 美元以上时中亚气、俄气、缅气均比进口 LNG 更具竞争力；低油价下，长贸 LNG 价格较管道气的价差逐步缩小，但仍比中亚、中俄管道天然气价高。

3）目标市场各气源价格竞争力比较

在 80 美元/桶油价水平和现有气价合同下，中亚气在西北、中西部、中南更有竞争力；中俄东气在环渤海和长三角、东南市场更有竞争力；中缅气在西南市场更有竞争力；管道气价格均低于目前进口 LNG 价格。

3. 煤炭输送通道

根据中国铁路经济规划研究院的分析，我国西北地区煤炭输出的主要目的地是环渤海地区、华中地区和西南地区。其中，发往环渤海地区的煤炭除供给华北地区本地消费之外，主要通过海铁联运方式发往长三角地区和东南沿海地区，供给东部沿海地区城市和临港工业区消费。

1）铁路煤运通道与"铁海江"煤炭运输的比较

以内蒙古西部地区煤炭发往武汉为例，采用铁路煤运通道方式，由内蒙古西部至华中地区铁路煤运通道经襄阳枢纽衔接汉丹线可实现直达运输；采用"铁海江"联运方式，需经铁路神朔线、北同蒲线、大秦线至秦皇岛港下水，由海轮运送至长江口，经江轮转运至武汉。虽然煤炭水运费率较低，但"铁海江"方式仍需经铁路长距离运输，且途中经历多次换装作业，综合运输成本较高，运输时间较长。

2）陕西煤炭外运铁路运输通道与铁海联运的比较

选取陕西省与中南、华东地区间的铁路煤运通道作为典型案例，对西部—东部铁路能源通道与海铁联运的竞争力进行比较分析。

根据相关研究测算，运费最低的煤炭外运路径因煤炭基地的不同而有所不同。对于神东基地和陕北基地煤炭外运来说，经由神朔线的海铁联运通道运费更低；对于黄陇基地来说，经由宁西线的铁路运输通道运费更低。即在不考虑能力限制等因素，只考虑运费最省的条件下，陕西省煤炭外运最优通道为：①神东基地（陕北基地）—神朔线—朔黄线—黄骅港下水海运至长三角地区；②黄陇基地—包西线—宁西线。

与内蒙古西部相比，内蒙古东部地区煤炭运至下水港口的铁路运输路径较短，但受到煤炭种类因素影响，应用范围受到限制，消费市场主要辐射范围为山东、江苏两省沿海地区。内蒙古西部地区煤炭运至下水港口的铁路运输路径相对较长，消费市场主要辐射范围为长江三角洲、珠江三角洲、福建省等东部地区。

3）海上进口煤炭对铁路海铁联运的影响

目前我国海上进口煤炭主要来自印度尼西亚、澳大利亚、俄罗斯、朝鲜、加拿大、美国等国家，其中印度尼西亚和澳大利亚的煤炭占据主要份额，印度尼西亚煤炭主要从北部湾、珠三角港口上水，澳大利亚煤炭主要从北部湾和我国东部多个沿海港口上水。

受到运距因素影响，与海上进口煤炭相比，我国北方煤炭主产区以海铁联运方式运往华南地区沿海港口的煤炭并无明显价格优势。例如，澳大利亚 5 500 大卡动力煤华南地区港口到岸价（巴拿马型船）504 元/吨（含税），较国内煤华南地区港口到岸价低 26 元/吨（2015 年 11 月市场行情数据）。

与我国港口煤炭离岸价格相比，澳大利亚等煤炭出口大国的港口煤炭离岸价格明显较低，但叠加国际运费、进口关税等费用后，进口煤炭到岸价格与内贸煤炭价格并无明显差距。考虑国家政策调控、国内煤价变化、人民币汇率波动等多方面因素影响，预计未来海上进口煤炭难以对国内海铁联运煤炭形成冲击。特别是我国华东地区沿海港口上水煤炭仍将以"三西"地区海铁联运煤炭为主。

根据以上分析，未来我国西部煤炭输出以新疆、内蒙古西部和陕西为主，而煤炭输出的主要目的地是环渤海地区、华中地区和西南地区。煤炭经济输送目的地和运输方式见表 41-3。

表 41-3　煤炭经济输送目的地和运输方式

资源地	运输方式	经济输送目的地范围
新疆	铁路外运	甘肃省、川渝地区
内蒙古西部	铁路外运	河北省、湖北省、湖南省和江西省
	铁路运输到达渤海湾港口下水	长三角地区、福建省
陕西	铁路外运	河北省、山东省、河南省、湖北省、川渝地区
	铁路运输到达渤海湾港口下水	长三角地区、福建省

4. 电力输送通道经济性比较

1）水电外送经济性比较

不同地区水电送至华中、华东等电网，西部清洁能源落地电价低于边际电源电价，送电竞争力大于边际电源。

2）煤电外送方式经济性对比

采用直流输电方式输送新疆的煤电具有较好的成本优势。输电距离对交流输电成本的影响明显，新疆煤电上网电价低的政策红利无法弥补其高交流输电成本。

直流输电经济最优的输送功率出现在 12 000 兆伏安，直流电压等级为 ±1 100 千伏，与在建的准东—华东特高压直流工程、准东—成都特高压直流工程参数一致。

3）输煤与输电方式经济性对比

在设定边界条件下比较得出结论：①采用输电方式比输煤方式更为经济；②随着输电距离的增加，±800 千伏直流输电的低损耗优势相对于 ±500 千伏直流输电将逐渐体现，在远距离输电时，±800 千伏直流输电更为经济。

对于交流 500 千伏，输能距离在 510 千米与 1 200 千米之间时，其单位电能总成本低于输煤方式；对于交流 1 000 千伏，输能距离在 610 千米与 2 400 千米之间时，其单位电能总成本低于输煤方式；对于直流 ±800 千伏，当输能距离超过 870 千米时，其单位电能总成本低于输煤方式。

4）清洁能源与燃煤发电成本经济性对比

目前，风电成本为 0.4~0.45 元/千瓦时，光伏发电成本为 0.7~0.8 元/千瓦时，水电发电成本为 0.35~0.45 元/千瓦时，燃煤发电成本为 0.4~0.5 元/千瓦时。输电成本为 0.1~0.15 元/千瓦时。2025 年前，新能源的经济性和竞争力有望超过化石能源。中国风电、光伏发电和燃煤发电度电成本预测如表 41-4 和图 41-1 所示。

表 41-4 中国风电、光伏发电和燃煤发电度电成本预测

单位：元/千瓦时

类别	2015 年	2020 年	2035 年	2050 年
风电	0.45	0.4	0.35	0.35
光伏发电	0.85	0.7	0.55	0.45
燃煤发电	0.45	0.5	0.5	0.53

资料来源：国家发展和改革委员会能源研究所

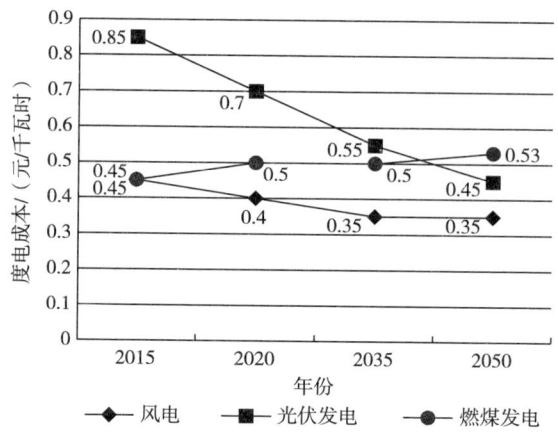

图 41-1 中国风电、光伏发电和燃煤发电度电成本预测

比较西部不同发电方式外输综合成本水平，可得到以下结论：西北煤电在华北、华中、华东地区更具竞争力；西北可再生发电在华北、华东地区更具竞争力；西南水电在华东、南方地区更具竞争力。

41.4　中国西部能源大通道构建战略

41.4.1　指导思想

以党中央统筹推进"五位一体"总体布局和协调推进"四个全面"战略布局为统领，本着"创新、协调、绿色、开放、共享"发展理念，遵循"四个革命、一个合作"的能源发展战略思想，综合"一带一路"能源资源特征、我国能源资源禀赋和东西部能源供需发展趋势，以能源供给侧结构性改革为主线，以提高能源利用质量和效益为中心，以能源互联网和大数据为手段，着力构建"多能互补、多元融合、清洁低碳、智能高效"的新型能源运输体系，形成"国内外互补、东西部互惠、各资源互联、各能源互融"的能源供需格局，实现我国能源的安全清洁高效利用。

41.4.2　基本原则

坚持国内外资源互补，开放发展；坚持东西部互利互惠，共享发展；坚持各资源清洁利用，绿色发展；坚持各资源高效利用，协调发展；坚持各资源互联互通，创新发展。

41.4.3 战略目标

能源生产和消费革命形势下，根据我国能源"三步走"（第一步是 2020 年前，为能源结构优化期；第二步是 2021~2035 年，为能源领域变革期；第三步是 2036~2050 年，为能源革命定型期）发展战略、东西部未来能源供需形势和西部能源通道现状和规划，综合考虑未来"一带一路"能源贸易和我国西部能源生产实际，厘清不同能源品种优化输送和同类能源不同输送方式,结合通道经济性分析结果，确定未来建设以"气、电通道为主，煤、油通道为辅"的我国西部综合能源大通道。同时，以"能源互联网"为手段，统筹利用国内外两种资源，通过西部综合能源大通道建设，构建铁路、电网和管道联运的综合运输体系，实现我国能源资源的优化配置、高效利用和永续发展。

41.4.4 战略部署

根据上述战略目标，各能源通道具体实施部署如下：

1. 油气通道

1）进口通道

西部能源大通道在西北地区主要涉及中亚、俄罗斯乃至西亚的伊朗。这些国家油气资源非常丰富，经济发展对能源依赖度较高，需要稳定的油气出口市场，扩大与中国的合作。中国同中亚、俄罗斯具备较好的合作基础，它们是近期最为理想的能源引进目标。近期要以中哈原油管道和中亚天然气管道为基础，围绕中亚和俄罗斯油气资源，借助"一带一路"倡议，继续深化与中亚各国及俄罗斯的油气合作，积极引进中亚及俄罗斯地区油气资源；远期择机扩展与西亚国家的油气资源合作，努力强化该通道，最终实现西亚地区资源的引进。

西部能源大通道在西南地区的陆上通道主要涉及中东海运至缅甸的原油资源和缅甸若开地区天然气资源，过境国均为缅甸。借助"一带一路"倡议机遇，可考虑加强对缅甸地区的管道管理，考虑到缅甸的政治局势，建议保持稳妥发展策略。

（1）原油。

2020 年：我国经济进入"新常态"，油气需求增长放缓，结合国内原油成品油供需态势，2020 年前西部大通道不再新增进口原油通道工程。

2021~2035 年：重点围绕哈萨克斯坦原油资源，在中哈原油管道基础上，将里海周边国家原油资源引入国内，根据中哈原油管道资源条件，或考虑借中俄能源合作时机从俄罗斯引进部分原油作为补充，使中哈原油管道达到满负荷运行，进口规模 2 000 万吨/年；以中东油作为资源基础，使中缅管道达到满负荷运行，进口规模 2 300 万吨/年，并将云南石化加工能力增至 2 300 万吨/年。

2036~2050 年：重点转向伊朗、伊拉克等西亚地区，加强合作，争取从西亚引进原油资源，可考虑经土库曼斯坦、乌兹别克斯坦、塔吉克斯坦、吉尔吉斯斯坦线路（西亚西线）或者巴基斯坦线路（西亚东线），通道规模 2 000 万吨/年，西亚原油从新疆入境，可同步在南疆喀什建设石化产业基地并就地加工，届时中国西北油气战略通道原油引进总量达到 4 000 万吨/年；关注缅甸国内政治局势，结合中国西南地区成品油市场需求，保持中缅原油管道的平稳运行。

（2）天然气。

2020 年：我国经济进入"新常态"，油气需求增长放缓，结合国内天然气供需态势，2020 年前西部大通道不再新增进口天然气通道工程。

2021~2035 年：加强与中亚、俄罗斯等国家的上游能源合作，以引进中亚天然气为主要目标，建设中亚 D 线管道，规模 300 亿米^3/年，引进资源主要输往中部、沿海地区，同时建设俄气西线管道，规模 300 亿米^3/年，届时中亚 A/B 线、C 线、D 线和俄气西线的总规模将达到 1 150 亿米^3/年；以中缅油气管道建设促进上游发展，积极寻求孟加拉湾勘探合作。关注缅甸政治局势，保证西南通道的安全运营，对中缅天然气管道适度增输，提高通道规模至 160 亿米^3/年。

2036~2050 年：在加大中亚和俄罗斯合作的同时，关注西亚地区形势，可考虑经土库曼斯坦、乌兹别克斯坦、塔吉克斯坦、吉尔吉斯斯坦线路（西亚西线）或者巴基斯坦线路（西亚东线）引进西亚天然气，规模 300 亿米^3/年，届时总规模将达到 1 450 亿米^3/年；深化孟加拉湾及其周边的资源勘探开发，为通道后备资源做准备，结合国内西南和东南沿海需求，适时进行增输，将通道规模扩大到 250 亿米^3/年。

2）国内配套管道

西部的资源增量主要集中在新疆，其他如长庆、川渝等地区的油气资源主要由现有管道向区域外输送。国内配套管道主要集中在新疆、甘肃地区。

（1）原油管道。

2020 年：新疆进口能力 2 000 万吨，实际进口量预计 1 200 万吨，国产原油约 2 875 万吨，则资源合计 4 075 万吨，新疆炼能 3 700 万吨，配置加工量 3 240 万吨，剩余 835 万吨原油向疆外输送，已建西部原油管道能力 2 000 万吨/年，无须新建原油管道。

2021~2035 年：增加哈油进口量，达到 2 000 万吨/年，出疆规模为 1 570 万吨，利用已建管道即可满足管输要求，无须新建原油管道。

2036~2050 年：建成西亚原油管道能力 2 000 万吨/年，需建设配套的红其拉甫—喀什原油管道，长度 400 千米，管径 813 毫米，设计规模 2 000 万吨/年，并同步在喀什新建石化产业园区内加工。由于新疆原油商品量增加 700 万吨/年,出疆原油达到 2 264 万吨/年,需对西部原油管道增输改造。

(2)成品油管道。

2020 年:新疆炼能 3 700 万吨,实际加工原油 3 240 万吨,成品油商品量 1 944 万吨,本地消费 887 万吨,出疆量为 696 万吨,除部分铁路和公路外运外,剩余成品油由已建西部成品油管道外运,能力 1 000 万吨/年,无须新建成品油管道。

2021~2035 年:利用已有炼能加工进口哈油和国产油,成品油商品量 2 220 万吨,除疆内消费外,剩余成品油通过已建成品油管道外输,如管输需求略有不足,可通过增输改造实现,无须新建成品油管道。

2036~2050 年:新疆新增喀什石化产业园 2 000 万吨,疆内炼能合计 5 700 万吨,成品油商品量 3 420 万吨,除疆内消费 1 100 万吨外,剩余 2 320 万吨成品油需外输,可对西部成品油管道实行新建更替工作,实现成品油顺利出疆;建设喀什—吐鲁番成品油管道,实现喀什石化工业园成品油向西部成品油管道的注入;另外进行西部区域内的成品油支干线、支线等优化布局。

(3)天然气管道。

国内主要根据进口天然气和新疆国产气配套建设天然气管道。

2020 年:新建天然气管道,实现新疆准东煤制气向珠三角的输送。

2021~2035 年:与中亚 D 线同步,配套建设国内天然气管道,并与西气东输三线和陕京系统互联;同时新建天然气管道,实现伊宁煤制气和塔里木上产气的外输;另外新建中俄西线工程,进一步进口俄罗斯天然气资源,满足国内日益增长的天然气需求。

2036~2050 年:与西亚天然气管道同步,国内配套建设相应管道,进一步引进国外天然气资源。

2. 铁路运输通道

目前既有西部煤炭铁路通道均有程度不一的能力富余,随着我国纵横南北、横贯东西的高速铁路网加快完善,既有铁路通道货运能力将得到进一步释放,相关煤炭运输通道能力将进一步提高。根据煤炭运输需求预测,未来我国煤炭铁路运输需求将不会有较大增长,规划和新建铁路煤炭专运通道的必要性和可能性较低。因此,从全国范围来看,未来较长的一段时间新的煤炭运输通道将以目前在建的煤运通道铁路和部分规划的区际干线铁路为主。

1)铁路煤炭运输新通道

西部铁路煤炭运输新通道主要是西部在建的煤运铁路和规划建设的区际铁路通道,即目前在建的内蒙古西部至华中煤运通道、在建的库尔勒至格尔木铁路和规划的成都至格尔木铁路。

内蒙古西部至华中煤运通道。本通道主要承担蒙陕甘宁能源"金三角"地区煤炭运往湘鄂赣等华中、华东地区的任务，是新的国家战略煤炭运输通道，是一个衔接多条煤炭集疏线路、点网结合、铁水联运的大能力、高效煤炭运输系统，是国家综合交通运输系统的重要组成部分。线路北起内蒙古鄂尔多斯境内的浩勒报吉南站，途经内蒙古、陕西、山西、河南、湖北、湖南、江西七省区，终至京九铁路吉安站，铁路全长 1814.5 千米。

该线路浩勒报吉—岳阳段为双线，岳阳—吉安段为单线（预留双线条件）；通道规划设计输送能力为 2 亿吨，建成运营初期输送能力达到 1 亿吨。2014 年部分区段开工建设，初期预计工期 5 年左右，但随着煤炭市场供求关系的变化和国内煤炭价格的大幅下跌，该线路建设筹资面临困难，预期收益也随之下降，整个通道预计建成时间将略有后延。

到 2020 年，预计新增内蒙古西部至华中煤炭运输通道。

库尔勒至格尔木铁路、格尔木至成都铁路。即成都至库尔勒通道，该通道将成为第二个客货兼顾的出疆铁路通道，分为库尔勒至格尔木铁路和格尔木至成都铁路两段实施。该通道未来将承担南疆地区和部分北疆地区的煤炭往西南、华南等地区的运输任务。

库尔勒至格尔木铁路东衔青藏线西格段、格拉段和规划中的格成铁路，中连规划的和田至若羌至罗布泊铁路，西接南疆线吐库段、库阿段和规划中的伊宁至库尔勒铁路，在国家铁路网中具有十分重要的地位；对构建我国能源陆路通道安全，完善区域路网结构，加快沿线地区资源开发利用，加强民族团结、稳定边疆、巩固国防均具有重要的意义。该线路等级为国铁Ⅰ级，是单线电气化铁路，2014 年底开工建设，工期 5 年，全长 1214.6 千米。

成格铁路是成都至格尔木铁路的简称，是成库铁路的南段，川青铁路的重要部分。成格铁路东起四川成都，与成昆铁路、成贵铁路、成渝铁路、成遂渝铁路、宝成铁路相连，西至青海省格尔木，与格库铁路、敦格铁路、西格铁路相连，是连接青海省腹地和四川省的一条铁路，同时也是大西北联系大西南的一条重要铁路，对西部众多资源进行整合和开发，带动沿线地区扶贫开发，对完善我国西部铁路网具有十分重要的作用。该规划线路等级为国铁Ⅰ级，是单线电气化铁路，规划全长约 1271 千米。

到 2035 年，预计新增库尔勒—格尔木—成都运输通道，铁路煤炭焦炭运输通道，铁路西部能源大通道基本成型。展望 2050 年，到规划期末铁路西部能源运输通道没有较大变化。

2）重点强化和完善铁路煤运通道集疏运系统

2015 年全国煤炭产量 36.85 亿吨，同比下降 5.15%，而 2015 年全国铁路煤炭发送量 19.94 亿吨，同比下降 12.6%，由于铁路货运价格的连续上调，煤炭市场不景气造成的价格大幅下滑,铁路煤炭运输的竞争力在不断削弱。从铁路运力上看,由于近期张唐铁路、山西中南部铁路通道等煤运铁路逐步投入运营,既有线货运能力的快速释放,我国铁路煤炭运输能力预计将达30亿吨左右,干线煤炭运输能力将不存在运能紧张的问题。结合现状,西部煤炭运输通道铁路干线的运力较为充足,短板在于集疏运系统,集运设施配套不到位。

西部煤炭运输大通道的构建中,集运站和专用线的建设和强化是重点,以此促进相关干线煤炭运输增运上量。集运站具有采购、仓储和转运等多项功能,可快速地将从各煤矿组织运来的煤源通过高效的装车系统装车,进入铁路干线进行运输。集运站大大提高了铁路干线的综合利用效率,是铁路干线建设必须配套的集运装车点系统。没有配套的集运站建设,就不可能向干线输送充足的煤炭。在集运站装好整个大列后,直接接入主干线,缓解了主干线上有限的装运站点仓储能力和装车能力的制约,也减少了公路运输里程,节省了运输费用。

对煤炭运输通道集疏运系统进行强化和完善,可以进一步发挥既有相关铁路煤运通道的运输潜力和提高铁路煤炭运输的竞争力,降低煤炭运输价格,有助于构建更加高效、畅通、稳定的大能力西部煤炭运输通道,支撑国民经济持续健康发展。

3. 电力通道

我国未来电力需求分布呈西移北扩趋势,但负荷中心仍将集中在中东部地区。综合考虑我国电力负荷及电源布局,未来我国将形成大规模的西部、北部电源基地向中东部负荷中心送电的电力流格局。其中,西南水电、西部和北部煤电及风电通过跨区跨省电网送入华北、华中、华东及南方电网负荷中心地区;周边发电资源丰富的俄罗斯、蒙古、中亚、东南亚等国家和地区就近向我国负荷中心地区送电。

1)2020年电力通道规划

预计2020年,我国电网华北、华中、华东地区无法实现单个区域内的电力平衡,而华北北部和西北部、华中西部(川西)具有大规模的火电和水电基地,华北北部还具有大规模可开发的风电,因此华北、华中、华东构成一个基本平衡的区域(简称"三华"区域)是合理的,东北、西北的火电、风电可以采用直流方式送入。全国形成东北、西北、"三华"和南方四个同步电网。预计2020年,我国跨区、跨国电网输送容量将占全国电力总负荷的25%~30%。

国家"十三五"规划将输电通道建设作为重点之一。《电力发展"十三五"规划(2016-2020年)》提出,在实施水电配套外送输电通道的基础上,重点实施大气污染防治行动12条输电通道及酒泉至湖南、准东至安徽、金中至广西输电通道。建成东北(扎鲁特)送电华北(山东)特高压直流输电通道,解决东北电力冗余问题。适时推进陕北（神府、延安）电力外送通道建设。结合受端市场情况，积极推进新疆、呼盟、蒙西（包头、阿拉善、乌兰察布）、陇（东）彬（长）、青海等地区电力外送通道论证。"十三五"期间，新增"西电东送"输电能力 1.3 亿千瓦，2020 年达到 2.7 亿千瓦。

2）2035 年电力通道规划

2021~2035 年，各地负荷增速放缓，但西部增速将高于东部地区，西北地区煤电、西南地区水电将有更多的部分被当地负荷消纳，因此在常规能源布局上出现以下几个特点。

（1）进一步开发锡林郭勒盟、内蒙古西部、陕北地区的电源，使之在维持原有外送规模的基础上有所增长。

（2）大规模开发接续电源：①西藏水电建设规模为 4 000 万千瓦左右，其主要送电方向有两个，一是送至四川、重庆，接续原有川西水电，继续发挥原有的川西水电交直流电力外送功能，二是直达华中、华东负荷中心，满足新增电力市场需要；②进一步开发新疆伊犁煤电，送电至重庆、鄂东地区，接续川西水电及鄂东水电；③进一步寻求境外电源（主要为哈萨克斯坦的煤电），送至华东负荷中心，满足新增电力需求。

（3）大力开发风电为主的绿色电源，大规模风电可以采用直接或接续式接入交流电网，也可采用风火打捆或直流的送出方式送至"三华"电网消纳。

因此，从电源分布和负荷发展情况来看，电网发展将延续 2020 年左右的发展势头，但从满足需求的角度看，2021~2035 年的建设规模将小于 2020 年之前，交流主网架主要为满足负荷需求而新增站点和加强输电通道。同时，将可能建设藏电外送、疆电外送和哈萨克斯坦电力送入等多回直流。

3）2050 年电力通道规划

至 2050 年，我国电网发展面临的内外部环境会发生一定的变化。

（1）化石能源减少，能源危机问题突出，大规模新能源开发利用进入新阶段，新能源在一次能源消耗总量中所占比例达到一定水平。风电、太阳能等新能源具有大幅度长时间尺度的功率随机波动特性，大规模新能源接入后解决新能源功率波动及保证清洁能源的高效可靠利用将成为电网的主要任务。

（2）全国用电负荷分布逐步趋于均衡，分布式电源在城市中发电比例升高，但负荷整体仍呈现稳步上升的态势。

（3）输电技术快速发展，超导输电、多端直流输电等先进输电技术可能趋于实用化，使我国未来电网发展出现更多的技术选择。由于 2050 年电力流情况很难准确预测，所以，前面对 2050 年的电力流格局进行了两种可能性的展望。

根据 2050 年的电力流格局情况，考虑 2050 年内外部环境的变化，预测 2050 年的电网发展模式可能有以下三种：超、特高压交直流联网模式，超导主网架模式、电源与负荷匹配模式。

超、特高压交直流联网模式。该模式的前提条件是2050年电力流格局基本延续2035年的情况，跨国跨区电力流虽无大幅增长，但仍有大容量远距离电力输送的需求。此时，我国2050年的电网模式可能延续2035年的情况，在2035年网架结构基础上继续发展。由于2020年我国电力需求翻一番，而2050年电力需求则接近于翻两番，所以，为满足电力输送的需求，2050年可能通过升高线路电压等级，采用更为先进的输电技术（多端直流、常规输电线路的改进）及增加线路回数等方式提高输电通道的输电能力。

超导主网架模式。该模式的前提条件之一是2050年电力流格局延续2035年的情况，存在大规模远距离电力输送的需求，条件之二是常温超导技术实现突破，常温超导电缆可实现规模化生产且成本大幅降低。此时，由于常温超导电缆所具有的绝对优势，有必要采用先进的超导输电技术满足2050年大规模电力输送的需求。在这样的条件下，2050年我国电网的网架结构可能向超导主网架模式转变。但需注意该模式的发展条件是常温超导技术取得突破且成本降低，发展该模式时需考虑如何由原有网架向新型网架过渡。

电源与负荷匹配模式。该模式的前提条件是2050年电力流格局不再延续2035年的情况，而是形成电源与负荷基本匹配的形式。此种情况下，大部分区域电源与负荷可以基本匹配，少部分区域仍需要电力的远距离输送。由于我国电源和负荷分布极为不均，负荷中心的转移又是一个较为长期的过程，在几十年时间内依靠常规电源和负荷中心的转移形成电源与负荷匹配的电力流格局比较困难，除非核聚变等不受地理位置及能源分布限制的新型能源发电技术成熟，否则不可能形成这一发展模式。

第42章 基于能源互联网的西部能源大通道构建方案

42.1 能源互联网内涵及其构成要素

42.1.1 能源互联网内涵

能源互联网是一种互联网与能源生产、传输、存储、消费以及能源市场深度融合的能源产业发展新形态，具有设备智能、多能协同、信息对称、供需分散、系统扁平、交易开放等特征。能源互联网是推动我国能源革命的重要战略支撑，对适应可再生能源规模化发展，提升能源开发利用效率，推动能源市场开放和产业升级，形成新的经济增长点，提升能源国际合作水平具有重要意义。

能源互联网是以电力系统为核心与纽带，多类型能源网络和交通运输网络的高度整合，具有"横向多能互补，纵向优化配置"和能量流与信息流双向流动特性的新型能源供用体系。其中"横向多能互补"是指以互联网为手段，以历史和实时交易数据为基础，对不同能源的供应特性和用能对象的需求特性进行智能化分析，实现跨能源种类的能源优化互补供给，实现能源经济、高效、安全的利用；"纵向优化配置"是指在各能源网络中，面向生产、贸易、运输、存储、销售、用能等环节，通过先进的自动控制、信息通信、数据分析等技术，实现能量流、信息流和业务流的高度一体化，支持能源纵向运营优化，提升资源配置水平。能源互联网"横向多能互补"和"纵向优化配置"功能示意图分别见图42-1和图42-2。

能源互联网的核心特征就是将互联网中"开放、互联、对等、分享"的价值体系和相关技术与传统能源供应体系相融合，构建一个以可再生能源为主要一次能源，能够实现分层协调控制，能够保证能量流和信息流实时交互流动，具有较优协调控制特性和诊断自愈特性的新型能源供用体系。

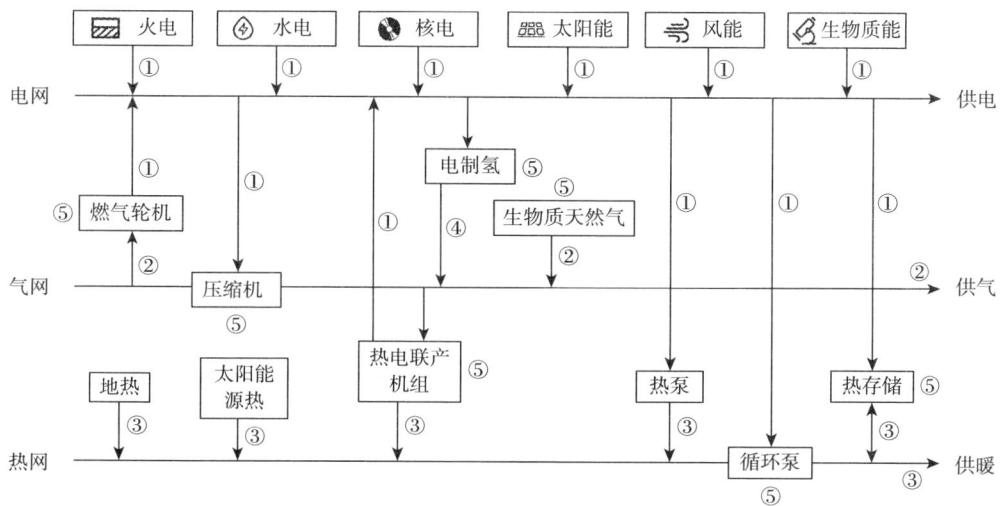

图 42-1 能源互联网"横向多能互补"示意图
①供电；②供气；③供暖；④氢气；⑤耦合条件

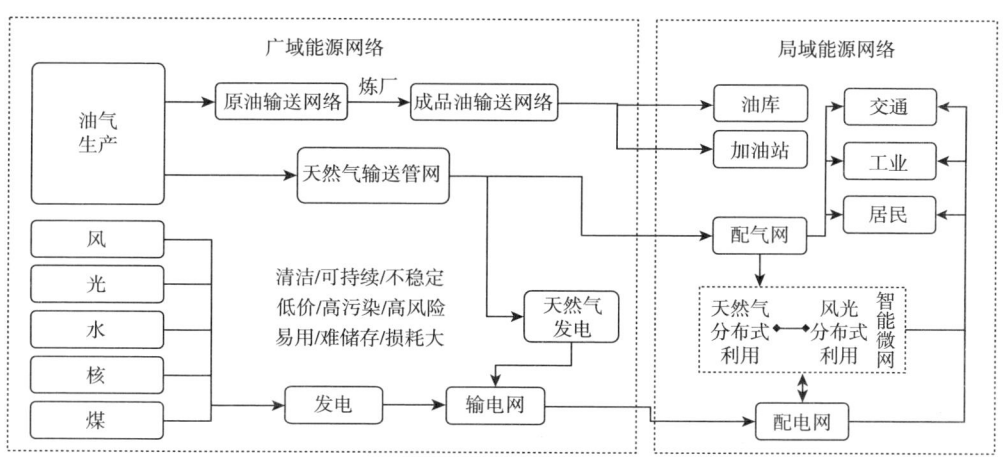

图 42-2 能源互联网"纵向优化配置"示意图

42.1.2 能源互联网构成要素

能源互联网构成要素包括跨国或跨洲大型能源基地之间的广域能源互联网、国家级骨干能源互联网、智慧城市能源互联网、用户域能源互联网及市场域能源互联网。在信息通信网和技术标准及法规的支撑保障之下，可实现各级能源互联网络的能量、信息、资金传送及交换、运营及交易等活动。

能源互联网传输的有一次能源，也有二次能源；能源互联网市场主体包括发电商、网络运营商，也包括售电商、第三方服务商和终端用户。信息通信网由跨国广域能源互联网、国家骨干能源互联网、智慧城市能源互联网等运行控制、管理服务直接相关的信息通信网络构成，这些信息通信网支持物理网络的运行控制，同时支持能源或能量的交易及服务；用户域能源互联网及市场域互联网以公共通信方式为主。信息通信网承载多种信息通信服务，其安全性应符合国家法规。

能源互联网构成要素图见图42-3。

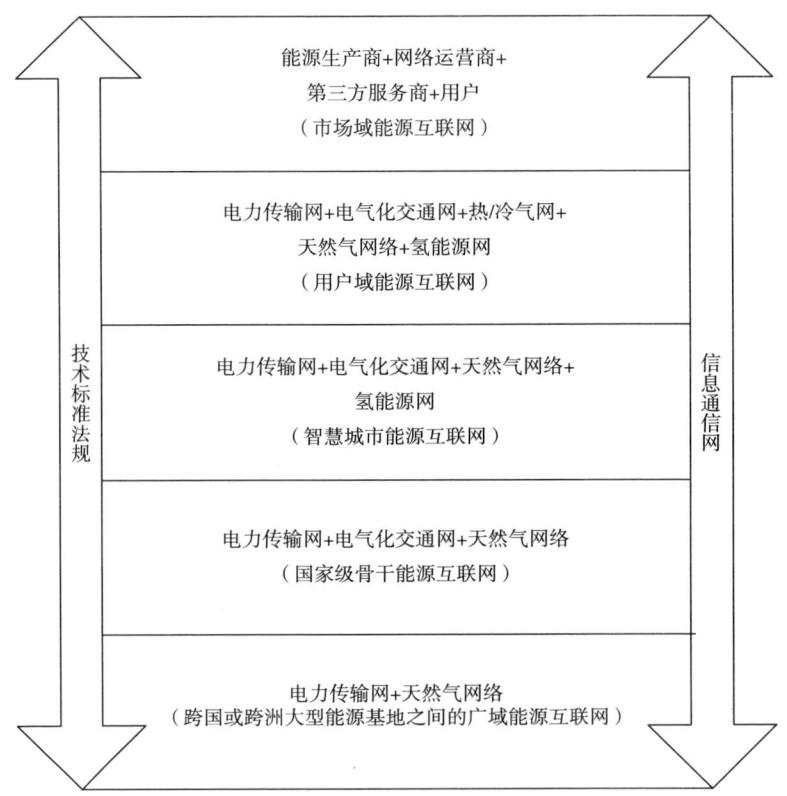

图42-3 能源互联网构成要素图

能源互联网概念架构包括多能源层、能源路由器、主动负荷和多能源市场部分。多能源层在跨国或跨洲大型能源基地之间的广域能源互联网、国家级骨干能源互联网、智慧城市能源互联网、用户域能源互联网、市场域能源互联网等不同层次的能源互联网中耦合程度不同。能源路由器可实现电力、天然气、冷/热气等多能源连接、转换、存储，是一种全新的能源转换和存储装置，其规划设计、能量协调与优化、运行控制等技术还有待进一步研究。主动负荷既包括冷、热、电负荷，又包括分布式发电、电动汽车和储能装置。多能源市场部分在开放平台支持下，实现电能交易、新能源配额交易、分布式电源及电动汽车充电设施监测与运维等多种新型业务，能源互联网概念架构图如图42-4所示。

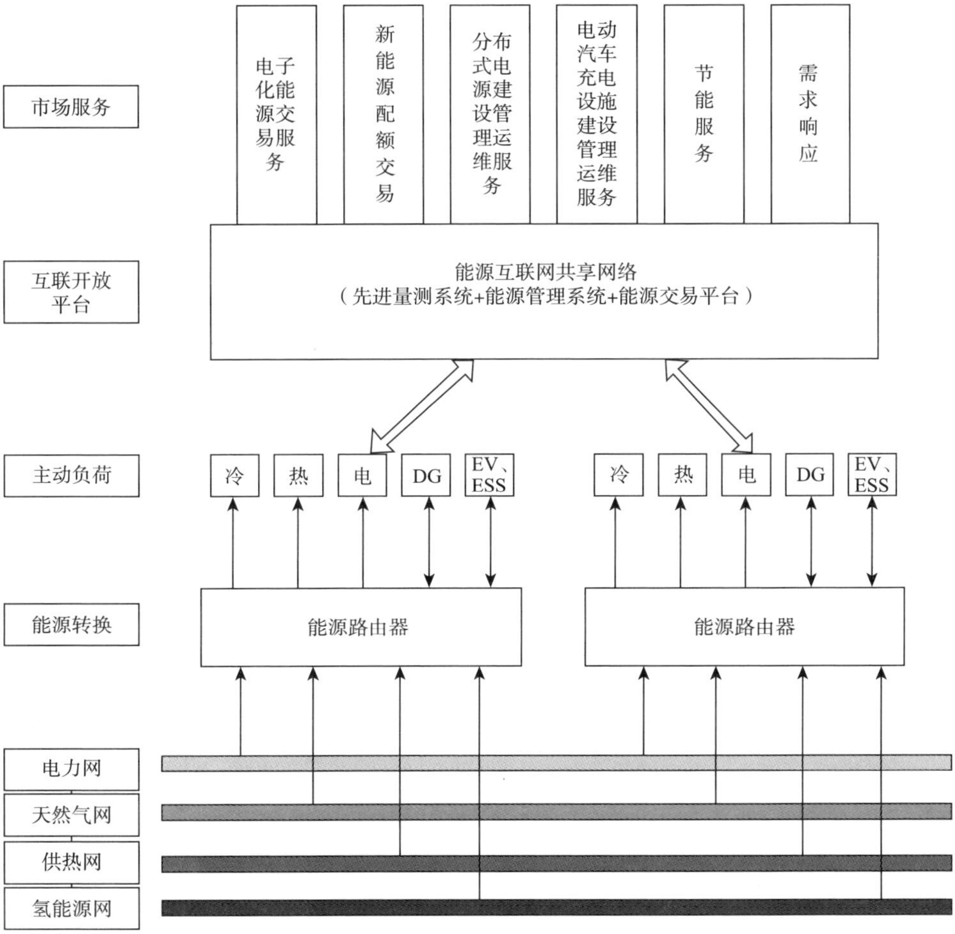

图 42-4 能源互联网概念架构图

DG：distributed power generation，分布式发电；EV：electric vehicle，电动汽车；
ESS：energy storage system，能量储存系统

其中跨国或跨洲大型能源基地之间的广域能源互联网涉及新能源发电和常规发电的远距离传输，也涉及天然气的远距离传输，这两种能源应是独立规划和传输的，在战略规划层面可能会有一定相关性。

国家级骨干能源互联网涉及三种网络，即电力传输网、电气化交通网、天然气网。电力传输网直接为电气化交通网提供动力来源，需要统一规划协调，但是在运行控制、管理运营等层面是独立的；电力传输网和电气化交通网在规划层面存在一定的协调，在运行控制、管理运营等层面是独立的；运行控制、管理运营等层面，三网的耦合度较低。

智慧城市能源互联网包括电力传输网、电气化交通网、天然气网,未来还有氢能源网,在市政设施规划层面需要高度协调、统一规划,在运行控制层面独立运行,在经营管理、市场交易层面可联合优化运行;根据需要,电力传输网、天然气网、热/冷气网、氢能源网可实现一定程度的能源转化和耦合,并随着相关技术发展而增强耦合度。

用户域能源互联网包括电力传输网、电气化交通网、天然气网以及氢能源网,在城乡社区、园区规划层面需要高度协调、统一规划,在运行控制层面独立运行,在经营管理、市场交易层面可联合优化运行;根据需要,电力传输网、天然气网、热/冷气网、氢能源网可实现能源的相互转化和深度耦合。

信息通信网贯穿能源生产、传输、配送、使用全过程,可能会有光纤、无线等多种通信方式,既支持能源企业内部的生产、传输、配送过程的调度和控制,也支持包含用户域、市场域的信息集成和服务;在不同的断面,出于安全和经济上的考虑,信息通信网物理层应是分开的。

42.2 "多能互补"的必要性分析

42.2.1 社会需求分析

1. "多能互补"是推进能源革命的重要手段

针对习近平在中央财经领导小组第六次会议上提出的推动能源消费革命,以及形成煤、油、气、核、新能源、可再生能源多轮驱动的能源供应体系的要求[①],亟须多能协同互补将需求侧与供给侧深度融合、统筹优化,实现清洁高效的多能协同供应和综合利用。这既是能源革命的核心诉求,也是推进能源革命的重要手段。

2. "多能互补"是提高能效的必由之路

中国虽已成为世界上最大的能源生产国和消费国,形成了煤炭、石油、天然气、新能源、可再生能源全面发展的能源供给体系,但也面临着能源需求压力大、能源供给制约因素多、能源能效低等窘境。通过多能协同互补实现能源梯级和复合利用是提高能源利用效率、实现节能减排的必然选择。

---

① 习近平:积极推动我国能源生产和消费革命. http://politics.people.com.cn/n/2014/0613/c1024-25147215.html,2014-06-13.

3. "多能互补"是促进可再生能源消纳的有效举措

以我国"三北"地区为例，该地区弃风弃光问题突出，制约了可再生能源的发展和消纳。考虑到风电、光伏发电具有随机性和波动性的特点，通过实施多能互补，将风电、光伏发电与火电、水电协同运行，并辅以储能电池、蓄热装置，形成与用户负荷相匹配的能源供应，可有效减小系统调峰压力，促进新能源并网消纳。

42.2.2 市场需求分析

1. "多能互补"是满足用户多样化需求的有效途径

现阶段，我国能源领域面临需求多元、供给单一的问题，亟须通过能源领域的变革实现供需的协同匹配。国家能源局公布，首批多能互补集成优化示范工程共安排23个项目，其中，终端一体化集成供能系统17个、风光水火储多能互补系统6个。多能互补集成优化工程可根据用户需求量身定制能源供应服务，既能减少能源转换和输送环节，提高能源效率，降低用能成本，改善用户体验，也可以通过差异化和个性化的服务方案满足用户多样化需求。

2. "多能互补"是解决产能过剩的迫切需求

我国经济发展进入新常态后，能源行业内部也迎来了深刻变化，如能源消费增速放缓，煤炭、煤电、炼油等行业均出现一定程度产能过剩，新能源消纳受制约等，能源行业转型升级迫在眉睫。故能源供给改革应运而生，其要求形成与新常态下能源需求新形势相适应的生产能力。多能互补有利于培育新业态，吸引有效投资，一定程度上解决能源领域的产能过剩问题。

42.3 基于能源互联网的中国西部能源大通道构建方案

42.3.1 构建原则

1. 经济合理

改革能源利用方式的必要性依据即能源的经济适用性。鉴于此，在多能互补的实施过程中，应探索和应用综合损耗小、系统效益高的协同结构和能源利用方式。

2. 供应安全

能源供应安全关系我国经济社会发展的全局。尽管我国能源发展取得了巨大成绩，但也面临着能源需求压力巨大、能源供给制约较多、能源生产和消费对生态环境损害严重、能源技术水平总体落后等挑战。鉴于此，亟须以能源供应安全为前提和基础实施多能互补。

3. 环境友好

环境友好原则是指在实施多能协同互补时，通过优化能源互补利用方式和配比减轻能源消费对环境的压力，减少污染物的排放，减轻环境负荷。应大力推行清洁生产，走"低碳发展"、能源开发利用与环境保护相结合之路。

4. 系统高效

多能互补是一种利用能源之间互补性实现效率最大化的能源利用方式。因而在多能互补的实现过程中，应遵循系统高效的原则，通过多种能源间的优势互补，实现系统效率最高。

42.3.2 构建方案

以电网和油气管网为"广域网"，以城市配气、配电网、分布式能源、微网等为"局域网"，采用广域局域分散自治协同的模式，达到能源的按需传输和动态平衡，实现多种能源的纵向优化配置和横向多能互补。基于能源互联网的我国西部能源大通道构建方案，如图 42-5 所示。

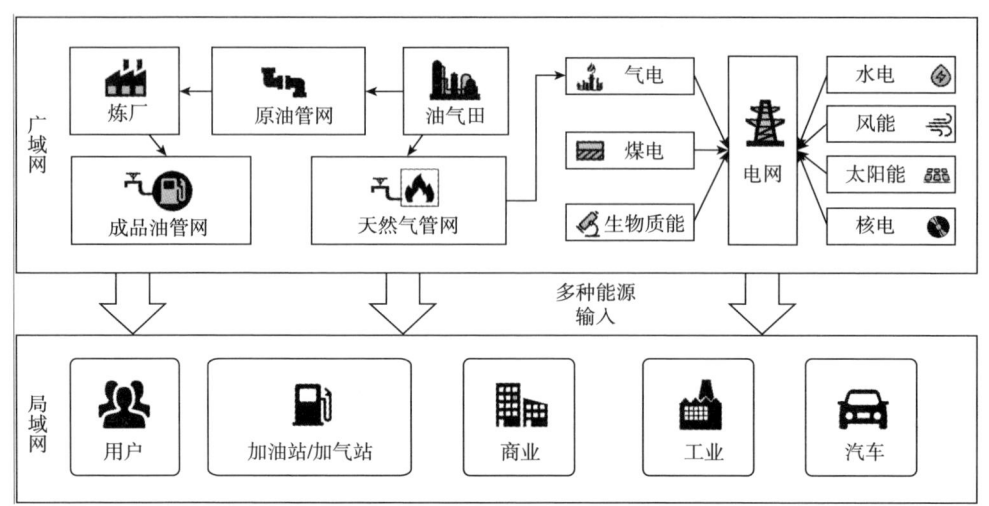

图 42-5　基于能源互联网的我国西部能源大通道构建方案

由图 42-5 可知，煤、石油、天然气作为一次能源，既可实现一次能源内部的直接协同和转换协同,也可转换为电力等二次能源,与电力实现协同互补。电力作为能源互联网的核心和纽带,具有一定的特殊性,其包含多种发电形式,可实现多源互补。同时,能源在转换和协同的过程中会受到能源供需、环境容量、单位能耗等的约束。各能源经过转换后借助包含公路、铁路、管道、电网等在内的综合能源通道实现向终端用户的供能。

42.3.3 功能实现

1. 峰谷性协同

用户的用能习惯及用能偏好使得负荷曲线存在高峰和低谷时段。以电力为例,为使负荷曲线平滑,减小峰谷差,促进电力系统安全稳定运行,高峰时段可借助储能装置这一等效电源实现电力供给,低谷时段则将储能装置视为用电设备进行电力消费。

2. 季节性协同

能源利用的本质表征即电、热、冷等的需求。冬季我国部分地区有供暖需求,但由于冬季气温变化的不确定性,以及中亚管道天然气可供给量的波动性,天然气需借助煤炭、风电等进行互补协同,以更好地满足冬季供暖需求。

3. 地域性协同

由于煤炭、石油、天然气、可再生能源等分布的不均衡性,以及能源需求和利用的差异性,基于地域实现能源协同具有一定的可行性。截至 2016 年 12 月底,西北通过灵宝、德宝直流送华中、华东、华北、西南交易电量 103.32 亿千瓦时;西北通过德宝直流受入西南水电 44.96 亿千瓦时,其中 30.77 亿千瓦时通过灵宝转送华中、华北、华东。通过这种电力的跨区域输送和消纳,即电力跨区域协同,一方面可减少弃风弃光量,促进清洁能源消纳,另一方面也有助于更好地满足用户用电需求。

4. 随机性协同

风能、太阳能等可再生能源具有一定的随机性、间歇性和不可控性,导致了风电、光伏发电等可再生能源发电出力的不稳定性。鉴于此,可借助天然气、燃煤、燃油等能源与可再生能源进行结合互补和转化协同,快速响应风电、光伏等可再生能源发电输出功率的波动,减小由于出力波动给电网安全稳定运行带来的影响,提高可再生能源的利用率。

第43章 推动国际能源合作和西部能源大通道建设的政策建议

43.1 推动"一带一路"能源合作建议

43.1.1 坚持市场化为导向,鼓励企业先行和多种合作形式"走出去"

企业按照市场规律"走出去",政府在合作政策、风险预警、筹融资方面给予指导和支持。在国有企业参与的某些"一带一路"重点项目中,吸纳更多的民间资本介入。如有可能,在适合市场化的部分尽可能吸引多元化的主体以市场化的方式参与,特别是要鼓励多元化的市场主体通过投资、融资的渠道进入。

要发掘民营企业和民间资本市场敏感度高的优势,鼓励民营企业和民间资本参与甚至牵头一些"一带一路"项目。政府在资源、信息和人才方面给予帮助。

43.1.2 加强与"一带一路"沿线国家贸易和安保合作,加大能源与金融捆绑力度

国家层面,加强我国与"一带一路"国家能源合作战略规划和多情景规划研究,设立专门的"一带一路"贸易和安保协调机构,做好重大、突发性的风险防范工作,为企业"走出去"提供保障。

政府层面,一方面强化政府指导协调机制,对"一带一路"能源合作统筹协调,避免国内企业在"一带一路"区域内的无序竞争。另一方面利用"上海合作组织""东盟 10+1"等平台建立我国与"一带一路"沿线国家间双、多边经贸合作和安保机制,建立投资保护、税收、外汇、海关、劳务许可、标准等领域的国际协调机制。同时,简化相关审批程序,提高审批效率,进一步完善国际能源项目合作投资带动相关工程建设、工程技术、物资装备企业走出去的鼓励政策。

企业层面，加强"一带一路"能源合作公共关系建设与管理，强化中国能源企业的品牌。充分考虑利益相关方的诉求，尽量多吸纳当地居民就业，做好职业技能培训和多文化环境下的企业文化沟通宣传，实现可持续发展。

在"一带一路"能源合作中，应充分借助我国资金和市场优势，开创具有"中国特色"的能源合作模式。加大"一带一路"能源与金融捆绑力度，发挥亚投行、丝路基金、金砖国家新开发银行等的作用，以外汇储备、产业基金、外援资金为杠杆，撬动全球资金参与"一带一路"能源合作项目，建立利益共享、风险共担的金融支持方案；另外建议推动"一带一路"结算平台的建设，争取能源合作项目实现人民币结算。

43.1.3 建设国家级"一带一路"信息服务网，为企业走出去提供智力支撑

内容涵盖投资国概况、与我国外交关系、投资环境、投资机会、投资风险，对外资的鼓励和限制政策、相关投资法律法规和签证制度等；另外，也可以充分发挥行业协会、智库、专业咨询机构等机构在风险评估、预测和防控中的作用，强化对重点地区和国家的信息搜集、监测和研判，建立全球各地各国的风险评估机制，尤其要加强对重点地区和国家的信息搜集、监测和研判，及时在网上发布境外安全风险预警和提示；加强对"走出去"企业人员的安全教育和培训工作，建立常态机制。加强对境外投资行为的监管，探索企业境外行为与国内监管的结合，建立企业境外投资的信用档案。

43.2 推动西部综合能源通道建设政策建议

43.2.1 国家统一规划，顶层设计国家综合能源大通道基础设施管廊带

西部综合能源大通道涉及长输油气管道、高速公路、铁路、跨区域输电网项目等跨区域、长距离基础设施建设项目，上述项目除了具有一般工程项目特点之外，还具有工程投资大、建设周期长、质量要求高、施工作业流动性大、社会依托性差等特点。建议打破区域和行业限制，国家对西部综合能源大通道进行统一规划。对影响通道建设的关键因素开展专项研究工作，为具体项目提供参考借鉴。

43.2.2 打破地方利益和行业壁垒，设立国家能源协调机制

能源问题涉及范围广泛，包括政府管理部门，能源相关的生产、运输和销售等多种能源供应系统，而其终端用能单元则遍及社会的各个行业、各个组成单元，最终与每个社会成员息息相关。因此，为保证社会能源供应系统的安全和可持续发展，必须打破地方利益和行业壁垒，在国家层面上进行统筹和协调，设立国家能源协调机制。

43.2.3 建立国家级能源大数据库，规范统一能源统计口径，为优化能源利用提供依据

目前能源数据统计存在标准口径不统一，国家、地方政府和行业能源数据不一致、能源统计信息滞后等问题，给国家能源政策的制定造成一定影响，为规范统一能源统计口径，为能源生产和消费革命提供智力支持，建议规范统一国家和各省区市能源统计口径和数据，提高能源数据话语权，为国家能源战略和能源政策制定提供参考。

43.2.4 能源互联网相关建议

能源互联网的不断推进有助于改变传统分割、单一的能源消费模式，提高用能效率，实现节能减排。建议国家层面建立科学有效的管理体制和制度，一方面设立适应我国国情的国家能源综合管理职能部门，由其制定相应的能源法律、法规，以协调不同能源供应参与方的利益；另一方面设置综合能源研发机构，对能源领域的重大问题开展研究，以利于能源领域的合作、融合与协调发展。同时开展综合能源供应网络的规划工作。